田东江 著

咫尺應須論萬里

生活中的文化濡化

中山大學出版社
·广州·

版权所有　翻印必究

图书在版编目（CIP）数据

咫尺应须论万里：生活中的文化濡化／田东江著．—广州：中山大学出版社，2022.10

ISBN 978-7-306-07675-5

Ⅰ.①咫… Ⅱ.①田… Ⅲ.①社会生活—中国—古代—文集 Ⅳ.①K207-53

中国版本图书馆 CIP 数据核字（2022）第 247910 号

出 版 人：王天琪
责任编辑：裴大泉
封面设计：林绵华
责任校对：赵　婷　周明恩
责任技编：靳晓虹
出版发行：中山大学出版社
电　　话：编辑部 020-84110283，84113349，84111997，84110779，84110776
　　　　　发行部 020-84111998，84111981，84111160
地　　址：广州市新港西路 135 号
邮　　编：510275　　　　　传　真：020-84036565
网　　址：http://www.zsup.com.cn　E-mail:zdcbs@mail.sysu.edu.cn
印 刷 者：佛山市浩文彩色印刷有限公司
规　　格：880mm×1240mm　1/32　12.625 印张　319 千字
版次印次：2022 年 10 月第 1 版　2022 年 10 月第 1 次印刷
定　　价：66.00 元

如发现本书因印装质量影响阅读，请与出版社发行部联系调换

目　录

I

颜值　1
　　长相　4
　　美女　7
　　化妆　10
　　照镜子　14
　　以貌取人　17
五官争功　20
目有疾　23
牙疼　26
口吃　29
耳朵　32
　　大耳朵　35
　　聋　38
舌　41
好嗓子　44
　　朗读　47
须　50
　　胡子　53
脊梁　56
细腰　59
　　小蛮腰　62

飞毛腿　65
打屁股　68
胖子　71
睡　74
　枕　77
　昼寝　80
　懒觉　83
　失眠　86
喷嚏　89
搔痒　92
放屁　95
　放狗屁，狗放屁，放屁狗　98
撒尿　101
拉屎　104
　厕所　107
笑　110
　微笑　113
　呵呵　116
　笑岂必由喜发？　120
哭　123
　眼泪　126
　"卖哭"不输"卖笑"　129
愁　132
忍　135
　不怒　138
　耐烦　141
誓　144
骂　147
　掌掴，批颊　150
唾　153

II

取名　156

去病弃疾　159
　　外号　162
　　名相戏　165
改名　168
　　恶其名　171
婚礼　174
　　早婚　177
　　婚闹　180
　　赘婿　183
　　悍妻　186
　　离婚　189
读书　192
　　书香　195
　　书房　198
　　过目不忘　201
　　"量子波动速读"　204
屌丝　207
拼爹　210
　　我爸是……　213
　　有来头　216
声色事　219
　　艳照　222

Ⅲ

美食　225
　　美食（续）　228
　　大锅饭　231
饭局　234
　　公筷　237
　　舌尖上的浪费　240
蒸笼·甑　243
能吃　247
　　饕餮　250

腹中物　253
能喝　256
　　醉后　259
　　万事不如杯在手？　262
饮茶　265
　　工夫茶　268
　　茶乡，名茶　271
粥　274
　　粥（续）　277
和面　280
　　馒头　283
　　饼　286
鸡蛋　289
　　茶叶蛋　292
醋　295
盐　298
　　食盐专营　301
腊肉，臘肉　304
凤爪·鸡跖　307
食无肉　310
　　素食　313
　　虐食　316
豆腐　319
豆芽菜　322
大蒜　325
花椒　328
人参　332
炒栗子　335
香椿　338
魔芋·蒟蒻　341
芋头·蹲鸱　344
鱼腥草·蕺菜　347
萝卜·莱菔　350

猕猴桃·苌楚　353
荸荠·乌芋　356
桃　359
柿　362
木瓜　365
　吃瓜　368
桑椹　371
杨梅　374
石榴　377
岭南佳果　380
　柑，橘　384
　无花果　387
　枇杷　390

后记　393

I
颜值

如今的人喜欢制造词语。放着传统的、能够清晰表达的不用,非要另起炉灶。比如,形容人的颜容英俊或者靓丽,有多少现成的同义词?不要,一定得鼓捣出个"颜值"。还衍伸出了什么"颜值爆表",就是在英俊或者靓丽前面加个"太",美得没法形容了的意思嘛。年轻人把颜值一类津津乐道地挂在嘴边,上了点儿年纪的人听着却犹如土匪黑话。据说颜值这个新词源自日语"脸"的汉字,苟如是,阿弥陀佛,还算不是从天而降。

爱美之心,人皆有之。古人对外貌自然也是相当欣赏的。翻开先秦之《诗》,这类的句子比比皆是。如《卫风·硕人》,"手如柔荑,肤如凝脂,领如蝤蛴,齿如瓠犀,螓首蛾眉,巧笑倩兮,美目盼兮"云云。如《郑风·有女同车》,"有女同车,颜如舜华。将翱将翔,佩玉琼琚。彼美孟姜,洵美且都"云云。如《邶风·静女》,"静女其姝,俟我于城隅。爱而不见,搔首踟蹰"云云,漂亮姑娘该来没来,看把小子给急的。

宋玉《登徒子好色赋》里有个关于佳人的完美颜值标准:"增之一分则太长,减之一分则太短;著粉则太白,施朱则太赤;眉如翠羽,肌如白雪;腰如束素,齿如含贝。"简言之就是恰到好处,身材适中,肤色适中。不过,金朝王若虚对这种华丽句子抬了一杠:"乃若长短,则相形者也。增一分既已'太长',则先固长矣,而'减一分'乃复'太短',却是原短。岂不相窒乎?"再不过,钱锺书先生认为"王若虚辈泥字义而未察词令",钻牛角尖了,没理解人家的长短为恰好,加的那个"太"字则表示失中乖宜。宋玉的标准属于理论层面,生活中不乏"颜值爆表"的样板,最著名的即西貂王杨这四大美女了,"闭月羞花之貌,沉鱼落雁之容"。次著名的,还有罗敷、秦娥、绿珠一类。就说罗敷吧,她到城南采桑,想来并没有化妆,不过是"头上倭堕髻,耳中明月珠。绿绮为下裙,紫绮为上襦"。这种寻常装扮也了不得了,"行者见罗敷,下担捋髭须。少年见罗敷,脱巾著帩头。耕者忘其犁,锄者忘其锄。来归相喜怒,但坐观罗敷"。

须眉的颜值如何,前人同样津津乐道。孟子曰:"至于子都,天下莫不知其姣也。不知子都之姣者,无目者也。"姣,即容貌美丽,体态健美。然这个公孙子都,却是爷们儿。《诗·郑风》"山有扶苏,隰有荷华。不见子都,乃见狂且",说的是姑娘约会,来的并非帅哥,而是个丑家伙,失望到了极点。翻开《世说新语》的话,可知魏晋时有不少颜值颇高的爷们儿。潘安仁不用说了,其与夏侯湛"并有美容,喜同行,时人谓之连璧"。何平叔"美姿仪,面至白,魏明帝疑其傅粉"。卫玠更邪乎,在街上走一圈,"观者如堵墙",至于被"看杀"。其他还有王夷甫"容貌整丽"、裴楷"俊容姿"等等。相反,曹操会见匈奴使者,"自以形陋,不足雄远国,使崔季圭代",因为颜值不高且有自知之明,甘愿"捉刀立床头"。

如我们所见,长相如何不仅为前人挂在嘴边,而且影响了日常生活。西汉杜钦说过:"男子好色,五十未衰;妇人四十,容貌改前。以改前之容,侍于未衰之年,而不以礼为制,则其原不可救。"

他当然低估了,后世纪晓岚"年已八十,犹好色不衰"。杜钦讲这话,某种程度上揭示了二奶所以产生的"定律"。用《儒林外史》里季苇萧醉后撺掇杜少卿的话,最通俗易懂。他说少卿真是绝世风流,然"镇日同一个三十多岁的老嫂子看花饮酒,也觉得扫兴。据你的才名,又住在这样的好地方,何不娶一个标致如君,又有才情的,才子佳人,及时行乐?"其中的"才名"自然还可以置换成"官衔"。在杜钦之前,"倾城与倾国"的李夫人便很懂得这个道理。病重了,尽管武帝亲临病榻,也是"夫人蒙被"不见,不让武帝看到自己的脸。在李夫人看来,"我以容貌之好,得从微贱爱幸于上。夫以色事人者,色衰而爱弛,爱弛则恩绝。上所以挛挛顾念我者,乃以平生容貌也。今见我毁坏,颜色非故,必畏恶吐弃我"。李白在总结同类事情时说得精辟:"昔日芙蓉花,今成断根草。以色事他人,能得几时好。"今日贪官与情妇反目成仇的极端案例不乏,情妇颜值下降或官员为新的颜值吸引,是其中的一个重要因素。

如今谈论人物,不拘男女,甫一登场、一露面,颜值往往就如影随形,"男神""女神"蜂拥而至。外表能说明什么呢?贯休和尚有"君不见西施绿珠颜色可倾国,乐极悲来留不得"句,自然是"红颜祸水"论的翻版,但《抱朴子外篇·行品》在说到"人技未易知"时强调绝对不能以颜值取人,便该洗耳恭听:"士有颜貌修丽,风表闲雅,望之溢目,接之适意,威仪如龙虎,盘旋成规矩。然心蔽神否,才无所堪,心中所有,尽附皮肤。口不能吐片奇,笔不能属半句;入不能宰民,出不能用兵;治事则事废,衔命则命辱。"需要简洁版的,再看回《世说新语》。王敬豫"有美形",有一次去向他当丞相的爸爸王导请安,爸爸抚其肩曰:"阿奴恨才不称!"可惜肚子里没什么货,空有一副皮囊。

长相

新一期《南方周末》的封面专题为《还原马加爵》。马加爵，来自广西宾阳县的云南大学生化学院生物技术专业2000级学生。2004年2月中旬，他在大学宿舍里连杀四名同学，从而引发了轰动全国的"马加爵事件"。当年4月，马加爵被昆明市中级人民法院依法判处死刑，剥夺政治权利终身。

文章的所谓还原，在于外界对马加爵有很多误读的地方。比如通缉令上的那张照片人们都很熟悉了，显示的马加爵不仅肌肉发达，而且面目颇有些狰狞，这就不免让许多人以为马加爵头脑简单、性情暴戾，才会将同学如此残忍地杀害。《还原马加爵》并非为之辩解，而是要相对客观地"再现"其人，对那些笃信有如此长相乃有如此行为的人来说，则有以正视听的意味。

判断一个人是善还是恶，是正还是邪，长相的确不能说明什么，更不能用来得出结论，但有相当多的古人"以貌取人"。在小说《三国演义》中，诸葛亮第一次见到魏延时，便说魏延脑后长着"反骨"，天生就具备了闹事的征兆，"迟早必反，不如诛之，以绝后患"。虽小说家言，但"反骨"说并非凭空杜撰，而有旧时的社会"三观"作为基础，还有"顶有拳发，受刑之相"一类。人身上的每一个部位长得怎样，都有一套相应的说法。

比方"面色"。《蕉轩随录》云:"唐卢杞面蓝,宋丁大全面亦蓝色,皆奸臣也。"蓝色的脸,按道理应该是舞台化装才会产生的效果,这里的蓝指的是什么颜色呢?不很清楚。但至少在作者写作的时候,蓝脸是让社会鄙视的。《蕉轩续录》又云:"面以青为贵,紫次之,白斯下矣。"青和紫,颜色又有点儿怪。旁证一下,梁山好汉杨志之所以被唤作"青面兽",在于脸上有"老大一块青记"。那么,说人的脸蓝、青还是紫,大抵不是全蓝、全青、全紫,而是有一块明显的、带颜色的印迹。苟如是,按"面青为贵"这个标准来衡量,杨志便该是大贵之人,可惜,这个青面汉子虽然是杨令公的孙子,三代将门之后,但人生道路却坎坷至极:押运花石纲在黄河里"遭风打翻了船",无处容身;"事急无措"之际,把祖上留下的宝刀"拿去街上货卖",却又被地痞牛二纠缠而失手杀人;刺配大名府后为梁中书所赏识,却在押运生辰纲时又被晁盖、吴用他们智夺了去,最终被逼上梁山。杨志这般例外,或者是施耐庵先生故意在唱反调也说不定。

又比方"眼睛"。《万历野获编》云,陈莹中认为宋相蔡京能"视日不瞬"——盯着太阳看可以不眨眼睛,此乃"至贵之相";但又认为蔡京"恃其目力,敢与太阳争光,他日必为巨奸"。邵伯温《邵氏闻见录》云,有个叫李承之的咬定还只是知县的王安石必为"他日乱天下者",他也是从安石的眼睛看出了问题,说"安石眼多白,甚似王敦"。王敦是两晋之际的著名人物。刘禹锡诗曰:"朱雀桥边野草花,乌衣巷口夕阳斜。旧时王谢堂前燕,飞入寻常百姓家。"其中王谢的王,就是王敦家族了。西晋末年,王敦与右将军王导等拥立司马睿为主,官拜大将军。东晋元帝时,他又以"清君侧"为名,在武昌起兵反晋,同年攻入建康。据说司马睿正因此忧愤而死,这次事变直到王敦病死才算结束。《晋书·王敦传》说他"少有奇人之目",没有详指,可能说的正是他的黑眼仁太少吧。在邵伯温这里,显然是把"熙宁变法"视为安石乱天下的印证。司马光他们反对王安石变法的时候,邵伯温才十二三岁,与王、司马不是同一辈分的人,但他"入闻父教,出则事司马光等",童年经历根深蒂固,加上"光等亦屈名位辈行,与伯温为再世交",使他的立场自始至终站在司马光一边,把安石的变法说成"乱天下",也是顺理成章之事。

"竹林七贤"之一的阮籍,眼睛上也有名堂,不是长得让人能看出来如何,而是他有一手用眼睛进行表达的本领。书上说他"善为青白眼","青眼"表示赞许、喜悦;"白眼"则表示厌恶和蔑视,眼睛翻一翻,尽在不言中。他母亲去世,嵇喜前往吊唁,阮籍就翻出了白眼,令嵇喜十分难堪,不怿而退。他的弟弟嵇康提酒挟琴前往,阮籍又翻出了青眼,表示欢迎。据说今日常用的"青睐""垂青"等词,便是脱胎于阮籍眼睛的翻动。所以当时有人说,阮籍虽然口中从不臧否人物,但他的青白眼已经胜过了臧否。

类似长相的贵贱,当然都只是归纳的结果。蓝脸不好,那是因为卢杞、丁大全皆为奸臣,凑巧脸上又都有蓝记而已;眼多白要乱天下,那是因为前有王敦的举兵,后有对王安石的偏见,性质迥异的事情硬要拢到一起。如今,凭长相判断一个人怎样,无非两类结果:一种是看着就像,另一种是还真看不出来。尤其是用之于贪官。一看就不是好人,是典型的事后诸葛亮;看不出来,这就对了。没有什么人作奸犯科,是能被看出来的。对于马加爵,分析他的心路历程,比从看了他的相貌而"恍然大悟"要有意义得多。

美女

8月1日,2010香港小姐决赛结果揭晓。虽然有"美貌与智慧并重"的口号,也有"素质考试"环节,但此类比赛主要偏重"美貌"是可以肯定的。所以每年选毕,无论无线电视翡翠台选的"港姐"还是亚洲电视本港台选的"亚姐",冠军的长相都会成为焦点话题。2004年港姐冠军徐子珊从拿到奖杯的那一刻起,即被民间"封"为最丑港姐。今年的评选刚结束,"史上最丑"的帽子又戴给了新晋港姐陈庭欣。

最早的选美,该是朝廷遴选后妃吧。东汉时每年秋季八月开始,"遣中大夫与掖庭丞及相工,于洛阳乡中阅视良家童女,年十三以上,二十以下,姿色端丽,合法相者,载还后宫,择视可否,乃用登御"。所谓"合法相",就是光漂亮不行,还要由相工相面,看看有没有富贵的"基因"。《万历野获编》有"帝王娶外国女",说朱元璋次子"以洪武四年娶故元太传中书右丞相河南王扩廓帖木儿女王氏为正妃";又,成祖"纳高丽所献女数人,其中一人为贤妃权氏,侍上北征,回师薨于峄县,遂槁葬焉"。这些外国的贤妃、正妃漂亮与否没有交待,然而肯定是的。《续资治通鉴》卷二百十四载,元顺帝"尝为近幸臣建宅,亲画屋样",皇后则"多畜高丽美人,大臣有权者,辄以此遗之",至于"京师达官贵人,必得高丽女然后为名家"。正德年间回回人于永说得更明白:"高丽女白皙而美,大胜中国。"当下韩剧引发的"韩流"每每袭来,明星都很养眼,倘若真的是因为韩国美容业最发达,则要愧对他们天生丽质的前人了。

《管锥编》在论及全三国文时说,张飞文仅存《八濛摩崖》二十二字、《铁刀铭》三字及《刁斗铭》题目而已。不过,近人但焘《书画鉴》说:"画史言关、张能画。贵人家藏画一幅,张飞画美人,关羽补竹,飞题云:'大哥在军中郁郁不乐,二哥与余作此,为之解闷。'"苟如是,这二十来字该属于重要发现了。同理,关羽文虽"无只字存者",清人周亮工却"看到"过云长《三上张翼德书》,"操之诡计百端,非羽智缚,安有今日"云云。但钱先生认为,此一题一书"为近世庸劣人伪托,与汉魏手笔悬绝,稍解文词风格者到眼即辨,无俟考据,亦不屑刺讯"。而前人为何又能咏出"古人作画铁笔强,汉有关羽晋长康"之类的句子,钱先生辛辣地调侃:"不读书之黠子作伪,而多读书之痴汉为圆谎耳。"张飞画过美女,倘给吴宇森先生知道,其电影《赤壁》上映时影院中本已充斥的笑声,又要多引爆一回了。

讲到唐朝的美女,似非杨贵妃莫属,其实天宝年间还有一个叫达奚盈盈的,"姿艳冠绝一时"。晏殊家藏有唐人撰写的《达奚盈盈传》,他还手书了一遍。盈盈的身份不高,"贵人之妾"。该贵人生病,同官之子被父亲"遣往视之",结果被盈盈迷上了,"遂匿于其室甚久"。儿子不见了,老子"索之甚急",惊动了玄宗,"诏大索京师,无所不至,而莫见其迹"。了解了失踪经过,乃"诏且索贵人之室",才算找到,"既出,明皇大怒"。怒从何来?玄宗亦与盈盈有染,或有觊觎之心吧。小说《围城》中,高松年、汪处厚"抓到"黑夜散步谈心的汪太太、赵辛楣,高松年气急败坏,汪太太讥讽地说:"高校长,你又何必来助兴呢?吃醋没有你的份儿呀。"其实正有。玄宗之怒,想来与之相类。黄永年先生考证说,白居易《长恨歌》只是用诗歌体裁写的小说,并非纪实文学,什么"君王掩面救不得,回看血泪相和流"都是虚构,马嵬坡的真实情况正如《旧唐书·玄宗纪》的史官直笔:"上即命力士赐贵妃自尽。"黄先生认为,玄宗此举,"正和当年为了满足个人私欲,把这位杨氏儿媳妇从儿子寿王李瑁身边抢夺过来是同样地不讲什么情义"。

对于美女,从来没有一定之规,"环肥燕瘦"。《淮南子》说得好:"佳人不同体,美人不同貌,而皆悦于目;梨橘枣栗不同味,而皆调于口。"东汉王充则把美色列为四毒之一,说了不少"妖气生美好,故美好之人多邪恶",以及"美色之人,怀毒螫也"之类为"美女祸水论"作伥的话。然爱美(女)之心,毕竟人皆有之。明朝王翱和一个大臣一起走路,看到一个美女。大臣"既去复回顾",王翱调侃他,美女一定很有力气。大臣奇怪,王翱说:"不然,公之头如何牵得转去?"清初计东感叹曰:"予本热中人,十年遭弃置。譬之太史公,一朝割其势;岂不爱妇人,事已无可觊!"俞樾《湖楼笔谈》云:"古人言妇女,不讳言容貌之美。"他举了大量例证,如《诗》之《硕人》——手如柔荑,肤如凝脂,领如蝤蛴,齿如瓠犀,螓首蛾眉,巧笑倩兮!美目盼兮!——"几于《神女》《洛神》之赋矣",那是因为古人没什么邪念,而"后世于妇人讳言其美,正由风俗媮薄,心术不端"。

今日"美女"之称为大众挂在嘴边,像从前称男人为"师傅"。而今日之情势该如何判断,见仁见智了。

化妆

这几天有人在微信朋友圈里发了一段视频。郑州有几对年轻夫妇包括一名外国女士,在自我介绍之后分别被化妆成老年时的模样。再一次两两相对,相互之间先激动不已,再感慨万分。查了一下,这是2015年的新闻,那年5月20日郑州搞的一个关于爱情的测试。520,被今人谐音为"我爱你"。这一测试旨在展示化妆师通过精准的化妆手法,让情侣之间感受彼此50岁、70岁、90岁时的容颜,以期回答一问:"当岁月沧桑,韶华逝去,你还爱我吗?"

这个视频很有创意,也很感人。当然,化妆的神奇在我们早已司空见惯。前几年的电视连续剧《武媚娘传奇》,跨越了武则天的14岁到82岁,所以对三十出头的演员来说,既要化老还要扮嫩。有趣的是,生活中的武则天喜欢扮嫩。《资治通鉴考异》转引《唐统纪》云:"太后善自粉饰,虽子孙在侧,不觉其衰老。及在上阳宫,不复节颜,形容羸悴。上入见,大惊。"瞧,一旦没化妆,把自己儿子都吓了一跳。

更多的化妆众所周知是为了美。"著粉则太白,施朱则太赤",无需化妆而亮丽可人的,凤毛麟角。绝大多数人还是像韩非子所说的,"善毛嫱、西施之美,无益吾面,用脂泽粉黛,则倍其初"——赞许别人怎么漂亮,不会改变我的脸,但我要是化化妆,就会好很多。所以,战国时张仪游说楚王:"彼郑、周之女,粉白墨黑,立于衢间,非知而见之者以为神。"粉白墨黑或粉白黛黑,即以粉傅面、以黛画眉,谓女子修饰容颜。同样众所周知的是,化妆并非女子的专利。"傅粉何郎"还在说何晏脸白得如同搽了粉一般,《旧唐书·张易之传》载,易之"兄弟俱侍宫中,皆傅粉施朱,衣锦绣服",这就是借助外力的作用了。

至少到唐朝,化妆品还只能算是1.0版。《开元天宝遗事》有"红冰"条,云"杨贵妃初承恩召,与父母相别,泣涕登车。时天寒泪结为红冰"。又有"红汗"条,云"贵妃每至夏月,常衣轻绡,使侍儿交扇鼓风,犹不解其热。每有汗出,红腻而多香,或拭之于巾帕之上,其色如桃红也"。这里的"红冰"与"红汗",有理由认为是化妆品的品质所导致,今人化浓妆之后倘若流泪,也会流下两道黑痕,道理相近。这同时表明,唐朝女子的面颊不仅傅白粉,而且也傅红粉;再由"半额微黄金缕衣,玉搔头袅凤双飞"(裴虔馀)、"额黄侵腻发,臂钏透红纱"(牛峤)等诗句来推断,她们的额头上可能还傅黄粉。

在关于美的化妆中,有一些非常奇特的妆容。比如唐有血晕妆。《唐语林》云,穆宗时京城妇人"去眉,以丹紫三四横约于目上下,谓之血晕妆"。比如五代有"醉妆"。《十国春秋》云,前蜀后主王衍谒陵后设宴怡神亭,"嫔妃皆戴金莲花冠,衣道士服,酒酣免冠,其髻髽然,更夹脸连额渥以朱粉,名曰醉妆"。又比如南唐有"北苑妆"。《清异录》云:"江南晚季,建阳进油茶花子,大小形制各别,极可爱,宫嫔缕金于面,皆以淡妆,以此花饼施于额上,时号北苑妆。"此外,光是唐朝就还有泪妆、啼妆、落梅妆等等。但这些妆容,以其记载过于简略,大抵只留下了名目。倒是辽的"佛妆",能得其详。

朱彧《萍洲可谈》云,他父亲出使辽国时,"见北使耶律家车马来迓,氈车中有妇人,面涂深黄,谓之佛妆,红眉黑吻,正如异物"。庄绰《鸡肋编》云,燕俗"良家士族女子……冬月以括蒌涂面,谓之佛妆。但加傅而不洗,至春暖方涤去,久不为风日所侵,故洁白如玉也"。这两个人都是听说,哲宗元祐六年(1091)使辽的彭汝砺,则是亲见。惊讶无比之余,彭汝砺写了一首《妇人面涂黄而吏告以为瘴疾问云谓佛妆也》:"有女夭夭称细娘(彼俗所称女子),真珠络髻面涂黄。南人见怪疑为瘴,墨吏矜夸是佛妆。"为什么会有这么怪异的妆容?无他,气候条件过于恶劣所致。彭汝砺的另一首诗道得分明:"大小沙陁深没膝,车不留踪马无迹。曲折多途胡亦惑,自上高冈认南北。大风吹沙成瓦砾,头面疮痍手皴折。下带长水葭深驿,层冰峨峨霜雪白。狼顾鸟行愁覆溺,一日不能行一驿。"有研究指出,佛妆其实是较早出现的一种面膜,以期避免"头面疮痍手皴折"。庄绰所说的"括蒌"(又作"栝楼"等)涂面,李时珍《本草纲目》认为正有"悦泽人面""面黑令白"的功效。在"面黑令白"条下开有药方:"栝蒌瓤三两,杏仁一两,猪胰一具。同研如膏。每夜涂之,令人光润,冬月不皴。"因此,"夏至年年进粉囊,时新花样尽涂黄。中官领得牛鱼鳔,散入诸宫作佛妆"(史梦兰句),在契丹就是非常正常的现象了,只是庄绰一个冬天都敷着,脸也不洗,显见夸张了。

"也爱涂黄学佛妆,芳仪花貌比王嫱。如何北地胭脂色,不及南都粉黛香。"清人陆长春的这首《辽宫词》,流露出浓浓的文化中心主义倾向。朱彧也是这样,他还以为人家在标新立异,"或说人眉在眼上,设有眉在眼下者,众必骇见。使人人眉在眼下,而忽见眉在眼上者,其骇亦尔。故……要之世间事不可立异,且须通俗"

云云。倒是韩非子的借题发挥值得重视:"言先王之仁义,无益于治;明吾法度,必吾赏罚者,亦国之脂泽粉黛也。"虽然他把立法、执法比喻成脂泽粉黛不大贴切,但显然是要阐述"临渊羡鱼,不如退而结网"这个道理。

照镜子

在东北大学自主招生面试题中,令考生感到最蹊跷的是"照镜子"这道思辨题,不少人坦言蒙住了,没有答出来。当然,也有的从"以铜为镜、以史为镜"谈起,更有考生想到了猪八戒的"里外不是人"。

照镜子,是一道饶有趣味的题目。这个日常生活中的寻常动作,蕴涵着许多情趣乃至哲理。《太平广记》有一则"不识镜",说"有民妻不识镜",老公买回一块,她照了一下,"惊告其母",以为老公又带了个媳妇回来。她妈妈也照了一下,更惊讶了,他怎么连亲家母一起带来了?《管锥编》转引的一则与之类似,村人去买奴,在市场的一面镜子里看到自己,"误为少壮奴",结果把镜子买回来了;父亲照了一下,"怒子买老奴";母亲抱着小女儿看了看,惊诧"买得子母两婢"。找女巫来看怎么回事,结果镜子摔成两半,"师婆拾取,惊睹两婆",吓坏了。这些故事肯定属于笑话,但在聊供茶余饭后解颐的同时,认我为人与认人为我(实例此处不举),不是能给人以处事哲学上的启发吗?

《开元天宝遗事》里有"照病镜",说"叶法善有一铁镜,鉴物如水,人每有疾病,以镜照之,尽见脏腑中所滞之物,后以药疗之,竟至痊瘥"。《侯鲭录》转引《西京杂记》亦云:"汉有方镜,广四尺九寸,高五尺,表里有明,人直来,照之,影则倒见,以手覆心而来,则见肠胃五脏,历历无碍,人有疾病在内,则掩心照之,知人病之所在。"还说秦始皇有一种镜子,能发现"女子有邪心"与否,始皇于是用来"以照宫人,胆张心动者即杀之"。诸如此类的神奇之镜,钱锺书先生认为并非确有实物,"皆人之虚愿而发为异想,即后世医学透视之造因矣。神话、魔术什九可作如是观,胥力不从心之慰情寄意也"。

《三国演义》里有夏侯惇"拔矢啖睛"的故事,读来惊心动魄。高顺败阵,"惇纵马追赶,顺绕阵而走。惇不舍,亦绕阵追之。阵上曹性看见,暗地拈弓搭箭,觑得亲切,一箭射去,正中夏侯惇左目。惇大叫一声,急用手拔箭,不想连眼珠一起拔出,乃大呼曰:'父精母血,不可弃也!'遂纳于口内啖之,仍复挺枪纵马,直取曹性。性不及提防,早被一枪搠透面门,死于马下"。夏侯惇此举,令"两边军士见者,无不骇然"。然这是小说家言,《三国志》对此只有一句:"太祖自徐州还,惇从征吕布,为流矢所中,伤左目。"少了活灵活现不说,裴松之注引《魏略》表明,夏侯惇因此而很不开心,当时还有另一位将军夏侯渊,军中为了区别二人,叫夏侯惇为"盲夏侯"。夏侯惇很不爱听,"恶之",但是照镜子,又不能不接受现实,只好自己生闷气,"每照镜恚怒,扑镜于地"。正史野史结合在一起,才叫我们见识了"完整"的夏侯惇。明人陈继儒有诗曰:"少妇颜如花,妒心无乃竞!忽对镜中人,扑碎妆台镜。"此之"扑"与夏侯惇之"扑",异曲同工,虽然恚的"动机"不同。

东晋孝武帝将讲《孝经》,谢安、谢石兄弟和一些人先在家里预习。车胤有疑惑要问,又不敢开口,就跟袁羊叨咕:"不问则德音有遗,多问则重劳二谢。"袁羊说,不会烦你,他的根据是"何尝见明镜疲于屡照,清流惮于惠风"。明镜诚然不会因屡照而疲,但

"物无遁形,善辨美恶"的功能,亦非镜所独有。《管锥编》里,钱锺书先生在批评冯班论诗的偏见时指出:"盖只求正名,浑忘责实,知名镜之器可照,而不察昏镜或青绿斑驳之汉、唐铜镜不能复照,更不思物无镜之名而或具镜之用,岂未闻'池中水影悬胜镜'(庾信《春赋》)耶?"由此更引出了对"以溺自照",亦即俗话所说"撒泡尿照照"的考证。在钱先生看来,最早当见于程颐述宋仁宗时王随的话:"何不以溺自照面,看做得三路转运使无?"然钱先生也认为,文字记载此处虽然最早,"然必先以为常谈矣"。

《鸡肋编》云,范宗尹(觉民)"作相,方三十二岁,肥白如冠玉。旦起与裹头、带巾,必皆览镜,时谓'三照相公'"。比战国时"朝服衣冠,窥镜"的美男子邹忌还进一步。范宗尹踏入宦海较早,三十岁即代吕颐浩为相,因而"近世宰相年少,未有如宗尹者"。他是凭"分镇"的建议提拔的,"时诸盗据有州县,朝廷力不能制",范宗尹建议"稍复藩镇之法,裂河南、江北数十州之地,付以兵权,俾蕃王室"。然《宋史》亦说他"为政多私,屡为议者所诋",因为"魏滂为江东通判,谏官言其贪盗官钱,滂遂罢;李弥孺领营田,谏官言其媚事朱勔,弥孺亦罢:二人皆宗尹所荐"。但范宗尹之"三照"与《清异录》所载王希默之"简淡无他好,惟以对镜为娱,整饰眉髯,终日无倦",还是大不相同吧,后者惟知臭美,见之于政绩难说不会粉饰。

其实,今天的考生回答照镜子一类的题目,就唐太宗的"正衣冠、知兴亡、明得失"也大有可以发挥的空间。蒙住了,这里与某年报考公务员的题目"为什么南极没有熊"那么怪异有关吧,一下子领会不了出题者的动机是什么。

以貌取人

不久前,江苏省东台市安丰镇面向社会公开评选"东淘佳丽"。与其他选美不同的是,这次获胜的前两名将获得该镇招商办副主任的职位。此举既出,赞弹皆有。不管哪种观点最后占上风,这种以选美来"聘官"的方式乃典型的以貌取人,这一点上大家没有分歧。

据刘巨才先生《选美史》考证,我国女性形体美的具体形象最早见于《诗·硕人》,描写庄姜"手如柔荑,肤如凝脂"。《过庭录》云宋哲宗为神宗的大公主找夫婿,也有点儿选美的意思,"遍士族中求之"嘛。在屡屡"莫中圣意"之后,近臣问,不知要挑个什么样的人呢?哲宗说,长得要像狄咏。狄咏是北宋名将狄青的儿子,范仲淹曾劝狄青读读《左氏春秋》,因为"将不知古今,匹夫勇尔"。狄青乃"折节读书,悉通秦、汉以来将帅兵法,由是益知名"。哲宗的话传开之后,天下都说狄咏是"人样子"。但狄咏具体靓仔到什么程度,却没有记载,《宋史·狄青传》只是说狄青有两个儿子,狄咏是老二,且"数有战功",还有个老大叫狄谘。

北宋还有个以山水名世的画家许道宁,一开始却是喜欢画人物,而且是画那些长得不好看的人,"每见人寝陋者,必戏写貌于酒肆,识者皆笑之"。这种纯粹拿人寻开心的做法,使许道宁每为画中人"殴击,至碎衣败面",可他"竟不悛",很难改掉这个嗜好。后来,许道宁游览太华山,忽有感悟,"始有意于山水,清润高秀,浓纤得法,不愧前人矣"。在台北故宫博物院,现在还收藏有许道宁的《渔父图》。他那些以貌取人的恶作剧作品未知是否同样流传到了今天,看看的话,恐怕也别有趣味。

《南部新书》里有一则趣事,郑畋的小女儿特别喜欢罗隐的诗,"常欲妻之"。有一天罗隐来拜见郑畋,"畋命其女隔帘视之",这一看不要紧,不仅不想嫁给他了,而且"终身不读江东篇什",连罗隐的诗也不再读了。原因没有别的,就是罗隐长相太说不过去。罗隐年轻时就踏进科场,考到55岁也没中进士,据说一个重要原因就是因为长相,他的容貌之丑到了与他的才学一样闻名的地步。后来,有人拿这件事开罗隐的玩笑,罗隐引用了孔夫子的话作答:"以貌取人,失之子羽。"孔子曾经反思自己当年的两件失误之事:"吾以言取人,失之宰予;以貌取人,失之子羽。"宰予和子羽都是他的学生,前者即因昼寝而被指责"朽木不可雕也"的那位。宰予"利口辩词",大概把孔子给哄住了,后来为临淄大夫,"与田常作乱,以夷其族",孔子因而"耻之"。子羽名叫澹台灭明,《史记·仲尼弟子列传》载,他比孔子小39岁,"状貌甚恶",孔子不大喜欢。灭明"欲事孔子",孔子找个借口,"以为材薄",使之"既已受业,退而修行"。后来,灭明有弟子三百人,"设取予去就,名施乎诸侯",影响甚大。孔子知道自己当年看走了眼,乃发出上述感慨。圣人如孔子也在以貌取人上摔了跟头。由此可见,貌,无论俊丑,确实都有点儿迷惑因素。

《南部新书》另云,李睟秉政时有人向他推荐元载,"睟不纳"。理由呢?"龙章凤姿之士,不可见獐头鼠目之人。"元载是唐朝的大贪官,其在相位多年,权倾四海,"外方珍异,皆集其门",举凡"名姝、异药,禁中无者有之"。他在城里还有两套房子,"室宇宏丽,冠绝当时"。这都是次要的,主要的是他在"京辇要司,皆排去忠良,引用贪猥",导致"货贿公行"。李少良举报他,他来个恶人先告状,致"少良等数人悉毙于公府"。从此以后,"道路以目,不敢议载之短"。元载败后,"行路无嗟惜者",他恳求狱吏快给自己来个了断,狱吏却先把自己的袜子脱下来:"相公今日不奈何吃些臭。"然后,"塞其口而卒"。宋人罗大经对此有诗曰:"臭袜终须来塞口,枉收八百斛胡椒。"然而,李睽显然不具备从相貌上预见元载是个贪官的本领,人们这样附会,表达对元载的愤慨罢了。

两千多年前的荀子留有一篇《非相》,认为"相形不如论心",多少有否定以貌取人的意味。他说:"术正而心顺之,则形相虽恶而心术善,无害为君子也。形相虽善而心术恶,无害为小人也。"我们不是说"东淘佳丽"他日一定不能胜任,但这种遴选招商办干部的方式,显然只是"相形"而没有"论心",更没有"论才",即使胜任也只能是碰巧而已。

五官争功

群口相声《五官争功》，是马季先生的代表作。说的是嘴、眼、耳、鼻，纷纷跟脑袋争功劳，个个都强调自己重要，缺了不可。作品采用寓言体的表现形式，通过五官之间的相互争功来构成包袱产生笑料，生动自然，令人捧腹，并在妙趣横生的比拟中发人深省。

这样一种比拟方式，古人已经在运用。《唐语林》里就有一段类似的描述，如相声《五官争功》的开场表白一样，也是源自一个梦，顾况的梦。顾况说，梦里他听到嘴巴对鼻子说："我谈今古是非，尔何能居我上？"鼻子不甘示弱："饮食非我不能辨。"如果不是我，你不管香臭什么东西都吃进去了。眼睛这时在旁边也插了话，它是跟鼻子争功："我近鉴豪端，远察天际，惟我当先。"说罢又向上瞥了瞥眉毛，不屑地说："尔有何功，居我上？"眉毛也有自己的道理："我虽无用，亦如世有宾客，何益主人？无即不成礼仪。若无眉，成何面目？"

无独有偶，《东坡志林》中，苏东坡也用这种方式讲了一个故事。他说自己曾"患赤眼"——也许是红眼病吧，人家告诉他暂时不能吃肉，他想照办，嘴巴知道后不干了。它说："我与子为口，彼与子为眼，彼何厚，我何薄？以彼患而废我食，不可。"为什么眼睛得病而我要跟着受累呢？这样一说，倒把东坡弄得为难了。这时，嘴巴又安慰眼睛说，如果哪天我得了口疮，"汝视物我不禁也"。这是说，到那时候，你愿意看啥好东西就看啥好东西，我不拦着你，也不馋。嘴巴对眼睛的这种像是蛇足的纯粹调侃，尽显出东坡的顽童心态。

在1987年中央电视台春节联欢晚会上演出之后，《五官争功》不胫而走，至今听来仍意味无穷。《五官争功》讥讽的是一种妄自尊大。生活中许多人都是这样，在集体合作完成的一项事业中，看到的只是自己的作用，自己的功劳，别的人都是配角，都不足为奇。顾况、苏东坡版的"五官争功"，当然也是心有所指。他们指什么呢？

顾况是唐代中期一位较有影响的诗人。他与白居易关于"易与不易"的那段对话广为人知。这件事有许多版本，大体是说，乐天还没什么名气的时候，拿自己的诗作请顾况指点，而顾况一看到"白居易"这三个字，先跟他开玩笑："长安物贵，居大不易。"而当他读到"野火烧不尽，春风吹又生"时，又感叹地说："有句如此，居亦何难？老夫前言戏之耳！"其实，别说拿没出名的白居易名字开玩笑了，《旧唐书》上说，顾况的特点正是"性诙谐"，喜欢随机应变来开些文字玩笑，"虽王公之贵与之交往者，必戏侮之"。可能有时玩笑开过了头吧，"班列群官，咸有侮玩之目，皆恶嫉之"。但是因为他的文字漂亮，出手不凡，大家也还是愿意亲近他，即使不知什么时候成了他戏谑的靶子。

顾况讲一堆眉毛没用之类的话，应当是说给李泌听的，当时他是李泌的僚属。《三字经》里有"莹八岁，能咏诗；泌七岁，能赋棋"，其中的泌就是李泌，早年是个神童，所谓"彼颖悟，人称奇"，长大后成了政治家。顾况因为"与府公相失，挏出幕"，所以祭出了诙谐的拿手戏,而李泌听到他的话,也"悟其讥,待之如初"。《旧唐书·顾况传》非常简略,还不到两百个字,但可能还是道出了顾况为何与李泌相失:"柳浑辅政,(顾况)以校书郎征。复遇李泌继入,自谓已知秉枢要,当得达官,久之方迁著作郎,况心不乐,求归于吴。"倘若《唐语林》与《旧唐书》这两段记载具有逻辑关联的话,则顾况版的"五官争功",有一点儿泄愤的意味,因为没达到预期的位置而发挥诙谐的特长来讥讽李泌对自己不够重视,表面上拿他们充充样子罢了。

东坡版的五官争功,则是悟出了一个道理。他在口眼揶揄之后,引用了管仲的"畏威如疾,民之上也,从怀如流,民之下也",以及"燕安鸩毒,不可怀也"。前一句是说,聪明人讨厌权势就像讨厌疾病,愚蠢人放纵情欲就像让水任意横流;后一句是说,沉醉安逸,无异于喝毒酒慢性自杀。还觉不够,东坡又引了《礼记》上的"君子庄敬日强,安肆日偷",也就是说好男儿应庄敬自强,不该稀里糊涂混日子。他认为"此语乃当书诸绅",成为每一个人的座右铭,而他自己,就是想谨记"畏威如疾"的道理。

"五官争功"终究属于寓言,现实中头破血流的争功则数不胜数。三国时有著名的"二士争功",灭蜀名将邓艾和钟会最终两败俱伤;隋朝时有著名的"贺韩争功",灭陈名将贺若弼与韩擒虎一损一荣。争功的结果当然还有第三种:皆大欢喜。不过,这可能只是暂时获得的平衡,有争功的前提因素在,双方埋下的就会是仇恨的种子。

目有疾

近日,媒体再次曝出江苏南通大学附属医院、北京北医三院部分患者去年在医院因使用眼用全氟丙烷气体而致盲,引发了舆论的持续关注。据人民网舆情监测室监测,截至2016年4月15日,相关新闻报道有6646篇,论坛文章1687篇,博客文章2143篇,微信文章有3569篇。对于日益升温的舆论场,北医三院4月14日晚正式回应说,已主动与所有使用该批次气体的59位患者取得联系,进行免费检查和治疗。

眼睛像人体的其他部位一样,也会生病。古人没有因为使用"问题气体"治疗导致的二次伤害,但眼睛尤其是读书人的眼睛出问题,也是常见现象。宋葛立方《韵语阳秋》云,黄庭坚"平生为目所苦,故和东坡诗有'请天还我读书眼,欲载轩辕乞鼎湖'之句"。又其《次韵元实病目》诗云:"道人常恨未灰心,儒士苦爱读书眼;要须玄览照镜空,莫作白鱼钻蠹简。"杨万里也有"病眼逢书不敢开,春泥谢客亦无来。更无短计销长日,且绕栏干一百回"句。如此等等,正如葛立方所言,"大抵书生牵于习气,不能割爱于书册,故为目害尤甚",囊萤映雪那种极端用眼读书的就更不用说了。

《晋书·范汪列传》载,范宁因为眼睛痛去找中书侍郎张湛,看看讲究养生的他有没有什么方子,张湛说有啊,"宋阳里子少得其术,以授鲁东门伯,鲁东门伯以授左丘明,遂世世相传。及汉杜子夏、郑康成、魏高堂隆、晋左太冲,凡此诸贤,并有目疾",都靠这个方子。什么方?"用损读书一,减思虑二,专内视三,简外观四,旦晚起五,夜早眠六。凡六物熬以神火,下以气筛,蕴于胸中七日,然后纳诸方寸。修之一时,近能数其目睫,远视尺捶之余。长服不已,洞见墙壁之外",不但眼睛能治好,还能益寿延年呢。钱锺书先生《管锥编》指出,此语出自张湛《嘲范宁》文,并且诙谐地指出,以郑康成、左太冲与左丘明、杜子夏并举,当是瞽者、眇者、短视者、"患目疾"者,以终身残废与一时疾恙,泛滥牵连。因为郑玄、左思可能只是眼睛一时出了毛病,"载籍不言其盲",只是说左思"貌寝",长得太丑;而郑玄更是"秀眉明目",眼睛明亮得很。钱先生还说,"六物"中首举"损读书",终归"夜早眠",这就是"于学人之手不释卷、膏以继晷对症下药",不过,温庭筠说了,"惠能不肯传心法,张湛徒劳与眼方",不读书又怎么行呢?杨延龄也说,他从小眼睛就有毛病,"遍求名方二十余年,略不少愈,因得张湛与范宁治目疾六物方,遂却去诸药不御",不知是开玩笑,还是真的就此放下书本了。

眼睛有毛病可能会出事。《梦溪笔谈》里有个叫黄宗旦的,晚年因为眼睛坏了,"每奏事,先具奏目,成诵于口,至上前展奏目诵之",其实根本啥也看不见。有同僚抓住他的这一缺陷,"密以他书易其奏目",坏了他一把。黄宗旦不知情,"至上前所诵与奏目不同,归乃觉之"。他觉得事情不妙,"遂乞致仕"。眼睛都这样了还赖在官位上,也难怪同僚要出此下策。相形之下,还有一些官员呈现出的就是难能可贵的一面。比如唐朝宰相裴垍,"器局峻整,人不敢干以私"。有个老朋友老远找上门来,"垍资给优厚,从容款狎"。但老朋友不仅趁机求官,还点明要京兆判司那个位子,裴垍毫不客气地回答:"公不称此官,不敢以故人之私伤朝廷至公。他日有盲宰相怜公者,不妨得之,垍则必不可。"那你就等着眼睛瞎了又可怜你的宰相上台吧,我这里可不行。

又如《清稗类钞》云,明朝郭都贤曾经荐举过洪承畴,洪承畴降清后来拜访他,郭都贤故意把眼睛眯了起来。洪承畴惊问:"君何时得目疾耶?"郭曰:"始吾识公时,目故有疾耳。"洪承畴默然无语。《履园丛话》中的沈百五也是这样,"曾遇洪承畴于客舍。是时洪年十二三,相貌不凡,沈以为非常人,见其穷困,延之至家,并延其父为西席,即课承畴。故承畴感德,尝呼沈为伯父"。后来两人关系亲密得很,在洪的举荐下,沈百五曾得崇祯召见,授户部山东清吏司郎中加光禄寺卿。但洪承畴"归顺本朝,百五独不肯,脱身走海,尚图结援,为大兵所获"。洪承畴前往劝降,沈百五故意装作不认识,曰:"吾眼已瞎,汝为谁?"洪承畴说:"小侄承畴也,伯父岂忘之耶?"沈百五大呼曰:"洪公受国厚恩,殉节久矣,尔何人,斯欲陷我于不义乎!"然后揪住洪承畴的衣襟,大扇他的耳光。被俘伊始的洪承畴的确摆出过殉节的样子,大骂前来劝降的范文程,但他终归剃发易服了。曾经的恩公要么以自己当初眼睛有病,要么以自己现在已经眼瞎来视之,呈现出的无疑是一种气节。

自 2015 年 6 月起,媒体就已经首次曝光问题气体致盲,十个月过去了,直到现在被重新报道,始终没有看到相应部门对事故责任的主动反思,这种"致盲"是给社会造成种种严重危害的根本,在其他领域也是如此。悲观地看,没发现哪个领域是净土。

牙疼

读《元曲纪事》,见冯子振《佚调》:"华清宫,一齿痛。马嵬坡,一身痛。渔阳鼙鼓动地来,天下痛。"虽作者名此调曰"佚",然时人仍以之为《题杨妃病齿图》,病齿,牙出了问题。唐朝的杨贵妃,不仅胖得出名而且牙疼也出名。冯子振在咏史抒怀,以为当年在华清宫中,贵妃牙疼只是自己一个受罪,到她惹出那么多事端之后,天下都跟着倒霉了。骨子里,这是"女人祸水论"的一种表现形式,不算新鲜,然贵妃牙疼,可以一议。

王文才先生从清何文焕《历代诗话》中爬梳出"病齿图"条,中有宋子虚《题玉环病齿图》:"一点春寒入瓠犀,海棠花下独颦眉。内厨几日无宣唤,不向君王索荔枝。"文焕云此诗"风刺隐约,正以婉胜",而冯调则"以快胜"。陶宗仪《南村辍耕录》也说到了冯调,以为"痛快严峻,抑扬感伤,使后世之为人君而荒于色,为人臣而失其节者见之,宁不知惧乎!"又从褚人获《坚瓠辛集》中爬梳出吴草庐《杨妃病齿图》五绝一首:"齿痛自颦眉,君王亦不怡,此疾如早割,何待马嵬时。"又从元张可久散曲中爬梳出《太真病齿图》:"沉香亭嚼徵含商,舞挫霓裳,病倚香囊。粉褪残妆,腮擎腻玉,饮怯凉浆。贬李白因他口伤,闹渔阳为我唇亡。今夜凄凉,懒扣红牙,憔悴三郎。"说来说去,大家表达的都是与冯子振相同的意思:因为杨贵妃的牙疼,误了大唐的江山。此外,元杨维祯亦有诗:"熏风殿角日初长,南贡新来荔子香;西邸阿环方病齿,金笼分赐雪衣娘。"径直认为她之所以牙疼是吃荔枝吃的,俗语"一个荔枝三把火",逻辑上的确可以这样推导。

但杨妃病齿之说不知起自何时,由谁"率先"抛出。检索新旧两《唐书》,以及白居易《长恨歌》、陈鸿《长恨歌传》,对此均无道及。五代王仁裕《开元天宝遗事》说杨贵妃"素有肉体,至夏苦热,常有肺渴,每日含一玉鱼儿于口中,盖借其凉津沃肺也"。这个"玉鱼"被后世做了文章,以清季素阉主人《四大美人艳史演义》的描述最活灵活现,说贵妃"每当疼作,支颐默坐,蹙额颦眉,令人见之,不胜怜惜",而"玄宗屡敕太医,进药调治,卒无效验。遂问群臣医齿之法,苟能使贵妃止痛,不吝重赏"。这时御史吉温站出来说,他同乡朱氏家里有于阗国的特产玉鱼,"如患齿痛者,以此鱼熨贴患处,即可止其疼痛"。玄宗闻奏,即派人"乘御厩八百里骏马,至朱氏索取玉鱼"。这玉鱼"表里莹澈,鳞甲如生",取来时贵妃齿痛方剧,正好派上用场。但见贵妃"急取玉鱼在手,略一审视,便纳于口内,含于患处。俄顷之间,觉清凉之气,直达肺腑,肌肤之上,香汗霎时收尽,陡觉凉快无比,津液汩汩,自丹田透出,十分齿痛,已去其七,芳心大悦"。玄宗即兑现诺言,传旨赐吉温黄金二十斤,并赐朱氏粟三千石,帛三千匹,荫其一子为千户。张曲中的"腮擎腻玉",就是指这个玉鱼了。

玉鱼可疗齿痛,未知真假。叶子奇《草木子》中有"虎须治齿",说"齿痛,拨插齿间即愈",同样很神。对民间偏方,不能想当然地信与不信,灵就是灵,并无"道理"可讲。余少年时,寒冬照样在室外疯玩,双手每冻得肿胀且流脓,不知谁说麻雀的粪可治。彼时农村的麻雀粪很易收集,果然涂抹了两三次之后,双手便细腻得令人难以置信。在唐朝,虎须当是寻常之物,倘那时玄宗知道这个偏方,也许国库要省下不少民脂民膏。说到虎须还有一则旧闻,前几年虎年要来的时候,长沙市动物园曾打它的主意,当然不是要治牙疼,而是"虎年沾虎气,驱邪避灾",真有"少量虎须出售"。有记者当时在现场看到,贵的卖100元一根,便宜的也要30元。工作人员说,虎须不是他们拔的,是老虎自然掉下被他们捡起来的。这是自然,要拔虎须,得吃了豹子胆才行。

《东坡志林》里,东坡说自己眼睛有点毛病,老要用热水洗,张文潜告诉他:"目忌点洗。目有病,当存之,齿有病,当劳之,不可同也。"接下来,他还有一通发挥:"治目当如治民,治齿当如治军;治目当如曹参之治齐,治齿当如商鞅之治秦。"东坡认为"颇有理"。曹参治齐,张扬黄老;商鞅治秦,法令至行。这两件事与疗眼疾、治牙疼究竟该怎样关联,怕是要做一篇大文章才能晓畅易懂,在下暂时就没转过这个弯来。明朝顾起元"向偶病齿痛,有人教以常漱且叩",一句"目病宜静,齿病宜动",也让他想起了《东坡志林》里的这段,不过他把张文潜的话记成了"黄鲁直语曰"。

俗话说:"牙疼不算病,疼起来真要命。"有趣的是,与刻骨铭心的牙疼貌似相关的"牙疼誓",却是指无关紧要的赌咒,形容这个誓言微不足道,言而无信。《金瓶梅词话》第八十二回"潘金莲月夜偷期 陈敬济画楼双美"中,潘金莲责备陈敬济吃着碗里的看着锅里的,"于是急的敬济赌神发咒,继之以哭",但潘金莲终是不信,说道:"你这贼才料,说来的牙疼誓,亏你口内不害碜!"牙疼与牙疼誓如此"南辕北辙",这是十分令人费解之处。

口吃

端午"小长假"——一天假期再凑个双休日——借了一套前段时间里各个"上星"电视台热播的电视连续剧《潜伏》碟片来看,名不虚传。记得中国第一部电视连续剧《敌营十八年》讲的就是"潜伏",不过播出时许多"潜伏"过的老同志还健在,说如果按剧里的做法,主人公在敌营里连十八天也呆不了,就会露馅儿。《潜伏》如何,在我们"外行"也自然是看热闹,感觉很好就是。孙红雷的表演尤其值得称道,以前他演的多是黑社会头目一类的人物,狠巴巴的,看来对正面人物塑造一样拿捏自如。剧中各种配角也都活灵活现,比方那个口吃的谢若林。有一次余则成毫不隐瞒是自己偷走了他手上的文件,故意学他:"所以你别别别怀疑你你你老婆。"

口吃即结巴,这是一种牵涉到遗传基因、神经生理发育、心理压力和语言行为等诸多方面的语言失调症。这种失调症当然不分今人古人,《邵氏闻见后录》云,宋朝有一士人口吃,刘贡父嘲之曰:"本是昌徒,又为非类,虽无雄才,却有艾气。"这里面的每一句,就都涉及了一位口吃的著名人物。昌,西汉周昌;非,战国韩非;雄,西汉扬雄;艾,三国邓艾。今天形容人口吃的成语"期期艾艾",就是从周昌、邓艾他们俩那儿来的。《汉书》载,刘邦想改立太子,大臣周昌谏止:"臣口不能言,然臣期期知其不可,陛下却废太子,臣期期不奉诏。"这里面的"期",据说应为"极"字,然不管是哪个字,说一个显然也就够了,周昌因为口吃才说成了"期期"。"艾艾"就更有名了,口吃的邓艾讲自己名字时往往连称"艾、艾",司马昭跟他开玩笑:"卿云'艾艾',定是几艾?"邓艾回答得妙:"'凤兮凤兮',故是一凤。"刘贡父借用这几个口吃名人,等于给那位士人的能力水平画了幅素描像。

口吃的人往往容易给人家取笑,如余则成对谢若林,古人自然也不例外。冯梦龙《古今笑》云:"华原令崔思海口吃,每与表弟杜延业递相戏弄。"有一次表弟对表哥说,我能让你学鸡叫,你信不信?表弟只有一个条件,"但有所问,兄须即报",我问什么,你马上答什么。不要说表哥不信,旁人也不信,"与杜私赌"。表弟于是拿了一把谷子问表哥,这是什么?表哥回答:"谷谷谷。"果然跟鸡叫差不多。明确是开玩笑,哈哈之后也就没人去计较了,怕的是并非玩笑而以为取笑。后周大将军、襄城公郑伟口吃,其"少时逐鹿"——当然不是逐鹿中原那种逐鹿,而是追逐真的鹿——追丢了,询问牧童,不料牧童也是口吃,郑伟"以牧故为效己,竟扑杀之"。残忍归残忍,郑伟的疑心也有一定"道理"。冯梦龙还说,他有个同乡叫俞漳水的,"工画艺而足跛",有一天他在路上走,恰巧前面一个走路的老太太也是跛脚,旁边一个顽童正在学她,老太太很生气。当俞漳水一颠一颠地走过来时,老太太控制不住了:"彼顽童作短命事耳,乃衣冠者亦复为之耶!"还不解气,至于"极口骂辱"。无论俞漳水怎么解释,老太太"终不听信"。东晋谢安"作洛下书生咏,而少有鼻疾,语音浊。后名流效其咏,弗能及,手掩鼻而咏之"。老太太要骂的话,这种时候才有些道理。沈德符《万历野获编》云,他小时候在京师跟小朋友们玩耍时,"每见出塾缓步详视者,必哗指曰'可来看假司马温公'"。由这个游戏似乎能看出,彼时已颇有斯文扫地的味道。这个常见的动作怎么就是模仿司马光了呢?当然是小童们不知受何人指使的"欲加之罪"了。

口吃虽然是人的一个生理缺陷——如果可以这样认为的话,但口吃者亦不必自卑,司马迁早就总结出一个规律:"非为人口吃,不能道说,而善著书。"这方面的实例很多,有被当代学者王立群一本正经考证出"骗财骗色"的文学家司马相如,有留下二十四史之一《后汉书》的范晔,有众所周知的美男子潘岳(文学与陆机齐名,文字为钟嵘《诗品》列为上品),有道教大师郭璞(注《尔雅》《山海经》等,《晋书》称其"词赋为中兴之冠"),有经学大师何休(作《春秋公羊传解诂》,后世公羊学者奉为经典)等。钱锺书先生阐释说:"夫口吃而善著书,笔札唇舌,若相乘除,心理学谓之'补偿反应',如古之音乐师必以矇瞽为之也。"钱先生并引西汉王褒《洞箫赋》语,认为古人已经认识到了这个问题。王褒说:"于是乃使夫性昧之宕冥,生不睹天地之体势,阇于黑白之貌形,愤伊郁而酷䑏,愍眸子之丧精,寡所舒其思虑兮,专发愤于音声。"

专业人士指出,90%的成年口吃患者是因儿童时期模仿口吃而导致。《潜伏》类的谍战剧,大约还吸引不了儿童观众,否则,余则成模仿谢若林口吃,可能就起负面效果了,就像影视剧里动辄吞云吐雾被视为对未成年人的不良示范一样。别当真,也是开个玩笑。

耳朵

3月3日是"国际爱耳日"。11月11日被民间戏称"光棍节",在于那四条"1"比较"象形"。爱耳日庶几近之。两个"3",很像两只耳朵。不过,苏东坡书赠邵道士有"耳如芭蕉,心如莲花,百节疏通,万窍玲珑"句,耳朵的样子像芭蕉,无论是叶子还是果实,那画面都很难想象。

耳朵,人与哺乳动物的听觉和平衡器官。《吕氏春秋》云:"夫耳目鼻口,生之役也。"意谓耳朵、眼睛、鼻子和嘴巴等"四官",都受生命支配。在前人的"三观"中,耳朵热,或者眼睛跳,都预示着某种征兆。眼睛,有"左眼跳财右眼跳灾"云云。耳朵热,则不分左右,都是别人背后咒骂自己或不吉之兆。辛弃疾《定风波·自和》词有"从此酒酣明月夜,耳热,那边应是说侬时",杨暹《西游记》第三出殷氏云:"我这几日耳热眼跳,神思不安,不知为何?"说的都是这回事。

记得早些年,四川有个唐姓少年可以用耳朵认字。你在纸上写了字然后团成一团,他用耳朵一听就知道那个字是什么,被视为"人体特异功能"。耳朵能"看",于古代道家而言是一种修养境界,所谓耳视目听,以为视听皆由精神所主宰,可以不受器官的限制。《列子》云,陈大夫聘鲁,私见叔孙氏,叔孙氏说我们国家有圣人,孔子。陈大夫说,我们国家也有圣人:"老聃之弟子有亢仓子者,得聃之道,能以耳视而目听。"结果"鲁侯闻之大惊",惊什么呢?张湛说:"怪耳目之易任。"耳朵和眼睛的功能颠倒了。不过,亢仓子本人说了:"传之者妄。我能视听不用耳目,不能易耳目之用。"不是颠倒了,而是不用耳目,照样可以视和听。《文子》云"上学以神听,中学以心听,下学以耳听",不用说,亢仓子达到了"中学"以上的境界。

实际上,张湛也明白其中道理。他说:"夫眼耳鼻口,各有攸司。今神凝形废,无待于外,则视听不资眼耳,嗅味不赖鼻口。"对此,《管锥编》中有相应阐发。在钱锺书先生看来,道家之外,佛家典籍也"惯言五官通用",但是,"不用目而仍须'以耳视'犹瞽者,不用耳而仍须'以目听'犹聋者也"。那么,"道家之'内通'、释氏之'互用',言出有因,充类加厉,遂说成无稽耳"。后世的所谓耳朵认字,正属于滑向无稽的一类。记得后来的揭秘文字说,那些有特异功能的人其实是在作弊,手法巧妙而已。

听觉好,是为耳聪,与之相反的是耳背,严重的就是聋了。《东坡志林》云,东坡去找庞安常看病,安常即"善医而聋"。然"安常虽聋,而颖悟绝人,以纸画字,书不数字,辄深了人意",至于东坡戏之曰:"余以手为口,君以眼为耳,皆一时异人也。"《西游记》第三十四回,孙悟空与金角大王、银角大王斗法,银角大王有个宝贝葫芦,"把人装在里面,只消一时三刻,就化为脓"。怎么把人装进去呢,如果妖怪叫一声,答应了,就进去了。所以,孙悟空以"者行孙"的名义来救"家兄"时,银角大王说:"我也不与你交兵,我且叫你一声,你敢应我么?"孙悟空嘴硬:"可怕你叫上千声,我就答应你万声!"人家真叫了,他却不敢答应,心中暗想道:"若是应了,就装进去哩。"那魔道:"你怎么不应我?"他便以耳朵不好来拖延时间:"我有些耳闭,不曾听见。你高叫。"

顺便说一句,在师徒三人被捉、性命攸关之际,悟空仍然不忘戏弄八戒,显示出其异常顽皮的一面。他变化成妖怪的母亲来到二魔这里,魔头说今早"拿得东土唐僧,不敢擅吃,请母亲来献献生,好蒸与母亲吃了延寿"。"她"却说:"我儿,唐僧的肉我倒不吃,听见有个猪八戒的耳朵甚好,可割将下来整治整治我下酒。"吓得先前认出他的八戒赶忙叫了起来:"遭瘟的!你来为割我耳朵的!我喊出来不好听啊!"到悟空被捉,大家关在一起,吊在梁上的八戒也不忘了调侃他,"哈哈的笑道:'哥哥啊,耳朵吃不成了!'"不过,悟空倒还真不是乱说,卤猪耳朵,在北方今天不也还是非常普遍的下酒菜吗?

《吕氏春秋》还说:"耳闻所恶,不若无闻;目见所恶,不若无见。故雷则揜耳,电则揜目。"不愿听的就不听,不愿看的就不看,非常消极,见之于社会生活,则是有害了。东汉王符《潜夫论》云:"国之所以治者君明也,其所以乱者君闇也。君之所以明者兼听也,其所以闇者偏信也。"这就是我们熟知的"兼听则明,偏信则暗"。唐太宗时问:"为君者何道而明,何失而暗?"魏徵给他讲的也是这个道理,《新唐书·魏徵传》有相关记载。魏徵举"秦二世隐藏其身,以信赵高,天下溃叛而不得闻;梁武帝信朱异,侯景向关而不得闻;隋炀帝信虞世基,贼遍天下而不得闻"为例,得出结论:"君能兼听,则奸人不得壅蔽,而下情通矣。"

《唐语林》云,"安史之乱"时圣善寺的银佛"为贼将截一耳",白居易后来"用银三铤添补"。及武宗灭佛,"命中贵人毁像,收银送内库"。结果拆的人说:"白公所添铸,比旧耳少银数十两,遂诣白公索余银。"有人栽赃还是乐天真的动了手脚,要就教于方家了。

大耳朵

一个人在一届奥运会夺得8枚金牌!这个前无古人的奇迹是美国"神童"迈克尔·菲尔普斯在刚刚结束的北京奥运会上创造的。实际上,菲尔普斯在得到第5金时就已经创造了一项历史——加上上届获得的6金,成为获得奥运会金牌最多的运动员。

这个神奇小子在外貌上给人印象至深的,是他那对大耳朵。前些天,英国报纸披露了菲尔普斯的八大秘闻,其中之一是他在学生时代经常被同学嘲笑,因为他的口吃和那对大耳朵。但凡人身体上的某个部位异常突出,大或者小,都很容易成为身边人议论的焦点,这一点可能中外皆然。

民国时,胡适给好友杨杏佛起外号为"杨大鼻子",并赋诗戏之曰:"鼻子人人有,惟君大得凶。直悬一宝塔,倒挂两烟囱。亲嘴全无伤,闻香大有功。江南一喷嚏,江北雨蒙蒙。"人以胡适诙谐幽默,不过,后面这两句出自清朝姚元之《竹叶亭杂记》。元之云其同乡张若瀛"生平喜作诗,不求甚工,谐谑语颇多趣致",其中就有五律"嘲大鼻",可惜他只录了"江南一喷嚏,江北雨蒙蒙"两句,未见五律全貌。胡乱猜测,胡诗全文照录也说不定。《鸡肋编》云:"建中靖国(宋徽宗年号)初,韩忠彦、曾布同为宰相,曾短瘦而韩伟岸,每并立廷下,时谓'龟鹤宰相'。"个子一高一矮,反差大了点儿,难免被大家调侃一下。

　　大耳朵在咱们这里也会被调侃,但传统观念的深处,是把耳朵大当作一种贵相来看待的。寺院里的佛像,耳朵都大得出奇,一种观点认为就是中国传统文化对其形象塑造的影响。《三国志》载刘备是大耳朵,说他"身长七尺五寸,垂手下膝,顾自见其耳",回下头能看见自己的耳朵,耳朵不仅大,而且可能跟脑袋呈垂直状,也就是招风。大,则必然呈招风状吧。史家这样说或许有夸大的成分,但在吴宇森电影《赤壁》里,演刘备的尤勇的耳朵还是太寻常了些,犹如张国立演纪晓岚时拿的那根烟袋,连大的边儿也沾不上。小说《三国演义》里,吕布在白门楼被擒,求刘备向曹操说情,"玄德点头";而在曹操征求意见时,刘备旋即又暗示当杀之以除后患,气得吕布对着他说:"是儿最无信者。"殒命之际,还回头大骂:"大耳儿!不记辕门射戟时耶?"史书《三国志》中,吕布骂的是"是儿最叵信者"。吕布未必是要将大耳朵的人一概打倒,专指刘备罢了。刘备"不甚乐读书,喜狗马、音乐、美衣服",且"喜怒不形于色",再加上其振兴汉室的行为举止,使之多少该定位为政治家吧。不记得西方哪位哲人说过:如果一个人早晨说过的话到中午还算数,那他就不配当个政治家。所以吕布临终之怒,正如后人所精辟概括的:"恋妻不纳陈宫谏,枉骂无恩大耳儿。"

　　唐朝的德宗皇帝很欣赏大耳朵的人。《新唐书·叛臣传》载,他称赞李忠臣的耳朵:"卿耳大,真贵兆。"谁知李忠臣听了非但没有喜滋滋,反而赶快给自己头上扣个屎盆子:"臣闻驴耳大,龙耳小。"因为他不理解德宗为什么要这么说,就采取了这种典型的自贱却可以自保的手法。驴才耳朵大,怎么能跟龙比呢? 其实,龙是虚拟的动物,耳朵什么样,没人知道,也无从知道。但德宗听了果然很高兴,"喜其野而诚"。然而,此语野则野矣,诚则未必,他的名字叫作"忠臣",却正像朱温改名朱全忠一样,其实对李唐"全不忠"。史书把李忠臣记载在"叛臣"里面,也一定程度地说明问题了。

《太平广记》卷四百八十二有一则"飞头獠",说"南方有部落民,其头能飞",飞的时候"以耳为翼"。钱锺书先生认为"语诞而有理"。以常理思之,耳朵能当翅膀来用,肯定得是大耳朵。在《西游记》第三十回里,吴承恩正发挥了这一想象。唐僧被黄袍怪点化成一只斑斓虎,此前他昧心赶走了孙悟空,剩下的猪八戒、沙僧以及化成小龙的白马又都打不过黄袍怪,小龙就要八戒"趁早儿驾云回上花果山,请大师兄孙行者来"。于是,八戒"收拾了钉钯,整束了直裰,跳将起去,踏着云,径往东来"。因为"正遇顺风",他便"撑起两个耳朵,好便似风篷一般,早过了东洋大海,按落云头"。悟空、沙僧他们腾云驾雾,都没有利用过耳朵加速前进,显然是耳朵不及八戒的大,产生不了风篷的效果。

不过,在泳池中,菲尔普斯的大耳朵肯定当不了翅膀用。他之所以能够成为奥运史上最伟大的运动员之一,归根到底在于他先天的身体特质——猿臂、蛇腰、短腿、超强心脏,以及后天的发奋努力。据说他的刻苦程度让常人难以想象,每天四点起床,泡在泳池里的时间超长,每天游的距离多达12英里,每月会参加20多次大小赛事。他自己也认为:"我知道没有人比我训练更刻苦。"

聋

昨日途径中山二路一带,见到关于"助听器"的店铺颇多。这自然是依附中山大学附属第一医院之故。助听器是听力障碍者使用的辅具,用来弥补听力损伤所造成的缺陷。如果患者双耳均不能听到任何声音,俗话来说就是耳聋。三国时的韦昭说过:"耳不别五声之和曰聋,生而聋曰聩。"

那是韦昭注解《国语·晋语四》"聋聩不可使听"时说的,所谓聩,便是先天性耳聋。后天耳聋,今人指出有环境、外伤、药物和化学制剂等因素,古人则认为过于专注也可能导致这种后果。如《阅世编》讲到吴中吹笛子的名家,"前有某,今为孙霓桥",这老孙就是"以吹笛病耳聋,又号孙聋"。又如《扬州画舫录》讲到蒋征蔚,"自天文地理、句股算术、诗文词曲,无所不通"。可惜的是,"年方弱冠,沈心疑格,双耳遂聋",太用功了,年轻轻地就听不见了。是否如此,姑妄听之。

可以肯定的是,聋,又没有相应的助听设备,对古人的困扰相当之大。《汉书·黄霸传》载,许县县丞老且"病聋",职司监察的督邮"白欲逐之",要把他打发回家。黄霸说,那人"虽老,尚能拜起送迎,正颇重听,何伤?且善助之,毋失贤者意"。黄霸的用意更在其后:"数易长吏,送故迎新之费及奸吏缘绝簿书盗财物,公私费耗甚多,皆当出于民,所易新吏又未必贤,或不如其故,徒相益为乱。凡治道,去其泰甚者耳。"折腾一番,滋生弊端不说,来个啥人还不知道呢。

《墨客挥犀》中的尚书杨某没有许丞这般幸运,"以耳聋致政"。乡里有户高姓人家,"赀颇厚",高家两个儿子,"小字大马、小马,业明经,屡上谒"。老杨虽不大瞧得起,以里闬之故,还是"常待以温颜"。社日那天,小马带来一壶酒,告诉老杨:"此社酒,善治聋,愿得侍杯杓之余沥。"本来好心好意,却把老杨惹毛了。他"瞑目良久,呼小仆取笺",写了首绝句:"十数年来聋耳聩,可将社酒便能医。一心更愿清盲了,免见高家小马儿。"老杨可能认为是小马在取笑他吧,实则是所谓民间偏方,《五杂组》也有"俗传社日饮酒治耳聋者"的说法。然老杨如此动怒,根子或在对耳聋致政耿耿于怀。

《聊斋志异·司训》中"教官某甚聋"的故事,则属于蒲松龄的借题发挥了。说那个聋教官跟狐狸很好,虽然聋,但"狐耳语之亦能闻"。所以他"每见上官,亦与狐俱",让狐狸传话,耳聋也就始终没有露馅。过了五六年,"狐别而去",对聋教官有番寄语:"君如傀儡,非挑弄之,则五官俱废。与其以聋取罪,不如早自高也。"你跟个木偶没什么两样,要是不提线,五官都不会动一下,与其将来可能因为耳聋获罪,不如自求清高,辞官回家算了。可惜,"某恋禄,不能从其言",然而既失去依赖,难免"应对屡乖",驴唇不对马嘴。有一回他"执事文场",就是在科场监考一类,唱名之后,学使与大家闲坐。这时,"教官各扪籍靴中,呈进关说",摸出请求关照的考生的信息条子。这显见是当时的一个常态,所以学使见聋教官没动静,笑问你没有人要托吗?聋教官有点儿懵,旁边的人忙用胳膊肘捅他,把手伸到靴子里示意。不料聋教官正

"为亲戚寄卖房中伪器(即闺房之中行夫妇之事的淫器),辄藏靴中,随在求售",以为学使也有这个需求,赶忙鞠躬起对曰:"有八钱者最佳,下官不敢呈进。"结果可以想象,"一座匿笑"之余,"学使叱出之,遂免官"。

听力障碍的用词,耳聋、重听之外,还有耳闭、耳重等等。前面说了,那个有宝贝葫芦的银角大王,如果他叫谁,谁答应了,就能把谁装在里面,再贴上一张帖子,"他就一时三刻,化为脓了"。孙悟空事先知道厉害,用"者行孙"的名字来骗他。到妖怪真叫了,孙悟空还是心里犯嘀咕,推说"我有些耳闭"。《南史·蔡撙传》中的蔡撙,也是装作耳闭。梁武帝"尝设大臣饼,撙在坐。帝频呼姓名,撙竟不答,食饼如故"。武帝觉其负气,乃改唤蔡尚书,蔡撙这回放下筷子答应了。武帝曰:"卿向何聋,今何聪?"蔡撙认为以自己的身份地位,"陛下不应以名垂唤"。武帝"面有惭色",说明蔡撙说得有道理,并非一定要摆个谱。

春秋时,晏子谏言齐景公:"朝居严则下无言,下无言则上无闻矣。下无言则吾谓之喑,上无闻则吾谓之聋。"大臣都不敢说话,君主靠什么了解下情呢?聋喑,在晏子看来对国家之治是十分有害的。他进而指出:"夫治天下者,非用一士之言也,固有受而不用,恶有拒而不受者哉。"他说了,你可以当他没说,却总不能连说都不让。

生活中,耳聋严重影响人的生活质量。然而,唐朝代宗说:"不痴不聋,不作家翁。"清朝李渔说:"略带三分拙,兼存一线痴;微聋与暂哑,均是寿身资。"这一类,如郑板桥所概括,属于难得糊涂,瞄准聋的社会学属性一面了。

舌

科学巨匠爱因斯坦有一张著名的吐舌照片。背景资料说,那是1951年3月爱因斯坦72岁生日那天所摄。时天色已晚,老人很累,坐上车准备回家,但摄影师仍然紧追不舍。爱因斯坦便作出了这个表情,尽显其顽童心态的一面。

舌,辞书释义为口中辨味、助嚼、助发音的器官。王冰注《素问·阴阳应象大论》之"在窍为舌"云:"舌,所以司辨五味也。"这是辨味。《水浒传》第五十三回,李逵要跟着戴宗去寻公孙胜,戴宗开了个条件:"须要一路上吃素。"李逵表面上答应,然而路上却被戴宗发现偷偷地"讨两角酒,一盘牛肉,在那里自吃",于是第二天上路便对李逵捉弄一番,直到其求饶。戴宗道:"你如今敢再瞒我吃荤么?"李逵道:"今后但吃时,舌头上生碗来大疔疮!舌头上长个疔疮,会疼得没法吃饭,这可以算是不能助嚼了。疔疮长不了碗那么大,李逵这么说,表明自己是在发毒誓。

《诗·小雅·雨无正》有"哀哉不能言,匪舌是出,维躬是瘁"句,此中之舌,就是助发音了。诗人悲愤自己不能说话,不是口舌笨拙,而是忠言逆耳,说了则使自己陷于忧病的境地。紧接着的"哿矣能言,巧言如流,俾躬处休",与之形成鲜明对照:看看那些会说话的,尽是谄媚小人,"哿矣",开心啊,得志啊。这样一对比,

舌 41

那个厌恶忠良喜欢谀佞的昏主形象跃然纸上。

舌头还有社会功能的一面。

前人把翻译就叫作舌人。《国语·周语中》云戎狄来进贡，"不俟馨香嘉味，故坐诸门外，而使舌人体委与之"。韦昭注曰："舌人，能通异方之志，象胥之官也。"象胥，是翻译的另一称谓。《新唐书·突厥传上》同样拎出了这件事，且解释说，这是因为"礼让以交君子"，戎狄不是君子，所以"圣人饮食声乐不与之共，来朝坐于门外，舌人体委以食之，不使知馨香嘉味也"。这种居高临下的心态及其行为，到鸦片战争时还屡见不鲜。

《史记·张仪列传》载，张仪游说诸侯，"尝从楚相饮，已而楚相亡璧"，楚相食客们认为肯定是张仪偷了，于是"共执张仪，掠笞数百"。张仪死活不承认，也只好放了他。张仪老婆既气愤又心疼："嘻！子毋读书游说，安得此辱乎？"张仪倒不觉得什么，谓其妻曰："视吾舌尚在不？"妻子笑了，在啊。张仪说，那就行了。张仪吃的是游说这碗饭，舌头当然无比重要。《三国演义》里有诸葛亮舌战群儒，晋朝殷仲堪"每云三日不读《道德论》，便觉舌本间强"。诸如此类，都是舌头超越生理功能的一面。

对诸葛亮这种能言善辩的人，正面描绘的词语叫舌剑唇枪，反面则叫巧舌如簧，正反均不离舌。后者亦出《诗·小雅》，《巧言》章云："荏染柔木，君子树之。往来行言，心焉数之。蛇蛇硕言，出自口矣。巧言如簧，颜之厚矣。"识者指出，这是讽刺周王听信谗言、放任谗人祸国的诗。"颜之厚"者，世世不乏。此外，话说得太多叫舌弊，理屈词穷叫舌举，以授徒讲学谋生干脆叫舌耕，亦皆有典。如舌弊，《战国策·秦策一》苏秦说秦王应善于纳谏，而"舌弊耳聋，不见成功"，大家舌头都说疲了，仍然装作听不见是不行的。如舌举，《庄子·秋水》魏之公子牟"隐机大息，仰天而笑"

的一番作答,令"公孙龙口呿而不合,舌举而不下,乃逸而走"。如舌耕,王嘉《拾遗记》云,贾逵靠收门徒而致富,人曰其"非力耕所得,诵经口倦,世所谓舌耕也",不用出力,动动舌头就行。这当然是对脑力劳动的极大误解。

因此,倘若不让人说话,前人也每做舌头文章,釜底抽薪是也。《资治通鉴》载,杨坚以儿子蜀王杨秀"蠹害生民",将之交付法办。庆整从杨家考虑谏曰不可,已经废了一个,死了一个,还弄这个?且"蜀王性甚耿介,今被重责,恐不自全"。结果杨坚大怒,"欲断其舌"。《新唐书·忠义传》载,"安史之乱"中颜杲卿被安军俘虏,"贼胁使降,不应",并瞋目大骂安禄山:"汝营州牧羊羯奴耳,窃荷恩宠,天子负汝何事,而乃反乎?我世唐臣,守忠义,恨不斩汝以谢上,乃从尔反耶?"因为颜杲卿大骂不绝,"贼钩断其舌,曰:'复能骂否?'"明初朱元璋有条禁令:"在京但有军官、军人学唱的,割了舌头。"另外下棋的,刴手;踢球的,刴脚。何以如此凶残?很可能是朱元璋鉴于击败张士信得出的教训,概张士信"军中常载妇人乐器自随,日以樗蒲、蹴鞠、酣宴为事,诸将往往效之,故至于败"。

金埴《不下带编》云,意大利人利马窦总结过另一种教训:"士君子不可不慎言也。"因为"舌在口中,如鸟在笼中。鸟从此树飞彼树,言从此人飞彼人,故曰口为飞门,"不过,按中医基础理论,唇才是飞门,所谓七冲门之一。七冲门,即整个消化系统中的七个冲要之门。利马窦对中华文化还所学未精啊。

当年李逵那次行程中,听说他悄悄斧劈的罗真人没死,"吃了一惊,把舌头伸将出来,半日缩不入去"。词语中,人在惊呆之时也每以舌头配合,只是现实中,未必真的像爱因斯坦那样吐出来就是。

好嗓子

时下通过唱歌来选拔什么的电视节目很多,上至央视,下迄地方台,周末打开电视机,大抵都在进行多少强进多少强的PK。从这类节目中胜出,前提是要有一副好嗓子,虽然有的比赛附以歌手素质考核,但连将别国国旗认为自家国旗的也照样可以进入决赛,可知这考核跟没有差不了多少。

"十年窗下苦,不及一声嗥。"此乃清朝人士对单纯好嗓子人的一句谑语或感叹。当然,他们指的并不是唱歌,但说的是如果有副好嗓子则胜读十年书绝对不错。这句话移来今天,尚未落伍。前几天,950万学子参加了今年的全国高考,考不上的就不用提了,即使考上的,几年后还得在火爆的就业市场中苦战一番。其实你即使是"状元"之类,大约也不会像超女李宇春那样可以荣登人家《时代》杂志的封面,更不要说"嗥"过数声,登时可以赚得盆满钵满。

自古以来,好嗓子都是安身立命的一项好资本。唐朝开元年间的李氏三兄弟(龟年、鹤年和彭年)颇有盛名,他们就一个靠跳舞、两个靠嗓子而深得玄宗宠信。其中,龟年的歌经过杜甫的渲染而千载留名,"岐王宅里寻常见,崔九堂前几度闻"云云。《开元天宝遗事》另载,玄宗宫里还有个叫永新的宫妓"最受明皇宠爱",

她的强项在于"每对御奏歌,丝竹之声莫能遏"。玄宗曾对左右说:"此女歌直千金。"这就是说,永新从众多宫妓中能够脱颖而出,好嗓子功不可没。玄宗还有好多妃嫔,多得让他花了眼,经常不知道"幸"哪个才好。晋武帝是散朝之后坐上羊车,车到哪儿去哪儿,惹得宫女们不得不"以竹叶插户,盐汁沥地,以引帝车"。大约由此受到启发,玄宗干脆让妃嫔们头上"争插美花",他自己则"亲捉粉蝶放之",蝴蝶落在谁的头上就是谁。这里面,穷奢极欲当然是根本,但对那么喜欢音乐的玄宗来说,妃嫔里倘有一两个嗓子好的,怕也用不着争装扮即可胜出。

《水浒传》里的梁山一百单八将,各色人等齐备,自然也少不了嗓子好的,铁叫子乐和是也。用他自己的话说,所以得"铁叫子"这一绰号,在于"人见我唱得好"。这个人虽然"说起枪棒武艺,如糖似蜜价爱",但却从来没见他这方面的本领如何施展,给人印象最深的就是亮嗓子。梁山好汉排定座次之后庆祝重阳节,宋江叫宋清安排大筵席,会众兄弟同赏菊花,"但有下山的兄弟们,不论远近,都要招回寨来赴筵"。于是乎,马麟品箫,乐和唱曲,燕青弹筝,梁山上其乐融融。不过,当乐和在宴会上高唱宋江"一时乘著酒兴"作的《满江红》时出了事情。到"望天王降诏早招安,心方足",武松先嘟囔了句一天到晚想着招安,"冷了弟兄们的心";黑旋风则不管三七二十一,大骂"招安招安,招甚鸟安",然后"只一脚,把桌子踢起,颠做个粉碎"。气得宋江当场把李逵"监下",事后权且在其项上"寄下一刀"。记得在上个世纪评《水浒》时,这一段是梁山革命路线反对投降路线的生动事例。通观《水浒传》,这里似乎是乐和惟一展示才艺的地方,不过也就是亮了亮好嗓子而已。

光是唱歌就没得说了,否则,单凭一副好嗓子取人很容易看走眼。《世载堂杂忆》云,民国时曹锟的发迹得益于好嗓子。袁世凯小站练兵,"一日静坐幕中,闻外有肩布走售者,呼卖声甚洪壮,异之,使人呼入,即曹锟也"。于是,袁乃"劝其入小站投军",因为"成绩甚佳,屡蒙不次之擢"。在权大势大之后,曹锟甚至想弄个总统干干。怎么办呢?袁世凯敢派军警组织"公民团"包围国会,胁迫大家投他的票,否则谁也别回家吃饭;曹锟没那个胆量和魄力,但是有钱,据说花了1350万大洋,当上"贿选总统"。不过,当时的国会、议员也分别赢得了"猪仔国会""猪仔议员"的诨号,在民国史上留下了丑陋的一页。前几年我在北京看望新华社的一个朋友,意外地发现"猪仔国会"旧址就在他们宿舍的院子里。

"十年窗下苦,不及一声嗥",事见《养吉斋丛录》。古人动辄祭祀,清初连明朝的崇祯皇帝亦如此对待。乾隆认为,明朝不是亡在了崇祯手上,而是亡于万历、天启,那两朝太"昏庸失德"。对祭祀时诵读祭文,乾隆要求"声音宏亮,高下得宜"。诵读者本来是"临时简派"的,后来有了专人。于是,"习其业者,日夜演赞,务极宏远之音。累月经年,乃就娴熟。选充斯职,即获翎顶";如果工作没出什么毛病,"多有晋品秩、换花翎者"。明白了这些背景,你再咀嚼那句谚语,是不是精辟至极?

朗读

《中国诗词大会》成功之后,央视又同时推出了《见字如面》《朗读者》等大型文化情感类节目。其中,后者仍由因《中国诗词大会》而大热的董卿来主持,节目的影响力远远超过了《见字如面》。《朗读者》的朗读内容涵盖颇广,有翻译家许渊冲的弟子用中英法文为他朗读的文学经典,有作家贾平凹的《写给母亲》,也有企业家柳传志在儿子婚礼上的个人感受。

朗读,犹言朗诵,即大声诵读。这是我们文化传统中的一种读书方法。书声琅琅,每为旧时学堂一景。鲁迅先生《从百草园到三味书屋》中有生动的描绘:先生一句"读书","于是大家放开喉咙读一阵书,真是人声鼎沸"。先生自己也读,"后来,我们的声音便低下去,静下去了,只有他还大声朗读着"。追溯的话,《周礼·春官》已载:大司乐"以乐语教国子,兴、道、讽、诵、言、语"。郑玄注:"倍(背)文曰讽,以声节之曰诵。"诵,就是朗读。《论语·子罕》篇云:"衣敝缊袍,与衣狐貉者立而不耻者,其由也与?'不忮不求,何用不臧?'"子路因而"终身诵之",老是叨念这两句。孔子是说,穿着破烂旧丝袍子而与穿着狐貉裘的人比肩而立却不觉得惭愧的,恐怕只有子路。不难想见,缊袍之弊与狐貉之盛,以其反差太大,很容易因贫富之念动而耻心生。"不忮不求,何用不臧",《诗·邶风》中的句子,什么意思呢?忮,害也;求,贪也;臧,善也。前人就此的阐释很多,比如,"忮者,嫉人之有而欲害之也。求者,耻己之无而欲取之也。是皆为外物之所累者也。能于外物一无所累焉,则何往而不善哉"。又比如,"夫耻己之无而恨人之有则忮,耻己之无而羡人之有则求,天下只此两类矣,而苟不之,何所为而不善"。归结起来,讲的都是人所应该追求的德行之美。

与诵类似的,还有吟。《庄子·德充符》有"倚树而吟",成玄英疏曰:"行则倚树而吟咏。"吟咏,亦为有节奏地朗读。

韩愈《进学解》与李商隐《与陶进士书》,均提到了朗读。《进学解》借弟子之口,说某个国学先生——其实是韩愈自己——的人生相当失败,虽然"口不绝吟于六艺之文,手不停披于百家之编",但是"公不见信于人,私不见助于友。跋前踬后,动辄得咎。暂为御史,遂窜南夷。三年博士,冗不见治。命与仇谋,取败几时。冬暖而儿号寒,年丰而妻啼饥"。别的且不计较,这里的"口不绝吟",显然是韩愈倡导的达成"业精于勤,行成于思"的途径之一。《与陶进士书》是李商隐自道早年的坎坷。其"被乡曲所荐,入来京师,久亦思前辈达者,固已有是人矣。有则吾将依之"。但是几年过去了,"寂寞往返其间",且"卒无所得",找不到伯乐。又有人出主意,你的东西"宜贡于某氏某氏,可以为子之依归矣"。马上去了,然而人家呢,"乃复有置之而不暇读者;又有默而视之,不暇朗读者;又有始朗读,而中有失字坏句不见本义者"。大抵在李商隐看来,看文章"默而视之"不行,必须得朗读。这段经历显然对李商隐的打击很大,"故自(文宗)大和七年(833)后,虽尚应举,除吉凶书,及人凭倩作笺启铭表之外,不复作文",而"文尚不复作,况复能学人行卷耶?"把自己科举迭遭失利,亦归咎为这一时期。

如果将"朗读"拆开来看,朗,有声音洪亮的意思,因其如此,一不小心就可能会滑向"朗言"——大话,吹牛。《西游记》第四十六回,虎力大仙弟兄三个要与孙悟空比本领,打赌"砍下头来,又能安上;剖腹剜心,还再长完;滚油锅里,又能洗澡"。虎力大仙说:"我等有此法力,才敢出此朗言。"结果悟空被砍掉的头,给鹿力大仙做了手脚,"即念咒语,教本坊土地、神祇:'将人头扯住,待我赢了和尚,奏了国王,与你把小祠堂盖作大庙宇,泥塑像改作正金身。'"而"那些土地、神祇因他有五雷法,也服他使唤,暗中真个把行者头按住了"。因此,任悟空怎么叫"头来",他"那头一似生根,莫想得动"。但悟空大喝一声,"飕的腔子内"可以再"长出一个头来"。虎力大仙被砍掉的头,则被悟空用毫毛变作的黄狗叼走,扔进河里,令它"须臾,倒在尘埃"。第五十一回,魔王瞧不起前来挑战的哪吒三太子,也说了句:"量你这小儿曹有何武艺,敢出朗言。"

研究者指出,朗读有助于读者更好地进入作者营造的情境中,从中培养语感,更好地调动自己的人生体验,来想象作品所描绘的意象,体会作品的意境。然朗言之外,朗读本身也未必会天然带来奇效。《论语·子路》篇:"诵《诗》三百,授之以政,不达;使于四方,不能专对;虽多,亦奚以为?"孔子是说,即使把三百篇《诗》朗读得滚瓜烂熟,为政不顶事,出使不胜任,又有什么用呢?对于《朗读者》这样的文化栏目,营造出相应的文化氛围非常必要,但如果以为它可以承载某种使命,怕也是缘木求鱼。

须

世界之大,趣事多多。当地时间 10 月 3 日,2015 世界胡须锦标赛在奥地利莱奥冈开幕。比什么呢?造型。比赛项目分三个大类别:大胡子、胡子和部分胡子;大类别中又细分出十几个单项。来自世界各地的 300 多名参赛者报名参加这项了奇葩赛事。第一届,1991 年在德国举办。

我们中国人胡须最漂亮的,不用比,该首推关羽关云长,那个"美髯公"的雅号已经道明一切。《三国志·蜀书·关羽传》载,马超来降,关羽不大了解他,就写信给诸葛亮,"问超人才可谁比类"。诸葛亮"知羽护前",这么回信:"孟起兼资文武,雄烈过人,一世之杰,黥、彭之徒,当与翼德并驱争先,犹未及髯之绝伦逸群也。"诸葛亮是说,马超这人呢,在以前跟黥布、彭越差不多,现在充其量能比肩张飞,跟你可就没法比了。髯,即指关羽。关羽的须髯漂亮,所以诸葛亮专挑他最得意的地方来指代其人。护前,意谓逞强好胜,不容许他人争先居前,关羽的那点儿小心机早被诸葛亮看透了。果然,"羽省书大悦,以示宾客"。《水浒传》天罡星里有个朱仝,完全是克隆版的关羽,"有一部虎须髯,长一尺五寸,面如重枣,目若朗星,似关云长模样,满县人都称他做美髯公",连绰号都照搬不误。施耐庵或许已有偶像崇拜的情结,笔下的不少人物都生活在前人的影子里。如小温侯吕方,"平爱学吕布为人,因此习学这枝方天画戟";类似的还有小李广花荣、病尉迟孙立等。要么呢,是施氏终归有些笔拙,为了让一百单八将个性鲜明,只好顺手牵来现成的东西。

关羽的须髯美到什么程度?如今随处可见的各种关二爷塑像大抵都有展示。书上说"髯长二尺",那是标准尺寸,大小塑像自然要因像而异。关公家乡——山西运城——火车站前广场的那座我看过,二尺的话就小得没法看了;而店铺里供奉的,往往塑像本身都还不到二尺,髯长也只有退上一步。不管多长吧,那种须髯就像京剧里老生的扮相,瀑布一样直下来的,与之相映成趣的则是虬髯,卷曲的。代表性的当推杜光庭传奇《虬髯客传》,就是"红拂夜奔""风尘三侠"的那个故事,其中一侠即虬髯客。隋末,其亦有逐鹿中原之志,及见到"神气清朗,满坐风生,顾盼炜如"的李世民,乃主动退出竞争。虬髯客也是有名字的,叫张仲坚,而杜光庭一口一个"虬髯客",显然是沿用了诸葛亮的做法。天然去雕饰,虬髯客倘在今世,大可径直去奥地利参赛了。

在日常生活中,关于胡须,不拘长短,留下了颇多趣事。

《清稗类钞·才辩类》载,王丹麓好客,身边云集了不少富家子弟。某天有人说孔子没胡子,现在的塑像都弄错了。大家问他怎么知道的,他说《孔丛子》里面有嘛,子思告齐王曰:"先君生无须眉,天下王侯不以此损其敬。"这时王丹麓六岁的儿子说话了,那么孔子也没有眉毛吗?那人答不上来。俞樾《九九消夏录》提到某县学石刻圣贤图赞,因为孔子的弟子樊迟名须,就画了一个大胡子;梁鳣字叔鱼,就画他拿着一条鱼,"是可一大噱矣"。为啥要大笑,毋庸赘言了。

《清稗类钞·豪侈类》里还有这么个故事。顾威明的曾祖,明

须　51

朝时"曾出银十万四千余两,置义田四万八千余亩,合郡皆食其德",但是顾家渐渐衰落了,"至威明已饘粥不给矣",就在这时,"朝廷忽下所司尽还其产"。顾威明好赌,又酷好观剧,像拆迁户一样忽然面对这么多钱有些不知所措,"遂聘四方伶人演汤临川《牡丹亭记》"。但是演杜丽娘的那个演员不知什么原因"已蓄须矣",如果演,就提了条件:"俗语去须一茎,偿米七百,倘勿吝,乃可从命。"顾威明笑了,这种条件实属小事一桩。"即令一青衣从旁数之,计削须四十三茎,立取白粲三百石送其家"。饶是蓄了,也才只有 43 根,怪不得还能演杜丽娘了。

粤语俚语里有"老猫烧须",是说经验丰富的人有时也会出错。生活中,人之须被烧,也是常态。唐朝李勣已贵为仆射,姐姐病了还是亲自给她熬粥,因有"釜燃辄焚其须"。李勣要表达的是,姐姐年纪大了,自己也老了,"虽欲久为姊粥,复可得乎?"姐弟之情,溢于言表。这是私域,公域里的模范则是北宋韩琦。其为定州帅,"夜作书,一侍兵执烛他顾,烛歘,燃公须"。韩琦没当一回事,继续写,并且他还担心那侍兵受罚,为之开脱。唐太宗时,授司农卿李纬为户部尚书。太宗让人问问房玄龄的看法,打听回来的人说,玄龄"但云'李纬大好髭须',更无他语"。太宗由是改授李纬洛州刺史,他明白玄龄的潜台词:不合适。玄龄为官之妙毕现无遗,既没说太宗用人不当,也没说李纬的能力与资质都不足,只说李纬有一把好胡子,其他尽在不言中,同样达到了进谏的目的。

到世界胡须锦标赛参赛的胡须,自然是艺术化了的胡须。看那些参赛者的各种胡须创意造型,你不能不钦佩人家的创意,司空见惯的胡子竟然也可以做这么大的文章,至于能走向世界。时下我们在经济社会领域的方方面面都强调创新,生活中有无创意或是工作中有无创新的前提吧,基因嘛。

胡子

雅典奥运会前,小巨人姚明立下了"不进八强半年不剃胡子"的誓言。于是,关于姚明胡子的去留一时间成了热门话题。小组赛最后一场,如果赢不了世界冠军塞黑队,则中国队就进不了前八,而在赛前,这被认为是不可能完成的任务。有人便给姚明的胡子详列了半年之内的养护守则,但终果中国队却赢了,人们也为姚明的胡子松了口气。果然,八强第一仗对立陶宛,姚明就把胡子剃干净了。

好在中国男篮进了前八——尽管只是第八,不然,胡子问题恐怕也要困扰姚明了。抛开他那个鹤立鸡群的大个子不谈,蓄了半年的胡子,在国人的行列中也会显得相当突兀。现在毕竟不同于古代,那个时候的"美髯公""虬髯客"好像随处可见,看俩皇帝吧。《汉书》说刘邦便是"美须髯",颜师古注曰:"在颐曰须,在颊曰髯。"这就是说,刘邦面颊上长着的是连毛胡子。唐太宗也是,《酉阳杂俎》说他"虬髯,尝戏张弓挂矢",浓密的程度可窥一斑。杜甫诗有"虬须似太宗,色映塞外春"。《清异录》云太宗"虬须壮冠,人号髭圣"。虬须者何?胡三省注《资治通鉴》曰:"虬须,卷须也;直视者,目不他瞩也。"如此种种,再加上《唐语林》中的"李炅鼻高""萧嵩多须"等等,被陈寅恪先生用以证明"唐为鲜卑种"。

古代的胡子客既多,围绕胡子也产生了不少故事。

《隋唐嘉话》云,山水诗鼻祖晋朝谢灵运的胡子很漂亮。他是以叛逆罪在广州被杀头的,临刑之前,不捐器官捐胡子,捐给了祇洹寺的维摩诘像,权当那塑像的胡子。对谢灵运的遗胡,"寺人宝惜,初不污损",不过到唐中宗时,安乐公主玩"斗百草",派人"驰驿取之",弄了若干根不算,因为"又恐为他人所得,因剪其其余,遂绝"。斗百草,国人端午节传统游戏之一,刘禹锡诗曰"若共吴王斗百草,不如应是欠西施",说的是春秋末期,吴王和西施就已在宫中玩此游戏了。清朝有人考证说,《诗·周南·芣苢》讲的就是斗百草的歌谣。芣苢,车前子,玩斗草的好材料。斗草游戏主要是比较草的韧性,让两草交叉,两人各捏草之两头,用力拉扯,草被拉断的一方为败,不断的一方为胜。斗百草也可以是斗花,较量花茎的韧性。不管怎么说,胡须并不是要用的材料,安乐公主为什么打谢灵运遗胡的主意,比较费解,难道要以须充草来作弊不成?

《南村辍耕录》云,元中书丞相史天泽本来"须髯已白",然而"一朝忽尽黑",把世祖忽必烈吓了一跳,惊问曰:"史拔都,汝之髯何乃更黑耶?"史天泽说,我染了。染了干什么呢?"臣揽镜见髭髯白,窃伤年且暮,尽忠于陛下之日短矣,因染之使玄,而报效之心不异畴昔耳。"忽必烈听得非常高兴。史天泽或许是真心实意,但宋朝寇準的"促白须以求相",后人则说他"溺于所欲而不顺其自然者也",语出明朝陆容《菽园杂记》。该书亦云,晋代张华《博物志》即有染白须法,然以前大都用以"媚妾",如今"大抵皆听选及恋职者耳",所以,"吏部前粘壁有染白须发药,修补门牙法"。那么,彼时当官的如果想赖在官位上,无须在档案上把年龄改小,而在外貌上加工一番以示仍然"年轻"大概就行了。

白须染黑或者黑须染白以示老成，只是胡子的实用功能之一。元朝时有一位窃贼，夜入浙省丞相府偷盗，时"月色微明，相于纱帷中窥见之，美髭髯，身长七尺"。该相并不急于抓贼，"虑其有所伤犯"，暴露了可能要杀人灭口，而是来个欲擒故纵。第二天，按照记忆中的样子，画影图形责令有司官兵闭城搜捕，却"终不可得"。第二年却无意中擒获此人，原来他的偷盗方式是"脚履尺余木级，面带优人假髯"——用胡子打了个马虎眼。唐朝重臣李勣有次生病，则是用太宗的胡子治好的。医生说得服用龙须灰，太宗于是"剪须以疗之"，李勣"服讫而愈"。这个李勣，就是单田芳评书《瓦岗英雄》里和程咬金他们并肩作战的徐懋功，原本是与李渊父子共同逐鹿中原的李密的部下。李密降唐，他也被赐李姓；李密复叛被诛，是他收葬的，且"为密服，葬讫乃释"。按道理，这是一个"贰臣"，但李渊父子都不这么看。李渊认为他是"纯臣"，世民更认为"公昔不遗李密，岂负朕哉？"李勣病好后，"顿首泣谢"，太宗客气地说："吾为社稷计，何谢为！"后留宴，感激涕零的李勣更"因啮指流血"，大醉之余，太宗还"亲解衣覆之"。瞧，几根胡须，收到了密切君臣感情的功效。

除了"实用意义"，胡子在后世更多的却是符号意义。典型的莫过于梅兰芳先生的"蓄须明志"——不过，据徐城北先生考证，梅先生是做到了这四个字的，但并没有那么轻巧、那么流畅，而且事情远没有到以死相拼的地步，这是另话。姚明的意思，很有些"蓄须铭耻"。宋朝蔡君谟号"美髯须"，仁宗有天问他："卿髯甚美，长夜覆之于衾下乎？将置之于外乎？"君谟答不上来；晚上就寝的时候，思来想去，"以髯置之内外悉不安，遂一夕不能寝"。这段往事，被后人原封不动地、言之凿凿地冠在了张大千及于右任的头上，张冠李戴甚也。

脊梁

不久前，一干艺人——姑且笼统名之吧——如倪萍、田华、张继刚、刘兰芳等获得了"共和国脊梁"功勋人物、杰出人物等称号。如今的奖项多如牛毛，全国评比达标表彰工作协调小组负责人9月份介绍，仅在2006年至2009年期间，由中央纪委牵头，人力资源和社会保障部等部门参与在全国清查各种评比达标表彰项目，除保留4218项之外，其余全部撤销，居然撤了14万个！不过，即便整顿之前，"乱花"纷飞不假，"迷人眼"却不大可能，因为除了当事人，没谁会把奖项当回事，以为评上的那些人或作品真的就了不得。可是，这个"共和国脊梁"还是刺痛了国人的神经，李承鹏先生率先"发难"，一时间"脊梁"万众瞩目。

何以至此？名曰评奖实则敛财的主办机构在名目上玩儿大了，玩儿过了火，玷污、亵渎了带有神圣色彩的"脊梁"二字。脊梁，乃全身骨骼的主干所在，其得名或在于屋之有梁。用作比喻，辞书上说常指人的意志、胆量和节操，也可以是中坚骨干力量。不少历史人物的事迹，也确实诠释了这一点。

南宋谢枋得是与文天祥比肩的民族英雄，他的脊梁如何属于"夫子自道"。其诗曰："万古纲常担上肩，脊梁铁硬对皇天。人生芳秽有千载，世上荣枯无百年。此日识公知有道，何时与我咏游仙。不为苏武即龚胜,万一因行拜杜鹃。"苏武牧羊的故事众所周知,出使匈奴被困十九载,其间"杖汉节牧羊,卧起操持,节旄尽落,及还,须发尽白",而始终不改其志。龚胜相对陌生一些,《汉书》上有他的传:居谏官,基本上不说好听的,"数上书求见,言百姓贫,盗贼多,吏不良,风俗薄",又"制度泰奢,刑罚泰深,赋敛泰重,宜以俭约先下"等。谢枋得另诗曰"平生爱读龚胜传,进退存亡断得明",读的也许就是《汉书》。谢枋得以这两个人为楷模,也是这样践行的。《宋史》说他"一与人论古今治乱国家事,必掀髯抵几,跳跃自奋,以忠义自任"。南宋亡国之后,谢枋得拒绝降元,以《却聘书》言志,虽被掳去大都,终于在那里绝食而死。

明朝王信的脊梁如何则是他称,御史曹璘称之为"脊梁铁硬"。王信"不营私产,金玉奇玩,一无所好",今天"就怕领导没爱好"的赖昌星要是穿越到彼时,根本无从下手。王信笃信的道理其实谁都知道但很少有人做到:"俭足以久,死后不累子孙,所遗多矣。"他原本是个武将,后来总督漕运,结果"帅府旧有湖,擅为利,信开以泊漕艘";并且,"势要壅水,一裁以法,漕务修举"。上任之际,他就曾豪迈地说:"此行当以江水洗涤肺肠,少尽区区耳。"重臣刘大夏说:"予在本兵日,每用一将官,思得王君实(信字)若人,那讨得来!"

在文学作品中也是这样。元杂剧《尉迟恭三夺槊》里,刘文静赞美尉迟恭的那条虎眼鞭十分了得之余,关键是欣赏他"铁天灵,铜脖项,铜脑袋,石镌就的脊梁",所以可以用来"魔障"李建成、李元吉兄弟"杀君杀父的劣心肠"。把这些人物的"脊梁"和今天的300多获奖者相比,难怪大家要骂娘了。其实以前就也还有另外一种脊梁,如《西游记》第二十七回"尸魔三戏唐三藏,圣僧恨逐美猴王",通俗地说即"孙悟空三打白骨精"。妖怪先变作"冰肌藏玉骨,衫领露酥胸"的年轻姑娘,再变作"满脸都是荷叶折"的老太太,最后变作"白发如彭祖,苍髯赛寿星"的老翁,终于被打杀后,现了本相,悟空告诉唐僧:"他那脊梁上有一行字,叫作'白骨夫人'。"今天"脊梁奖"的"脊梁"上写着什么,纸媒网络铺天盖地,基本上没有好听的就是。

李承鹏指名道姓,说"××如果是'共和国的脊梁',那你叫鲁迅情何以堪?"这是用鲁迅先生之矛,来洞穿"脊梁奖"之盾。然而鲁迅先生是这样定义脊梁的:"我们从古以来,就有埋头苦干的人,有拚命硬干的人,有为民请命的人,有舍身求法的人……这就是中国的脊梁。"那些艺人至少算得上埋头苦干的人,则承鹏兄的论据难免头重脚轻。然"脊梁奖"之所以被戳脊梁,谁得奖是次要的,关键在于"一手交钱一手交货"的"评选"方式。有网友贴出了一份《关于参加"中华脊梁"大型文献首发式暨首届功勋中国系列人物颁奖盛典活动》的邀请函,其中标出主办方要求缴纳 9800 元参会费用。"共和国脊梁"与"中华脊梁",虽然名称略有不同,却同由中国经济报刊协会主办。××坚持认为她没花钱,或许不假,但她没花钱不等于别人也没花。评奖沦为交易,正面意义的"脊梁"就变成了反面意义的"伎俩"。不客气地说,当下中国各种奖项的功能早已背离了其本来意义,别看挺多、挺热闹,足可用"悲哀"定性。我倒是担心,从公众讥讽漫骂的程度来推断,"脊梁"的词义就此走向反面。

细腰

继反手摸肚脐、锁骨放硬币之后,"A4 腰"又一夜爆红。所谓"A4 腰",就是比 A4 纸宽度还要窄的腰。于是我们看到,众多女性主要是女星,手拿 A4 纸,自豪地比划在腰前或腰后。A4 纸的宽度我们都知道,210 毫米,那么用数字来衡量,A4 腰就是不超过 210 毫米的腰。直白地说:细腰。

说到细腰,我们马上会想到从前那句著名的"楚王好细腰,宫中多饿死"。完整表述的话,前面还有"吴王好剑客,百姓多创瘢"。这两句俗语的历史相当悠久,《后汉书·马廖传》马廖上疏中,已经是援引那个时代之前的古籍。为了使自己的谏言能够更加说明问题,马廖还提到了一首当下民谣:"城中好高髻,四方高一尺;城中好广眉,四方且半额;城中好大袖,四方全匹帛。"这是说京城的人如何装扮,地方的人就会模仿。马廖认为"斯言如戏,有切事实",能够戳中问题的要害。什么要害呢?换句俗话,就是"上有所好,下必甚焉",这句话带有明显的贬义色彩。因此,楚王所好的细腰,A4 腰虽与之异曲同工,但人们提及此事,还有好斗的吴王(也有越王说),从来都是当作反面教材来举例的,目的也不是要谈论身材纤细与否,而是强调长官凭个人好恶取舍的危害性一面。然而,稍微注意一下不难发现,细腰的针对者开始时指的是朝中文武百官,须眉也;渐渐地变异成了巾帼,尤其是美女。

《墨子》也许是最早提到"细腰"的,检索该词的词源,大抵都会上溯到那里。《兼爱篇》云:"昔者楚灵王好士细腰,故灵王之臣皆以一饭为节,胁息然后带,扶墙然后起。是其故何也?君说(悦)之,故臣能之也。"这话的意思相当清楚:楚灵王喜欢手下有纤细的腰身,所以朝中一班大臣首先是饭不敢多吃,还要时时把腰带束紧,至于难受得要扶着墙壁才能站起来。电影《乱世佳人》中有此类情形,"费雯丽"为了突出自己的细腰,女仆要使劲给她系紧带子,勒得嗷嗷直叫也咬牙坚持。楚灵王的这一癖好大约不是后人的凭空杜撰,《战国策·楚策》"威王问于莫敖子华章"中,威王与子华聊天,问他有没有"不为爵劝,不为禄勉,以忧社稷"的人,子华说有,连同事迹给他列举了五位。威王感叹说现在没有这些人了,子华便给他讲起"昔者先君灵王好小要(腰)"的这段往事。如果是编的,威王恐怕会觉得亵渎祖宗。子华在讲完"楚士约食,冯而能立,式而能起"的惨状之后,来了个自问自答,为什么"食之可欲,忍而不入;死之可恶,然而不避"?是因为"其君好发者,其臣抉拾",上面喜欢什么,下面就会满足什么。那么,"若君王诚好贤",就一定能够网罗到那些人才。子华提到的五位贤人里面有叶公子高,就是那个著名寓言故事中的主角,彼时"叶公好龙"定未问世,但在子华眼里,威王正行其实也。

不知从什么时候开始,细腰成了美人的标准和代称。当然,唐朝崇尚的"丰肥浓丽、热烈放姿",此时先不要介入来抬杠。如《管子·七臣七主》云:"一人之治乱在其心,一国之存亡在其主。天下得失,道一人出。主好本则民好垦草莱,主好货则人贾市,主好宫室则工匠巧,主好文采则女工靡。夫楚王好小腰而美人省食,吴王好剑而国士轻死。死与不食者,天下之所共恶也,然而为之者何也？从主之所欲也。"又如徐陵《玉台新咏序》模拟了一位方方面面都非常完美的丽人，"楚王宫里，无不推其细腰；卫国佳人，俱言讶其纤手。阅诗敦礼，岂东邻之自媒；婉约风流，异西施之被教"。温庭筠亦有诗云："黄莺不语东风起，深闭朱门伴细腰。"干宝《搜神记》将细腰拟人化，却原来又是杵，殊为不解。舂米或捶衣的杵，不是一头粗一头细的圆木棒吗？《西游记》里，孙悟空和玉兔变身的妖怪交手，不认得对手的兵器，但"见那短棍儿一头壮，一头细"，原来是玉兔的捣药杵。杵之"腰"该在哪里？此外我们还可以看到，"好细腰"的后果也在逐渐升级。《晏子春秋外篇·重而异者》云："越王好勇，其民轻死；楚灵王好细腰，其朝多饿死人。"这里还是"朝"。《韩非子·二柄》云："越王好勇，而民多轻死；楚灵王好细腰，而国中多饿人。"这里就是"国"了。越来越"夸大"，某种程度上表明人们对长官意志危害的认识越来越深刻。

倘若"好细腰"的确滥觞于《墨子》，则趋之者从朝臣惟恐不达转为美人竞相争宠，实际上便失去了墨子的本意。虽然"从主之所欲"的这一核心内容没有改变，但朝臣取媚与美人取悦，完全不是同一个性质，后者只是个人的，前者则是社会乃至社稷的。因此，"细腰"承载者身份的这种"转变"，严重矮化了墨子此论的哲学价值。"将计就计"来看直接后果，在楚灵王欣赏细腰的第二年，朝士们的面孔都"有黧黑之色"，黑黄黑黄的，看上去极不健康。今天的细腰，倘若同样是饿出来的、勒出来的，而不是健身出来的，弥漫的便同样是一种恶俗的审美趣味。从前说细腰，一句"杨柳小蛮腰"足以诗情画意，如今细的程度居然变得可以"计量"了。但是，称得上"进步"么？

小蛮腰

广州新电视塔落成好久了——至少表面看去吧,却迟迟没有名字。当然,这样说不十分准确。去年(2009)曾经热热闹闹地搞过一个全球征集,还花了 10 万大元,可惜悬赏出来的那名字连主办方自己后来也羞于提起。于是,赏金照给,那个"姥姥不亲,舅舅不爱"的名字就不要了。反正中国花钱买教训的事情数不胜数,添此一个实在不算什么。

其实,悬赏还没开始的时候,民间对新电视塔已经约定俗成为"小蛮腰"。如果面对那个建筑,任何人都会觉得这个名字十分熨帖,都难免发出会心一笑。因而此名既出,不胫而走。然而,不知怎的,拍板的一方对"小蛮腰"却是横竖看不上眼。现成的为什么不可以"拿来"呢?他们觉得"小蛮腰"不那么正式吧,觉得俗吧,觉得那个"蛮"字非常碍眼吧,总之,不会是担心奖金不知给谁。重取的决定早就作出了,而广州亚运会也越来越近了,这个多少有些献礼成分的新电视塔,连名字还没结果,着实令笔者有杞人心态。于是翻箱倒柜,爬梳史籍,力挺"小蛮腰",生怕他们弄出什么"珠水""云山"之类貌似高雅的字眼。此举的前提在于,"小蛮腰"这个称谓本身,确实很有历史文化内涵。

"蛮"字就不说它了,从前的人把长江中游及其以南,包括或主要包括广东的地方称为蛮,的确有轻视的意思。韩愈《潮州谢上表》说,自己"虽在蛮荒,无不安泰",可为一证。但如果盯住了"蛮"字的这一义项,等于无视汉字内涵的丰富。蛮,也是唐朝大诗人白居易小妾的名字。与白居易同时代的孟棨说:"白尚书姬人樊素善歌,妓人小蛮善舞;尝为诗曰:'樱桃樊素口,杨柳小蛮腰。'"这是说,白居易的两个小妾中,那个叫樊素的,嘴小;叫小蛮的,腰细。"小蛮腰"因此成为词语,专利权属于去今一千多年的香山居士,他是专指,后人则是借指,指善舞女子的细腰。有一点遗憾的是,当代陈友琴先生说,乐天的这两句仅见于孟棨的《本事诗》,而不见于白氏原集,属于孤证。

樊素、小蛮一定长得非常漂亮,因为过了两三百年,苏东坡提起来还艳羡不已。东坡十分景仰乐天,曾云"渊明形神似我,乐天心相似我"——应该颠倒过来,他似古人才对。在《次京师韵送表弟程懿叔赴夔州运判》中,东坡还写道:"我甚似乐天,但无素与蛮。"他应该是开玩笑吧。因为我们都知道,他也有忠心耿耿的王朝云一直陪伴在身边,跟他一道贬谪惠州,并死在那里。惠州西湖边上至今还有朝云墓,是市级文保单位。据说,东坡的名句"欲把西湖比西子,浓装淡抹总相宜",就是形容朝云的。东坡更有《朝云诗》,序云:"予家有数妾,四五年间相继辞去,独朝云随予南迁,因读乐天诗,戏作此赠之。"其中的"不似杨枝别乐天,恰如通德伴伶玄",更每为后人拈出。杨枝就是樊素,她以唱《杨枝词》闻名,故称。乐天晚年时她离开了,东坡说是"乐天双鬓如霜莹,始知谢遣素与蛮",而乐天自嘲为"病与乐天相伴住,春随樊子一时归",大概是自己跑的。通德是樊通德,汉朝名臣伶元的妾,伶元著有开启中国色情小说先河的《赵飞燕外传》。通德因为"能言飞燕子弟故事",对伶元成书很有帮助,并追随了伶元一生。明了典故,知东坡此句实对朝云赞赏有加。

今天包二奶、养情妇的官员,知道乐天、东坡他们可以那么公开,毫不避讳且为后人津津乐道,一定会哈喇子流得如庐山瀑布吧?其实古人对乐天的酒色行为也有并不认同的,比如宋朝叶梦得很推崇乐天的处世之道,说他"与杨虞卿为姻家,而不累于虞卿;与元稹、牛僧孺相厚善,而不党于元稹、僧孺;为裴晋公所爱重,而不因晋公以进;李文饶素不乐,而不为文饶所深害",所以能如此,在于他对往上爬毫不看重,相反,"志在于退"。然叶梦得又说自己"犹有微恨",正因为乐天"似未能全忘声色杯酒之类,赏物太深,若犹有待而后遗者,故小蛮、樊素每见于歌咏"。当然,也有人不这么看,比如还是宋人,洪迈就认为乐天"所遇必寄之吟咏,非有意于渔色",浔阳江上遇到琵琶女是这样,"夜泊鹦鹉洲,秋江月澄澈。邻船有歌者……寻声见其人"时也是这样,都是老公不在家,然"瓜田李下之疑,唐人不讥"。这多少表明,乐天的那些行为,远非今天台下开口讲话除了黄段子不知讲什么才好的龌龊官员所能类比!

越说越远了,还是回到"小蛮腰"。蛮腰作为词语,面世后即已流行开来。明人顾大典《青衫记》有"他有樱桃素口,杨柳蛮腰,抛闪得人牛马同槽";清人《金瓶梅词话》有"蛮腰细舞章台柳,檀口轻歌上苑春",如此等等。广州新电视塔不妨正式定名"小蛮腰"。你硬要认为它俗,它也是全民喜爱的"俗",远远胜过官员、士大夫猫在屋里认可的"雅"。

飞毛腿

一年一度的广州马拉松赛事又鸣枪开跑了。报道说,此番(2016)共有两万名跑者参加了全程马拉松,因而这一赛事,成为新冠肺炎疫情暴发以来世界上最大规模的全马赛事。

马拉松起源于公元前490年的希波战争,人所共知。雅典在马拉松海边击败波斯,取得反侵略战争的胜利。雅典统帅米勒狄为了让故乡人民尽快知道喜讯,派遣有"飞毛腿"之称的士兵菲迪皮茨回去报信。马拉松赛事正是为了纪念这一事件,42.193公里的距离,是菲迪皮茨当年送信所跑的里程。

在我们的传说中,也是早就有飞毛腿,如《山海经》里的夸父、《封神演义》里的土行孙和张奎、《水浒传》里的戴宗等。《山海经·海外北经》云:"夸父与日逐走,入日。渴欲得饮,饮于河渭,河渭不足,北饮大泽。"在《大荒北经》又云:"夸父不量力,欲追日景,逮之于禺谷。将饮河而不足也。将走大泽,未至,死于此"。两段合起来大致是说,夸父没有掂量一下自己,却立志要追赶太阳光,当他到达太阳将要落入的禺谷之际,觉得口干舌燥,然而把黄河和渭河的水都喝干了,口渴也没有止住,又想去喝北方大湖的水,没走到,渴死了。说夸父跑步史上最快,怕不为过。

土行孙于《封神演义》第五十二回出场。申公豹"往五岳三山,寻访仙客伐西岐,为闻太师报雠",某日"游至夹龙山飞龙洞,跨虎飞来,忽见山崖上一小童儿跳耍",那小童"身不过四尺,面如土色"。申公豹与之搭话,小童说他叫土行孙,本领是"能地行千里"。申公豹让他露一手看看,"土行孙把身子一扭,即时不见"。没有原理,本领天然,像夸父一样,神人嘛。张奎在第八十六回出场,乃渑池县总兵官。他也会地行之术,且"一日可行一千五百里",加速版的"飞毛腿"。所以正面交手时,张奎打不过土行孙,却"先到夹龙山,到个崖畔",埋伏起来,随后赶到的土行孙措手不及,被张奎"砍了个连肩带背",还"割了首级"。

夸父、土行孙以及张奎,无疑属于神级人物,大约受此类的故事启发,《水浒传》里将戴宗塑造成了半神半人级。说他是神,他干的是人事。宋江被发配而来,因为没及时孝敬他五两银子,他当众指着宋江骂道:"你这黑矮杀才,倚仗谁的势要,不送常例钱来与我?"说他是人,他又"有一等惊人的道术,但出路时,赍书飞报紧急军情事,把两个甲马拴在两只腿上,作起'神行法'来,一日能行五百里;把四个甲马拴在腿上,便一日能行八百里"。戴宗这一手从哪里学来的,甲马又是什么东西,都不得其详,施耐庵沿用的还是前人奇想的套路:我就是行。能"健足欲追千里马",且"程途八百里,朝去暮还来",戴宗更是典型的飞毛腿了。

现实生活中的人,自然也不乏菲迪皮茨那种飞毛腿,北魏的杨大眼、隋朝的麦铁杖均可归为此类。《魏书·杨大眼传》载,杨大眼"少有胆气,跳走如飞",他应征南伐之官,当众露了一手,"出长绳三丈许系髻而走,绳直如矢,马驰不及",要跑多快才能带动三丈长的绳子与地面平行啊,难怪"见者莫不惊叹"。《隋书·麦铁杖传》载,麦铁杖"日行五百里,走及奔马"。在陈朝时,他原本"每以渔猎为事,不治产业",后来更"结聚为群盗",被俘后"没为官户，配执御伞"。但是每罢朝后，他"行百余里，夜至南徐州，踰城而入，行光火劫盗"，还干自己的老本行，"旦还及时，仍又执伞"。干了十几回后，给人家认出来了，"州以状奏"，朝士却都不相信，因为"见铁杖每旦恒在"。告得多了，尚书蔡徵想出一个检验的法子，"于仗下时，购以百金，求人送诏书与南徐州刺史"。麦铁杖不知是计，"出应募，赍敕而往，明旦及奏事"，果然不打自招，只是陈叔宝"惜其勇捷，诚而释之"。

《南村辍耕录》有"贵由赤"条，云"贵由赤者，快行是也。每岁一试之，名曰放走。以脚力便捷者膺上赏。故监临之官，齐其名数而约之以绳，使无后先参差之争，然后去绳放行……先至者赐银壹饼，余则赐缎匹有差"。这就跟今天的长跑比赛差不多了，这种比赛要求"越三时，走一百八十里"，比两个全马的路程还要多出一截，完全是选拔飞毛腿的节奏。

《水东日记》云，从前的部队为了"探听贼中动静消息，及专备急干使令之人"，也需要飞毛腿。这类人，不同时期、不同地方称谓不尽相同，"宋时西边所谓急脚、急步者，今湖湘谓之健步，西北二边称夜不收，惟广中则称缉事军"。单纯以跑步为健身方式的，苏东坡是个典型，他在写给朋友程正辅的信中说："晨兴疾趋必十里许，气损则缓之，气匀则振之，头足皆热，宣通畅适，久久行之，当自知其妙矣。"

马拉松是一项考验耐力的长跑运动，在1896年的首届奥林匹克运动会中便已列为正式竞赛项目之一。疫情之前，我国各地的马拉松赛事多如牛毛，至于有一种声音强烈呼吁"该减肥了"。旁观诸多参赛者，确是像集邮一样集参赛次数，穿上带有相关标志的衣服，伸个拇指定格了事。凡事娱乐化，是我们的特色之一。

打屁股

最近在网络热传的一则短视频显示:穿着整齐的4名男子和4名女子面朝台下观众站成一排,随后,一名中年男子用手中的木板依次抽打他们的臀部,发出响亮的声音,来回好几次。据说,这是山西长治漳泽农商银行聘请上海鸿风领导力学院,对全行员工开展的一项以"业绩突破"为主题的技能培训。培训方将参训员工划分为27个小组,每组8人,对排名最后的小组以"打屁股""剪头发"的方式进行处罚。视频就是表现执行力时的情景。

臀,雅称也,用辞书的话说,是人和哺乳动物身体背面腰部下方(后方),大腿上方的隆起部分。民间用语则简单明了:屁股。打屁股,原本是属于古代的刑罚,所谓臀杖。范围稍扩一点,杖刑还有用荆条和竹板捶击犯人背部、腿部的。《尚书》可能是我国第一部古典文集和最早的历史文献,其中已有"扑作教刑"的记载,孔安国解释说:"扑,榎楚也,不勤道业则挞之。"郑玄又解释说:"榎,掐也。楚,荆也。二物可以扑挞犯礼者。"就是说,那些不勤道业或者犯礼的人要被惩罚,方法是或掐或打,打则打屁股,所谓"笞挞不是者,使记识其过",目的是让你长记性,为了你好,长治培训的初衷大抵循此。后来,打屁股渐渐发展成了国家刑罚的一种。新加坡如今的鞭刑,似可视为这种刑罚的余绪,人类学概念中的所谓文化残存(Survival)。

赵翼《陔馀丛考》有"笞臀"条,云"汉《刑法志》,文帝除肉刑,以笞代劓刖"。按《史记》的记载,废除肉刑有"缇萦救父"的功劳。就是说,相对于肉刑,打屁股要算刑法史上的一个进步。然"后以笞数多,反多死",性质变了,"景帝乃递减笞数"。不仅如此,景帝又诏定箠令:"笞者,箠长五尺,用竹,其本大一寸,末薄半寸,皆平其节。当笞者笞臀,毋得更人,毕一罪乃更人。"打屁股的棍子多长,用竹子的话又如何,只能一个人打不能打累了换人等,都做了规定,"自是笞者得全",不至于给打死。明朝丘濬因此认为:"笞所用之材,所制之度,所行之人,所施之处,皆定于此。"

从《隋书·刑法志》和《新唐书·刑法志》的记载中我们知道,隋唐时的"死、流、徒、杖、笞"五刑中,杖与笞刑是相对较轻的。在唐朝,"笞之为言耻也;凡过之小者,捶挞以耻之",实际上有羞辱的成分。唐太宗看了《明堂针灸图》,"见人之五藏皆近背,针灸失所,则其害致死",还要求以后笞刑"无得鞭背",要打的话只打屁股,因为臀部的穴位比较少,打起来不会要命。宋朝的此类情形,我们不妨从《水浒传》里的"杀威棒"窥其一二。林冲被刺配到沧州后,宋江杀阎婆惜被刺配到江州后,武松杀西门庆潘金莲被刺配到孟州后,都有狱友一类的人物告诉他们得送人情钱物。如林冲,人家告诉他,送了,"入门便不打你一百杀威棒";不送,要打得七死八活。如武松,管营威胁他:"你那囚徒,省得太祖武德皇帝旧制,但凡初到配军,须打一百杀威棒。"表明这是大宋的法律,赵匡胤定下的,但是打与不打,由他们这些"现管"自由裁量。结果,林冲、宋江自己送了人情,武松有施恩负责摆平,三人都免了被打屁股。元世祖的打法有些意思,给了折扣:"天饶他一下,地饶他一下,我饶他一下。自是合笞五十,止笞四十七;合杖一百,止杖九十七。"明朝可没这么客气,从朱元璋起,廷杖——当廷打大臣的屁股——就是他们的一大特色,光是嘉靖三年的"争大礼",就打了134个大臣的屁股,还打死了16人。

当然了,开明的唐朝也打当官的。《能改斋漫录·辨误》有"唐参军簿尉不免杖"条,列举了好几条。如杜甫有"脱身簿尉中,始与箠楚辞"句,韩愈有"判司卑官不堪说,未免箠楚尘埃间"句,杜牧有"参军与簿尉,尘土惊勋勚,一语不中治,鞭笞身满疮"句,《太平广记》载李逊决包尉臀杖十下,《旧唐书·于頔传》载"頔为湖州刺史,改苏州,追憾湖州旧尉,封杖以计强决之"等,足证"唐时参军、簿尉,不免受杖",只是没有《明史·刑法志》说的"公卿之辱,前此未有"那么骇人听闻吧。

长治那则新闻照片还显示,20余名男子站成两排,有人被剃成光头,还有人只留侧面的头发。这在从前叫作髡刑。鲁迅先生在其名篇《论"费厄泼赖"应当缓行》中风趣地说道:"中国人或信中医或信西医,现在较大的城市中往往并有两种医,使他们各得其所。我以为这确是极好的事。倘能推而广之,怨声一定还要少得多,或者天下竟可以臻于郅治。例如民国的通礼是鞠躬,但若有人以为不对的,就独使他磕头。民国的法律是没有笞刑的,倘有人以为肉刑好,则这人犯罪时就特别打屁股。"不过,"可惜大家总不肯这样办,偏要以己律人,所以天下就多事"。长治的打屁股诚然"示辱而已,终不加苦",但之所以还是不能为舆论所接受,在于自以为创新了方式,不过是已经扫进历史垃圾堆的东西借尸还魂罢了。

胖子

关于肥胖及减肥的新闻总是不少。上一周(2006),有个减肥成功的"北漂燕子"在网上贴出33张图片,每张都注明体重和拍摄地点,直观向网友们展现她在3个半月内体重从172斤减到84斤的变化。还有个河南许昌的小男孩,只有四岁,体重却马上要突破40公斤,他妈妈为此很苦恼,因为无论他走到哪里,"回头率都是100%",成了"明星"。现代研究发现,肥胖带来的问题不仅涉及外形的美丑,关键是会使人的心脏负担过重,还可能造成思维迟缓。

《礼记·大学》云:"富润屋,德润身,心广体胖。"说的是一个人具备了"富"与"德"这两者,就能够安泰舒适,尽享人生。这里的胖,并不是肥胖,连读音都不同,这里读pan,阳平。但从古代起,真胖子就比比皆是,尚肥——以肥为美的时代比如唐朝就更不用说了,最著名的当推杨贵妃,所谓"环肥燕瘦"。吴趼人《二十年目睹之怪现状》里有一段描写很有意思:"我"在元宵节晚上猜灯谜,其中一条是"杨玉环嫁王约",猜一县名。"我"说谜底可是"合肥"?出谜语的车文琴拍手道:"我以为这条没有人射着的了,谁记得这么一个痴肥王约!"不用说,王约这个胖子估计一度也比较著名。但《二十年目睹之怪现状》(人民文学出版社,1993)注释

"王约,元人,曾任大学士",恐有商榷余地。浏览所及,历史上有好几个见诸记载的王约。《太平广记》卷二六四"沈昭略"条,即有沈昭略与王约二人互开玩笑的记载:沈昭略"尝醉,负杖至芜湖苑,遇琅琊王约,张目视之曰:'汝王约耶?何肥而痴!'约曰:'汝是沈昭略耶?何瘦而狂!'昭略抚掌大笑曰:'瘦已胜肥,狂又胜痴。'"这里的沈昭略和王约,都是南朝宋齐间人。另外,《全唐诗》卷七七九存有王约的一首《日暖万年枝》,虽然他的"爵里世次俱无考",肥瘦还不知道,但不能排除这两个王约都是谜语所指。不过,车文琴已经点得很透了,"谁记得这么一个痴肥王约",与沈昭略口中的"何肥而痴"何其相似乃尔?其谜底的王约,显然应当就是这个南朝的王约;沈昭略又说"瘦已胜肥",可见南朝并不尚肥。

唐朝因为尚肥,记载的胖子也就特别多,有许多实例可以佐证。比如说,杨贵妃堂兄杨国忠冬天的时候,"常选婢妾肥大者,行列于前,令遮风"。——看这小子生活腐化到了什么程度。然"婢妾肥大者",冬季遮风充其量只是权一时之用,属于杨国忠另外"开发"的一种功能,而"婢妾肥大者"能进他的家门,说明正合乎他的"口味"。又比如说,唐玄宗有一天酒喝多了,问李白国家现在跟武则天时相比怎么样,李白马上说他们那时候没法比。他举了用人的例子,说我们现在用人"如淘沙取金、剖石采玉,皆得其精粹者";而他们那时候呢,"任人之道如小儿市瓜,不择香味,惟拣肥大者"。李白的话肯定有拍马屁的成分,但以此亦不难推断出,武则天朝中的高官一定有不少胖子。此外,搅乱唐朝天下的安禄山也是个著名的大胖子。《安禄山事迹》说他"晚年益肥,腹垂过膝,自秤得三百五十斤"。安禄山来京城觐见,都是骑驿站的马,驿站为了给他备马简直伤透了脑筋。在买马的时候,先要

"以五石土袋试之,能驮者,乃高价市焉",不经此考验的马,根本驮不动他。他骑上了,还要在"鞍前更连置一小鞍,以承其腹",看这家伙胖到了什么程度。饶是准备工作如此充分,还得在两个驿站之间"筑台以换马,不然马辄死"。不过令人惊奇的是,这么肥胖的安禄山,"玄宗每令作《胡旋舞》,其疾如风",却又灵活得很。这个时候,你就分不清楚他平常走路的时候,要"以肩膊左右抬挽其身,方能移步",究竟是真是假了。

身肥之外,亦有"心肥"一说。《啸亭杂录》云,乾隆"既诛讷亲,知大权之不可旁落",乃倚重傅恒,每每"特命晚间独对"。有天傅恒来晚了,"踉跄而入",跑得上气不接下气,侍卫就开他的玩笑:"相公身肥,故尔喘吁。"那是说他太胖,所以才跑得气喘吁吁。岂料乾隆哼了一句:"岂惟身肥,心亦肥也。"心肥,有人诠释说是指贪心不足以及权力欲极强,未知确否,但乾隆这句话令傅恒"免冠叩首,神气不宁者数日",恐怕也的确不是一句好话。傅恒有为人称道的一面,但也有为人唾弃的一面。比如他的所谓"恩怨分明",在于"有诋之者,务为排挤",利用皇帝的红人关系,顺我者昌,逆我者亡。其本人还"颇好奢靡,衣冠器具皆尚华美,风俗因之转移"。他的家奴栾大更倚仗他的权势,"招徕无赖辈,肆行市衢间,无人敢过而问者"……

如此看来,"心肥"的危害比"身肥"要大很多。后者伤及的只是个人,前者危害的则是社会。

睡

成都市安监局在召开全市煤矿安全工作会议时,为防止与会者睡觉,现场架设了一台摄像机。此举并非空穴来风。头年(2004)6月,也是在成都辖区,彭州市白鹿镇水观煤矿发生瓦斯事故,在安监局召开的紧急会议上就有十几个与会者酣然入睡。会议负责人气愤地说,我们在台上讲安全,他们却在下面睡觉,煤矿怎么能不出事故!

人不睡觉不行,然而睡的不是时候也不行,在上面这个负责人看来,开会睡觉是当地煤矿事故的罪魁祸首之一。姚元之《竹叶亭杂记》云,他有个"善诗赋"的钱姓同乡,差点儿因为在考场上睡觉而交了白卷。当时,"每岁督学科岁试古诗,钱必冠军",但这年钱老兄喝多了,一进场便呼呼大睡,而"同试者疾其每试居首,不肯呼之使醒",让他睡去。直到有个交卷的人路过,才推了他一把。钱兄睁开眼,时间已经来不及了,赶紧问什么题目,知道是写《天柱赋》,匆忙间来了首七言绝句:"我来扬子江头望,一片白云数点山。安得置身天柱顶,倒看日月走人间。"考题要赋,答卷写诗,题材即不合要求,但最后却仍然被取为第一,他人更要气得瞪眼了。

《三字经》里的"头悬梁,锥刺股",背后的故事也与瞌睡有关。前句说的是汉朝孙敬,读书时用绳子把头发系在房梁上,一旦要睡,头一低,就会扯痛头发,立刻惊醒;后句说的是战国苏秦,读书时瞌睡来了,就用锥子扎一下大腿。类似的刻苦典型还有很多,在明朝的《戒庵老人漫笔》里,李诩说他老师赵参藩读书,"每夜必三鼓,略假寐即起,有睡意则批颊自詈"——一边抽自己的嘴巴,一边还要大骂自己。古人推崇他们,旨在强调有志竟成的精神,今人大可不必从简单的形式判断来讥讽之。

开会时、读书时的睡,是真的困了的睡,生活中还有许多假睡,借以达到某种目的。《三国演义》第四十五回"三江口曹操折兵,群英会蒋干中计"里,先是周瑜诈睡,"鼻息如雷",骗蒋干"起床偷视"帐内文书;然后是蒋干"蒙头假睡",好像没听见周瑜的"梦话"和不知道江北"来人"。毛宗岗评曰:"周瑜诈睡,是骗蒋干;蒋干诈睡,又骗周瑜。周瑜假呼蒋干,是明知其诈睡;蒋干不应周瑜,是不知其诈呼。"因此中计的是蒋干,"只道自己骗人,不料已受人骗"。第七十二回里,曹操有一回著名的假睡杀人。他跟左右说:"吾梦中好杀人;凡吾睡着,汝等切勿近前。"有一天,他"睡觉"的时候被子掉了,"一近侍慌取覆盖。操跃起拔剑斩之,复上床睡",醒了装不知道:"何人杀吾近侍?"蒲松龄笔下的狼也懂得假睡,那是两头狼与"担中肉尽"的屠夫对峙,"少时,一狼径去,其一犬坐于前。久之,目似瞑,意暇甚"。屠夫趁机杀了面前这头,正要走,发现柴火垛后面另一头狼在钻洞呢,"身已半人,止露尻尾"。屠夫这才明白,"前狼假寐,盖以诱敌"。聪明的人和聪明的狼都懂得诈睡骗取对方,而蒲先生独独说"禽兽之变诈几何哉,止增笑耳",显得有失公允。比如,杨修以为只有自己看破了曹操之诈,在葬礼上说那近侍:"丞相非在梦中,君乃在梦中耳!"杨修就像皇帝新衣里的那个小孩,而他的命运却是被曹操杀了头。不知道,是要对杨修"增笑",还是要对我们的文化"增笑"了。

北宋初,尚未归降的吴越王钱俶在宋太祖身边也有一回睡。他从太祖征讨太原,"每晨趋鸡初鸣,晓与群臣候于行在",终于有一天,钱俶"假寐于寝庐"。这里的假寐,就不大清楚钱氏是真的在打盹儿,还是在诈睡以抗议。太祖说:"知卿入朝太早,中年宜避霜露。"话倒是很体贴,不过并没有免了他的"候于行在",只是"每日遣二巨烛先引领于前顿候谒而已"。后来,宋太祖"戮其拒王师者,流血满川",回过头对钱俶说:"朕固不欲尔,盖跋扈之恶,势不可已。卿能自惜一方,以图籍归朝,不血于刃,乃为嘉也。"吓得钱俶"叩头怖谢",想来他自此在赵氏面前再也不会产生丝毫睡意。

真正懂睡的人,往往都有心得。宋朝蔡季通留下一则《睡诀》,曰:"睡侧而屈,觉正而伸,早晚以时,先睡心,后睡眼。"朱熹以为此诀有古今未发之妙。周密则认为,睡心睡眼之语本出孙思邈的《千金方》,老夫子没读到,还以为是蔡季通的发明呢。明朝陆容认为,"前三句亦是众人良知良能,初无妙处",因而他也来了一诀:"半酣酒,独自宿,软枕头,暖盖足,能息心,自瞑目。"开会睡着的人,想必总结起来,心得要更加别致。

忽然看到,印度去年底开播了两个电视频道实况转播议会会议,全因为议会开会时经常有议员采取蛮横行为肆意中断会议,同时,还有懒散的议员则利用开会时间睡觉。看起来,开会睡觉的事情是超越了国界的。

枕

上周五(2021)又到西汉南越王博物馆参观,奔着《滇王与南越王》展,这是该馆主办的第五个汉代诸侯王展。馆长吴凌云依旧全程讲解,他是我同系小两级的学弟,也依旧从瓷枕陈列看起。看过好多次了,但每一次都有新的收获。

枕头,睡觉时垫高头部的卧具。古人很早就知道用枕头,认为高枕而卧,无所顾虑。孙思邈说,如果"密室闭户,安床暖席,枕高二寸半,正身偃卧,瞑目闭气于胸膈间,以鸿毛着鼻上而不动,经三百息",就能活到360岁。只是睡什么枕头他没多说。瓷枕,即瓷质的枕头。我读中学那阵,课本中有宋朝"孩儿枕"的图录,那个就是瓷枕。但见小童伏卧在床榻上,两臂环抱垫起头部,右手持一绣球,两足交叉上跷,似乎正在床上撒娇蹬腿。南越王博物馆也有一个宋朝孩儿枕,造型为小童横躺擎荷,荷叶曲面为枕顶,同样别有趣致。

今天的枕头以柔软为舒适,古人不知为何青睐硬邦邦的瓷枕。张耒有"持之入室凉风生,脑寒发冷泥丸惊"句,或是对抗酷暑吧。瓷枕至少在唐朝已经出现,唐传奇《枕中记》中,卢生做黄粱美梦的故事众所周知,他枕的正是瓷枕。吕翁与之交谈,见其大言人生当"建功树名,出将入相,列鼎而食",便探囊取出一枕,"瓷而窍其两端",告诉他:"子枕此,当令子荣适如志。"果然,卢

枕　77

生睡了个好觉,梦中大富大贵,成就了自己波澜壮阔的一生。卢生做梦之前,店主正"蒸黄粱为馔",而梦醒时分,"黄粱尚未熟"。黄粱美梦,因喻虚幻不能实现的梦想。

宋人诗词中,每有言及瓦枕或瓷枕之处。如吕希哲之:"老读文书兴易阑,须知养病不如闲。竹床瓦枕虚堂上,卧看江南雨后山。"蔡确之:"纸屏瓦枕竹方床,手倦抛书午梦长。睡起莞然成独笑,数声渔笛在沧浪。"晏殊所评之:"'老觉腰金重,慵便枕玉凉'未是富贵语,不如'笙歌归院落,灯火下楼台',此善言富贵者也。"李清照之:"薄雾浓云愁永昼,瑞脑销金兽。佳节又重阳,玉枕纱橱,半夜凉初透。东篱把酒黄昏后,有暗香盈袖。莫道不消魂,帘卷西风,人比黄花瘦。"这里的瓦枕即陶枕,玉枕可能即瓷枕,宋人呼青白瓷为"假玉"嘛。王安石说"夏月昼睡,方枕为佳",有人问他这是什么道理,他说:"睡久气蒸枕热,则转一方冷处。"方枕,显见非陶即瓷了。

在陶枕、瓷枕之外,古代还有不少其他材质的枕头。

《西京杂记》云:"李广与兄弟共猎于冥山之北,见卧虎焉。射之,一矢即毙。断其髑髅以为枕,示服猛也。"这是用老虎的头骨做枕头。《事物纪原》云东汉梁冀以玉做虎枕,汉代人觉得此能辟邪。元发宋陵,在理宗陵也发现了伏虎枕,以"七宝和成伏虎之状",该与后蜀孟昶的"七宝溺器"性质相当了。《开元天宝遗事》云:"龟兹国进奉枕一枚,其色如玛瑙,温温如玉。其制作甚朴素,若枕之则十洲、三岛、四海、五湖,尽在梦中所见。帝因立名为'游仙枕'。后赐与杨国忠。"又云:"虢国夫人有夜明枕,设于堂中,光照一室,不假灯烛。"《明皇杂录》定性:"太平公主玉叶冠,虢国夫人夜光(明)枕,杨国忠锁子帐,皆稀代之宝,不能计其直。"

还有一些材质的枕,今天但知其名而未知其详。如瑟瑟枕,

《唐国史补》云,卢昂主福建盐铁,"赃罪大发,有瑟瑟枕,大如半斗,以金床承之"。又如青盐枕,《唐语林》云,史牟为権盐使,两个外甥来拜见他,"其母仍使子赍一青盐枕以奉牟",不料史牟"封枕付库,杖杀二表生"。又如水精枕,《铁围山丛谈》云,蔡襄"尝得水精枕,中有桃花一枝,宛如新折,茶瓯十,兔毫四,散其中,凝然作双蛱蝶状,熟视若舞动,每宝惜之"。对瑟瑟枕,"宪宗召市人估其直,或云'至宝无价'";青盐枕能够用来贿赂掌盐池专卖及查禁私盐的官员,显见也是好东西;水精枕更不用说了。然这三种枕究竟是什么,须待专家爬梳。还有民间的色绫枕。《酉阳杂俎》云:"台山有色绫木,木理如绫文。百姓取为枕,呼为色绫枕。"此台山或即江门五邑之一,假以时日,倒要请教一下那里的人们。

杜甫诗曰:"莫笑田家老瓦盆,自从盛酒长儿孙。倾银注玉惊人眼,共醉终同卧竹根。"宋人罗大经认为,这是说用瓦盆盛酒跟"倾银壶而注玉杯"没什么不同,"同一醉也"。由此推而论之,"蹇驴布鞯,与金鞍骏马同一游也;松床莞席,与绣帷玉枕同一寝也。知此,则贫富贵贱,可以一视矣"。瘸驴、骏马、草席、瓷枕,速度与舒适度方面当然区别大了,但罗大经倡导的是一种达观心态,目的不就是旅游嘛、睡觉嘛。他另举的一例更有趣味,有仆人嫌老婆丑,主人召其至,"以银杯瓦碗各一,酌酒饮之",问他酒怎么样,那人说好酒;又问哪个碗的好,说都好。主人讲道理了:"杯有精粗,酒无分别,汝既知此,则无嫌于汝妻之陋矣!"仆人恍然大悟,"遂安其室"。罗大经认为"少陵诗意正如此"。而此喻似亦表明,睡瓷枕的从前大抵是有钱人家。

西汉南越王博物馆的枕藏品丰富多彩,囊括中国历史上各个时期、各个窑口。徜徉其中,识见大增。写有《枕赋》的金元时期那个瓷枕,文化内涵更足堪玩味。

昼寝

即使是大白天开会,台上的大领导正襟危坐,台下的各级小领导或纯粹听众进入黑甜乡的事情如今算不得新闻,算得新闻的是对"场面"的处理,尤其那些干得绝的。比如江苏滨海县一个约800人参加的工作会议(2011),会场上例牌"东倒西歪",台上端坐的县委书记王斌不动声色,悄悄安排电视台记者用摄像机将各式睡姿一一拍下,并当场播放。

大白天睡觉,文一点儿说叫昼寝。《清稗类钞》云,武训乞讨兴建义学,自始至终都是全身心地投入。开学那天,武训"先向塾师叩头,次遍拜诸生童";摆下宴席,"请邑绅陪塾师饮,自立门外,屏息以俟宴罢,而啜其余沥,自以乞人不敢与塾师抗也"。开学之后也是这样,不是剪完彩就大功告成了,还时常跑来看看,"一日,见塾师昼寝,长跪床前,久之,塾师醒,见而惊起,自是不昼寝"。因为这招很灵,武训动辄祭出跪字诀,"或遇学生嬉戏,亦向之长跪,学生遂相戒不敢出位"。

昼寝最有名的,众所周知是孔子的弟子宰予,因为孔子的那句名言:"朽木不可雕也,粪土之墙不可污也。"今天我们的"共识",大抵采纳了前人所言的"宰予惰学而昼眠",夫子用"烂木与粪墙之不可施功也"来比喻,因为"名工巧匠,所雕刻唯在好木,则其器乃成"，你那副样子我就懒得教你。康有为认为："昼寝小过，而圣人深责如此，可见圣门教规之严。"然千百年来，对这么简单一句话的阐释其实五花八门。比方有一种说法，认为昼寝是"昼寝于寝室"的略称，"古者君子不昼居于内，昼居于内，问其疾可也"，那是表示生病了；然宰予无疾而昼寝，所以夫子很生气。还有一种说法，"昼"字其实是"画"字，繁体——畫和畵——两个字差不多。但同样是这种认定，理解也不一。有人说："宰予画限其功，以冀休息，故夫子责之。"当代吴小如先生认为："画寝，就是把寝室进行装修，这在古代被认作奢华浪费，所以孔子对此作了批评。"因为木和墙都是构筑房屋的载体，"如果是'朽木'和'粪土之墙'，则外表装修得再漂亮也不中用"。这种解释就与大白天睡觉全然无关了。当然，也有人对宰予昼寝事件本身即愤愤不平："宰予四科十哲，安得有昼寝之责乎？"忝列最优秀的十名学生之一，白天睡觉被责？别扯淡了，怎么可能发生这样的事。没那么绝对却又小心翼翼承认的，则认为"宰予见时后学之徒将有懈废之心生，故假昼寝以发夫子切磋之教，所谓互为影响者也"。这是说宰予昼寝不假，那是牺牲自己，当个"坏"样板让夫子切入发挥，以教育后学。

不要说今天理解昼寝是睡觉了，至少在南北朝的时候已然。《南史·颜延之传》："（何）尚之为侍中在直，（颜）延之以酒醉诣焉。尚之望见，便伴眠。延之发帘熟视，曰：'朽木难雕。'"这里显然就是套用上面的故事。何尚之和颜延之相互之间很喜欢开玩笑。两个人个子都生得矮小，"尚之常谓延之为猱（同"猿"），延之目尚之为猴"。有一天两人"同游太子西池"，延之问路人，我们两个谁长得像猴？路人指了指尚之，说他像。然延之喜笑未已，路人又说："彼似猴耳，君乃真猴。"这回是开玩笑，但"朽木难雕"

之时,颜延之却是一本正经的。

后人笔下的昼寝,更没有歧义了,正是睡觉,睡午觉。据说,这是中国人的特有习惯,除了雅典和耶路撒冷等地的部分老人,西方人很少有午睡的习惯。为什么呢?又有人考证了,因为我们的优质蛋白和脂肪摄入过少,而碳水化合物摄入过多,从而造成餐后反应性低血糖,乏力犯困。人家是这么说的,信不信由听者自己决定吧。如果我们中国人饮食存在缺陷的话,那么从古代就开始了。白居易有诗就叫《昼寝》:"坐整白单衣,起穿黄草履。朝餐盥漱毕,徐下阶前步。暑风微变候,昼刻渐加数。院静地阴阴,鸟鸣新叶树。独行还独卧,夏景殊未暮。不作午时眠,日长安可度?"韦应物也说过:"已谓心苦伤,如何日方永。无人不昼寝,独坐山中静。"韩偓的《深院》,更午睡出一幅斑斓图景:"鹅儿唼喋栀黄嘴,凤子轻盈腻粉腰。深院下帘人昼寝,红蔷薇架碧芭蕉。"这里的"栀黄""腻粉",又"红"又"碧",叠加在一起,色彩何其缤纷。晏殊《踏莎行》词的后半阕——"翠叶藏莺,朱帘隔燕,炉香静逐游丝转。一场愁梦酒醒时,斜阳却照深深院。"以及僧有规诗——"睡起不知天早晚,西窗残日已无多",都可以直接续上韩诗了。饮食问题吗?周密大概不同意:"余习懒成癖,每遇暑昼,必须偃息。"

《鸡肋编》云:"赵叔问为天官侍郎,肥而喜睡,又厌宾客。在省、还家,常挂歇息牌于门首",所以大家都叫他"三觉侍郎",谓朝回、饭后、归第故也。其实不少人在开会时,即便没有睡觉也是无精打采,概与会议的乏味与否密切相关,这一点倒不见有哪个怒声呵斥的人来检讨检讨。

懒觉

"初一早,初二早,初三睡到饱。"在传统习俗中,正月初三是睡懒觉的日子。《清嘉录》云,这一天为小年朝,"不扫地,不乞火,不汲水,与岁朝同"。岁朝,即大年初一。名正言顺地睡懒觉,还不用干活,如此看来,正月初三在从前是个相当惬意的日子。

睡懒觉,很符合人的惰性心理。《黄帝内经·素问》云:"冬三月,此谓闭藏。水冰地坼,无扰乎阳。早卧晚起,必待日光。"把睡懒觉时间的范围更加扩大。冬三月,即农历十到十二月;闭藏,谓密闭潜藏。这三个月,不仅要早睡,还要晚起,等到太阳出来才起,而冬天太阳出来很晚。不过,《素问》同时说了,另外那九个月可是不能睡懒觉的。如"春三月,此谓发陈(谓推陈出新)。天地俱生,万物以荣。夜卧早起,广步于庭。被发缓形,以使志生"。如"夏三月,此为蕃秀(谓草木繁茂)。天地气交,万物华实。夜卧早起,无厌于日"。再如"秋三月,此谓容平(谓草木成熟)。天气以急,地气以明。早卧早起,与鸡俱兴"。《素问》所强调的是,人作为天地之气化生的产物,其生命活动须臾离不开自然,因而养生的关键,是在天地四时之气的变化中调摄好精神情志。

历史上很多名人不讳言自己睡懒觉。魏晋名士嵇康,在听到山涛想荐举他代职的消息后,写下了名传千古的散文《与山巨源绝交书》。在文章中,嵇康指出人的秉性各有所好,他自己就是赋性疏懒,不堪礼法约束,不可加以勉强。那么山涛你愿意当官就当你的,别拉着我,我要是进到官场,"有必不堪者七,甚不可者二",其中,"卧喜晚起,而当关呼之不置,一不堪也"。就是说,嵇康很喜欢睡懒觉,如果做了官,差役每天早早地来喊起床,叫个不停,这是头一件不能忍受的事情。当然了,嵇康这是在借题发挥,是否真的喜欢睡懒觉还要另当别论。

白居易大约就是确实喜欢的了,从他留下的大量文字中可以窥见。如宪宗元和六年(811)写的《春眠》诗,"新浴肢体畅,独寝神魂安。况因夜深坐,遂成日高眠。春被薄亦暖,朝窗深更闲。却忘人间事,似得枕上仙"云云,懒觉睡得惬意,至于"起来妻子笑,生计春落然"。又《闲居》诗,"空腹一盏粥,饥食有余味。南檐半床日,暖卧因成睡。绵袍拥两膝,竹几支双臂。从旦直至昏,身心一无事。心足即为富,身闲乃当贵。富贵在此中,何必居高位"云云,懒觉睡得真是心满意足。又如穆宗长庆四年(824)他写的《晏起》,"鸟鸣庭树上,日照屋檐时。老去慵转极,寒来起尤迟。厚薄被适性,高低枕得宜。神安体稳暖,此味何人知"云云。白居易如此喜欢睡懒觉,有《闲眠》中"暖床斜卧日曛腰,一觉闲眠百病销"的理念,也有《适意》中"人心不过适,适外复何求"的感慨。《晏起》中他就进一步发挥了:"缅想长安客,早朝霜满衣。彼此各自适,不知谁是非。"

历史上还有一些睡懒觉让我们看到:后果很严重。

《汉书·高帝纪》载,楚汉相争时,项羽"围成皋",刘邦与夏侯婴一同逃出。时张耳、韩信驻扎在附近,按兵不动。刘邦极为恼怒,于是"北渡河,驰宿修武。自称使者,晨驰入张耳、韩信壁,而夺之军"。《韩信传》载,刘邦来的时候,"张耳、韩信未起",刘邦才能"即其卧,夺其印符,麾召诸将易置之"。这也是刘邦第一次剥夺韩信的军权。又《外戚传》载,吕后得杀赵隐王如意,正是因为如意睡了懒觉。如意乃戚姬所生,因为"太子为人仁弱,高祖以为不类己,常欲废之而立如意"。刘邦死后,惠帝立,吕后为皇太后,谋划杀掉如意。惠帝察觉了,"自迎赵王霸上,入宫,挟与起居饮食",让母亲没有下手的机会,如此保了弟弟几个月的命。当然,最终还是出岔子了:"帝晨出射,赵王不能蚤起,太后伺其独居,使人持鸩饮之。迟帝还,赵王死。"《西京杂记》的说法是:"后帝早猎,王不能夙兴,吕后命力士于被中缢杀之。"一说喂毒药,一说勒颈,如意的死法虽不同,但睡懒觉这一前提是无疑的,假如那天早起跟着惠帝去打猎了,吕后就还得再找机会。

三国名将邓艾的结局,与刘如意相似。《三国志·魏书·三少帝纪》载,元帝景元四年(263),蜀主刘禅向邓艾投降,"巴蜀皆平"。而次年正月,邓艾即因钟会等的谗言而见杀。《晋书·卫瓘传》载,捉拿邓艾是卫瓘带着司马昭的命令执行的,而邓艾轻易被捉,也正是因为睡懒觉,"平旦开门,瓘乘使者车,径入至成都殿前。艾卧未起,父子俱被执"。平旦,固然时间尚早,然相对于卫瓘夜至成都,对邓艾部下宣布"若来赴官军,爵赏如先;敢有不出,诛及三族",且其部下"比至鸡鸣,悉来赴瓘"来看,邓艾不是睡了个懒觉吗?

除了特定的时间节点,特定的岁时民俗,前人对日常的睡懒觉并不倡导,相反,"黎明即起,洒扫庭除"才更为推崇。《诗·卫风·氓》之"夙兴夜寐,靡有朝矣",有旧时对妇女苛刻要求的意味,而祖逖式的"闻鸡起舞",则是胸怀大志的体现。至于那些"物外翛然无个事,日上三竿犹更眠"的,除了所谓放荡不羁之士,大抵与懒蛋同义。

失眠

3月21日是"世界睡眠日"。中国睡眠研究会公布的2018年睡眠调查结果显示,中国成年人失眠发生率为38.2%,高于世界27%的水平。失眠,即睡眠不足或睡不熟。专业人士说,难于入睡、易于惊醒和睡眠持续时间短于正常,均属于失眠,意谓不独入睡极难,间断、早醒都是失眠。世界睡眠日的设立,在于引起人们对睡眠重要性和睡眠质量的关注。

失眠的现象由来已久,与睡眠从来就是如影随形也说不定。《黄帝内经·素问》有"人有逆气不得卧而息有音者,有不得卧而息无音者",以及"胃不和则卧不安"等句,识者指出,"不得卧""卧不安"等,即谓失眠。在前人看来,失眠是由于阴阳、营卫之气逆调所形成的病理变化。东汉"医圣"张仲景开出的药方是:"虚烦不得眠,若剧者,必反复颠倒,心中懊侬。栀子豉汤主之。"懊侬,胸膈心窝部位自觉有一种烧灼嘈杂感的症状。"栀子豉汤治懊侬,虚烦不眠此方好。前证兼呕加生姜,若是少气加甘草。"清人编纂的《汤头歌诀》亦如此概括。综合各种报道,现代人失眠增添了"焦虑"一项,大抵是生活工作中面临的种种压力导致。

北齐刘昼云:"蚊虻嘬肤,则通宵失寐。"这句话,在南方生活的人都会有所体会。给个小小的蚊子骚扰,往往也会睡不着觉。

此外,恋爱中人,或人在某种忧思或亢奋的精神状态下也会失眠,这些该与病征无关了。这样的事例同样很多。

"诗三百"开篇即《周南·关雎》,"窈窕淑女,寤寐求之。求之不得,寤寐思服。悠哉悠哉,辗转反侧"云云。钱锺书先生举乔梦符《蟾宫曲寄远》"饭不沾匙,睡如翻饼"云:"下句足以笺'辗转反侧'也"。就是说,小伙子想念心爱的姑娘,躺在床上翻过来,掉过去,像烙饼一样,形象至极。《陈风·泽陂》也有"有美一人,硕大且俨。寤寐无为,辗转伏枕",朱熹认为:"辗转伏枕,卧而不寐,思之深且久也。"

《古诗十九首》之十九云:"明月何皎皎,照我罗床帏。忧愁不能寐,揽衣起徘徊。客行虽云乐,不如早旋归。出户独彷徨,愁思当告谁?引领还入房,泪下沾裳衣。"吴淇对该诗赞不绝口:"只是平常口头,却字字句句,用得合拍,便尔音节响亮,意味深远,令人千读不厌。"张庚退了一步,云"因'忧愁'而'不寐',因'不寐'而'起',既'起'而'徘徊',因'徘徊'而'出户',既'出户'而'彷徨',因'彷徨无告'而仍'入房',十句中层次井井,而一节紧一节,直有千回百折之势,百读不厌。"

明朝冯梦龙把苏州地区流传的民歌编选成《挂枝儿》,其中有一首《无眠》:"灯儿下,独自个听初更哀怨/二更时,风露冷,强去孤眠/谯楼上又听得把三更鼓换/四更添寂寞/挨不过五更天/教我数更筹也/何曾合一合眼。"前人计时,将一夜分为五更,也叫五鼓。那么这首《无眠》,意味着主人公从入夜到拂晓,因思念亲人而始终没有睡着。

《世说新语·赏誉》云,丞相王导与祖约聊天,"至晓不眠"。第二天早晨见客人,王导"头鬓未理,亦小倦",客人看出来了:"公昨如是,似失眠。"王导说:"昨与士少语,遂使人忘疲。"士少即祖约,是以"闻鸡起舞"而闻名的祖逖的弟弟,但是两兄弟的历史评价判若云泥。《晋书·庾亮传》载,晋明帝"遗诏褒进大臣,而陶侃、祖约不在其例,侃、约疑亮删除遗诏,并流怨言",祖约乃与苏峻一起举兵反叛。那个通宵,王导不知与祖约聊了些什么。

毛泽东当年读《人民日报》,知道江西余江县消灭了血吸虫病,"浮想联翩,夜不能寐",直到"微风拂煦,旭日临窗",乃"遥望南天",挥笔写下了七律《送瘟神》二首。他想到了神医华佗、想到了神仙牛郎,他们都束手无策的事情,到今天得到了根本的改变,因而他不能不心潮澎湃,难以入眠。

失眠的人都知道,那是件相当痛苦的事情,但是不厚道地说,后人却要感谢从前诸多失眠的诗人,因而成就了脍炙人口的句子。如唐朝张继在寒山寺"夜半钟声"敲响之际仍然没有入睡,留下《枫桥夜泊》,不知其斯时"愁"甚。南唐李煜当了亡国君,"夜长人不寐",留下"深院静,小庭空,断续寒砧断续风"。宋朝苏轼中秋夜想起了弟弟苏辙,时月"照无眠",留下"明月几时有,把酒问青天"。王安石有首《夜直》:"金炉香烬漏声残,翦翦轻风阵阵寒。春色恼人眠不得,月移花影上栏干。"夜深时的香尽漏残、月移风寒,搅动了自己内心的波澜,无法入睡。钱锺书先生云:"'直'通'值',就是值班,那时候的制度,翰林学士每夜轮流一人值班住宿在学上院里。"那么,开玩笑说,安石这个时候睡觉,也是不应该的。

余最近两三个月以来,夜间必起如厕,时间毫无规律,或一二点钟,或四五点钟,之后便再难入眠,对照业界人士所言,正可归入间断失眠、早醒失眠的一类。还有一种说法是,失眠往往是身体潜在某种疾病的外在表现形式之一。苟如是,就由不得失眠者不认真对待了。

喷嚏

日前收到一个短信段子:茄子走在大街上,忽然打了个喷嚏,乃自嘲:"哪里又在照集体相了。"这短信让人会心一笑,因为我们都知道茄子为什么这么说。不知从什么时候起,照相时在快门按动的瞬间流行说"茄子",据说发这个音的口型拍出的照片最好看。于是但凡路过照集体相的地方,总能听到一片"茄子"声。国外也这样,当然他们喊洋文,比如英语,就说"cheese"。

喷嚏,按专业说法是由于鼻黏膜受刺激,急剧吸气,然后很快地由鼻孔喷出并发出声音的现象。打喷嚏属于生理行为,而被人家念叨也打喷嚏,则是传统文化中的一个现象。《容斋随笔》云:"此风自古以来有之。"古到什么时候呢?洪迈说《诗·邶风》里的《终风》,即有"寤言不寐,愿言则嚏"了。这八个字的意思用郑玄的笺注,就是"我其忧悼而不能寐,女思我心如是,我则嚏也。今俗人嚏,云'人道我',此古之遗语也"。把郑玄的话再通俗一点儿:就是我想你而睡不着,你肯定也是这样,因为我在打喷嚏。这跟短信里的"茄子"以及我们的理解就没有什么两样了。

明朝董遐周对"愿言则嚏"进行了进一步的演绎,专门写了一首民歌就叫"喷嚏",冯梦龙把它收录在自己编纂的民歌集《挂枝儿》里,全文如次:"对妆台忽然间打个喷嚏/想是有俏哥哥思量我/寄个信儿/难道他思量我刚刚一次/自从别了你/日日珠泪垂/似我这等把你思量也/想你的喷嚏儿常如雨。"通过"喷嚏"来表达被思念和思念,别具一格,所以冯梦龙在标题后面批"题亦奇",在"难道"句后批"奇","想你"句批"更奇",连用了几个"奇"字。董遐周是冯梦龙的好友,冯对他的评价颇高:"遐周,旷世才人,亦千古情人。诗赋文词,靡所不工。其才吾不能测之,而其情则津津笔舌下矣。"并且他认为"'愿言则嚏',一发于诗人,再发于遐周";这一再发,"遂使无情之人,喷嚏亦不许打一个",这是说无情的人必无人思念,所以被剥夺了打喷嚏的权利。梦龙语之奇,实在不输遐周。

除了表示相思,喷嚏还有其他的功能。《古今笑》里有一则"喷嚏惊虎"。说唐朝傅黄中为诸暨令时,有个部下喝醉了,"夜中山行,临崖而睡",引来了一头老虎。老虎在他身上嗅来嗅去,结果胡须捅进了醉汉的鼻子,那人痒得打了个大喷嚏,"声振虎,惊跃落崖下,遂为人所得"。类似的故事,《儒林外史》里也有一则,在第三十八回。说郭孝子两度遇虎,第一回,郭孝子装死,老虎当了真,刨挖了个坑,"把郭孝子提了放在坑里,把爪子拨了许多落叶盖住了他,那老虎便去了"。第二回,郭孝子吓得"一交跌在地下,不省人事",老虎也是在他身上到处闻,终于"一茎胡子戳在郭孝子鼻孔里去,戳出一个大喷嚏来,那老虎吓了一跳,连忙转身,几跳跳过前面一座山头,跌在一个涧沟里",死于非命。那么,喷嚏也成了一柄双刃剑,在人,可以救命;在虎,可以致命。

《西游记》第七十六回,孙悟空也是利用喷嚏保证了自己的安全。老魔吞了孙悟空,"以为得计",不料孙悟空在里面"不住的支架子,跌四平,踢飞脚;抓住肝花打秋千,竖蜻蜓,翻跟头乱舞",回过气来的魔头只好恳求"大慈大悲齐天大圣菩萨"。悟空说:"儿子,莫废功夫,省几个字儿,只叫孙外公罢。"辈分全弄乱了,老魔也只好这么叫。到悟空要出来时,三魔出了个馊主意,悄悄对老魔道:"大哥,等他出来时,把口往下一咬,将猴儿嚼碎,咽下肚,却不得磨害你了。"哪知悟空早有防备,先"把金箍棒伸出,试他一试",结果老魔"往下一口,挖喳的一声,把个门牙都迸碎了"。等到再出来时,悟空"从他那上腭子往前爬,爬到他鼻孔里。那老魔鼻子发痒,'阿嚏'的一声,打了个喷嚏,却迸出行者"。

《容斋续笔》卷十五谈到,宋朝杨愿"最善佞",饮食动作悉效秦桧。有一次秦桧吃饭时忽然"喷嚏失笑",杨愿见状,"于仓卒间亦阳喷饭而笑"。尽管"左右侍者哂焉",但秦桧"察其奉己,愈喜"。后来觉得他讨厌时又要一脚踢开,"讽御史排击而预告之",杨愿这回"涕泪交颐"。秦桧说:"士大夫出处常事耳,何至是?"杨愿说得好听:"愿起贱微,致身此地,已不啻足,但受太师生成恩,过于父母,一旦别去,何时复望车尘马足邪?是所以悲也。"这一表白很奏效,《宋史·杨愿传》载:"又三年,(愿)起知宣州。"因此在李若谷罢参政时,有人也劝他:"胡不效杨原仲之泣?"但李若谷笑曰:"便打杀我,亦撰眼泪不出。"杨愿的"喷嚏",该是喷嚏史上最不光彩的一页了。

人要献佞,总能找到自己的方式。

搔痒

成语"隔靴搔痒"比喻说话做事不中肯,不贴切,没有抓住要害;亦比喻做事不切实际,徒劳无功。浏览当下新闻,该成语出现频率颇高:说人行加息、说火车票实名制、说打击非法盐商、说车船税法按排量征收、说我国电视剧产量虽世界第一但题材如何等,但凡出台什么,举手投足,舆论莫不讥之以隔靴搔痒。这种"否定一切"的思维固然有失公允,但令人如此"偏激"也是太多的经验所导致。

搔痒,爬抓痒处。明朝耿定向《天台先生全书》记载了一则灯谜:"左边左边,右边右边,上些上些,下些下些,不是不是,正是正是,重些重些,轻些轻些。"谜底就是搔痒。"正是正是"引发的快感,想必人人都有体会。前些年热播的电视剧《还珠格格》中,小燕子边看焰火边跟大家玩儿猜谜,拾人牙慧,略微改造了这则记载,添了"中间中间",去了"不是不是"及其后面。但琼瑶并未交代出处,不明就里的人还会以为此谜出自小燕子的聪明顽皮。当代"美女诗人"尹丽川也是这样,在她的名诗《更舒服一些》中写道:"哎/再往上一点再往下一点再往左一点再往右一点/这不是做爱/这是钉钉子……为什么不再舒服一些呢/嗯/再舒服一些嘛。"这首诗的原型,应该也是脱胎于这则谜语吧,"挠痒痒"换成

"钉钉子"罢了。倘耿定向在世,未知是否会向当下50位作家联名声讨百度文库一样,声讨琼瑶以及尹诗人侵权。开个玩笑。

《寓林折枝·搔痒》云:"昔人有痒,令其子索之,三索而三勿中,其妻五索而五勿中也。其人怒,乃自引手,一搔而痒绝。"前人阐释过这则寓言寓在何处:"痒者,人之所自知也。自知而搔,宁弗中乎?"既然这么简洁了事,为什么不开始就自己搔呢?钱锺书先生谈到一种状况:"痒而在背,'引手'或尚难及。"因此,"'爪杖''阿那律'等物,应需而制",而这种搔痒的东西人们都很熟悉,"长柄曲颈,枝杈其端,尤便于自执搔背;古号'如意',后称'不求人',俗呼'痒痒挠'"。在当代郭颂演唱的民歌《新货郎》里,又叫"老头乐"。"一搔而痒绝",大抵正是用了痒痒挠。南宋状元王十朋对痒痒挠赞美有加,赋诗曰:"牙为指爪木为身,挠痒工夫似有神。"

《太平广记》卷六十有"麻姑"条,说东汉桓帝时,有个神仙叫王远(字方平),"降于蔡经家",叫人去请麻姑,彼此五百多年没见面了,聊聊天。蔡经见麻姑,"年十八九许,于顶中做髻,余发垂至腰。其衣有文章,而非锦绮。光彩耀目,不可名状",乃为靓女所倾倒。他尤其注意到麻姑的手指纤细,好像鸟爪,心里想:"背大痒时,得此爪以爬背,当佳。"这该是凡夫俗子的本能联想,虽然有点儿歪,但却是生活的真实写照。光武帝刘秀《原丁邯诏》就说过:"汉中太守妻乃系南郑狱,谁当搔其背垢者?"汉中太守即丁邯。这等于是说,不仅要赦免丁邯,还捎上他老婆。在《赐侯将军诏》里又说:"卿归田里,曷不令妻子从?将军老矣,夜卧谁为搔背痒也!"然而,就是蔡经并没说出口的这点儿歪念,也还是被神仙洞察到了。王方平让人用鞭子抽蔡经,正告他:"麻姑神人也,汝何思谓爪可以爬背耶?"神仙,那是不容亵渎的。蔡经挨了一顿揍,王方平说还得感谢他,因为"吾鞭不可妄得也",一般人还不抽呢,抽你是你的荣幸。后来,苏辙《赠吴子野道人》有专门告诫:"道成若见王方平,背痒莫念麻姑爪。"这是在拿典故来开吴子野的玩笑了。

搔痒,正是先有生活中的种种实指,才有社会生活中的种种借指。比方读书,"杜诗韩笔愁来读,似倩麻姑痒处搔。"杜牧的这两句诗,用形象的比喻评价了杜甫诗与韩愈文的功效。又比方做学问,"学道如同痒处搔",焦竑这一句讲的该是治学的目的,不是把文字堆在那里就了事。心学大师王阳明对上面那则灯谜更是深有感触,语弟子曰:"状吾致知之旨,莫精切若此。"再比方官场中,搔痒的应用就多了,其与马屁、谄谀自然有本质区别,颠覆前面寓言的话说,叫作"痒者,他人之所知也"。举例来说,李清《三垣笔记》讲到他对孙慎行特别看重郑鄤感到不解,王章讲了一件事:孙慎行喜欢读书,郑鄤乃把他身边的人买通,孙读什么书,"必驰报"。隔几天去拜访,因为事前"阴习"的结果,郑鄤"皆口诵如流",最关键的是句句都能说到孙的心坎上,孙"因大服"。

早些年,厦门海关副关长接培勇对赖昌星一直保持戒心和距离,但赖昌星发现他偏爱字画,喜欢书法,便弄来绝版的《毛泽东评点二十四史》一套、一幅由9位当今知名画家合作的牡丹图奉上。结果一搔而中,接培勇就这样被"摆平"了。

放屁

香港歌星陈奕迅的红馆演唱会一连开了 18 场,"尾场首创红馆放屁壮举"。报道说,在演唱会开始不久,陈奕迅已在台上公然表示想放屁,后来果真"用咪放在臀部放了两次屁"。次日香港报纸娱乐版的头条"全部都是和'屁'有关的显赫标题"。屁,由肛门排出的臭气,陈奕迅不能例外。则陈奕迅的屁举与媒体聒噪,可归入无聊作有趣之列吧。

衍伸出来,放屁是一种詈词,比喻说话没有根据或不合情理。毛主席《念奴娇·鸟儿问答》词有"不须放屁"语,虽然写于 1965 年,但我记得是 1976 年元旦发表的,喇叭里一遍又一遍广播。余时为少年,对别的不明所以,唯此听得真切——不,也不能这么说,没看文字的时候,以为是"不许放屁",很多人想是同感。这石破天惊的四个字,据说纵贯古今皆无,同时也带来笑话成堆。民间的不用说了,中共党史出版社出版的《走进毛泽东的最后岁月》也有道及:老人家把《诗刊》要发表的那两首词的清样请陪伴他的孟锦云女士读来听听,小孟在读到"不须放屁"时扑哧一下笑出声来:"主席,您写不许放屁,可您今天放了 28 个屁,我都给您数着呢。"然"须"与"许",读音相近,外貌上却区别不小,要么孟女士文化程度着实不高,要么此段生动描述其实嫁接了民间笑话。

便是陈奕迅这种真来的,历史上也有许多笑话传下来。《时兴笑话》云,有个当官的坐堂时放了个屁,为了摆脱尴尬,故意问手下是谁放的,有人拍错了马屁:"也不是老爷撒的,也不是小人撒的,是狗撒的。"《吴下谚联》云,有个以骗术生出命案的读书人给捉去冥界受审,阎王拍案大怒,那人说我没骗人,"惟闭户攻书,常是吟诗作赋而已"。阎王看那人不恶,说得又动听,不觉"一腔气忿,回至腹中,从丹田而下,直出大肠经,泄其一气"。这段话,其实就是说阎王放了个屁,如此曲折,有点儿像当下陷入"抄袭门"的汪晖先生的文风,批评者王彬彬先生说:"即便是一件很简单的事情,汪晖往往也要用十分复杂的句式来说明。"阎王放了屁,读书人如获至宝,"跪上,掇而捧之",奉承道:"恭惟大王高耸金臀,洪宣宝屁。清音入耳,依稀短笛之声;香霭袭人,彷佛烧刀之味。"《扬州画舫录》里有两个能诗的和尚,一个叫平山,一个叫牛山。平山和尚善做打油诗,其《咏猫》云:"春叫猫儿猫叫春,看他越叫越精神。老僧也有猫儿意,争敢人前叫一声?"牛山和尚则能作放屁诗,"刻有牛山四十放",大约四十首的意思吧。然从例诗中的《湖上》看——"游春公子体面乎,者也之乎满口铺。行到马头齐上岸,开元八个跌成无。"——内容与放屁并无关联,"见者谓略具禅理",说明他是借题发挥,没有一味颂屁的秀才那么无聊。

《太平广记》卷二四六载,张融与谢宝积俱谒齐太祖萧道成,"融于御前放气"。宝积起身谢罪:"臣兄触忤宸扆。"对不起,惹了您老人家了。太祖笑笑,没说什么。"须臾食至,融排宝积,不与同食"。皇帝问为什么呢?张融说:"臣不能与谢气之口同盘。"意谓不能跟为屁道歉的嘴一起吃饭。同书卷二五三载,陈朝尝令人聘隋,隋这边"不知其使机辨深浅",就密令侯白"变形貌,着故弊衣,为贱人供承"。来使因此没瞧得起,"乃傍卧放气与之言",一边跟侯白说话一边肆无忌惮地有屁就放,"白心颇不平"。来使询问马匹的贵贱时,侯白终于找到了发泄的机会:"马有数等,贵贱不同。若从伎俩筋脚好,形容不恶,堪得乘骑者,直二十千已上。若形容粗壮,虽无伎俩,堪驮物,直四五千已上。若弥尾燥蹄,绝无伎俩,傍卧放气,一钱不直。"末一句点睛之处,令使者大惊,"问其姓名,知是侯白,方始愧谢"。以上两则均说"放气",为什么不直接说"放屁"呢?有人研究,"屁"可能是到了宋代才出现的新字,所以之前还要说成"放气"。再早呢?钱锺书先生说,汉朝叫"失气",且举《风俗通》佚文云:"宋迁母往阿奴家饮酒,坐上失气。"

　　成语里有"放屁添风",意思是从旁助威。《西游记》第七十五回,孙悟空回头去斗妖怪,要八戒跟着,八戒慌忙推脱:"哥哥没眼色!我又粗夯,无甚本事,走路扛风,跟你何益?"孙悟空说:"兄弟,你虽无甚本事,好道也是个人。俗云:'放屁添风。'你也可壮我些胆气。"第八十三回,这话从沙僧之口又说了一次,说八戒的同时也连带了自己。沙僧提议"且请师父自家坐着,我和你各持兵器,助助大哥,打倒妖精去来",八戒摆手道:"不,不,不!他有神通,我们不济。"沙僧道:"说那里话!都是大家有益之事,虽说不济,却也放屁添风。"唱了18场的陈奕迅,或许黔驴技穷了,只有靠放屁来"添风",无聊透顶。

放狗屁,狗放屁,放屁狗

学者李辉就年龄、经历、学识"三疑"文怀沙先生的文章经媒体刊发后,舆论一片哗然。据李辉考证,文怀沙不是1910年而是1921出生,自己把年龄往前拨了11岁;文在文革中所犯的"反革命罪",其实是"诈骗、流氓罪";其"国学大师、楚辞泰斗"的水平,充其量也就相当于普通中学教师。今人每喜欢把年龄缩小,谌容女士有名篇《减去十岁》,那种黑色幽默被现实中的不少人为了到退休年龄还能赖在官位上,真的付诸实践了。文氏何以反其道而行之?论者以为,如此则能和章太炎、鲁迅等挂上钩。

文怀沙先生在并非回应的"回应"中说,狗年来临的时候,李辉采访过他(旋为李氏所否,称从未见过面),"让我就狗年谈一谈我的看法,我就想到三句话,第一句话放狗屁,第二句话是狗放屁,第三句话放屁狗"。文先生"想到"的这三句话,有人旋即指出是陈独秀骂章士钊的,文把"版权"归为己有实在无耻。考证者举《向导》周报实例。陈独秀说:"章士钊拿黄兴的钱办的《甲寅》,也只能算是放狗屁;后来拿段祺瑞的钱办的《甲寅》,便是狗放屁了;现在拿张宗昌的钱办的《甲寅》,更是放屁狗了。放狗屁的毕竟还是一个人;狗放屁固然讨厌,或者还有别的用处;放屁狗只会放屁,真是无用的厌物。"不过,这三句话的来历还可以追溯得更远。

《清稗类钞》即有一则"放屁狗",不长,兹录之:王少香尝习为诗,平仄且不谐,以所居僻左,遂以诗鸣,自谓为诗人矣。某年入都,恒作诗赠人,李九溪见之,批"放狗屁"三字于上。或云:"君何作此恶骂?"李曰:"此为第一等之评语,尚有二等三等者,乃为恶骂。"或究其详,则曰:"放狗屁者,人而放狗屁,其中尚有人言,偶放狗屁也。第二等为狗放屁,狗非终日放屁,屁尚不多。第三等为放屁狗,狗以放屁名,则全是狗屁矣。"以陈、文的话比之,不是何其相似乃尔?

后人因袭而不自知,以为自己的发明,这样的例子还有。山东画报出版社丛书专辑《你没见过的历史照片》中有一帧1941年时的"画家张大千",说他"因一脸长须而有'美髯公'之誉"——说明文字到这里并没什么,《三国》里的关羽、《水浒》里的朱仝都被人这样称呼。接下来就有问题了。有人问大千睡觉时怎么处理长胡子,放在棉被里还是棉被外,害得大千当晚睡觉不知所措,怎么放都觉得不合适,"以致辗转反侧,彻夜难眠"。这段名人逸事还有安在于右任头上的。殊不知,宋朝蔡絛《铁围山丛谈》早就谈到,"伯父君谟号美髯须",仁宗一日偶顾问曰:"卿髯甚美,长夜覆之于衾下乎?将置之外乎?"君谟一时间答不上来。"归舍,暮就寝,思圣语,以髯置之内外悉不安,一夕不能寝"。不是完全一模一样吗?至于为何一问而不知所措,蔡絛给了答案:"盖无心与有意,相去有间,凡事如此。"蔡絛是奸相蔡京的儿子,蔡京与蔡襄(君谟)"同郡而晚出,欲附名阀,自谓为族弟",蔡絛所以呼君谟为"伯父"。

再举一则。汪曾祺先生在回忆文章中说过,闻一多先生讲《楚辞》,开场白是:"痛饮酒,熟读《离骚》,乃可为名士。"后来见不少文章以此乃闻先生的名言，然而闻先生用的却也是用前人的成句。梁章钜《浪迹三谈》之"读离骚"云："昔人言'痛饮酒，熟读《离骚》，便成名士'，谓《离骚》之不易读也。"梁章钜为清朝嘉庆壬戌年（1802）进士，道光时去世，则他的"昔人言"，又不知可前溯至何年何月了。

不要说这种花边逸闻，即学术研究亦不免嚼前人嚼过之馍。《管锥编》云，陈澧《东塾读书记》论"列子乃中国之佛"，又钱大昕《养新录》、洪亮吉《晓读书斋初录》皆谓轮回说出《列子》，不知早在他们之前问世的王应奎《柳南随笔》已云："则知轮回之说，自佛氏未入中国以前，固已开其端矣。"钱锺书先生再引朱熹老夫子反复说，道士不读老子、庄子，反"为释氏窃而用之"，佛书"大抵都是剽窃老子、列子意思""列子语佛氏多用之""列子言语多与佛经相类""佛家先偷列子"等等；而《全唐文》载李翱《去佛斋论》已云："佛所言者，列御寇、庄周言之甚详矣。"诸如此类。不过，倘若属于见闻不广，无心之失，还是不要随便骂人无耻，贬恶未必溢其过。

然文怀沙先生面对质疑，只一句我就是"诞生于忧患频连之己酉腊月初五，即阳历一九一〇年一月十五日"，是不可能服众的。他应该像诸多前辈古人那样来个自撰年谱，某年如何，至少把履历中的大事开列清楚。清朝王又朴在《自订年谱》中毫不避讳，甚至抖搂了自己的隐私："当年十四五岁时，余情窦甫开，欲心甚炽。曾欲盗一婢，为其母所觉而止。又有所悦一妇，已乘醉钻穴以就之，忽悔悟。父母知之，急为取妇。"近人刘声木就此评价："自记往事如此，不文过，自不吝改过。"这句话，很适用于文怀沙先生。

撒尿

国家队乒乓教练孔令辉新近成了媒体焦点,却不是关于国球,而是一泡没有撒出的尿。2011年5月27日凌晨3时许,北京市朝阳区环球金融大厦渣打银行门前,孔令辉酒后与一名保安发生肢体冲突,"保安自称被孔令辉打伤并报警"。《乒乓世界》执行主编夏娃发微博说,那是因为"孔令辉跟几位新老朋友小聚,哥儿几个喝得都挺高兴,凌晨一点多结束后孔令辉独自叫出租车回家。下车后急于上厕所,想就近到某大厦找卫生间,保安自然拦着。一方尿急想往里进,一方坚持原则拦住不放"……

前两年乒乓界名将王皓酒后失态时,也出过类似的事,彼时是朝着人家大厦的绿化花坛径直开尿;保安来制止,王皓踹了人家几脚。撒尿,是人的正常生理行为。尿少或者没尿,身体可能出了问题。寒山诗曰:"快哉混沌身,不饭复不尿。"逻辑上说得通,实际上完全不可能,不吃不喝,人体靠什么提供能量呢?《太平广记》讲周隐克会使法术,能令一起喝茶的人代他撒尿,致使一个尿频,一个安然不动。钱锺书先生认为此虽"以虚愿托偿于幻术"之谈,但好多人都愿意这么去想。如嵇康《与山巨源绝交书》,说自己"性复疏懒,筋驽肉缓,头面常一月十五日不洗,不大闷痒,不能沐也",甚至"每常小便而忍不起,令胞中略转乃起耳"。又如梅尧臣、谢景初《冬夕令饮联句》云"脬尿既懒溺",都是这种心态的体现。脬,膀胱;略转,发胀。这是说憋不住了才不得不尿。钱先生解释说,梅诗中的"脬",即嵇书中的"胞"。嵇、梅等都是现实中人,知道撒尿的事情忍归忍,终究得亲历亲为。

随处撒尿,前人相当普遍。明王思任《文饭小品》云:"愁京邸街巷作溷,每昧爽而揽衣。不难随地宴享,报苦无处起居。"好端端的京城,给大家尿得一塌糊涂,至于找饭馆易,找厕所难。清人《燕京杂记》云,嘉庆以来北京城有了公厕,然而"入者必酬以一钱",正是收的这"一钱"坏事了,大家都不愿出,乃于"当道中便溺"。住户人家更直接往街上倒尿盆子,再加上过往畜车随时随地制造的牛粪马尿,弄得到处"粪盈墙侧土盈街"。民国夏仁虎《旧京琐记》也说,"行人便溺多在路途",甚至部曹一类的官员也这么干,"偶有风厉御史,亦往往一惩治之,但颓风卒不可挽"。运动式执法当然不能指望奏效。有意思的是,"大栅栏之同仁堂生意最盛,然其门前为街人聚而便溺之所",店主倒一点儿不恼,"但清晨命人泛扫而已"。为什么呢?风水先生说了,这地方地相"为百鸟朝凤",大家在这儿撒尿,应了堪舆,容易发财。

伊永文先生从明清小说中爬梳出一篇《掘新坑悭鬼成财主》,说湖州乌程县有个穆太公到城里去,觅到了商机。回家来,找人"把门前三间屋掘成三个大坑,每一个坑都砌起小墙隔断",建成厕所,不仅粉刷,而且"到城中亲戚人家,讨了无数诗画斗方贴在这粪屋壁上",并请一个读书人给厕所题写了个别致的名字:齿爵堂。这一来,厕所倒"比乡间人卧室还不同些"。在广而告之方面,又请教书先生写了百十张"报条"四方张贴,上面文字是:"穆家喷香新坑,奉求远近君子下顾,本宅愿贴草纸。"那些"用惯了稻草瓦片"的村民,对免费草纸先就觉得新鲜,兼且厕所"壁上花花绿绿,最惹人看,登一次新坑,就如看一次景致",因而生意兴隆,如穆太公所言:"倒强似作别样生意!"其实,对穆太公这样的人,名之为"悭鬼"未免太刻薄了,而称之探索乡村厕所文明的先驱才对,须知今天乡村的大量厕所,也还远远与"喷香"了不相涉。

为了制止乱撒尿,人们往往在容易引人撒尿的地方刷上骂人字句,如明代《时兴笑话》里有一则,墙上画个乌龟,注明"撒尿者此物也"。这个传统至今也被传承着,或极尽漫骂之能事,或幽上一默,"此处禁止小便,违者没收工具"云云。然国人对童子尿又高看一眼,不久前便有一则关于浙江东阳童子蛋的新闻。童子蛋,就是用童子尿煮的鸡蛋。据说当地有个风俗,商贩或者是要煮童子蛋的人家,都会提着塑料桶到各个小学去收童子尿。童子蛋甚至早在2008年便入选了东阳市的非物质文化遗产。因而东阳倘也有随地撒尿状况,怕无童子尿助阵。在前人看来,童子尿更可治病。《镜花缘》中,多九公医治坠马跌伤的歧舌国世子,就是"取了半碗童便,对了半碗黄酒,把世子牙关撬开,漫漫灌入",然后,世子"就以黄酒、童便当茶,时时冲服",没多久就痊愈了。

《解愠编》里有个笑话,一个小吏"贪婪无厌,遇物必取,人无不被害者"。友人就跟他开玩笑,说看你这架势,"他日出身除是管厕溷斯无所取耳",你总不能往家里划拉屎尿吧?谁知那个贪婪的家伙仍然有办法:"我若司厕,一般有钱欲登厕者,禁之不许,彼必赂我;本不登厕者,逼之登厕,彼无奈何,岂不赂我耶?"孔令辉撒尿事件中,该属于"禁之不许"了。平心而论,是大厦的保安不对,难道真的等着"彼必赂我"吗?开放宾馆大厦的厕所,早就是人性化的一个标志,而且很多地方都已经践行了,你那个大厦难道是衙门不成?

拉屎

广州的交通拥堵最近(2009)到了令市民忍无可忍的程度,为亚运会而到处施工是一个原因,但也有人为导致的因素。在前几天的黄埔大道交通整治工作会上,有记者很正常地发问"是否该提前公布道路临时封闭措施",交通部门的一名中年男子突然冒出一句:"我是不是拉屎也要告诉你啊?臭不臭也要告诉你?"一扇"拉屎门"就此打开。

屎,大便,脏东西。《史记》中,老将廉颇为了表示自己"尚可用",当着来探虚实的使者的面,"一饭斗米,肉十斤,被甲上马"。不料,因为"廉颇之仇郭开多与使者金,令毁之",所以使者回去向赵王汇报时说:"廉将军虽老,尚善饭,然与臣坐,顷之三遗矢矣。"司马贞在此《索隐》曰:"谓(廉颇)数起便也。矢,一作屎。"就是说,使者既讲了廉颇能吃的一面,更强调了他也"能拉"的另一面,就那么会儿功夫,他拉了三次。专业人士说,人的排便反射受大脑皮层的控制,因此意识可控制排便。用这番科学道理去推断老将军,他那是完全失控了。于是,"赵王以为老,遂不召"。使者虽然拿人家手短,但其陈述,也很难说就是纯粹造谣。

拉屎,一般情况下像"拉屎门"主角一样是主动行为,但也可以是被动的。唐朝李元平被俘之后"遗矢于地",就不是他自己想拉,事见《新唐书·关播传》。该传看似盖棺论定关播,实际上透露着对于今日亦未必过时的用人取向:一种是看透了(弱点)而用人,一种是懵然无知而用人。关播被用属于前一种。德宗求宰相,朝政完全说了算的卢杞推荐关播,说他"儒厚可镇浮动",于是关播"乃拜中书侍郎、同中书门下平章事"。有一回,卢杞"论事帝前,播意不可,避坐欲有所言",却被卢杞"目禁辄止"。退下来后卢杞责备他说:"以君寡言,故至此,奈何欲开口争事邪!"这里卢杞就对自己推荐关播的动机来个了不打自招,要你上来是因为你平时不多嘴,你以为自己多了不起吗?李元平被用属于后一种。他和陶公达等"游播门下,能佞言诞计,以功名白喜",但对这些巧语花言,关播没什么反应,反而以为诸位"皆将相才,数请帝用之"。好,李希烈反叛了,"帝以汝州据贼冲,刺史疲软不胜任",因为关播总是"盛称元平",就派他去接任了。然而到那儿之后,李希烈"阴使亡命应募,凡内数百人",这一切,李元平都浑然不觉,至于李克诚"以精骑薄城,募者内应",很轻易地就把他抓住了。就是在缚之"驰见希烈"时,李元平"遗矢于地"。但李希烈没忘调侃他,以其面上无须,戏谓克诚:"使尔取元平,乃以其子来邪?"转而恨恨地说:"盲宰相使汝当我,何待我浅邪!"在他看来,跟这样的人物交手,等于侮辱自己的智商。盲宰相,就是关播了。今天那些极不称职的官员是怎么上来的,大家心里有数,而"谁瞎眼了"这种话却没人说了。

"拉屎门"的主角知道屎是臭的,所以,在生理现象之外,屎的"社会学"意义也正与"低劣"之类的贬义用法形影不离。如"屎棋",就是指低劣的棋艺;"屎诗"——不是史诗——就是指低劣的诗句。据说,唐代诗人顾况游茅山,有一个秀才"行吟得句"云"驻马上山阿",然后"久不得属",好半天没有下句,顾况就给他续上

"风来屁气多"。秀才回头一看是顾况,认得,"惭惕而退"。清朝瞿灏认为,把恶诗嘲为屁诗就是从这儿来的。南唐韩熙载书法闻名当时,宋齐丘常请他书写自己撰写的碑文,但韩熙载写的时候每"以纸塞鼻",人家问他怎么回事,他说:"文臭而秽。"顾况意亦在此了。至于如"拉屎门"主角是否"屎人"的说法,史上暂时未见,但相关的词语却有,"屎橛""屎橛子"都是。比方鲁迅先生在《华盖集·"碰壁"之余》中痛骂陈西滢教授:"所以遇有不合自意的,便一气呵成屎橛,而世界上蛆虫也委实太多。"

庄子亦曾出口言"屎"。那是东郭子问庄子,所谓"道"究竟在哪里呢?庄子说:"无所不在。"东郭子说,能不能来点儿具体的。于是两人有了一番有趣的问答——"在蝼蚁。""何其下邪?""在稊稗。""何其愈下邪?""在瓦甓。""何其愈甚邪?""在屎溺。"东郭子干脆不吭声了,他一定以为庄子越说越"离谱",是在恶搞。然庄子的确是在阐释万事万物都蕴含着"道"的规则,并无贵贱之别。成玄英《疏》曰:"大道无不在,而所在皆无,故处处有之,不简秽贱。东郭未达斯趣,谓道卓尔清高,在瓦甓已嫌卑甚,又闻屎尿,故嘿而不应也。"

然"拉屎门"主角喷出之"屎",与庄子出口之"屎"不可同日而语。前者在粗俗之余透露出的先是极端没有教养,然后是权力居高临下流露出的一种傲慢,二者叠加更构成一种寻衅。这正是当下中国职能部门有待克服的普遍现象,他人不及此人这般赤裸裸而已。不过,曝光之后,"拉屎门"的主角怕要屎屁直流了。

厕所

春节前夕,重庆洋人街"最牛的厕所"完工亮相。据介绍,该厕所约有200多便槽与蹲位,可满足近千人——一说2000人同时"方便",还准备申报吉尼斯纪录:规模最大。这是关于厕所的一个新的奇观了。早几年,广州有过"星级公厕",深圳决定过修建20座单价300万元的"天价公厕",不知修成了没有。国人对厕所"发力",要溯源于改革开放之初,我们的厕所因为"脏乱差少",传说吓跑了不少外国友人,因之失去了不少商务谈判的机会。现在手里有了两个钱,决策人物也就发了狠,虽然解决公厕问题当务之急是满足"数量"而非提高"质量",但他们着重的是后者。

历史上最大的厕所有多大不知道,但知道有过相当豪华的厕所。《世说新语·汰侈》记载的石崇家的厕所,是为其一。石崇家的厕所豪华到什么程度?"常有十余婢侍列,皆丽服藻饰。置甲煎粉、沉香汁之属,无不必备"。这还不算,"又与新衣箸令出",可能是婢侍们贴身服务太过了吧,搞得"客多羞不能如厕"。刘孝标引东晋裴启佚书《语林》,来了个进一步说明。说刘寔上石崇家的厕所,一进门,"见有绛纱帐大床,茵蓐甚丽,两婢持锦香囊",赶紧往回走,还不好意思说:"向误入卿室内。"石崇告诉他,那就是厕所。20世纪后半叶的中国厕所尚能吓跑海外人士,西晋时的厕所在刘寔眼里,更应该是不忍卒睹、不忍卒闻才叫厕所吧。战国时魏人范雎能言善辩,他出使齐国,深得齐王敬重,却被人诬陷通齐卖魏,回国后被魏相魏齐治罪,"笞击范雎,折胁,摺齿",再把他卷上席子,"置厕中,使客醉者更溺之";西汉吕后把戚夫人制成"人彘"之后,也是丢进厕所里。可见从前的厕所,是个肮脏得足以辱人的地方。

《世说新语·纰漏》还讲到了另一个豪华厕所。那是大将军王敦刚娶了舞阳公主,"如厕,见漆箱盛干枣",那些枣本是用来塞鼻子的,王敦却"食之至尽"。如厕回来后,"婢擎金澡盘盛水,瑠璃碗盛澡豆",王敦"因倒箸水中而饮之,谓是干饭(《齐东野语》作"干饮")。群婢莫不掩口而笑之"。婢女们笑什么呢?按余嘉锡先生笺疏,澡豆是洗手时用的,"每日常用,以浆水洗手面甚良",居然可以"十日色白如雪,三十人如凝脂",类似于今天的高级护肤品。同样是王敦,在石崇家上厕所则是另外一副神态。别人不是因为更衣而"多羞不能如厕"吗?他则不然,"脱故衣,箸新衣,神色傲然",乃至丫头们纷纷议论:"此客必能做贼。"几百年后,苏东坡谈到这件事时说:"此婢能知人,而崇乃令执事厕中,殆是无所知也。"这是说石崇有眼无珠,大材小用了。

其实,吃塞鼻之枣与喝洗手水,未必是刘义庆所说的王敦的"纰漏",可能他是刻意为之。周密《齐东野语》对此进行了一番分析。他说同一个王敦,"何前蠢而后倨邪?干枣、澡豆,亦何至误食而不悟。至季伦(崇字)之厕,则倨傲狠愎之状殆不可得而掩矣"。没别的,你看他看起来啥也不懂似的,"直诈耳",全是装出来的。周密就此下了结论:"人之不近人情者,鲜不为大奸大慝,吾于敦,重有感焉。"

关于澡豆,《墨客挥犀》还有一则趣事。王安石有一段因为

"面鼟黑"——又黑又黄,手下人挺担心的,问医生怎么回事。医生说,这是邋遢,不是有病。手下人于是就"进澡豆,令公洗面"。安石说:"天生黑于予,澡豆其如予何。"保持自己率性的本色。不过在周密眼里,安石的问题与王敦"近似之"。别说这不是病了,就算真的是,安石也会是一副随其自然的态度。他"患喘"的时候,"药用紫团山人参不可得",正好薛师正家里有,"赠公数两",安石不要。人家劝他:"公之疾,非此药不可治,疾可忧,药不足辞。"安石说:"平生无紫团身,亦活到今日。"到底没有接受。

《清稗类钞》里有一个屡试不第的举子,考不上,家又穷,就在路旁盖了个厕所,"借收粪以售资"。到底是读过书的,厕所的装点上也体现了"文化"味道。上悬一匾,曰:尽其所有;左右联曰:但愿你来我往,最恨屎少屁多。从中不难感觉到他的愤懑之气,不过这也道出了厕所的实际功用。在"星级公厕""天价公厕"之外,北京去年还推出了价值80万元的"防弹公厕",说普通的TNT炸药即使在内部引爆,也不威胁外部物体安全。普遍观点认为,从一个国家公厕的情况,可以看出这个国家公众的文明、卫生习惯以及社会公德等等。但我们现在的公共场所如厕难,上面说了,是数量不足,不过行动起来,各地追求的往往都离不开"最"字。这里反映出来的,该是政治文明的一个侧面吧。

笑

5月27日(2005)的香港凤凰卫视"文涛拍案"栏目,解析4月份去世的张春桥。正史、野史,在文涛那里熔为一炉,一张嘴来得妙趣横生,新闻真是被他给说"活"了。文涛剖析的是张春桥的性格和手腕,其中说道,张春桥总是扳着面孔,执掌《解放日报》时,邻居们碰到他打招呼,他能点个头算不错了,没有笑的模样。当然,张春桥也是会笑的,至少他有笑着的照片存世。印象之中,在党的"十大"主席台上,他和江青坐在一起的那张照片就在笑,而且笑得很开心。看起来,他的笑注意把握分寸,看场合或心情,该笑的时候自然要笑。

魏有位叫元丕的,则真正是从来不笑。按道理,他出身皇族,世袭侯爵,仕途先天就安排好了,生活也无忧无虑,应当满心欢喜才是,但不知怎地,这人就是高兴不起来,"虽有吉庆事,未尝开口而笑"。孝文帝拓跋宏把都城从代迁到洛阳时,元丕"以代尹留镇"。在临别之际的宴会上,孝文帝"别赐丕酒",但元丕没有一点儿受宠若惊的感觉,"虽拜饮,而颜色不泰"。拓跋宏忍不住了:"闻公一生不笑,今方隔山(河),当为朕笑。"马上就要分手了,不知什么时候再见面了,别还是这么阴沉着脸,起码为我笑一笑吧?皇帝当面开了尊口,仍然是"竟不能得",元丕硬是不笑。拓跋宏无奈地认为这不是跟谁过不去,而是生性如此:"五行之气,偏有所不入。六合之间,亦何事不有。"此话一出,惹得在场的人们"无不扼腕大笑"。

元苌一生不笑,唐高宗时的李义府倒总是一副笑模样,"与人语必嬉怡微笑",但是时人都看出来了,他那是"笑中有刀",别看他表面在对你笑,实际上可能正在盘算你。李义府阴险到了什么程度?"欲人附己,微忤意者,辄加倾陷"。因为他这种"柔而害物"的性格,人们还给他起了个外号叫"李猫"。有一次,李义府看到犯妇淳于氏长得比较漂亮,流了口水,"嘱大理丞毕正义求为别宅妇,特为雪其罪"。用《旧唐书·王义方传》里直截了当的说法,就是"枉法出之",然后包养起来。事情败露,毕正义"惶惧自缢而死",李义府却没受什么触动。这时,侍御史王义方挺身而出,他预料到了弹劾此等人物的可能后果,先征求母亲的意见,母亲深明大义:"昔王陵母伏剑成子之义,汝能尽忠立名,吾之愿也,虽死不恨。"王义方乃上疏请求朝廷,要"雪冤气于幽泉,诛奸臣于白日"。果然,王义方被高宗认为"廷辱大臣,言辞不逊",左迁为莱州(今山东掖县)司户参军,"而不问义府之罪"。李义府更加得意了,当面对王义方挑衅道:"王御史妄相弹奏,得无愧乎?"王义方气得回答:"仲尼为鲁司寇七日,诛少正卯于两观之下;义方任御史旬有六日,不能去奸邪于双阙之前,实以为愧。"也就是说,孔夫子当官七天就杀了少正卯,我王义方干了十六天御史还拿不下奸贼,的确是羞惭啊。

唐玄宗时的李林甫,也是"面柔而有狡计",时人称之为"口有蜜,腹有剑"。后世比喻嘴甜心毒的成语"口蜜腹剑",就是因此而来。口有蜜,不难让人想象出李林甫待人接物,那该是一副怎样满脸堆笑的面孔。不过,既然"腹有剑",就是一个十分凶险的人物。《资治通鉴》概括道:"李林甫为相,凡才望功业出己右及为上所厚、势位将逼己者,必百计去之;尤忌文学之士,或阳与之善,啖以甘言而阴陷之。"到了晚年,李林甫更"溺于声妓,姬侍盈房"。因为坏事干得太多,"常忧刺客窃发,重扃复壁,络板石",把家里武装得森严壁垒还不够,还要"一夕屡徙",搞得"虽家人不之知",弄不清他每天晚上究竟在哪儿过夜。

《魏书》对元苌作结说:"中年以后,官位微达,乃自尊倨,闺门无礼,昆季不穆,性又贪虐,论者鄙之。"这样看来,不笑的元苌与善笑的李义府、李林甫,在本质上是"殊途同归"的。那么,这些活生生的历史也就提醒我们,对任何人物包括对张春桥的评价都是一样,流芳还是遗臭,倘若以为先天的生理特征已经作出了某种预示是荒诞的,也是没有意义的,归根到底要看他后天的作为。

微笑

5月8日是世界微笑日。据说,在众多的"世界××日""国际××日"中,这是唯一一个庆祝人类行为表情的节日。感觉上,由世界精神卫生组织设立的此"日"虽诞生于1948年,这么多年算是"养在深闺"了。以前热闹过吗?没大引起注意。

微笑无疑是世界通用的语言,也可能是最美的笑容。前人留下的大量佛像造像,露天的或洞窟内的,巨型的或寻常尺寸的,许多嘴角上都凝结着一丝令人莫测高深的微笑,表现出慈祥、优美、宁静的审美情调。达·芬奇名作《蒙娜丽莎》中的神秘微笑更是众所周知了。一种说法是,当时蒙娜丽莎的幼子刚刚夭折,她一直处于哀痛之中;达·芬奇在作画时请来音乐家和喜剧演员,想尽办法让蒙娜丽莎高兴起来。果如是的话,这一幕与我们周幽王的做法便有些类似。为博褒姒一笑,幽王烽火戏诸侯,"诸侯悉至,至而无寇"。弄多几次,褒姒倒是笑了,诸侯却生气了,假作真时真亦假,结果如《诗》所归罪:"赫赫宗周,褒姒灭之。"褒姒之笑应该正是微笑。后世李延年笔下之李夫人"一笑倾人城,再笑倾人国",白居易之杨贵妃"回眸一笑百媚生",都属此类。

《列子·仲尼》有这么一句:"鲁侯大悦,他日以告仲尼,仲尼笑而不答。"钱锺书先生认为,孔子这里的笑也是微笑。但《列子》

以孔子之笑"似迦叶之破颜",钱先生则认为"装模作样,更过于《墨子·非儒》下所讥之'会噎为深'"。翻开《墨子》,再翻到《非儒》那里,可知这话说得有多重。非儒嘛,驳斥你的。所以儒者刚说了句:"君子若钟,击之则鸣,弗击不鸣。"驳斥的马上就说:"夫仁人,事上竭忠,事亲得孝,务善则美,有过则谏,此为人臣之道也。"那意思很明确,明知不对,因为说了而不会给自己带来好处,就装聋作哑,"是夫大乱之贼也"。会,通哙,咽也;噎,饭窒也。"笑而不答"而已,何以就上纲上线到超过了"会噎为深"?就需要了解一下背景。鲁侯之所以大悦,是因为他听说陈国也有个圣人,是老子的弟子亢仓子,乃"使上卿厚礼而致之",亢仓子果然来了,还进行了友好交谈;那么孔子知道此事后的"笑而不答",实际上是酸不溜秋。钱先生且举李白《山中问答》说话,"问余何意栖碧山,笑而不答心自闲",认为"题曰问答,诗曰不答而笑,此等张致,《论语》中孔子所无也"。在钱先生眼中,孔子的道德文章都没有那么高不可攀,上世纪 30 年代,在为父亲钱基博代笔钱穆《国学概论》序言时,钱先生即言"孔子近乎乡绅",令张申府"深感其创辟可喜"。乡绅,那不是一抓一把吗?

"似迦叶之破颜",即禅宗中的佛祖拈花微笑。说的是释迦牟尼在灵山法会上一言不发,只是拈花示众,"是时众皆默然,唯迦叶尊者破颜微笑"(《五灯会元》),表示自己心领神会。于是释迦牟尼把佛法"于教外别传一宗,传给摩诃迦叶",也就是佛祖有了"衣钵真传"。中国禅宗因之把摩诃迦叶列为"西天第一代祖师"。但有研究指出,这则公案是为禅宗尤其是南宗禅的立宗提供合法依据而精心创造出来的,目的为了展现禅宗的宗教观:佛法的传承不在于语言文字的理解,而在于心灵的感悟。所以到了唐代,大字不识一个的广东边远山区卢姓农民,也能因为悟性被五祖弘忍选为接班人,成为禅宗六祖慧能。明了这些,可见钱先生之所洞悉,"笑而不答"与"迦叶之破颜"在内涵上不仅不似,而且南辕北辙。当然,钱先生只是看不惯此处孔子充满醋意的微笑。

唐人笔记《明皇杂录》中,杨国忠也有一种耐人寻味的微笑。那是他的儿子杨暄参加科举,礼部侍郎达奚珣是考官。杨暄考得不行,"将黜落,(珣)惧国忠而未敢定",遂派儿子达奚抚去国忠府上"具言其状"。杨国忠正要出门,看见达奚抚来了,"谓其子必在选中,抚盖微笑,意色甚欢"。等到达奚抚实话实说之后,国忠恼了:"我儿何虑不富贵,岂藉一名,为鼠辈所卖耶?"说罢"不顾,乘马而去"。但杨国忠倒打的这一耙,把达奚抚吓坏了,赶紧告诉父亲:"国忠恃势倨贵,使人之惨舒,出于咄嗟,奈何与校其曲直!"没办法,达奚珣昧着良心还是把杨暄录取了。杨国忠先前的微笑,流露出的是一种得意洋洋,他觉得凭借自己的地位和权力,没有摆不平的事情。这样的微笑,如今我们也并不眼生,且颇有些见怪不怪。

世界微笑日在今天得到重视,以愚意度之与社会充斥着戾气相关,不少恶性事件的诱因细看去都是些寻常小事。与此同时,随着学习、生活、工作压力的增加,现代人脸上的微笑也日渐稀少。有人说,微笑传递的是一种幸福感,而这种幸福感是可以"传染"的,所以在微笑日应该微笑,有媒体打出的标题就是:今天,你微笑了吗?然而须知幸福感产生的一个重要前提,须是先有幸福感可言,使微笑得以自然流露;硬是要微笑,就只能是应节而已。

呵呵

7月31日(2019),外交部发言人华春莹在回应外媒记者"美方称中方经常出尔反尔"的问题时说:"我只想'呵呵'两声。"这里的"呵呵",用英语该怎么翻译呢?旋即,"外交部发言人办公室"公号给出了标准答案:"Hmm. How interesting."

如今使用社交工具聊天,"呵呵"出现的频率超高。高兴或不高兴,赞同或反对,都能使用,还可以表示交谈中止。然而网络时代只是将"呵呵"的使用光大了,其词早已常见于典籍,意谓一种笑声。《晋书·石季龙载记》载,石韬被杀,石宣"乘素车,从千人,临韬丧,不哭,直言呵呵,使举衾看尸,大笑而去"。石宣的这一举动,令"季龙疑宣之害韬也,谋召之,惧其不入,乃伪言其母哀过危惙",进而将石宣"以铁环穿其颔而锁之,作数斗木槽,和羹饭,以猪狗法食之……"先"呵呵"而后"大笑",晋朝时的"呵呵",大约在微笑与大笑之间,明清时则每与大笑连用,在文学作品中所见颇多。

以四大名著为例。《三国演义》第七回袁绍与公孙瓒交手,先胜了一个回合,便傲气得不得了,"不作准备,与田丰引着帐下持戟军士数百人,弓箭手数十骑,乘马出观",并且"呵呵大笑"曰:"公孙瓒无能之辈!"孰料正说之间,赵云杀了过来,"弓箭手急待射时,云连刺数人,众军皆走"。第十六回吕布调停纪灵、刘备之争,把自家画戟"去辕门外远远插定",回顾二人曰:"辕门离中军一百五十步。吾若一箭射中戟小枝,你两家罢兵;如射不中,你各自回营,安排厮杀。"结果他一箭正中,"呵呵大笑,掷弓于地"。

《水浒传》第五回鲁智深夜宿桃花村,听闻刘太公"我家今夜小女招夫,以此烦恼",乃"呵呵大笑道:'男大须婚,女大必嫁'。这是人伦大事,五常之礼,何故烦恼?"接下来,小霸王周通、打虎将李忠相继也都有各自的"呵呵大笑"。第三十三回,宋江到清风寨投奔花荣,赶上了正月十五,晚上吃饱喝足出来看小鳌山,"那跳鲍老的身躯纽得村村势势的,宋江看了,呵呵大笑"。

《红楼梦》第二十六回宝玉正在潇湘馆和黛玉说话,袭人走来让他快回去穿衣裳,"老爷叫你呢"。宝玉先是"不觉打了个焦雷一般,也顾不得别的,疾忙回来穿衣服",然后问焙茗知不知道什么事,焙茗道:"爷快出来罢,横竖是见去的,到那里就知道了。"结果,宝玉转过大厅,"只听墙角边一阵呵呵大笑,回头见薛蟠拍着手,跳出来",笑道:"要不说姨夫叫你,你那里肯出来的这么快!"原来那是薛蟠为哄他出来使的阴招。

诸如此类。呵呵这种笑声,每为开心地笑。现在,外交部之所以要给出标准英译,显见华春莹的"呵呵"不是这种。看她"呵呵"之后怎么说的:"因为你知道,中美经贸磋商一年多来,是谁出尔反尔、言而无信、反复无常,大家都有目共睹。"谚云:"听话听声,锣鼓听音。"那么华春莹的"呵呵",放在从前实际上是哂笑,在该词的义项中,属于"嘲笑""讥笑",所以外交部才有那样的译法了。

哂笑从前也常用,再看四大名著。《三国演义》第九十七回开篇,魏之曹休被吴之陆逊"大破于石亭,车仗马匹,军资器械,并皆罄尽",结果又怕又气的曹休,"到洛阳,疽发背而死"。司马懿把队伍拉回来后,众将接入而问曰:"曹都督兵败,即元帅之干系,何故急回耶?"司马懿说:"吾料诸葛亮知吾兵败,必乘虚来取长安。倘陇西紧急,何人救之?吾故回耳。"不过,大家并不接受他的说辞,"皆以为惧怯,哂笑而退"。

《西游记》第十五回,蛇盘山小龙怪吃了唐僧的坐骑,唐僧急哭了,孙悟空笑"师父莫要这等脓包"之余,去找小龙怪算账。不料它栖息的那条涧"千万个孔窍相通",随便一钻,便令悟空奈何不得,请来观音菩萨才将之降服,小龙怪遂成为唐僧的新坐骑——白龙马,就是歌里唱的"你挑着担,我牵着"的那匹。马有了,缺副鞍辔,落伽山山神、土地化成寻常老者送来之后,跳到半空才告知唐僧,"慌得个三藏滚鞍下马……你看他只管朝天磕头,也不计其数。路傍边活活的笑倒个孙大圣"。唐僧生气了:"徒弟呀,我这等磕头,你也就不拜他一拜,且立在傍边,只管哂笑,是何道理?"孙悟空的态度正好相反:"像他这个藏头露尾的,本该打他一顿;只为看菩萨面上,饶他打,尽够了,他还敢受我老孙之拜?"

《论语·先进》云,"子路、曾晳、冉有、公西华侍坐",孔子问如果有人想了解你们起用你们,你们打算怎么去做呢?子路抢先回答:"千乘之国,摄乎大国之间,加之以师旅,因之以饥馑,由也为之,比及三年,可使有勇,且知方也。"不料"夫子哂之",笑了一下。孔子笑什么呢?既有"各言其志"的前提,就不是笑子路说了什么,而大约是笑他"率尔"亦即抢先回答,没有学会谦让吧。

早几年,有篇硕士学位论文《网络会话中"呵呵"的功能研究》引发舆论关注。有网友认为研究这样一个普通得不能再普通的词汇,"真是白交三年研究生学费"。我没看过那篇论文,相信多数网民也没有看过,但见论文题目便议论纷纷。一个语词的流行或变迁,定然大有文章可作,及时推出,未尝不是学术研究的活力体现。

笑岂必由喜发？

《清稗类钞》云，纪大烟袋纪晓岚"有陆士龙癖，每笑，辄不能止"。陆士龙是西晋陆机的弟弟陆云，士龙是他的字，兄弟两人齐名"二陆"。陆机初见司空张华，"华问云何在"，陆机说："云有笑疾，未敢自见。"后来陆云来了，见张华"帛绳缠须"，果然笑疾发了，笑得"不能自已"。陆云笑什么呢？冯梦龙《古今笑》云，张华"多须，以袋盛之"。这种情景当然是很搞笑的，就是我们看了，可能也免不了要笑。不过，有笑癖的陆士龙一次穿着丧服上船，"于水中顾见其影"，也是忽地大笑起来，至于"落水，人救获免"。

癖者，嗜好也。唐代诗人杜牧嗜睡，因而自觉有睡癖。他在《上李中丞书》中说，自己"入仕十五年间，凡四年在京，其间卧疾乞假，复居其半。嗜酒好睡，其癖已痼，往往闭户便经旬日，吊庆参请，多亦废阙"，一般的人际交往都不参加，就是蒙头大睡。陆士龙癖，笑癖的代称，别人觉得没什么的事情，嗜笑的人可能也控制不住。《红楼梦》"史太君两宴大观园"里，刘姥姥的精彩表演令大观园里的笑声异乎寻常，"史湘云撑不住，一口饭都喷了出来；林黛玉笑岔了气，伏着桌子嗳哟；宝玉早滚到贾母怀里，贾母笑的搂着宝玉叫'心肝'，王夫人笑的用手指着凤姐儿，只说不出话来，薛姨妈也撑不住，口里茶喷了探春一裙子，探春手里的饭碗都合在迎春身上,惜春离了坐位,拉着他奶母叫揉一揉肠子",这种笑属于被逗笑,养尊处优的人为带有泥土气息的原生态幽默所打动,而《聊斋志异》里的婴宁,动辄即笑,就是个有笑癖的姑娘了。

纪晓岚正是这样一个有笑癖的人。但关于他的影视剧虽然不少,也风靡一时,却没有刻画出他的这一特性。《清稗类钞》说,他"尝典某科会试",考完了,新科状元刘玉树来拜见,纪晓岚问他住在哪里,刘说:"现住芙蓉庵。"就这么普普通通的一句话,纪晓岚"忽笑不可仰,旋退入内,久不能出"。过一会儿,他让刘玉树先回去,搞得刘状元惴惴焉,不知道自己说错了什么。过几天才明白,原来纪晓岚听到刘玉树的住处,脑袋里忽成一联:"刘玉树小住芙蓉庵,潘金莲大闹葡萄架。"借用小说回目,而属对绝工,他自己满意得不得了,所以笑不能止。还有一次,有个学生来看他,一见面"即跪地叩首",纪晓岚也是忽然大笑,笑的原因是又"得一佳对":今日门生头触地,昨宵师母脚朝天。

影视剧中动辄与纪晓岚斗嘴的和珅,虽然没有纪晓岚那么爱笑,但是喜欢讲笑话,逗别人笑。昭梿《啸亭杂录》云,和珅虽位极人臣,但"好言市井谑语,以为嬉笑"。因为宋朝的章惇也"好为市衢之谈,以取媚于神宗",昭梿就此得出"古今权奸如出一辙"的结论。因此,笑在有些时候可能成为罪状,因人废笑。和珅、章惇他们这是一种,还有另外一种。《萍洲可谈》云,宋朝的蔡确迁谪安州(今湖北安陆)时尝作《安陆十诗》,其中说道:"纸屏石枕竹方床,手倦抛书午梦长。睡起莞然成独笑,数声渔笛在沧浪。"传出去不久,即被他的政敌吴处厚"捃摭笺注",他在"睡起莞然成独笑"下注曰:"未知蔡确此时独笑何事。"不该"笑"的时候"笑"了,蔡确为此付出再贬新州(今广东新兴)的代价。

《菽园杂记》里有一段高宗选因为看戏而发出的感慨。他说,"今人于人物是非不公、臧否失当者",就跟看戏一样,看戏看到重要情节的时候,"或点头,或按节,或感泣,此皆知音者",而"彼庸夫孺子,环列左右,不解也"。这些人只有在"一遇优人插科打诨,作无耻状,君子方为之羞"的时候,才"莫不欢笑自得"。高宗选认为:"盖此态固易动人,而彼所好者正在此耳。今人是非不公,臧否失当,何以异此?"这就不免使人想到今天的一些所谓学者,在公众论坛上放言大禹有婚外情、司马相如纯粹是流氓之类。他们虽然戴着顶学术的帽子,实质上无异于插科打诨,"作无耻状",大家笑了,就是上了他们的当了。宋朝翰林学士石中立好诙谐,及为参政知事,人家说他:"公为两府,谈谐度可止矣。"不过,对今天那些一味就要哗众取宠的学者来说,这种劝诫已经没有丝毫意义。

清朝有个人跟人家说话必笑,人家说:"笑由喜而发,子何于不能喜不必喜之际而亦笑耶?"那人说:"笑岂必由喜而发?吾亦视为酬酢之具。"他所点出的,实际上是官场应对的那种酬笑或者媚笑。崔公度屁颠屁颠地老是谄媚王安石,"昼夜造请,虽踞厕见之",仍然不在乎。有一次,他"从后执其带尾,安石反顾",崔公度笑了:"相公带上有垢,敬以袍拭去之尔。"听了这话,旁边的人们也笑了,那是笑崔公度的行为,然公度"恬不为耻"。官场上的酬笑就是这样,很多时候流露出的,是浓浓的奴性。

哭

从定义上看,哭,是人们因悲伤痛苦或情绪激动而流泪、发声。不过从各种事实来考察又不难发现,哭,也有其功能性的一面,成为宣泄情感的一种载体。所以,哭,也能够折射社会乃至人生百态。福格《听雨丛谈》云,孔子哭颜渊,哭得动情,旁人都看出来了:"子恸矣。"而哭馆人——管理馆舍、招待宾客的人,孔子就怎么也进入不了状态,"恶夫涕之无从也"。因此福格认为,圣人之哭也不一定尽皆哀恸。颜渊是孔子最得意的弟子,却英年早逝,由不得他不悲从中来,而凭吊馆人不过是例行公事。

许多野史笔记都有唐朝文豪韩愈在华山大哭的说法。那是韩愈与人游华山时,因为好奇,"攀缘极峻,而不能下"。韩愈"度不可返",乃"发狂恸哭"。也有人说根本没这回事,瞎编的,他们怎么可能会不顾危险?但韩愈在诗中对此事却有描述。他的《答张彻》便写道:"洛邑得休告,华山穷绝径。倚岩睨海浪,引袖拂天星。"又说:"悔狂已咋指,垂诫仍镌铭。"表明他是真的上去了的。至于韩愈的哭,也有可能。方勺在《泊宅编》里有个统计:"韩退之多悲,诗三百六十,言哭泣者三十首。白乐天多乐,诗二千八百,言饮酒者九百首。"这个数字不知准确与否,但多少能从侧面说明韩、白的性情吧。

《听雨丛谈》还说，粤东人家嫁女，都要先将女儿"闭置帷中"，亲朋来贺，一迈进门，女儿便开始在帷中哭别。不是一味地哭，而是有"哭词"的，事先拟好，"因人而施"。福格老师的女儿出嫁时，这么对福格哭唱的："素知阿弟好心肠，相送殷勤最感伤。可惜明年春正好，不能亲见状元郎。"哭唱的另一首，则是请他代为照顾父亲。有意思的是，其哭"不必皆出于嫁女之口，即姐妹仆妇婢子，均可于帷中助之"。那么这种哭，并不属于真哭，也完全没有悲伤的意味，而成为特定情形下能够顺畅交流的方式。

王士禛《分甘馀话》云，田元均为官，每每"温言强笑"，用他自己的话说："吾为三司使数年，强笑多矣，直笑得面似靴皮。"把脸都笑皱了。这是官场中的常见景观。其实官场中也不乏哭，比如国人信奉的"人死为大"的吊唁。《倦游杂录》云，郑向和王耿两个人"屡以公事相失"，以致互相上书弹劾对方。朝廷尚未定论，王耿死了，郑向"往哭之，尽哀"。同僚们都给弄懵了：这两个对头原来还这么有感情。不料有人在旁一语道破：郑向"待哭斯人久矣"，早就盼他死了。《古夫于亭杂录》亦云，董讷由御史大夫改任江西总督，有同事来向他辞别，"甫就坐，大哭不已"，令董讷非常感动，然"举坐讶之"。果然，这个人走了后，马上跑去另一位同事那里，"入门揖起，即大笑"。那同事明白，董讷走了，对先哭后笑的这人来说，"拔去眼中钉也"。这两个哭，不排除诛心之论，倘不幸言中，则具有相当的迷惑作用：董讷被感动了，王、郑的同僚差一点儿被感动。

唐朝有个政策："天下有冤者，许哭于昭陵下。"昭陵是太宗的陵寝。众所周知，唐太宗是历史上难得的一个明君。从逻辑关系上看，一定是昭陵之下先有了不少哭诉者，然后才有这个政策的出台，如此方称得上"许"。去向死了的太宗诉冤，从侧面说明了人们对现世的失望。唐人是不是爱哭,不得而知,但有个"善哭"的唐衢却是可以肯定的。唐衢乃落第进士,他的哭声每令"闻之者莫不凄然泣下",有一回在人家的酒桌上就哭开了,弄得"一席不乐,为之罢会"。唐衢为什么善哭,哭什么,白居易有过概括:"贾谊哭时事,阮籍哭路歧。唐生今亦哭,异代同其悲。唐生者何人?五十寒且饥。不悲口无食,不悲身无衣。所悲忠与义,悲甚则哭之。太尉击贼日,尚书叱盗时。大夫死凶寇,谏议谪蛮夷。每见如此事,声发涕辄随。"就是说,唐衢的哭不是因为自己多愁善感,而是出于对政事的激愤,尽情宣泄。这种哭,引起了白居易的共鸣:"我亦君之徒,郁郁何所为?不能发声哭,转作乐府辞。"元和年间,唐衢听到白居易被贬,也曾"大哭"。所以唐衢死后,白居易又写了一首诗:"何当向坟前,还君一掬泪。"再一次表达了惺惺相惜的心情。

《巢林笔谈》里有张景州的一首《长歌行》,其中说到:"君不见华山绝径退之哭,高处须防一失足。"这是由韩愈的那个可能的经历来借题发挥了,意在警醒身居高位者——当然是那些想干或者正干坏事的人,如果收不了手或不想收手的话,要小心完蛋。真的到了那个时候,哭——不论真心忏悔还是假惺惺,都已经来不及了!

眼泪

南非足球世界杯已经曲终人散。回放赛事期间的镜头,令人印象至深的莫过于朝鲜队第一次出场,前锋郑大世听到国歌响起时的泪流满面。这个世界杯前还默默无闻的在日本出生并成长的球员,就因为这一脸眼泪,一夜爆红。

我们的历史上也有许多著名的眼泪。曹操出征,儿子曹丕、曹植"并送路侧"。曹植"称述功德,发言有章",尤其是达到了"左右属目,操亦悦焉"的效果,令曹丕"怅然自失"。这时,吴质对他耳语曰:"王当行,流涕可也。"来它个无声胜有声。果然,"丕涕泣而拜"后,"操及左右咸歔欷",感动之余,反而"皆以植多华辞而诚心不及也"。《三国志》载,"植任性而行,不自雕励,饮酒不节。文帝御之以术,矫情自饰,宫人左右并为之说,故遂定为嗣"。曹丕所以赢得"太子"的位置,矫情之 该是那把眼泪。涕,可以是鼻涕,也可以是眼泪。王褒《僮约》里的"目泪下落,鼻涕长一尺",说的是鼻子里分泌的液体,而《诗·邶风》中的"瞻望弗及,泣涕如雨",指的就是眼泪无疑。

《世说新语》里"新亭对泣"的故事非常著名。"过江诸人,每至美日,辄相邀新亭,藉卉饮宴",有天周顗感叹了:"风景不殊,正自有山河之异!"于是,一群爷们儿"皆相视流泪"。王导很看不惯,光在这儿痛心疾首有什么用,"当共戮力王室,克复神州,何至作楚囚相对?"向前追溯,还有《左传》里的蹇叔哭师:"孟子!吾见师之出而不见其入也!"

按照术语,眼泪是人在伤心难过或者过于激动时从眼睛里流出的液体。朱熹去世后,陆游写了篇祭文:"某有捐百身起九原之心,有倾长河注东海之泪,路修齿耄,神往形留,公没不亡,尚其来飨。"虽只区区35个字,却凝聚了对亡友的无比痛惜之意。《清稗类钞》里,沈葆桢和朋友坐船,船上恰有妓女,"沈亦偶与调笑,同行者群病为佻达",大家一副正人君子的模样。没过多久,"则同舟诸人亦皆牵率为欢,莫能自禁,而沈独岸然不动"。第二天要下船了,头天晚上"客与妓咸恋恋,或有涕泣相向者",双方这时为付多少钱而计较起来,"至出口相诟骂"。沈葆桢说:"吾之所以不动者,盖早知必有此。故既有今日之诟骂,则昨夕之眼泪为多事矣。"其时泣别情形,未知是否如冯梦龙所辑民歌《挂枝儿》——汗巾儿止不住腮边泪/手搀手,我二人怎忍分离?

因此,眼泪并不一定就是情感的真实表达,可能充当着一种工具,曹丕的"涕泣"已见端倪。孙权知道部下不服周泰,乃在与诸将"大为酣乐"时,"命泰解衣",然后问他身上那些伤疤是怎么来的,"泰辄记昔战斗处以对"。周泰穿好衣服,"权把其臂流涕"曰:"幼平,卿为孤兄弟,战如熊虎,不惜躯命,被创数十,肤如刻画,孤亦何心不待卿以骨肉之恩,委卿以兵马之重乎?"通过眼泪,孙权对诸将鲜明地表达了自己对周泰的态度。诸葛亮《出师表》中的"临表涕零,不知所言";钱若水等奉上新修成的《太宗实录》,宋真宗"亲览涕泗,呜咽命坐",诸如此类,未必就真的出于伤心或激动,而是姿态。

形容眼泪流得多,如陆游"倾长河注东海之泪"式的比喻屡见不鲜,钱锺书先生列举了数例。如寒山和尚诗:"积骨如毗富,别泪成海津。"古乐府:"相送劳劳渚,长江不应满,是侬泪成许。"唐李群玉《感兴》诗:"天边无书来,相思泪成海。"聂夷中《劝酒》诗:"但恐别离泪,自成苦水河。"贯休和尚诗:"只恐长江水,尽是儿女泪。"韩师厚《御街行》词:"若将愁泪还做水,算几个黄天荡!"《红楼梦》里,宝玉和袭人扯到死时的"疯话"也说:"比如我此时若果有造化,该死于此时的,趁你们在,我就死了,再能够你们哭我的眼泪流成大河,把我的尸首漂起来。"钱先生说,这类语句属于"套语相沿,偶加渲染"。有意思的是,《太平广记·卢叔伦女》讲的故事,对流了多少眼泪颇有"实计"的意味。有父子三人贩羊而投宿一户农家,农家夫妻见财起意,杀害了父子三人,结果遭到了报应。村人卢叔伦女此前即托生在那家,"与之作儿,聪黠胜人,渠甚爱念",然而却是"十五患病,二十方卒",导致那对夫妻"前后用医药,已过所劫数倍",并且,"夫妻涕泣,计其泪过两三石矣"。然这种对眼泪的计量,还是可归为调侃类吧。

《玉光剑气集》载,明朝正德皇帝时,金吾卫指挥张英"肉袒挟两囊土"拦路哭谏,"不允,即拔刀自刎,血流满地"。张英未即死,侍卫问他带着土袋干什么,张英道:"恐污帝廷,洒土掩血耳。"其实,张英若云"洒土掩泪",震撼效果当更胜于"掩血"。郑大世的眼泪既出,立刻被媒体和球迷进行了国家民族一类的诠释,而当我们知道郑大世看电视剧《蓝色生死恋》也会哭得稀里哗啦时,则他的泪不禁流,也可能出自泪窝先天较浅的缘故。

"卖哭"不输"卖笑"

竞技场上给人留下深刻印象的面孔不外两种：笑与哭。失利了，有哭也有笑；获胜了，有笑更有哭。北京奥运会开赛以来的这几天，我们对这种场面时常目睹。不过，运动场上的笑与哭与场外的不同，前者所以令人动容，能左右观众的情绪，全在于笑与哭背后所表达的内涵呈现出非常单纯的一面，不用我们费尽心机就很清楚那是什么意思。比如说失利或胜利之后都有运动员放声大哭，哪一种属于难过，哪一种属于喜极，很清楚。

反观运动场之外的则不然，同样是笑与哭，要因时因地兼且因人因事来甄别。范成大说过一句很精辟的话："滟滪年年似马，太行日日摧车。笑中恐有义府，泣里难防叔鱼。"李义府"笑里藏刀"，尽人皆知。叔鱼，名羊舌鲋，据说是中国历史上最早被诛之以法的贪官。《左传·昭公十三年》载，晋国为改善与鲁国的关系，打算释放先前抓来的季平子，随从平子而来的子服惠伯说："若犹有罪，死命可也。若曰无罪而惠免之，诸侯不闻，是逃命也，何免之？"要求对无端抓人先给个说法，否则即便释放，也不想走了。叔向说叔鱼有办法赶他走，叔鱼呢，先跟季平子叙了一段与其先人的交情，说如果不是你爷爷保护我躲过一场灾难，我"不至于今"，那么你给关在这儿，我"敢不尽情"？但如果放你走你却不走,我听说"将为子除馆于西河,其若之何?"他们准备在荒凉的黄河边上造间房子安置你,怎么办呢?说罢"且泣",而"平子惧"。就这样,叔鱼软硬兼施再加上几滴泪,平子赶快溜之大吉了。所以范成大的诗句旨在表达:不仅"笑"不可测,"哭"也同样如此。

哭在我们的丧葬仪式上从来都不可或缺。以前,如果主人家哭不出来,还要雇人助哭,"且号且言",一边哭一边还要表达。王得臣《麈史》言及"京师风俗可笑"时说,助哭的人要穿着丧服,"同哭诸途",在"声甚凄婉"的同时,"仍时时自言曰'非预我事'"——这肯定是小声嘀咕了。死别之外,哭也往往现于生别,形同折柳,仪式的一种而已。前文讲到曹操出征,曹丕、曹植兄弟"并送路侧"事。曹丕的"泣而拜"奏效极了,相反,曹植还落了个口花花的印象。后来的唐高宗李治一定熟知该典,贞观十八年(644)太宗将伐高丽,出征的日期定下来后,时为太子的他干脆来了个"悲啼累日"。

《孔丛子》里有这么个故事,鲁国子高游赵国,"平原君客有邹文、季节者与子高相善。及将还鲁,诸故人诀既毕,文、节送行,三宿,临别流涕交颐"。邹文、季节在那儿哭个不停,"子高徒抗手而已"。子高门徒不解,先生跟那两位那么好,"彼有恋恋之心,未知后会何期,凄怆流涕",而先生只是"厉声高揖",失礼了吧?子高说,开始还觉得两人是丈夫,"乃今知其妇人也"。《世说新语》也有类似的故事,周叔治作晋陵太守,周侯、仲治往别,叔治"涕泗不止"。岂料仲治很生气:"斯人乃妇女,与人别,唯啼泣!"起身就走了。所以,当子高的门徒发问是否"泣者一无取乎"时,子高回答:"大奸之人,以泣自信;妇人、懦夫,以泣著爱。"罗隐就此事更干脆地下结论:"自从鲁国潸然后,不是奸人即妇人。"把生别之哭,来了个全盘否定。

清人沈起凤说:"哭者人情,笑者真不可测。"试图对"哭"保留一点儿"恻隐之心",但钱锺书先生不予认同,他认为有些人为了往上爬,"卖哭之用,不输'卖笑'"。明朝沈德符《万历野获编》在谈到"士人无耻"时,正举了几个当朝的实例:"汪鋐叩首泣求于永嘉(张璁),赵文华百拜泣请于分宜(严嵩),陈三谟跪而絮泣于江陵(张居正),皆以数行清泪,再荷收录。"钱先生把这种"一哭见知",风趣地名之曰"行泪贿、赠泪仪"。至于笑之不可测,千古惟推李义府为代表了。白居易《天可度》说得相当透彻,录之如下:"天可度,地可量,唯有人心不可防。但见丹诚赤如血,谁知伪言巧似簧。劝君掩鼻君莫掩,使君夫妇为参商。劝君掇蜂君莫掇,使君父子成豺狼。海底鱼兮天上鸟,高可射兮深可钓。唯有人心相对时,咫尺之间不能料。君不见李义府之辈笑欣欣,笑中有刀潜杀人。阴阳神变皆可测,不测人间笑是瞋。"

《朝野佥载》里有个"不知姓名"的寿安男子,能"半面笑,半面啼"。一张脸同时能做出两副截然不同的表情,该是何等深不可测?钱锺书先生还列举了一个有趣的现象,说释迦"恐人言佛不知笑故"而开笑口,且口、眼、举体毛孔皆笑;耶稣则正相反,悲世悯人,其容常戚戚。比较起来,孔夫子"时然后笑",较得中道。这该是钱氏幽默的一种体现了。

愁

英国一家叫作"真的发愁"网站（www.reallyworried.com）公布了2007年该国的发愁榜：英国人平均一生至少有五年时间在发愁，最担忧身体健康，然后是焦虑个人财务状况和犯罪问题，位列第四到第十位的分别是：生活费用、恐怖主义、子女前途、医疗保险制度、允许持有枪支和刀具引发的犯罪、全球气候变暖和养老金。

一生至少有五年时间在发愁，不知他们是怎么计算出来的，撇开不理。愁是什么？咱们的前人有过不少阐释。三国曹植有《释愁文》，写的是自己在"所病愁也"之际与玄灵先生的答问。玄灵先生问："愁是何物，而能病子乎？"曹植答："愁之为物，惟惚惟恍，不召自来，推之弗往。寻之不知其际，握之不盈一掌。寂寂长夜，或群或党。去来无方，乱我精爽。"并且，愁这玩意，"其来也，难退；其去也，易追"。南朝庾信《愁赋》讲的也是这层道理："闭户欲推愁，愁终不肯去；深藏欲避愁，愁已知人处。"隋朝释真观亦有《愁赋》，基本上翻用前人的语意，"尔乃过违道理，殊乖法度，不遣唤而自来，未相留而却住；虽割截而不断，乃驱逐而不去，讨之不见其踪，寻之靡知其处。而能夺人精爽，罢人欢趣，减人肌容，损人心虑"云云。三位这么一阐释，可以说愁的精髓已经跃然纸上。

在历代文人骚客的文字中,都少不了愁的出现,或者说是永恒主题之一。西汉扬雄《逐贫赋》有"舍汝远窜,昆仑之巅;尔复我随,翰飞戾天"句,这里的"汝""尔",都是在说"穷"。钱锺书先生《管锥编》论及于此,认为后人的诸多"愁"句,皆本于此,"与古为新,以扬雄言'贫'者施移于愁"。这样的句子有:徐俯"门外重重叠叠山,遮不断,愁来路";辛弃疾"欲上高楼本避愁,愁还随我上高楼";龚自珍"故物人褱少,犹蒙忧患俱。春深恒作伴,宵梦亦先驱。不逐年华改,难同逝水徂。多情谁似汝,未忍托襄巫"等。依照这个"尺度"来度量,前面曹植等三人的释愁或愁赋,也有似曾相识之感了。当然,那都是论及愁的本质,此外是可以尽显神通的。如南朝"当世颜回"徐陵的《长相思》,"愁来瘦转剧,衣带自然宽,念君今不见,谁为抱腰看"云云;杨万里之"遣愁聊觅句,得句却愁生";陆游偷偷包养的驿卒女,"方余半载,夫人逐之"时赋的《生查子》,"只知眉上愁,不识愁来路。窗外有芭蕉,阵阵黄昏雨。晓起理残妆,整顿教愁去。不合画春山,依旧留愁住"云云。汗牛充栋,俯拾皆是。在李清照那里,愁更是其作品的主旨,贯穿其词,其中有国愁、家愁,也有情愁,那句"怎一个愁字了得",戛然而止,留给人无穷的回味空间。

王嘉《拾遗记》云,孙权宠妃潘夫人,正是靠愁貌引起了孙权的注意。之前,"(潘)父坐法,夫人输入织室,容态少俦,为江东绝色。同幽者百余人,谓夫人为神女,敬而远之"。孙权听说了,让人"图其容貌"。当时"夫人忧戚不食,减瘦改形",一副愁态,孙权"见而喜悦",至于"以虎魄如意抚按即折",且感叹道:"此神女也,愁貌尚能惑人,况在欢乐!"于是,"命雕轮就织室,纳于后宫,果以姿色见宠"。《三国志》对此有简略记载。孙权共四位夫人,原配是步夫人,还有两个王夫人,再就是潘夫人。潘夫人生了孙亮,孙亮还曾当了六年皇帝,因为被废而没得到帝谥,历史上只混了个"会稽王"的名号。潘夫人很不简单,孙权病重,她"使问中书令孙弘吕后专制故事",擅权的意图非常明显,结果为"诸宫人伺其昏卧,共缢杀之"。《拾遗记》描写了其平时跋扈的一面,孙权"每以夫人游昭宣之台,志意幸惬,既尽酣醉,唾于玉壶中,使侍婢泻于台下……"

但我们都知道,愁这种东西不独林黛玉、亦不独骚客文人的"专利",与英雄好汉亦关联密切。比方《水浒传》第十一回,林冲被逼上梁山后,王伦一定要他"把一个投名状来"——他要下山去杀一个人,将头献纳。林冲说"这事也不难",八十万禁军枪棒教头杀个人有何难哉？只是他不大想得通罢了,所以"回到房中宿歇,闷闷不已",先有一"愁",道是："愁怀郁郁苦难开,可恨王伦忒弄乖。明日早寻山路去,不知那个送头来?"等了两天,"并无一个孤单客人过往",下不了手,林冲更"端的是心内好闷",这回有一阕《临江仙》描绘："闷似蛟龙离海岛,愁如猛虎困荒田,悲秋宋玉泪涟涟。江淹初去笔,霸王恨无船。高祖荥阳遭困危,昭关伍相受忧煎,曹公赤壁火连天。李陵台上望,苏武陷居延。"前两句之外,每句一个历史上著名的"愁"的典故,林冲成了"集大成者",可见斯时之"愁"到了何种程度。

细细看去,英国的国民发愁指数,实际上尽是咱们的或年度或两会时罗列的百姓最关注的问题。惜乎没有检索出咱们2007年的那"十大"是什么,否则,比对一下,在见识文化差异的同时,一定还能发现对社会治理冀望的差异。

忍

杨绛先生的百岁生日到了。有记者在采访时发问,在您生命中如此被看重的"自由",与"忍生活之苦,保其天真"却始终是一物两面,从做钱家媳妇的诸事含忍,到国难中的忍生活之苦,以及在名利面前深自敛抑、"穿隐身衣"、"甘当一个零",这是怎么回事?杨先生回答:含忍和自由是辩证的统一。含忍是为了自由,要求自由得要学会含忍。我这也忍,那也忍,无非为了保持内心的自由,内心的平静。

杨先生一生在大念"忍"字诀,足见杜牧"包羞忍耻是男儿"之偏颇,当然,杜牧是以"胜败兵家事不期"为前提,感叹项羽乌江自刎,不能忍辱负重,有特指的成分。苏东坡名篇《留侯论》阐释得更为详尽:"观夫高祖之所以胜,而项籍之所以败者,在能忍与不能忍之间而已矣。项籍唯不能忍,是以百战百胜而轻用其锋。高祖忍之,养其全锋而待其弊,此子房教之也。"刘邦之所以忍,那是留侯张良的功劳。另一位宋人罗大经也认为:"大智大勇,必能忍小耻小忿。"他以战国时魏名士,后来加入陈胜、吴广造反队伍里的张耳、陈馀为例。说二人被秦悬赏捉拿而亡命之时,隐姓埋名。有一天,"里吏尝笞馀,馀欲起,耳蹑之,使受笞",让他打。里吏走了,张耳说陈馀:"始吾与公言何如?今见小辱而欲死一吏

忍　135

乎?"因而罗大经认为:"耳之见,过徐远矣。"实际上,《留侯论》对此已有精辟见解:"人情有所不能忍者,匹夫见辱,拔剑而起,挺身而斗,此不足为勇也。天下有大勇者,卒然临之而不惊,无故加之而不怒。此其所挟持者甚大,而其志甚远也。"

东晋王述以性急闻名,《世说新语》说他有次吃鸡蛋,用筷子没夹着,生气了,"举以掷地";鸡蛋转来转去,下地就踩,没踩到,更气了,"复于地取内口中,啮破,即吐之"。不过,性子这么急的王述却忍功了得,亦即时人说的"能有所容"。《世说新语》另载,谢奕与他"以事不相得",找上他的门"肆言极骂"。王述但面壁而已,一声不吭。过了半天,转头问左右,他走了吗?左右说走了,王述"然后复坐",好像那么丢面子的事根本没有发生过。不过,不大好理解的是,王述对王羲之又表现了气量偏狭的一面。还是见于《世说新语》:"王右军素轻蓝田,蓝田晚节论誉转重,右军尤不平。"从这话来推断,是王羲之不厚道在先。王述家有丧事,右军"屡言出吊",却"连日不果";好不容易来了,却"主人既哭,不前而去,以凌辱之"。这一节,《晋书·王羲之传》里记载的虽然没有那么严重——述先为会稽,以母丧居郡境,羲之代述,止一吊,遂不重诣——但是,二人由此"嫌隙大构"是显然的。后来,王述为扬州刺史,右军是他的下级,述"密令从事数其郡诸不法,以先有隙,令自为其宜。右军遂称疾去郡,以愤慨致终"。或者,即便是那些颇谙忍功的人,也有可忍与不可忍。是可忍,孰不可忍?只有当事人自己把握了。

官场之外,寻常生活之中,如杨绛先生一样,忍字诀亦颇有用武之地。《旧唐书》载:"郓州寿张人张公艺,九代同居。"高宗"有幸泰山,路过郓州,亲幸其宅",问公艺这么一大家人何以能其乐融融,公艺"请纸笔,但书百余'忍'字"。结果,"高宗为之流涕,赐以缣帛"。后世王夫之在《宋论》中提到了这件事。他说:"公艺之告高宗也,曰'忍'。夫忍,必有不可忍者矣。则父子之谇语,妇姑之勃溪,兄弟之交瘉,以至于斁伦伤化者皆有之。"但是,"公艺悉忍而弗较,以消其狱讼雠杀之大恶而已。使其皆孝慈友爱以无尤也,则何忍之有邪?"因此,他觉得张公艺还是道出了实情的,"不敢增饰虚美以惑人",不是眉飞色舞地开列一二三四。相比之下,王夫之认为人们津津乐道的陈兢一家的和谐美谈就纯粹扯淡。陈家"长幼七百口,人无闲言",就"已溢美而非其实矣",又说什么其家"有犬百余,共一牢食,一犬不至,群犬不食",连狗都亲密得很。王夫之驳斥道:"其诞至此,而(陈)兢敢居之为美,人且传之为异,史且载之为真,率天下以伪,君子之所恶夫乱德之言者,非此言哉?"可叹的是,今天这样睁着眼睛说瞎话的有增无减,主人公置换成地方官员就是。

前人有一则劝忍之言:"吞钓之鱼,悔不忍饥;罹网之鸟,悔不忍飞;人生误计,悔不忍为。"因此,要"唾面将襟拭,嗔来把笑迎,则知辱之当忍矣"。韩信、娄师德等等都是践行的典范,没这么极端的其实数不胜数。唐朝王守和"未尝与人有争,尝于几案间大书'忍'字",认为"紧而必断,刚则必折,万事之中,'忍'字为上"。明初重臣夏原吉"德量闳厚,人莫能及"。有人请教,我们能学来吗? 原吉曰:"吾少遇犯者必怒。始忍于色,中忍于心,久之自熟,殊无相较意,是知量可学也。"另一位明朝重臣宋濂对待诱惑的态度非常明确,大书于门外曰:"宁可忍饿而死,不可苟利而生。"这该是忍字的又一个境界,最值得今天的官员仿效,当然,即便是宋濂,其生活水准与"饿死"又相距岂止十万八千里?

不怒

"忍"的同义词之一、又要用两个字来表现的话,该是"不怒"。记得中学时代的语文课本里有鲁迅先生《"丧家的""资本家的乏走狗"》一文,虽然彼时对双方缘何剑拔弩张不明所以,但对其转述的梁实秋先生那句"我不生气"印象尤深,听得懂,也觉得有意思。后来知道,那是冯乃超把"资本家的走狗"称号"送"给梁之后,梁在回应文字说到的。不生气,就是不怒的一种,语气上比较委婉就是。

《清稗类钞》云,顺治丁酉(1657)江南科举,"吴中有杨姓者获隽",因为他的头长得有点儿歪,大家叫他"歪头举人",还鼓捣出七字吟来谐谑他:"侧,吹笛,听隔壁,思量弗出,颈里摸跳虱,圈棚船立弗查,我是梁山阮小七。"每一句都是歪头的画像,如果不是拿人家的生理缺陷开玩笑,不甚厚道,则这种谐谑倒真不失智慧与幽默。但这是我们局外人的看法,不知当事的杨举人动怒与否。辑录者认为"第五六句,皆吴谚,非吴人不能解也",其实第五句还是容易想象的。最末一句则有商榷的必要,《水浒传》里似乎没有讲到三阮兄弟哪个头歪,然明潘之恒《叶子谱》解释叶子戏——据说是麻将或扑克牌的前身——中"百万"的图像时说:"天罪星短命二郎阮小五䵈人首为双头,而自侧弁,呼曰'万歪头'

是也。"所以,歪头的应该是阮小五,捉阮小七来"顶替",有韵脚的考虑吧。

《玉光剑气集》里有不少达官、学者不怒的故事。如前面提到的夏原吉。他冬天外出,"命馆人烘袜",结果烧坏了一只,大家吓坏了,"左右请罪"。然夏原吉一笑置之:"何不早白?"乃"并存者弃之而行",干脆两脚都不穿了。又如陈白沙。他去访庄定山,"定山挈舟送之",船上"有维扬一士子",几十里水路,大谈"衽席狎昵之事"。庄定山听了"怒不能忍,声色俱厉",大骂那个恬不知耻的家伙;陈白沙呢,"当其谈时,若不闻其声,既去,若不识其人"。又如干承裕。他小的时候"暑月如厕,必置扇外舍牖间",在里面专心方便。姐姐们跟他开玩笑,"使婢藏去",等他出来,"视无扇,辄已,及三置三藏之,则不复置扇,终无愠色"。又如王恕。其巡抚南畿,"市井一无赖乘醉詈公",王恕"略无怒色",但曰"此人醉矣"。又如曹时中。有人"向其僮肆詈,欲以激之",小仆告诉曹时中,时中曰:"人詈我,而汝述之,是再詈也。"他让他告诉那人,"我仆也,不敢传言"。那人还不罢休,又"为书若修候者,而中极诋毁,令人直入,跪上之",曹时中也只是"取火焚之",说:"知若主于我无好言,老人不能答,聊自遣耳。"那人终于"愧而止"。又如丁璿。为御史巡陕右,"时有行人(掌管朝觐聘问的官)被酒,入察院嫚骂,二司皆不平,谓宜劾奏",丁璿也是说,这家伙醉了,"不足责也"……不怒,很多时呈现出来的是一种可称美德的修养,按前引《留侯论》"天下有大勇者,卒然临之而不惊,无故加之而不怒",有这种修养的人往往都是了不得的人。

《明史·宋讷传》载,朱元璋派画工窥伺宋讷,给他画了张像,画面"危坐有怒色"。第二天上朝,朱元璋问他昨天为什么发怒,宋讷很惊讶,说诸生有人摔了个跟头,把茶器摔碎了,倒不是心疼东西,而是"臣愧失教,故自讼耳",自己生自己的气。他不解的是:"陛下何自知之?"朱元璋就把画像给他看。在《明史·宋濂传》里,宋濂有次跟人家喝酒,朱元璋也是"密使人侦视",第二天"问濂所饮酒否,坐客为谁,馔何物"。宋濂实话实说,朱元璋笑了:"诚然,卿不欺朕。"对官员的这种监督,今天相对简单了,至少不用派遣探子亲临现场。重庆市酉阳县给每个干部发放一部具有 GPS 定位功能的 3G 手机,要求他们 24 小时开机,持机者必须在每天上午 10 时前,通过手机菜单报告前一天 8 小时外的行踪,验证其欺与不欺。只是这种监控成本忒高了些,39 个乡镇和 106 个县级部门 200 多干部的手机并花费,一年共需财政支付 170 万元。当然,此举得大于失还是失大于得,尚待时间的检验。古代那种缜密的监控也并非一无是处,比如南唐顾闳中"以孤幅压五代"的传世名作《韩熙载夜宴图》,正是"探报"的产物。为了避免后主李煜的猜疑,韩熙载与宾客寄情于声色犬马,场面其乐融融,全无丝毫怒征。

宋朝杨文仲有句名言:"天本不怒,人激之使怒。人本无言,雷激之使言。"这是别一种形式的天人感应观,前一句,即是由朱学勤先生普及开来的"天谴说";后一句,倒是未必。比方梁实秋先生因为不生气,就把鲁迅先生气得写出《丧》文,因为该文的战斗性之故吧,被用来教育一代一代的学子领略何为"匕首和投枪"。结果,梁的"丑恶形象"至少在我的心目中,到上世纪 90 年代才渐渐正面起来。鲁迅先生对"怨敌"——论争对手——有"一个都不宽恕"的特性,把正常批评一概视为攻击,所以动辄怒气冲天。很想知道看了这篇刻薄的挖苦文字之后,梁先生当时的心态如何。早有答案了吧?

耐烦

沈从文先生去世后,弟子汪曾祺有一篇《星斗其文,赤子其人》的文字,题借傅汉斯、张充和夫妇寄自美国的挽词:"不折不从,亦慈亦让;星斗其文,赤子其人。"汪先生认为,这一嵌字格挽辞非常贴切,把沈先生一生概括得很全面。汪先生接下来谈到,沈先生很爱用一个别人不常用的词:耐烦。沈先生认为自己不是天才,只是耐烦。他对别人的称赞,常说"要算耐烦";看见儿子小虎搞机床设计,说"要算耐烦";看见孙女小红做作业,也说"要算耐烦"。汪先生认为,沈先生的"耐烦",意思就是锲而不舍,不怕费劲。

沈先生的"耐烦"用法,与传统的不大一样。传统的耐烦有几个意思,比如"耐心,不怕麻烦"。嵇康名篇《与山巨源绝交书》中,说自己在人伦之礼、朝廷之法方面,"有必不堪者七,甚不可者二",其中排在第七的不堪,就是"心不耐烦,而官事鞅掌,机务缠其心,世故繁其虑"。这是说,自己性情本来没那么耐心,职事却忙忙碌碌,纠缠着心神,加上逢场作戏的世故人情搅扰,根本不能忍受。又比如耐烦还是"忍受烦闷"。冯梦龙编纂的小说《蒋兴哥重会珍珠衫》中,蒋兴哥去广东结账,原打算"好歹一年便回",结果因为"得了个疟疾。一夏不好,秋间转成水痢",耽搁了。这边蒋兴哥"虽然想家,到得日久,索性把念头放慢了",那边浑家王三巧儿也动了春心,卖珠子的薛婆受陈大郎之托,便来了个欲擒故纵。她说儿子开的店"只是接些珠宝客人,每日的讨酒讨浆,刮的人不耐烦。老身亏杀各宅们走动,在家时少,还好。若只在六尺地上转,怕不燥死了人"。三巧儿便道:"我家与你相近,不耐烦时,就过来闲话。"这些"耐烦",都与沈先生的南辕北辙。

《玉光剑气集》云,有个初为令的人求教于耿楚侗,官该怎么当。楚侗告诉他:"耐烦。"那人不大理解,楚侗在强调"耐烦未易言也"的同时,还是从几个方面讲给他听。其一,"令之职,宣上而达下者也,诸所关白,上或有格,不耐烦则愤,愤则上下之情睽矣。惟耐烦始能积诚委曲以相感",这是说上情下达时必须得耐烦。其二,"下而氓隶之子,鄙固狂悍,抵突咆哮,不耐烦,则淫怒以逞,失其当者多。惟耐烦而后能原情察理",这是说了解基层情况时必须得耐烦。其三,"至如宾旅之往来,竿牍之造请,非耐烦则必有草率获戾之处。勾稽之琐委,犴狴(监狱)之堤坊,非耐烦则必有疏漏之愆",这是说处理具体事务时必须得耐烦。最后,耿楚侗的总结很值得今天的地方官来借鉴:"耐烦是为令之要领也。若服官而廉,尤为女而贞,分也,何奇特之有?"在他看来,"负其廉而自矜,由是不耐烦以承上而傲上,不耐烦以恤下而暴下,不耐烦以酬世理纷,而惰慢丛脞,所不免矣"。

当官需要"耐烦"的理论,未知是否正由耿楚侗所创,不过,前人的诸多经验之谈即便未冠其名,亦道其实。如元张养浩《为政忠告》,对官员任命下达时该如何、上任时该如何、听讼时乃至闲居时该如何,都有详细忠告。就说上任吧,"比入其境,民瘼轻重,吏弊深浅,前官良否,强宗有无,控诉之人多与寡,皆须尽心询访也。至则远居数舍,召掌之者语其详疏,其概先得其情,下车之日,参考以断"。没有这些铺垫,就很容易开黄腔,而"一语乖张,则必贻笑阖境"。而做到这些,显然就需要耐烦。晚清重臣曾国藩,更有"居官以耐烦为第一要义"的概括。曾国藩几乎被视为近代"完人",后世居官者不能只是嘴里把他捧到天上,还要得其精髓。

《与山巨源绝交书》的由来,在于"竹林七贤"之一的山涛,没有耐住隐退的寂寞,终于在40多岁出仕。在他任尚书吏部郎时,想请嵇康代替自己的职务。应该是出于一片好心吧,但嵇康写了这封绝交书,责怪他不该撺掇自己出仕,愤激之情溢于言表。嵇康对自己有着清醒的认识,明知自己会不耐烦,就不去占着官位。可惜的是,嵇康的借题发挥过于尖锐深刻,尤其是他那"甚不可者二"中的其一,"每非汤、武而薄周、孔,在人间不止此事,会显世教所不容",司马昭"闻耳怒焉",不久便杀了嵇康。为什么呢? 清朝学者俞正燮认为,当时王肃、皇甫谧等为司马氏篡位制造礼教根据,而杜撰汤、武、周、孔的话,嵇康说过"篡逆之事,以圣贤为口实,心每非薄之,若出仕人间,不自晦止,必身显见此事,非毁抵突,新代所不能容"。因而嵇康不出仕,自家不耐烦还只是借口,最主要的是看清了当时政治的黑暗。

在耿楚侗的结论里,还拈出南宋心学大师陆九渊的"耐烦是学脉",以为"耐烦"适用于方方面面,"非独为令要术也"。在另一篇回忆文章中,读到沈从文先生自己对耐烦的解释:"北方话叫发狠,我们家乡话叫'耐烦',要扎扎实实把基本功练好,不要想一蹴而就。"则"非独为令要术"的"耐烦",显然为沈先生在文学、文物等等他或热爱或不得已而为之的领域"践行"了,虽然二者的语意并不完全一致。

誓

如今一些地方的新任领导干部走马上任,流行宣誓,誓词大抵为奉公守法、清正廉洁等。宣誓是一种严肃的政治行为和法律行为,有助于增强国家工作人员的法治观念。

誓,字面构成乃上"折"下"言"。《说文解字》云:"约束也,从言折声。"段玉裁注曰:"凡表不食言之辞,皆曰誓。"就是说,"誓"这个字,包含了宣誓以及违背誓言时愿意受到惩罚这两项要素。日本法制史学创始人中田薰指出:"起誓的本质在于自我诅咒。当自己的宣誓是虚伪的,或者自己违反了所立下的契约的时候,那么,自己或者被自己所指定的人、物将遭受灾祸。"然而不难看到,现实中一些人的宣誓实则有口无心。

文献记载与考古发现都已证实,春秋时期盟誓非常盛行。识者指出,盟誓行为不仅发生在当时各邦国之间、集团之间,还延伸到邦国内部的各个阶层,从支配阶层的周王、诸侯、卿大夫,到下层的家臣、国人甚至奴隶和优伶,都为互相守约而宣誓。一言以蔽之,是个全方位的存在。春秋时期的历史,某种程度上可以说是一部盟誓史。但对盟誓,时人已将信将疑。《国语·吴语》载,越王使诸稽郢辞(盟)曰:"以盟为有益乎?前盟口血未干,足以结信矣。以盟为无益乎?君王舍甲兵之威以临使之,而胡重于鬼神而自轻也?"荀子就更看不惯了:"诰誓不及武帝,盟诅不及三王,交质子不及五伯。"什么意思呢?夏商周三代以前怎么没这些盟誓,因为那时候民风淳朴,人们之间相互信赖,根本不用靠这些来强制遵守约定。言下之意,现在人的道德伦理丧失了,才需要在神灵面前歃血盟誓。

《左传》的记载则表明,发誓的确可以随时随地进行,当事人想发誓了,马上就可以在那个场合进行,给人一种权一时之需的感觉。郑庄公"掘地见母"就很典型。母亲一定要偏向弟弟,弟弟因此胆子越来越大,大到最后起兵反叛,要夺哥哥的权。庄公乃气愤得对母亲发誓:"不及黄泉,无相见也!"那是说,生前不想再见到母亲了。也许后来意识到自己缺了人性吧,手下人便出主意,来个"掘地及泉,隧而相见",如此则"其谁曰不然"。逻辑上虽然说得通,但是后人因此讥讽庄公的行为"太浅陋"。此外,《文公十三年》之秦伯曰:"若背其言,所不归尔帑者,有如河!"又《宣公十七年》之献子怒,出而誓曰:"所不此报,无能涉河。"诸种渡河之前而即兴发誓,均属随机行为。

《水窗春呓》云,清朝道光年间秀水令江某办灾赈,那里工作开展不下去,他就把当地的乡绅领去了城隍庙,掏出准备好的一纸誓文,一同跪下对神宣誓。老江"朗声诵誓文一遍,令绅董各诵一遍,词意森严,闻者无不懔栗"。以此为开端,秀水的赈灾工作顺顺当当。上任之初便发誓要当好官的也不少见。何良俊《四友斋丛说》说明朝有个叫郑九石的,"始事之日,即率公正良民人等至城隍庙设誓",但何良俊落笔之际,"闻而笑曰",笑什么呢?"信不由衷,质无益也,况要盟者无信乎此。"发誓的的人自己都不信,发什么发呢?何良俊说得有道理:"朝廷大事,苟一心持正而峻法以行之,谁敢不肃,乃必假之盟誓耶?"接着,他又进一步指出:"夫朝廷赫然显著之法,彼不知畏,犯者接踵;若但怖之以冥漠无据之神,彼亦何惧哉!"这就更戳到了问题的实质。和朝廷明确的法律条文约束比起来,城隍神算是什么?它自己本身还是虚无缥缈的。事实上,在秀水老江那里,也并非单纯的誓言在起作用,而是有强硬的后续手段作支撑。他制作了两种牌匾,一种写着"乐善好施",一种写着"为富不仁",然后视乡绅捐不捐钱、捐多少来选择一种挂在人家大门上,这一来谁不怕他?

在许多情况下,单纯地发誓显然是不可能制约人的行为的。媒体早有报道,沈阳市原市长慕绥新在1998年换届时曾经提议宣誓,要"依法从政、廉洁奉公、牢记宗旨、报效人民"。河南省交通厅近年连续有3任厅长相继落马,其中的曾锦城甚至曾以"血书"发誓:"绝不收人家的一分钱,绝不做对不起组织的一件事。"如今看来,那些誓言都成了笑柄。正是基于这诸多的空誓,有人开始提议设立"伪誓罪",说是能给贪赃枉法行为以一定程度上的震慑。不过,如果认为设伪誓罪比党纪国法更能制约贪官,起何良俊于地下而问之,恐怕又要"闻而笑之"了。

清代石成金《笑得好》云,从前有个官员到任后,立即在大门上贴了一副对联,上联声称自己"若受暮夜钱财,天诛地灭",人们以为这回可来了清官了,其实不然。原来凡是对他行贿的,都要在白天进行。这故事似乎是个笑话。在今天,誓言之类更为慕绥新们所践踏,有了这些前提,对所谓誓言乃至毒誓,人们渐渐地便不当回事了,"认死理"的那些才事后还在较真。宣誓流于形式,肯定不是好现象,但也不必一棍子抡去。荀子不是还有个观点嘛:"口能言之,身能行之,国宝也……口言善,身行恶,国妖也。治国者敬其宝……除其妖。"

骂

在媒体总结的2009年雷人雷语中,有一则是12月23日上海音乐台主持人晓君收到一名听众短信后的回应。该听众在短信中写道:"求你们不要说上海话了,我讨厌你们上海人!"晓君于是给他出了个主意:"请你以一种团成一个团的姿势,然后,慢慢地以比较圆润的方式,离开这座让你讨厌的城市,或者讨厌的人的周围。"任何智力正常的人都听得出,这是对该听众的辱骂,比左宗棠的"王八蛋,滚出去"文雅一些、婉转一些,甚至有文化一些,仅此而已。

骂人,是用语言来侮辱别人。任何语言及方言中恐怕都有骂人的粗话脏话,应该也都有"族骂"或"国骂"吧。这两年,咱们的国骂动辄在绿茵场上公开响起。日本也有国骂,就是我们熟知的"八嘎牙路"。懂该国语言的人说,用日本汉字写出来,这几个字是"马鹿野郎"。而"马鹿"即"八嘎",还是从我们"指鹿为马"的典故而来,他们把连马和鹿都分不清的人叫作"马鹿"。"野郎"即"牙路",本意是村夫,用来比喻没有粗俗,没有教养。这么一看,他们国骂的渊源似乎在我们这里。

《世说新语》云,张吴兴八岁,"亏齿",有人故意逗他:"君口中何为开狗窦?"小孩子应声而答:"正使君辈从此中出入!"《幼学琼林》之"笑人齿缺,曰'狗窦大开'"正从此来。开狗窦,尚有戏谑的成分,小家伙的回敬就是开骂的意味了。叶挺将军有名句曰"人的躯体怎能从狗的洞子里爬出",揭示的就是这个浅显道理。《建炎以来朝野杂记》云,丞相虞并甫未达时,尝调官临安,"携所注《新唐书》以干秦丞相",准备走秦桧的门路。谁知著作给同船来的一个家伙偷去了,并且先下手为强,径自拿去当成了自己的。虞并甫知道后没说什么,好在成果不是这一本,"乃更以他书为贽"。那个偷书的毕竟做贼心虚,"疑并甫必怨已",又来了个恶人先告状,"遇士大夫辄诋之"。虞并甫"还知渠州,过夔,沈守约丞相为帅",可能是试探吧,沈守约向他打听与之同舟那位的为人,谁知"并甫称其美"。沈守约"屡诘之,并甫不变"。沈守约说:"是人毁君不容口,君毋为过情。"这时虞并甫说真话了:"渠所长甚多,但差好骂耳!"虞并甫的表现,或可认为涵养到家,或亦可认为不如小孩子来得率直。

《苌楚斋续笔》里有一则"某部官吏愤慨语",说宣统辛亥以来,"升沉者不一,高者入九天,低者入九渊"。"入九天"的,欢喜不及;"入九渊"的,又加上不肯忍气吞声的,自然要义愤形于言表。有个"入九渊"的正是这样,"挈其妻,弹唱于十刹海附近一带。张一旗",上面写着三行字:"天下有道,我黼子佩。天下无道,我负子戴。天下混帐,我弹子唱。"有人说,这人虽"愤而为此,实亦至言也"。不过他的开骂,泄愤是前提,跟今日若干高官"退休后"才指摘时弊的所谓"直言"差不多。《清稗类钞》之"李疯子骂人",说的则是民间人士。光绪年间,"京师有妇人李氏者,年六十许",好骂人,大家都叫她李疯子。她是每天"清晨,提一篮游于市,且行且詈,朝政民俗一一指陈,无稍讳。群儿辄尾之"。把她抓起来也没用,曾经"致之狱,挞之不惧,久乃释之"。这个人很怪,"遇冠盖于途,声益高",越看到当官的,骂得越厉害;而"入人家则又和颜款接,不类有疾者"。显然,这位李疯子心里明白得很。

清朝学者王士禛非常钦佩严羽严沧浪,说他特拈"妙悟"二字论诗,及所云"不涉理路,不落言诠",又"镜中之象,水中之月,羚羊挂角,无迹可寻"云云,皆发前人未发之秘。"而常熟冯班诋諆之不遗余力,如周兴、来俊臣之流,文致士大夫,锻炼罗织,无所不至",王很奇怪"风雅中乃有此《罗织经》也"。他说:"昔胡元瑞作《正杨》,识者非之。近吴殳修龄作《正钱》,余在京师亦尝面规之。若冯君雌黄之口,又甚于胡、吴辈矣。此等谬论,为害于诗教非小,明眼人自当辨之。至敢詈沧浪为'一窍不通,一字不识',则尤似醉人骂坐,闻之唯掩耳走避而已。"汪容甫也是这样,"好骂当代盛名之人,聆之者辄掩耳疾走",跟今天的宋祖德先生差不多。人家劝汪容甫不要骂了,他说,你以为我喜欢骂人吗:"人得吾骂,亦大难!"他举方苞、袁枚为例说,像他们两位,"吾岂屑骂之哉!"倘渔洋山人听闻,不知又要作何感慨了。

当年,陈琳在袁绍阵营的时候,檄文痛骂曹操,反而得到了曹操的赏识。陈氏风骨自然无从谈起,但如吕留良所说:"夫骂焉而当,则曰惩曰戒;骂苟不当,则曰悖曰乱。"陈琳正有"骂焉而当"的成分,而上海的这位主持则如泼妇骂街,骂了别人,也伤了自己,其被群起而攻之,实乃自然。电台是"窗口"单位,折射着一个城市的文明形象。上海电台的事件表明,他们的"窗口"已经蒙上了灰尘,而且脏得不轻,该好好擦擦了。

掌掴,批颊

河南省济源市市委书记在机关食堂掌掴市政府秘书长的消息在持续发酵中。事情还是去年(2020)"光棍节"那天发生的,因为被掴者身心俱损,1月15日,其妻愤而"公开实名举报",认为根据刚刚印发的《中国共产党党员权利保障条例》第32条,自己"有义务向违法违纪现象说不"。

掌掴,就是打耳光。其他如掴搭、掴搨、批颊、掌嘴等,都是这个意思。旧时有这么多说法,许是官场的常见景观吧,只是如济源这样因"吃饭资格"而动手的还没有见到。《啸亭杂录》云,嘉庆初,"有宫殿监督领侍张进忠者,人严厉,驭下整肃,好批小内监之颊",所以大家都叫他"嘴巴张"。济源这名书记想必不是出于此种癖好,资格一类肯定只是导火索而已。

史上有颇多掌掴,原因五花八门,当然有上司霸道的。《老学庵笔记》云:"吕元直作相,治堂吏绝严,一日有忤意者,遂批其颊。"不料这回打的人"官品已高",人家不干了,"惭于同列"之余,跟上司讲道理:"故事,堂吏有罪,当送大理寺准法行遣,今乃如苍头受辱。某不足言,望相公存朝廷事体。"一番讲道理的话把老吕更惹毛了,"大怒",吓得"吏相顾称善而退"。与济源掌掴稍微不同的是,那里是先说后打——秘书长因为向书记解释而意外被打,这里是先打后说,被打的觉得委屈。又《古今谭概》云,滕王李元婴为隆州刺史,无法无天,"参军裴聿谏止之,王怒,令左右掴揖"。裴聿利用晋京听候考核的机会向高宗告状。高宗问打了你几个耳光?裴聿说"前后八揖"。高宗即令给他"迁八阶",成六品官。裴聿并无大喜过望,反而叹息自己命苦。为什么呢?"若言九揖,当入五品矣!"自责没有添油加醋,借此再升一级。不过受害者变成可怜虫,大家从此叫他"八揖将军"。

掌掴也有因为要治霸道的。《新唐书·苏良嗣传》载,宰相苏良嗣"遇薛怀义于朝,怀义偃蹇,良嗣怒,叱左右批其颊,曳去"。偃蹇,正有傲慢之意。薛怀义是武则天的首任男宠,有睥睨他人的资本,未料苏良嗣不吃这一套。薛怀义不知,武则天对苏良嗣也高看一眼,叮嘱过他:"弟出入北门,彼南衙宰相行来,毋犯之。"又《郎潜纪闻三笔》云,钱沣为御史查处山东巡抚国泰,当时刘墉与和珅奉亦乾隆之命"往山东讯鞫,并谕御史同讯"。但是国泰没瞧得起钱沣,骂他"汝何物,敢劾我耶!"刘墉看不过眼:"御史奉诏治汝,汝敢詈天使耶?"言罢"命隶人披其颊",几个耳光才把国泰给打老实。

掌掴还有展示气节的。平定"安史之乱",唐朝官方承认"北虏有勋劳于王室"。北虏,指回纥。《新唐书·李正己传》载,"时回纥恃功横,诸军莫敢抗"。李正己要杀杀对方威风,乃"与大酋角逐,众士皆墙立观"。也不知道二人角逐什么,反正双方约定,谁输了打谁耳光。结果李正己"既逐而先",批其颊,打得人家"矢液流离",然后"众军哄然笑,酋大惭,自是沮惮不敢暴"。打耳光能打得屎尿俱出,显然夸张得过了头。又《履园丛话》云,洪承畴劝降对他从小有恩的沈廷扬,廷扬故意说:"吾眼已瞎,汝为谁?""小侄承畴也,伯父岂忘之耶?"沈廷扬又故意大呼曰:"洪公受国厚恩,殉节久矣,尔何人,斯欲陷我于不义乎!"揪住洪承畴的衣襟,"大批其颊"。

也有借掌掴来邀功取宠的。《蕉廊脞录》云,邵齐然"以文学起家,温然儒吏",但是巡抚王亶望横竖看不上他,"百计窘辱之"。王燧为了博得王亶望的赏识,有次"瞥见邵公衣冠出,手批其颊"。王燧没有想到的是,"未几,巡抚被逮",其自身"亦见法",自然不是因为打人耳光,而是这种人什么卑鄙下作之事都干得出来。

《红楼梦》第四十回,贾母带刘姥姥在大观园里逛到潇湘馆,"一进门,只见两边翠竹夹路,土地下苍苔布满,中间羊肠一条石子漫的路",刘姥姥让贾母众人走石子路,她自己走旁边。琥珀提醒她"仔细苍苔滑了",刘姥姥道:"不相干的,我们走熟了的,姑娘们只管走罢.可惜你们的那绣鞋,别沾脏了。"不料话音未落,"咕咚一跤跌倒",乃自嘲曰:"才说嘴就打了嘴。"刘姥姥是打比方,现实中自批其颊的也不少,有的还相当可贵。

《扬州画舫录》云,徐广如刚开始登台说书时没有听众,他就"自掴其颊"。有老人问为什么,广如"自言其技之劣",甚至觉得活着都没多大意思。老人说你来一段我听听,听完了,说跟他学三年,"当使尔技盖于天下也"。老人要他做的,是攻读汉魏文章。果然,徐广如日后说《东汉》,成为"郡中称绝技者"。又,《庸闲斋笔记》云,陈其元说他爷爷小时候读《论语》,对孔子的"及其老也,戒之在得"不能认同,以为"人老则一切皆淡,何须戒得?"60多岁在徐州为官时,"有狱事以万金馈者",老陈固然严词拒绝了,然"向者每睡,就枕即酣卧,是夜忽辗转不寐"。一开始他没明白怎么回事,"已乃自批其颊",骂曰:"陈某,何不长进若此!"这下才熟睡如初,也"始服圣人之言"。

济源的官场掌掴因由何在?闹开了,就不会不了了之。真相如何,拭目以待吧。

唾

昨天(2021)上午出广州白云大道中地铁站的时候,听到身后一名中年男子不断高声咳嗽,然后伴以吐痰的声音,不知是一时间出了状况,还是素有这种陋习。唾出的东西,众所周知属于秽物。必须承认,在地铁站这种洁净的场所,这种情况已经非常罕见了。

室内不可随地吐痰,前人早就知道。《礼记·内则》云:"在父母舅姑之所……不敢唾、洟。"别说吐痰,鼻涕都不能流。所以唾壶、唾盂等承痰的器皿,很早就发明了。《西京杂记》云,汉广川王刘去疾盗魏襄王冢,墓中石床上"有玉唾壶一枚"。魏襄王是战国魏之第四任国君,可见至少那个时候就用这东西了。历年考古发掘也出土了不少,看实物,二者的形制差不多,口大口小、腹大腹小而已。用《元史·舆服志》的说法,"唾壶,宽缘,虚腹,有盖;唾盂,形圆如缶,有盖",材质上,彼时都是"制以银,黄金涂之"。1986年,内蒙古文物考古工作者配合青龙山镇水库建设所发掘的辽代陈国公主墓,墓内壁画以契丹传统的写实风格再现了墓主日常生活的情景,其中有男仆执唾壶而立的清晰图像。《唐语林》云:"武帝以孔安国为侍中,以其儒者,特许掌御唾壶,朝廷荣之。"看起来,西汉时掌御唾壶,还是一种待遇。

涉及唾壶的文献资料,也比比皆是。曹操《上杂物疏》云:"御杂物用,有纯金唾壶一枚,漆圆油唾壶四枚,贵人有纯银参带唾壶三十枚。"《晋书·王敦传》载,王敦为元帝所抑,心中不平,经常喝闷酒,喝多了就朗诵曹操的名诗:"老骥伏枥,志在千里。烈士暮年,壮心不已。"一边朗诵,一边"以如意打唾壶为节",结果敲得"壶边尽缺",这就不仅仅是打拍子而有愤懑的成分了。这个唾壶该是瓷质的吧。

《世说新语·排调》"符(苻)朗初过江"条注云:"朗常与朝士宴,时贤并用唾壶,朗欲夸之,使小儿跪而张口,唾而含出。"《晋书》收录了这件事,明确谢安常常请客,"朗每事欲夸之,唾则令小儿跪而张口,既唾而含出,顷复如之"。但更恶心的,还推《北史》中的辽人日陆眷,他"因乱被卖为渔阳乌丸大人库辱官家奴"。某次"诸大人集会幽州,皆持唾壶,唯库辱官独无,乃唾日陆眷口中"。日陆眷不仅咽下去了,还西向拜天曰:"愿使主君之智慧禄相,尽移入我腹中。"如符(苻)朗、库辱官之流此举,暴露的是权力淫威的施展一面。李白"汉帝重阿娇,贮之黄金屋。咳唾落九天,随风生珠玉"诗,描绘的实则也是阿娇受宠时的气焰之盛。

所唾之物既属于秽物,吐痰也成为情感的一种表达方式。

《左传》载秦晋崤之战中,晋国设伏全歼秦军,俘虏三帅。晋襄公母亲是秦人,她向襄公请求放了三人,交给秦穆公自己去惩治。先轸知道后气得够呛,他说将士们费了那么大的气力才抓获他们,一个女人说放就给放了,"堕军实而长寇仇,亡无日矣!"言罢"不顾而唾",当着襄公的面毫不客气地啐了一口。

《战国策·赵策四》载赵太后刚主持国政,"秦急攻之"。她求救于齐,齐说出兵可以,但有个条件:让你的幼子长安君来当人质。"太后不肯,大臣强谏",太后急了:"有复言令长安君为质者,老妇必唾其面!"

《魏书·李栗传》载,李栗随北魏太祖拓跋珪征战,屡立战功。打慕容宝,"栗督五万骑为前驱,军之所至,莫不降下"。但这个人"性简慢,矜宠,不率礼度,每在太祖前舒放倨傲,不自祗肃,咳唾任情"。天兴三年(400),拓跋珪"积其宿过,遂诛之。于是威严始厉,制勒群下尽卑谦之礼"。咳唾任情,正李栗"宿过"之一。

《隋书·伊娄谦传》载,伊娄谦奉北周武帝宇文邕命出使北齐,而"谦参军高遵以情输于齐,遂拘留谦不遣"。因为高遵的出卖,导致伊娄谦被扣留。后来,宇文邕出兵抓获高遵,交给伊娄谦,"任令报复"。不料伊娄谦"顿首请赦之",宇文邕说:"卿可聚众唾面,令知愧也。"伊娄谦跪曰,高遵的罪过,不是向他脸上吐痰所能够责罚的。"帝善其言而止。谦竟待遵如初"。对伊娄谦的所谓"宽厚仁恕",司马光表示不能认同,觉得对叛国贼,理应"归诸有司,以正典刑",而伊娄谦"请而赦之以成其私名,美则美矣,亦非公义也"。

最有意思的情感表达,还是唾秦桧等。杭州西湖岳王庙岳飞墓前秦桧夫妇及万俟卨、张俊铸像旁边,如今挂着"文明游览,请勿吐痰"的牌子。因为自历史上起,向这几个人吐痰便已成民俗,但有铸像的地方莫不如是。《燕京岁时记》云清朝北京朝阳门外东岳庙,"阶前有秦桧跪像,见者莫不唾之,已不辨面目矣"。

早些年广州有则见报的消息:某区为了增强对乱吐痰的取证力度,要购置一定数量的摄像机和数码照相机配备给城管执法人员。我在当时便写了篇评论,认为这种做法增大管理成本不说,也未必奏效。五代十国时"转寇仇为父子,咳唾间",形容的是翻脸之快。就算让取证人员面对一个即将随地吐痰的人,也未必拍得到唇动痰飞的一刻。关键是,这种做法不是为了帮助人们养成遵守公共卫生的习惯,目的只是为了罚款,本末倒置。

II
取名

国家语委准备出台《人名规范用字表》(2003)，对部分国人喜欢用冷僻字为孩子取名作进一步的规范。据说，有人甚至钻到《康熙字典》里去寻找所谓富有含义的冷僻字，以显示自己有"文化"。这种做法殊不足取。

丁柔克《柳弧》谈到过类似问题。某童生"名号皆用僻字，令人不识"，上面派来督学的官员给他这样讲道理："名号须用人人皆知者，此定理也，如用别字、僻字、古字，则不成事矣。"该童生被丁柔克称为"狂生"，也就是无知妄为的人，可见使用僻字作人名，前人已经很看不惯。以为用僻字、古字来剑走偏锋就是"文化"的体现，纯粹是一种误解。的确，前人云："自古及今，从无名士通人取俗陋不堪之名字者。"取名中有颇多讲究，其中的学问正体现在对寻常语词的巧妙运用之中。脍炙人口的唐诗宋词，有几首是靠僻字、古字来赢得读者的？取名也是一样。明朝陈景行有四个儿子，分别叫昌言、嘉言、善言、名言；许进有五个儿子，分别叫诰、讚、诗、词、论，既排列齐整，又有寄托长辈期望的寓意。

从前的家族取名讲究字辈，就是祖先择取若干字眼作为前提，后世子孙取名时须嵌入一字；同辈的，所嵌之字相同。典型的如孔子家族,自元代五十四代衍圣公思晦以"思"字为脉起,皆遵从字辈,如今最常见的是"昭、宪、庆、繁、祥",接下来会是"令、德、维、垂、佑",体育界名人中便可举出孔祥明、孔令辉,名字决定了他们在家族中的辈分。清朝皇家也是这样。乾隆间,皇六子永瑢绘《岁朝图》进呈孝圣后,因乾隆题诗有"永绵奕载奉慈娱"之句,便以"永、绵、奕、载"作为近支宗室命名行派;道光时,钦定续拟"溥、毓、恒、启"四字。众所周知,到了溥仪,清王朝寿终正寝,但字辈取名传统仍在,启功先生的得名显系明证。在家族这种齐整的取名"格式"之外,还可以看到"古人名字,意多相属"的一面。

南宋"词中之龙"辛弃疾,字幼安号稼轩,这个号是他后来自己取的。辛弃疾认为"人生在勤,当以力田为先",因以"稼"名轩。在《稼轩词》所载的620余阕中,举凡四季田园风光、春秋农事更替、田野劳作、家舍副业、民风乡俗,乃至与农家的友好交往,无不行诸笔端。《西江月·夜行黄沙道中》之"明月别枝惊鹊,清风半夜鸣蝉。稻花香里说丰年,听取蛙声一片",描绘了夏夜农村的清幽和充满生机的静谧。《浣溪沙》之"父老争言雨水匀,眉头不似去年颦。殷勤谢却甑中尘",写尽了民生焦虑与丰收在望的欢悦。作为一名封建官僚,辛弃疾也的确怀有深深的悯农之意。他甚至这样来解释农民造反:"田野之民,郡以聚敛害之,县以科率害之,吏以乞取害之,豪民以兼并害之,盗贼以剽夺害之,民不为盗,去将安之?"因此,他上书孝宗当"深思致盗之由",并"申饬州县,以惠养元元为意,有违法贪冒者,使诸司各扬其职"。那么,辛弃疾为自己取的这一个"稼"字,未尝不是对社会底层人民发自内心的同情。

两宋之际的大臣徐俯"买婢名昌奴",内中也蕴含了相当的深意。钦宗靖康元年,金人大举南侵,次年北撤,建立了国号为"楚"

取名　157

的傀儡政权,立张邦昌为帝,同时将徽、钦二帝、后妃、大臣、亲王、贵戚和能工巧匠共二千多人一起当作俘虏带到北方,北宋王朝从此宣告灭亡。张邦昌甫一登基,徐俯便致仕还家,不屑为之服务。不管张邦昌原来是什么货色,既然当皇帝了,人们就得避他的讳,工部侍郎何昌言和弟弟昌辰因此不得不改名。徐俯则不仅不理这一套,反而为婢女取名"昌奴",且"遇客至,即呼前驱使之",用种种故意的行为,毫不掩饰对张邦昌的极端憎恶。

相对于徐俯的作法,也可以看到取名中的欲加之罪。《清稗类钞》云,乾隆时高治清"授徒乡里,颇事著述",某巡抚从他的名字中发现了问题:"以清为国号,而高乃以治清名,疑与(从事反清复明的)曾静、张熙有连。"于是"派员往捕,籍其家",搜到一本《沧浪乡志》,"阅其书,颇有讥刺时政语,遂罗织傅会,竟以大逆奏"。布政使叶佩棻表示怀疑,详阅其书,以为"实无诋毁词意",且中有"圣德涵濡,恩周薄海"诸颂扬语,只是没有顶格书写罢了。把意见奏给乾隆,赖其谕"书中并无谤讪谋逆之词,其颂扬语漏未抬头,自系乡曲陋儒,不知著书体例之故,不得以是为罪",老高才幸免于难。

康熙年间还有件趣事,因为取名用僻字,把自己绕糊涂了。那是一个叫王综的谒选县令,"唱名者读综为梁,王不应"。唱至再三,老王说话了,我名字读京,你读成梁,以是"未敢应耳"。人家笑他,你还进士出身呢,"以偏旁读之,谬矣"。名字的蕴含深意与否,决不取决于用字的冷僻与否。如果从《康熙字典》里捞出那个字之前,自家还从未与之谋面,说是自欺欺人恐怕不会差到哪里。

去病弃疾

春节(2020)时的手机上,收到了不少"霍去病"与"辛弃疾"的拜年用语。这两个著名历史人物的名字被制成传统的对联,红底黑字。盖武汉暴发的新型冠状病毒,人传人的能力极强,令举国上下处于严密防控之中。以"去病弃疾"来问候,寄托了一种祝福。

"匈奴未灭,何以家为!""众里寻他千百度,蓦然回首,那人却在,灯火阑珊处。"即使不知道霍去病、辛弃疾的人,借新"对联"也可以了解一下出自他们之口的金句了。去病、弃疾,用字不同,异曲同工。长辈取名的出发点不难推测:希望新生儿身体健康。作为西汉抗击匈奴的名将、南宋志在抗金的词中之龙,两人当然不会料到,自己的名字还能为21世纪的战"疫"作出贡献。需要看到,寻求这种心理慰藉倒不是今天才有的新鲜事。《管锥编》释屈原"离骚"一词时指出,该词"有类人名之'弃疾''去病'或诗题之'遣愁''送穷';盖'离'者,分阔之谓,欲摆脱忧愁而遁避之"。

史上名曰"去病弃疾"者,见诸典籍的便可翻出若干。如《史记·秦本纪》中楚有公子弃疾,"哀公八年,楚公子弃疾弑灵王而自立,是为平王"。还说他后来"求秦女为太子建妻。至国,女好而自娶之",看到姑娘漂亮,干脆"截胡",当了自己老婆。至于其如何自立为王,可参见《左传·昭公十三年》。《北齐书·循吏传》中有路去病,说他为定州饶阳令,"明闲时务,性颇严毅,人不敢欺,然至廉平,为吏民叹服"。与"去病弃疾"功能类似的则有去疾、病已。《史记·秦始皇本纪》载,始皇左丞相是李斯,右丞相名冯去疾。冯去疾因切谏而被治罪,以"将相不辱"而自杀。《汉书·宣帝纪》载,汉宣帝刘询原名叫刘病已,是武帝的曾孙。昭帝崩,霍光始立旋废昌邑王刘贺,奏议刘病已"操行节俭,慈仁爱人,可以嗣孝昭皇帝后",病已遂即帝位。颜师古注曰:"盖以夙遭屯难而多病苦,故名病已,欲其速差也。后以为鄙,更改讳询。"说白了,还是觉得"病好了"这名字端不上台面。

前人对"去病弃疾"尚且如此冀望,对疫病更谈之色变了。所谓疫病,即流行性急性传染病。关于瘟、疠、疫之类导致的"死者众",史不绝书。如《诗·小雅·节南山》云"天方荐瘥,丧乱弘多",郑玄笺曰:"天气方今又重以疫病,长幼相乱而死丧甚大多也。"《墨子·兼爱下》云:"今岁有疠疫,万民多有勤苦冻馁,转死沟壑中者。"对于为什么会有疫病,前人解释不了。民间如汉朝蔡邕认为"帝颛顼有三子,生而亡去为鬼,其一者居江水,是为瘟鬼",朝廷如唐文宗认为,那是"教化未感于蒸人,精诚未格于天地,法令或爽,官吏为非"。对付的办法呢,五花八门。如《荆楚岁时记》云,端午时"以五彩丝系臂,名曰辟兵,令人不病瘟。"宋朝叶适云,其时"民事瘟神谨,巫故为阴庑复屋,塑刻诡异,使祭者凛慄"。唐文宗则要求不得瞒报,"中外臣僚,一一具所见闻奏,朕当亲览,无惮直言",对那些不幸的家庭,"一门尽殁者,官给凶器。其余据其人口遭疫多少,与减税钱。疫疾未定处,官给医药"。事见《旧唐书·文宗本纪下》。

疫病极大地影响了百姓生活,影响战争的也不乏见。曹操赤壁之败,便与之相关。裴松之注《三国志·魏书·贾诩传》指出:

"赤壁之败,盖有运数。实由疾疫大兴,以损凌厉之锋,凯风自南,用成焚如之势。天实为之,岂人事哉?"《吴书·周瑜传》佐证道:"时曹公军众已有疾病,初一交战,公军败退,引次江北。"因此黄盖才给周瑜出主意:"今寇众我寡,难与持久。然观操军船舰首尾相接,可烧而走也。"裴松之在此引《江表传》注曰,曹操对赤壁之败是耿耿于怀的,所谓"孤不羞走"。后来在给孙权的信中他又说:"赤壁之役,值有疾病,孤烧船自退,横使周瑜虚获此名。"当代有人研究,曹军遭遇的是血吸虫病。概此前曹军驻扎的巴丘相当于今天的岳阳地区,那里向来是血吸虫重灾区,即使到了 21 世纪,钉螺面积仍有 700 平方公里。

唐末黄巢的起义队伍,也屡遭疫病的困扰。《旧唐书·僖宗本纪》载,广明元年(880)三月,黄巢"陷江西饶、信、杭、衢、宣、歙、池等十五州",势头正劲,"贼众疫疠,其将李罕之以一军投淮南,其众稍沮"。又,"是岁春末,贼在信州疫疠,其徒多丧"。《黄巢传》亦载,黄巢本来"欲据南海之地,永为窠穴,坐邀朝命",不料,"是岁自春及夏,其众大疫,死者十三四。众劝请北归,以图大利。巢不得已,广明元年,北逾五岭,犯湖、湘、江、浙,进逼广陵"。没有疫病,黄巢说不定就只是盘踞岭南了。

隋末王世充打李密时,则是利用疫病的恫吓之效。《旧唐书·王世充传》载:"李密破(宇文)化及还,其劲兵良马多战死,士卒疲倦。"王世充欲趁机去攻李密,"恐人心不一,乃假托鬼神,言梦见周公。乃立祠于洛水,遣巫宣言周公欲令仆射急讨李密,当有大功,不则兵皆疫死"。而王世充的队伍中多为楚人,"俗信妖言,众皆请战"。

"经瘟疫则不畏,遇急难则隐形。"《抱朴子》中的句子。葛洪自有其用意,而移来借喻武汉此番战"疫"中作为与不作为的两类人群,倒也十分精当。

外号

新出版的《三联生活周刊》,封面文章是《朱胜文的灰色档案》。朱胜文,哈尔滨市前副市长。1996年10月,检察机关对之以受贿罪立案侦查;1998年12月,以受贿罪、巨额财产来源不明罪被判处有期徒刑17年。但是,去年(2003)12月29日,在黑龙江省司法鉴定中心进行疾病鉴定、办理保外就医过程中,跳楼自杀身亡。关于朱胜文的文字我们都读了许多,《三联生活周刊》这一篇告诉我们一点新信息:朱胜文其貌不扬,当地人称其为"车轴汉子"。

"车轴汉子",也就是人长得矮胖。外号,是根据一个人的特征,在本名以外另起的名号。绰号、浑名都属于外号的品种。宋朝大约有给人起外号的习惯,《水浒传》中一百单八将个个都有,豹子头林冲、小李广花荣什么的,或根据其人的形体特征,或根据其人的技艺所能。汉将李广射箭了得,《史记》中说他"出猎,见草中石,以为虎而射之",结果"中石没镞"。花荣箭法高超,因此江湖上人送美誉"小李广"。当然,吹牛皮的也不乏见,比如黄信的"镇三山",实则武艺平平,连燕顺、王英、郑天寿三人合起来都打不过。那些在忠义堂石碣上没留下姓名的,也不例外地都有绰号,比如晁盖叫"托塔天王",王伦叫"白衣秀士",鲁提辖三拳打死的猪肉佬,也叫作"镇关西"呢。

不要小看梁山人物的这些绰号,里面还潜藏着不少学问。比如病关索杨雄的那个"关索",从清代起就吸引许多学者进行考证。他们发现,宋朝很多武人都以"关索"为名,袁关索、贾关索、张关索等。今世余嘉锡先生《宋江三十六人考实》中,于宋代典籍更找到了十几个以"关索"为名号的人,"不惟有男,而且有女矣。其不可考者,尚当有之",进而认为"此必宋时民间盛传关索之武勇,为武夫健儿所忻慕,故纷纷取以为号"。周绍良先生《关索考》也指出:"西南所传古迹,诸葛亮之外,当推关索,很多把他作为地名。"这些地名,有"关索岭""关索城",甚至有"关索寨""关索桥"。然而关索者谁?从《水浒传》对杨雄的绰号逆推,该是一身好武艺且脸无病征。关索的痕迹那么多,而故事却没有得到流传,这正是引起后人极大兴趣的缘由。周先生根据《云溪友议》与《北梦琐言》中的相关记载提出一个假说:"我很怀疑它是由迷信演变过来的。"一个阅读中很容易被忽略的外号,连带出那么多的学问,让人认识问题的视野很受启发。

杨雄武艺高强而"面貌微黄",所以人们称他"病关索",这类外号可以说形神合一。类似美髯公朱仝、丑郡马宣赞、鬼脸儿杜兴,或者没羽箭张清、双枪将董平等,则是偏重了长相或技能的某一方面。《水浒传》是文学作品,创作的成分居多,但在外号这一点上,显然也是基于实际生活的。

《朝野佥载》云,武周张元一"腹粗而脚短,项缩而眼跌",时人就叫他"逆流蛤蟆"。《柳弧》云,四川有位姓李的小吏,"其腮歪甚",大家就都叫他"你(李)来打"——四川方言里你、李同音。这就是利用人的身体缺陷来强取外号,以行取笑之事。有意义的还是针对人的作为。杨震暮夜却金,告诫对方"天知地知子知我知",所以人们称之为"四知先生";王珪碌碌无为,"以其上殿进呈,曰取圣旨;上可否讫,云领圣旨;退谕禀事者,曰已得圣旨也",所以人们称之为"三旨相公"。包拯、海瑞、况钟,为官清正,严惩贪官污吏,为民作主行事,百姓有口皆碑,乃有包青天、海青天、况青天之谓。这些著名人物之外,见之于大大小小官员的外号,可以说数不胜数。就以好起外号的宋朝为例,刘随为成都通判,"严明通达",所以人们叫他"水晶灯笼"(《东斋记事》)。蔡元庆对人总是笑脸,"溢于颜面,虽见所甚憎者,亦亲厚无间,人莫能测",所以人们叫他"笑面夜叉"(《老学庵笔记》)。陈希闵"以非才任官",水平跟不上要求,让他写点什么,"秉笔支颐,半日不下",所以人们叫他"高手笔"(《南部新书》)……

比较地看,用外貌来嘲弄人,尽管很传神,但是失之于理智,且极为粗鄙。正如一个人不能决定自己的出身,但是可以选择自己的道路一样,一个人也不能决定自己的形貌,但是能够决定自己的行为。因此,翻出朱胜文的"车轴汉子",不免让人感到如鲠在喉。我们并不怀疑它的存在和形象性,然而,如果朱胜文没有倒台的话,这个外号尽管人人皆知,恐怕媒体也是要避之惟恐不及的。现在这样,无非是说朱胜文并非仪表堂堂而已,但仪表不佳与骂名千载并无半点联系,谁不知道大汉奸汪精卫就是个美男子?那么,尽管是对贪官,也没必要利用针对形体的外号来加重贬损的成分。如果一定对他们的外号感兴趣,不如多说说王怀忠的"王三亿"、姚晓红的"三盲院长"、张二江的"五毒书记"那一类,那才是他们造孽之时或之后为自己挣得的盖棺定论!

名相戏

湖北公安县今年(2014)有个高考考生名叫"武发春",毕业于荆州某重点高中。他计划考取一本学校,结果却只过了三本批次线。查找失利原因,他觉得是自己名字惹的祸,"武发春"谐音"我发春",因此"在学校里经常受到同学们的嘲笑,心里很不好受"。他说上小学和初中时,还没觉得名字会有这么大影响,成绩也不错;进入高中后,名字把自己弄得身心很受伤,也静不下心学习,学习成绩的下滑与此有直接关系。

小武同学的说法未必是没有考好的托辞。拿姓名的谐音或结构来开玩笑,想来大家都碰到过。这也是古人的拿手好戏。刘声木《苌楚斋随笔》云:"以名氏相戏谑者,始于宋人。"他举的是"陈亚有心终是恶,蔡襄无口便成衰",实则这样的例子很多。《齐东野语》里有刘攽戏谑王觌:"公何故见卖?"王觌反谑:"卖公直甚分文。"陈亚、蔡襄、刘攽、王觌,俱一时之选。陈亚乃藏书家,以药名融入诗词见长,"风月前湖夜,轩窗半夏凉"云云;蔡襄乃书法家,其书帖今日依然占有相当地位;刘攽是史学家,"预司马光修《资治通鉴》,专职汉史";王觌是清正廉明的官员,其可贵之处在于"持正论始终,再罹谴逐,不少变"。那么,这些名相戏看上去好像不那么中听,实际上是体现智慧的文字游戏。

《北梦琐言》载,唐朝吏部尚书张裼曾比较纠结自己的名字。裼,祖衣也,婴儿的包被。有人问他为什么取这个字为名,"杨以少孤,为无学问亲表所误"作答。他曾经想改,只是没有改成。后梁有个宰相叫姚洎,人戏之曰:"洎训肉汁,胡为名?"姚洎答不上来,其实"洎"还可以是"到"或"及"的意思,不像"裼",惟此一意。看来姚洎对自己的名字没有研究过。《老学庵笔记》中有则关于姓名的笑话,不是源于谐谑而是冬烘了。说岭南有个监司叫但中庸,某天"朝士同观报状,见岭南郡守以不法被劾,朝旨令但中庸根勘",有个人在旁边叹气了:"此郡守必是权贵所主。"大家问:"你怎么知道呢?"他说,不法必须痛治,"此乃令但中庸根勘,即是有力可知"。大家给逗得哈哈大笑。那人显然把"但中庸"这个名字,理解成"但求中庸"的处置方式了,并且,最终也"不悟而去"。

凑巧的时候,姓也能给人以相戏的感觉。《封氏闻见记》云:"阳伯博任山南一县丞,其妻陆氏,名家女也。县令妇姓伍也。"某天县令的老婆"会诸官之妇",夫人外交吧。寒暄之后照例要问询尊姓,县丞夫人自然答曰"姓陆";次问主簿夫人,人家答曰"姓漆",她生气了,"勃然入内",令大家都下不来台。"县令闻之,遽入问其妇",她说:"赞府妇云姓陆,主簿妇云姓漆,以吾姓伍,故相弄耳。余官妇赖吾不问,必曰姓八姓九。"看到这一段时,不禁想起自己在工厂的经历。我们科的科长姓姒,有一次他给别科的武姓科长打电话:"老武吗?我老姒啊。"逗得大家哈哈大笑。

以上这些有玩笑的成分,下面就是直截了当的针砭了。《枣林杂俎》云:"周延儒字玉绳,先赐玉,后赐绳。绳系延儒之颈,一同狐狗之头。马士英号瑶草,家藏瑶,腹藏草。草贯士英之皮,遂作犬羊之鞯。"又,"史册流芳,虽未灭奴犹可法;洪恩浩荡,未能报国反成仇"。前一则的周延儒、马士英,在《明史》中都列入了《奸臣传》。虽顾诚先生《南明史》评价马士英固然不是救时之相亦不至于为奸臣,但这个名姓联毕竟乃时人的结论。后一则说的是史可法、洪承畴,二人的作为一正一反,判若云泥,不必多说。《养吉斋丛录》云,雍正十三年(1735)顺天乡试,正副主考为工部侍郎顾镇和学士戴瀚。有个叫许秉智的秀才用人情和贿赂手段得中解元,引起人们愤慨。于是又有了这样一副姓名联:"顾司空,顾人情不顾脸面;戴学士,戴关节不戴眼睛。"

还有一种名姓文章不是相戏,属于纯粹找茬儿。《万历野获编》云:"古来以姓名谤人者,如裴度之绯衣坦腹,宋郊之国姓祀天,谗口造言,为千古痛恨。"但明朝这个时候没有好多少,甚至"年来惯以此陷人,登之章疏"。比如"吏科都给事连有陈姓者,则曰陈陈相因"。又比如,"左通政徐申者,吴人也,初名申锡,后去下字,举进士,言官追论之"。指责些什么呢?说徐的改名,乃"逢迎同里申(时行)王(锡爵)二相"。如何逢迎呢?"去太仓(锡爵乃太仓人)之嫌名,附吴县(时行乃吴县人)之同姓"。有意思的是,这种鸡蛋里挑骨头,倒是徐申锡的用意"亦巧而刻矣"。

在小武同学的姓名困扰之外,近几年来也有不少文章围绕贪官的名字进行议论,如何反讽。比如湖南道县原县委书记易光明落马后,肖复兴先生文章称:"明明是在黑暗角落里干着贪赃枉法的事情,却偏偏要叫'光明'。"江西省原省长倪献策、原副省长胡长清,安徽省原副省长王怀忠,中国建设银行原行长王雪冰等,也均被肖先生认为"糟蹋了好名字"。名字与作为之间原本就没有必然联系,一定要议论,"相戏"可也,一本正经的话并无实质意义可言。

改名

6月1日(2004),一代豫剧宗师常香玉走完了81年的人生历程。从报道中我们知道,正是常香玉"戏比天大"的艺术追求,才使豫剧这样一个乡间小戏演变成为中国五大戏曲剧种之一、中国第一大地方剧种。"刘大哥讲话理太偏,谁说女子享清闲?"央视春晚的地方戏曲部分,我们每每都能听到这一粗犷、激昂的旋律。豫剧不仅唱遍了黄河两岸、大江南北,而且走出了国门,拥有亿万观众和戏迷。从报道中我们还知道,常香玉的本名叫做张妙玲,所以要改名,在于其初学戏时,村里张姓的人认为宗族出了女"戏子",是个耻辱。

常香玉的改名乃至改姓,实有被迫的意味。历史上,诸多改名或者改姓也是这样,或者避难,或者避讳。西汉有著名的疏广、疏受叔侄,疏广当过太子太傅,治《春秋》而成经学大师。王莽时,疏广曾孙疏孟达为了避难,便不得已"去疏之足而为束",从此改姓了束。西晋著名学者束晳,就是疏广的后人。《晋书·束晳传》载,时有人"盗发魏襄王墓,或言安釐王冢,得竹书数十车",上面的"科斗字",正是束晳"随疑分释,皆有义证"。宋代著名的文彦博、文天祥,其祖先在唐五代时皆为敬姓,为了避晋高祖石敬塘——就是那个"儿皇帝"名讳,被改成了文姓;儿皇帝倒了,他们恢复了敬姓,不料到宋朝,又要避太祖赵匡胤爷爷赵敬的讳,只有再更姓为文。明初,燕王朱棣要把已在皇位上的侄子一脚踢开,自己干,打的旗号却是"清君侧",也就是清除曾经力主削藩的齐泰、黄子澄。后来黄子澄被俘,不屈而死,"无惭臣节",他的儿子则只有"易其姓为田"以避祸。

比较地看,因为避讳而改名更要多见一些。概王朝的每一更迭,百姓不仅要避庙讳,还要避皇帝父亲、祖父的讳,进而改名。这是宗法社会与国家权力相结合的产物。唐朝著名史学家刘知幾,因避唐玄宗李隆基的讳,在当时只好不称名而称字,叫刘子玄;到了清朝,又要避康熙皇帝玄烨的讳,所以又被改为刘子元。不是同时代的也得改,谁叫你是名人呢。先前各种古籍里的人名也要改来改去,避讳制度便不可避免地要造成混乱,因此,一些比较开明的皇帝自己主动,将名字由常见字改为僻字。比如宋太宗赵匡义先是避哥哥匡胤的讳改名赵光义,继位之后则改名"炅",同时申明:"旧时二字,今后不须回避。"也有一些帝王,在给皇子取名字的时候干脆就预防在先,所以宋代帝王中有叫琐、煦、佶、昀、罡的,明代帝王中有叫棣、祁、祐、厘、椰的,清代帝王中有叫烨、琰、旻、湉的,等等。在这个问题上,他们倒真有为百姓着想的意味。而明白了这层道理,今天那些乐于以僻字为名的人,反倒难以理解了。

除了避讳或者避难,也有一些改名是皇帝意志的结果。《戒庵老人漫笔》云,明朝弘治时皇宫用的毛笔都由吴兴笔工制作,每月分阴历十四、三十两次进御,各二十管。这些笔讲究得很,"冬用绫裹管,裹衬以帛,春用紫罗,至夏秋用象牙水晶玳瑁等"。有一天,弘治皇帝发现笔管上细刻了几个小字:"笔匠施阿牛。"——古人做事"留名",大抵是出了质量问题便于追究责任。弘治在

"鄙其名"之余，御笔一挥，"施阿牛"从此改名"施文用"。这种"上以其名不雅"的事，不仅见诸人，而且见诸物。《柳南随笔》云，江苏名茶"碧螺春"本名"吓杀人香"，当地百姓早就喜欢喝这种生于山间石壁上的野茶，历数十年"未见其异也"。康熙年间，那几株野茶大丰收，采摘的时候，筐没装下，"因置怀间，茶得热气，异香忽发，采茶者争呼'吓杀人香'"。吓杀人，乃吴中方言，方言区之外的人难解其神韵，但这是惊奇之余的感叹决不会错。后来康熙也是大笔一挥，改成了碧螺春。成为贡品之后，"地方大吏岁必采摘，而售者往往以伪乱真"。看起来，在古代也是一样，什么产品一出名，假冒伪劣马上蜂拥而至。

《菽园杂记》还有一则改名的趣事，那是"善谑谈"的童缘杜撰出来的，说元世祖忽必烈当政时，"令华人皆辫发、缒髻、胡服"。其视察太学，下令把孔子及四配十哲塑像的衣服也换过来，于是子路到上帝那儿告状——这个上帝，当然不是基督教里的 GOD，而是一度被孙悟空搅得不得安宁的玉皇大帝。上帝很想得开："汝何不识时势？自盘古以来，历代帝王下至庶人，皆称我曰天（帝）。今名我曰腾吉理，只得应他。盖今日是他时势，须耐心等待，必有一日复旧也。"童缘之谑，于今日来看不免掺杂了狭隘民族意识在内，但正说明了改名姓者往往迫于"时势"的道理。

改名的结果，还有一种叫作"改之以名而不以实"，这当然已经超出人名的范畴了。南朝宋孝武帝刘骏打算提高散骑常侍的地位，使与吏部并重，乃用当时两位名士为之。蔡兴宗对人说："选曹要重，常侍闲淡，改之以名而不以实，虽主意欲为轻重，人心岂可变邪！"果然没过多久，"常侍之选复卑，选部之贵不异。"中国足球在由"甲A"改成"中超"之后，仍然被舆论诟病不断，恐怕也是这个道理。

恶其名

湖北该简称什么,现在的"鄂"还是可能的"楚",忽然成了一个科研课题(2011)。有消息说,湖北省荆楚文化研究会将组织对湖北简称问题进行研究。他们的一个研究员介绍,之所以确定这一课题,是因为民间和网上有此呼声,认为湖北简称"鄂"从字意和发音来说都不太妥当,建议改成"楚"。叫了那么多年,怎么就不太妥当了?哦,原来"鄂"的发音同"恶""饿""鳄",不那么好听,组合起来的话,"鄂商""鄂人"更给人以不好的联想。不过,这么看问题的话,改成"楚"也麻烦,"楚"与"杵"(捣药、捣衣的棒槌)、"憷"(害怕、畏缩)谐音,"憷人"大抵与窝囊废同义呢。

"民间和网上"真有这样呼声的话,也是受了传统文化的熏染。《东观汉记》云,汉明帝时钟离意为尚书,"交趾太守坐赃千金,征还伏法,诏以资物班赐群臣"。钟离意分到了珠玑,却"悉以委地,而不拜赐"。明帝问他怎么回事,为何见着钱财不亲?他说:"臣闻孔子忍渴于'盗泉'之水,曾参回车于'胜母'之间,恶其名也。此赃秽之宝,诚不敢拜受。"孔子虽然很渴,听说面前的水叫盗泉都不喝,因为名字不好,这些都是赃物,我也不要。明帝顾及了他的感受,"乃更以库钱三十万赐之"。孔子这个故事,很为后世津津乐道。西汉刘向说:"邑名胜母,曾子不入,水名盗泉,孔子不饮,丑其声也。"东汉王充说:"孔子不饮盗泉之水,曾子不入胜母之闾避恶去污,不以义耻辱名也。"南宋辛弃疾说:"俗人如盗泉,照影都昏浊,高处挂吾瓢,不饮吾宁渴。"《后汉书》有钟离意传,整个来看,其不受盗赃绝非惺惺作态,比方明帝"尝以事怒郎药崧,以杖撞之",吓得药崧躲到了床底下,而明帝非要揪他出来。当此之时,"朝廷莫不悚栗,争为严切,以避诛责;惟(钟离)意独敢谏争",以是"数封还诏书,臣下过失辄救解之"。

《世说新语》里有个王夷甫,"雅尚玄远",嘴里从来不言"钱"字,大约也是恶其名,俗人才谈钱吧。他老婆有一次故意试他,趁他睡觉之时,"令婢以钱绕床",看他什么反应。结果,夷甫醒来呼婢曰:"举却阿堵物。"宋朝王楙《野客丛书》释曰:"阿堵,晋人方言,犹言这个耳。"王夷甫是说,把这些东西拿开,还是不肯说出"钱"字。王夷甫无心插柳,以致会意的"阿堵物"与象形的"孔方兄"一样,后来都成了钱的代名词。不过,东晋王隐所撰《晋书》说:"夷甫求富贵得富贵,资财山积,用不能消,安须问钱乎?而世以为不问为高,不亦惑乎!"今天有人谈论大人物的轶事,往往也有其身上从不带钱、手里从不摸钱的美德,其实王隐已经告诉我们了,这样的人物又安须自家带钱、掏钱乎?不要说大得不得了的人物了,元朝的刘敏中就是个寻常高官而已,也可以做到"身不怀币,口不论钱",有人前后给他张罗就是。

与盗泉"呼应"的,是广州的贪泉,不仅名字不好听,而且"相传饮此水者,即廉士亦贪",还有使好人变坏的实用功能。不过,后人不是夫子恶其名乃避而远之的态度,东晋吴隐之上任广州刺史,专门跑到贪泉去"酌而饮之",而正史中的隐之,在任时"清操愈厉",离任时仍然是个廉吏。《南史·胡谐之传》载,范柏年"出都(梁州)谘事",宋明帝也聊到了广州贪泉,因问柏年:"卿州复有此水不?"柏年答曰:"梁州唯有文川、武乡、廉泉、让水。"又问你们家在哪呢？柏年答:"臣所居廉、让之间。"一语双关,明帝很满意他的回答,"因见知"。彼时来广州当官,看来也是个肥缺,《南齐书·王琨传》有个说法,"在任者常致巨富",至于有"广州刺史但经城门一过,便得三千万"的俗谚流传。吴隐之也许是最早对贪泉"功能"证否的官员,所以房玄龄等撰写的《晋书》赞曰:"吴隐之酌水以厉精,晋代良能,此焉为最。"王勃在《滕王阁序》中也大发感慨:"穷且益坚,不坠青云之志。酌贪泉而觉爽,处涸辙以犹欢。"明朝尹凤岐《送兄广东参政应奎》,也有"珍重平生清节在,不妨引满酌贪泉"的句子。如吴隐之这种并非口头上而在行动中真正保持清廉操守的人,即使是酌饮了贪泉又能怎么样呢？

鲁迅先生有一篇《说"面子"》,谈到了国人对盗泉、贪泉一类的另一种态度,认为我们要"面子"是好的,可惜的是这"面子"是"圆机活法",善于变化。他引用日本评论家长谷川如是闲言"盗泉"的观点说到:"古之君子,恶其名而不饮,今之君子,改其名而饮之。"在鲁迅先生看来,这句话正"说穿了'今之君子'的'面子'的秘密"。而长谷川如是闲此一论,用在湖北简称是"鄂"还是"楚"的问题上,不是也相当熨帖吗？

婚礼

上周六傍晚去番禺与友人聚会，遇到两对新人在户外草坪上举办婚礼，男西装，女婚纱。这种西式婚礼是如今常见的景观。同样常见的是在风景稍好的地方，专业团队在为新人拍摄同样装扮的照片，那是婚礼的前奏。

婚礼自古以来就是十分重要的人生礼仪。"桃之夭夭，灼灼其华，之子于归，宜其室家。"《诗·周南·桃夭》中脍炙人口的句子，就是祝贺新娘的。夭夭，桃树少壮茂盛貌；灼灼，桃花鲜艳盛开貌；之子，新娘；于归，出嫁。诗人看见春天柔嫩的桃枝和灿烂的桃花，联想到了新娘的年轻貌美。《文心雕龙》评价："诗人感物，联类不穷。流连万象之际，沉吟视听之区。写气图貌，既随物以宛转；属采附声，亦与心而徘徊。"清人姚际恒更盛赞曰："桃花色最艳，故以取喻女子，开千古词赋咏美人之祖。"

婚礼，从前作"昏礼"，以其黄昏进行之故。《礼记·昏义》云："昏礼者，将合二姓之好，上以事宗庙，而下以继后世也。故君子重之。"《汉书·惠帝纪》载，惠帝六年（前189）发布一道诏令："女子年十五以上至三十不嫁，五算。"这是借鉴了春秋时越王勾践的做法，彼时"国中女子年十七不嫁者父母有罪"。惠帝没那么极端，但是收税。算赋是汉朝征收的人头税，一百二十钱为一算，刘邦定下来的。应劭注云:"(汉律)唯贾人与奴婢倍算,今使五算,罪谪之也。"性质跟勾践的做法差不多,为他们的政策往好处辩解,客观上使百姓繁息以规避人口老龄化吧。

前人为整个结婚过程制订了一套完整的礼仪,即"六礼":纳采、问名、纳吉、纳征、请期和亲迎。通俗地说,就是下聘礼、询问女方姓名、占卜结合是否吉利、定亲、择定良辰吉日、举行迎亲仪式。每个环节都堪称繁文缛节。比如纳采,《仪礼·士昏礼》载,男方与使者要拎着大雁登门,"主人筵于户西,西上,右几",女方家长设神坐乃受之,案几放在筵席之右。"使者玄端至,摈者出请事,入告",使者要穿黑色礼服,女方傧相出门询问来者何意,然后"主人如宾服,迎于门外",女方家长也穿黑色礼服,双方"再拜,宾不答拜。揖入,至于庙门,揖入。三揖至于阶,三让"。如此一番,才只是进门前的仪式。

当然了,六礼是"士昏礼"的全过程,士娶妻才这样。"士农工商"四民中,士是排在第一位的读书人。为什么叫昏礼?郑玄说:"娶妻之礼,以昏为期,因名焉。必以昏者,取其阳往阴来之义。"阳往阴来,借助天地阴阳自然交汇的能量而结合,新婚男女当大吉大利之故吧。六礼一直延续到唐朝,到宋朝朱熹才简化成三礼:纳采、纳币和亲迎。明初朱元璋令"民间婚娶,并依《朱子家礼》",成化年间又形成八股文,一切皆向朱子看齐了。今天我们见到的婚礼,属于"亲迎"阶段,这也是婚礼的核心环节。

参加婚礼的礼金,如今在官场上一度有利益输送的趋向,从前也是这样。有鉴于此,唐朝为官宦之家界定了礼金上限。《唐会要》载,高宗显庆四年(659)十月十五日诏:"自今已后,天下嫁女受财,三品已上之家不得过绢三百匹,四品、五品,不得过二百匹,六品、七品,不得过一百匹,八品以下不得过五十匹,皆充所嫁女赀妆等用,其夫家不得受陪门之财。"很难想象,这个制约借婚姻而敛财的规定,蓝本出自以"笑里藏刀"而闻名的宰相李义府。对婚礼的铺张浪费也有严禁之举,这回是睿宗太极元年(712)左司郎中唐绍的上表:"士庶亲迎之礼……乃广奏音乐,多集徒侣,遮拥道路,留滞淹时,邀致财物,动逾万计……既亏名教,又蠹风猷,违紊礼经,须加节制,望请敕令禁断。"

明朝不仅对民间婚礼"专论聘财,习染奢侈"的现象,提出"(由)中书省集议,定制颁行,务从节俭,以厚风俗",而且对皇帝婚礼的铺张也谏言不已。《明会要》载,正德帝大婚,"诏取太仓银四十万两"。御史赵佑说话了:"左右以婚礼为名,将肆无厌之欲。计臣惧祸而不敢阻,阁臣避怨而不敢争。用如泥沙,坐致耗国。"与此同时,吏部尚书韩文"亦连疏请",最后"命减四之一"。嘉靖帝"以大婚期近,遣徐元祚告天地,郭勋告太庙",刑部尚书林俊说话了:"今日之最急者,惟取法祖宗,躬行节俭。兹大婚届期,六礼之仪,固不可缺,中外赏犒,为费尤多。时绌举赢,其何能济?愿一切罢省,崇节俭以为天下先。"嘉靖帝"诏褒纳之"。

白居易《和春深二十首》之十八、十九,分别描写了婚礼当天,娘家和夫家的欢乐景象。其十八云:"何处春深好?春深嫁女家。紫排襦上雉,黄帖鬓边花。转烛初移障,鸣环欲上车。青衣传毡褥,锦绣一条斜。"其十九云:"何处春深好?春深娶妇家。两行笼里烛,一树扇间花。宾拜登华席,亲迎障幰车。催妆诗未了,星斗渐倾斜。"这里的移障、催妆诗,都是婚礼进行时新娘一方对新郎的"刁难"。障车是拦住新郎不让过去,须"留下买路钱";催妆诗则考验新郎的才学。从"星斗渐倾斜"来推断,白居易参加的这场婚礼,新郎是被难住了。

如今的婚礼早已中西合璧,显而易见,此乃文化融合使然。

早婚

11月27日(2014),云南金平县者米乡小翁寨村,13岁的秀秀和16岁的小听在鞭炮声中举行了婚礼。初中未毕业即辍学结婚,这种现象在金平县内并不罕见。对于这种"早婚现象",金平县副县长普红芳解释说:"政府一直在努力做工作改变。"

婚龄的早晚,自然与现行的法律有关。我国《婚姻法》第六条规定:"结婚年龄,男不得早于二十二周岁,女不得早于二十周岁。"在这个年龄界限之前结婚的,无疑属于早婚。以之来衡量秀秀和小听,不仅早婚,而且早得离谱。算是正常的话,得退回到南北朝。《周书·武帝纪》载,建德三年(574)诏曰:"自今已后,男年十五,女年十三已上,爰及鳏寡,所在军民,以时嫁娶,务从节俭,勿为财币稽留。"用这个标准,"丈夫"小听还超了一岁呢。如果嫌北周籍籍无名,那就再退回到唐朝"开元盛世"时。《新唐书·食货志》载,玄宗开元二十二年(734),"诏男十五、女十三以上得嫁娶"。鉴于不同时代有不同的"早、晚"标准,为了行文简洁,这里统一以现行法律作标尺。

早婚的历史,可以上溯得非常悠久。《墨子》已云:"昔者圣王为法,曰:'丈夫年二十,毋敢不处家,女子年十五,毋敢不事人'。"墨子生活的年代到现在都两千三四百年了,他的"昔者"得是什么时候？梳理一下，许多法令不仅要求早婚，甚至还要禁止晚婚。《国语·越语》载，勾践规定"女子十七不嫁，其父母有罪；丈夫二十不娶，其父母有罪"。《汉书·惠帝纪》载，惠帝六年（前189）诏："女子年十五以上至三十不嫁，五算。"《晋书·武帝纪》载，武帝泰始九年（273），"制女年十七父母不嫁者，使长吏配之"。父母不着急，由地方官员来强制执行。《宋书·周朗传》载，周朗上书曰："女子十五不嫁，家人坐之。"至于把人家的父母当犯人对待。

统治者这样关注百姓的婚龄，不会从百姓的立场出发，为之身心健康着想，为之排忧解难，明显的一个目的，是为了增值人口。勾践被吴国战败，回到会稽卧薪尝胆，他要"十年生聚，十年教训"。所以明令早婚之外，还奖励生育，"生丈夫，二壶酒，一犬；生女子，二壶酒，一豚。生三人，公与之母；生二人，公与之饩"。算赋，西汉的人头税，每人一百二十钱为一算。然"贾人与奴婢倍算"，加一倍；五算，加五倍，可见对当婚未婚女子的严苛。想一想，经过秦末的战乱，西汉之初，田租都"什五而税一"，就不难理解了。周朗的用意，其上书中更说得明白无误："凡为国……不患土之不广，患民之不育。自华、夷争杀，戎、夏竞威，破国则积尸竟邑，屠将则覆军满野，海内遗生，盖不余半。"在到了15岁必嫁之外，他还建议："凡宫中女隶，必择不复字（出嫁）者。庶家内役，皆令各有所配。"总之就是尽一切可能增加人口。如此，"则二十年间，长户胜兵，必数倍矣"。

有意思的是，即便与当时的法定婚龄相比，早婚的也不乏见，这倒和金平的情形差不多。比如唐太宗的时候，贞观元年（627）二月，"诏民男二十、女十五以上无夫家者，州县以礼聘娶；贫不能自行者，乡里富人及亲戚资送之"。但唐朝妇女的实际结婚年龄呢？当代姚平女史对总共1560篇唐朝妇女墓志铭做了个统计：

1230篇的死者为已婚妇女,其中提到女性婚姻年龄的有299篇,平均结婚年龄为17.6岁。这没问题,问题是:有7篇提到了墓主在11岁时结婚,12岁结婚的有3篇,13岁结婚的有14篇,14岁结婚的有24篇。也就是说,以太宗时的婚龄标准,女子早婚的约占总数的16%。男子呢?正好相反。同样据姚平女史统计,在4478篇墓志铭中,记载墓主婚姻状况的有2579篇,而明确记载墓主结婚年龄的只有16篇,平均为26.1岁。不过,0.36%的比例似不足以说明唐朝男子就是晚婚,聊胜于无吧。

金平这里的早婚,跟民族习俗、生活习惯及父辈们的影响有关系,在当地虽司空见惯,但也没有到盛行的程度。在一些家长看来,让孩子辍学成家,还有一个因素是"学太多在这里也没有用,能识字、会算账,能种香蕉和橡胶就够了"。唐朝的早婚原因则不得其详,尤其"贞观之治""开元盛世"时,人口的增长显然不是问题。倒是那些晚婚的,白居易诗句中指出了两点:其一,家境贫寒。其《议婚》诗云:"绿窗贫家女,寂寞二十余。荆钗不直钱,衣上无真珠。几回人欲聘,临日又踟蹰。"其二,社会动荡。其《赠友》诗云:"三十男有室,二十妇有归。近代多离乱,婚姻多过期。"

金平那些早婚且早育的新郎新娘们,能不能分清自己到底是大人还是孩子?他们知道从法律的角度来看,他们的结合最多只能算是非法同居吗?当地计生部门负责人讲了:"没到法定年龄,领不了结婚证。"并且,现行《婚姻法》第十条也规定:"有下列情形之一的,婚姻无效:……(四)未到法定婚龄的。"那么,对于"早婚现象",检验的就是金平依法执政的能力了,虽然难度很大、极大。

婚闹

3月17日(2021),山东省滨州邹平市多部门联合发布关于打击恶俗婚闹的公告。其中,强行亲吻、搂抱或采取其他方式侮辱、猥亵新娘、伴娘等七类"低俗、恶俗婚闹行为",将由公安机关视情节依法予以治安处罚,构成犯罪的追究刑事责任。据说,滨州是所谓"婚闹胜地",强制新郎、新娘及其他人员脱衣服、套锁链或捆绑,快成常规节目。

婚闹,在传统婚俗中属于陋俗。这一陋俗也有相当之长的历史。东汉仲长统《昌言》虽早已佚失,但根据清朝学者的辑本,整段和零碎文字加起来,也可以窥其十之一二,其中就说到了婚闹:"今嫁娶之会,捶杖以督之戏谑,酒醴以趣之情欲,宣淫佚于广众之中,显阴私于族亲之间,污风诡俗,生淫长奸,莫此之甚,不可不断者也。"所谓"捶杖以督之戏谑",意谓用拳头或棒槌敲打来促成戏谑;而"宣淫佚于广众之中",就是公然涉黄了,佚同泆。《资治通鉴》卷一百六十六载,北齐显祖高洋刚即位时,"留心政术,务存简靖,坦于任使,人得尽力",几年后他就变了,"以功业自矜,遂嗜酒淫泆"。胡三省注曰:"泆,淫放也。"婚闹行为,仲长统将之明确定性为"污风诡俗"。

彼时极端的婚闹到了什么程度?应劭《风俗通》提供了一例:

"汝南张妙会杜士,士家娶妇,酒后相戏。张妙缚杜士,捶二十,又悬足指,士遂至死。"这个张妙,该是婚闹的主要操盘手吧。由此更可知东汉那时闹新房,有捶笞、悬足等陋习。应劭之例是闹出了人命,滨州这里是闹出了官司。4月9日《中国青年报》报道说,去年年底,滨州二审宣判了一起因婚闹而起的案件。案情大致是:95后谢某某婚礼当天,一众亲友拦住了迎亲车队,"他们用事先准备好的酱油、醋、生鸡蛋往谢某某身体上喷涂"。谢某某下车与他们"搂抱嬉戏",却不慎摔入路旁的沟渠,导致"腰背部裂伤,伤口长达25厘米,深约15厘米"。

到晋代,婚闹"很黄很暴力"的情形跟东汉比差不了多少。葛洪《抱朴子外篇·疾谬》云:"俗间有戏妇之法,于稠众之中,亲属之前,问以丑言,责以慢对,其为鄙黩,不可忍论。或蛰以楚挞,或系脚倒悬。"来闹的宾客既酗酒,又"不知限齐",戏谑全无限度,"至使有伤于流血,口止委折支体者,可叹者也"。葛洪感到奇怪的是,即使不拿"古人感离别而不灭烛,悲代亲而不举乐"作为衡量标准吧,那些"德为乡闾之所敬,言为人士之所信"的乡贤,"诚宜正色矫而呵之,何谓同其波流,长此弊俗哉!"在他看来,这是"民间行之日久,莫觉其非,或清谈所不能禁,非峻刑不能止也",口头上的谴责已经无济于事,非得上升到法律层面来解决不可了。

但婚闹似乎从未止息。《北史·后妃传下》载,高洋娶段韶的妹妹段昭仪时,"婚夕,韶妻元氏为俗弄女婿法戏文宣"。弄女婿,从《酉阳杂俎》中或可一窥:"北朝婚礼,青布幔为屋,在门内外,谓之青庐,于此交拜,迎妇。夫家领百余人,或十数人,随其奢俭,挟车俱呼:'新妇子!'催出来。至新妇登车乃止。婿拜阁日,妇家亲宾妇女毕集,各以杖打婿为戏乐,至有大委顿者。"高洋也许因为挨过打,所以记恨在心;当上皇帝之后,对段韶愤愤地说:"我会杀尔妇!"结果元氏吓坏了,"匿娄太后家,终文宣世不敢出"。

宋庄绰《鸡肋编》云,斯时婚礼,"妇既至门,以酒馔迎祭,使巫祝焚楮钱禳祝,以驱逐女氏家亲。妇下舆,使女之亲男女抱以登床……如民家女子不用大盖,放人纵观。处子则坐于榻上,再适者坐于榻前。其观者若称叹美好,虽男子怜抚之,亦喜之而不以为非也"。明杨震《丹铅续录》"戏妇"条云:"娶妇之家,亲壻避匿,群男子竞作戏调,以弄新妇,谓之'谑亲',或褰裳而针其肤,或脱履而规其足,以庙见之妇,同于依门之倡,诚所谓敝也。以《抱朴子》考之,则晋世已然矣,历千余年而不能变,可怪哉!"清赵翼《陔馀丛考》"初婚看新妇"条云:"世俗新婚三日内,不问亲故,皆可看新妇。固系陋习,然自六朝来已然。"概《南史·徐摛传》已载:"晋、宋已来,初婚三日,妇见舅姑,众宾皆列观。"但六朝那阵毕竟妇宾之间还沾亲带故,"今代非亲非故,皆列坐而觇妇容,岂其宜哉?"不要说婚闹了,在赵翼眼里,大家就那么直愣愣地盯着新娘子看,也是不妥当的。

"嫁女之家,三夜不息烛,思相离也;取妇之家,三日不举乐,思嗣亲也。"这是孔子描绘的他们那个时候的婚礼,淳朴而不喧嚷纷闹。西汉的时候,"新婚之夕,于窗外窃听新夫妇言语及动止,以为笑乐",到这个份儿上也就足矣。接踵而至的婚闹,仲长统即认为"不可不断者",然而如杨慎所说,这种陋俗却"历千余年而不能变,可怪哉"。今天,在如滨州一类的地方,成了"历两千年而不能变",则"可怪哉"的前面要加上"更""真"等字眼才行了。杨明照先生在校笺《抱朴子》时还乐观地认为:"今则旧染污俗,咸与维新,惜葛(洪)、杨(慎)二公无缘闻知也。"很可惜的是,显见包括滨州在内的诸多地方的婚闹陋俗并没有得到改观,杨先生也无缘闻知了。

赘婿

湖北钟祥农民余秀华因为代表作《穿过大半个中国去睡你》被《诗刊》微信号发布,顷刻间成为走红全国的女诗人。文字天赋、身体残疾,都是蜂拥而至的各路记者的兴趣点。其中一篇比较全面的报道提到了她的婚姻:因为残疾,余家希望能招一个上门女婿,结果招了四川的打工仔尹世平。余爸爸说:"本地的谁愿意要她呢?"余秀华的丈夫即上门女婿,俗称"倒插门"。《西游记》里,猪八戒初遇观音时说,他本是天河里的天蓬元帅,"只因带酒戏弄嫦娥",被贬下凡尘,此地卯二姐"见我有些武艺,招我做了家长(户主,即丈夫),又换做'倒蹉门'"。这是说,上门女婿也可以是女儿自招。

倒插门,文一点儿的说法叫赘婿。按《汉语大词典》的释义,赘婿是结婚后定居于女家的男子,以女之父母为父母,所生子女从母姓,承嗣女方宗祧。余秀华的儿子正跟了余家的姓,把亲属关系上原本的姥爷也喊成爷爷。"赘婿"之"赘"应该何解?司马贞索引《史记》认为:"赘婿,女之夫,比于子,如人疣赘,是余剩物也。"颜师古也有个解释,前半部大致相当:"谓之赘婿者,言其不当出在妻家,亦犹人身有疣赘,非所有也。"但颜师古还提供了另一说:"赘,质也,家贫无有聘财,以身为质也。"比照许慎《说文解字》对"赘"的解释,此说比较靠谱:"以物质钱,从敖贝。敖者,犹放;贝,当复取之也。"段玉裁注曰:"若今人之抵押也。"《史记》集解中有个"莫知氏姓"的"臣瓒",其见解就更清晰了:"赘,谓居穷有子,使就其妇家为赘婿。"赘婿何以产生?贾谊归咎于商鞅,其名文《治安策》云:"商君遗礼义,弃仁恩,并心于进取。行之二岁,秦俗日败。故秦人家富子壮则出分,家贫子壮则出赘。"不过,据顾颉刚先生的爬梳,《史记·滑稽列传》有"淳于髡者,齐之赘婿也",《战国策·秦策》有"太公望,齐之逐夫",所以,"赘婿之制……自是当时穷人之普遍出路。惟秦以政治力量强迫父与子分居,则此制自当更普遍无疑"。就是说,商鞅只是强化者。

赘婿因为穷而"就其妇家",则其在妇家的地位自然要矮上一头。清朝学者钱大昕曰:"卖子与人作奴,名曰赘子……立有年限取赎者,去奴婢仅一间耳……其赘而不赎,主家以女匹之,则谓之赘婿,故当时贱之。"前面唐人的那些看法,至少说明赘婿在唐朝的地位仍然十分低贱,秦汉时就更不堪一提了。

《史记·秦始皇本纪》载,始皇三十三年(前214)征服岭南,设桂林、象郡、南海三郡,五十万大军是何种构成呢?"逋亡人、赘婿、贾人"。无独有偶,同书《大宛列传》,贰师将军李广利攻大宛,"发天下七科適(谪),及载糒给贰师"。《汉书·武帝纪》明确了时间点:天汉四年(前97)春正月,"发天下七科谪及勇敢士,遣贰师将军李广利将六万骑、步兵七万人出朔方"。这里的"七科谪",就是秦汉时征发到边疆去服兵役的七种人,张晏云:"吏有罪一,亡命二,赘婿三,贾人四……"赘婿排在第三,仅次于罪犯,比商人稍好点儿。顾颉刚先生解释得了商人的遭遇在于"贱商者至矣",但解释不了赘婿为何也是此种待遇,其"既未犯罪,复非持筹剥削之徒,胡为苛待之如此?"雷海宗先生则有这样的见解:"逋亡人是流民,赘婿都是贫困无赖的人,贾人是抑商政策下所认为卑贱的人。总而言之,所发的都是社会所认为下流的人。这些下流人大概没有留恋旧国的思想,所以将他们发到边疆并无危险。"且认为"这是后代只有流民当兵,兵匪不分,军民互相仇视的变态局面的滥觞"。雷先生以《中国的兵》名世,定然不是随便说说了。

《旧唐书·良吏传》里有"赘婿得牛"的故事,说隋朝大业年间允济为武阳令,政声斐然,邻县元武出了单案子:有赘婿不仅人被招上门了,还把家里的母牛也带来了;一人一牛在妇家生活了八九年后,"牛孳产至十余头",而"及将异居,妻家不与",人走可以,牛不能带走,"县司累政不能决"。赘婿找到了允济,允济说,你们那儿有自己的县令,怎么叫我来断呢?"其人垂泣不止,具言所以",允济"遂令左右缚牛主,以衫蒙其头,将诣妻家村中,云捕盗牛贼,召村中牛悉集,各问所从来处"。妻家不明就里,怕被牵连,赶快说那女婿家的牛。允济便指蒙头人说,这就是你家女婿,把牛给人家吧。"赘婿得牛",后来成为断狱明决之典,黄庭坚即有"赘婿得牛庭少讼,长官斋马吏争廉"。这个赘婿,大约属于钱大昕说的那种赘子。

由于传统观念的根深蒂固吧,赘婿在今天一些地方仍然有抬不起头的态势,"穷"字往往还是主因。吴天明电影《老井》是一部现实主义的经典之作,主人公旺泉子正是一个因为生活所迫而"倒插门"的角色,"倒插门"后的生活被张艺谋演绎得丝丝入扣。余秀华说她最后悔的事是结婚,"他没有真正进入过我的生活",他们之间"没有爱"。那篇报道也说,采访的时候,尹世平就在院子里。他不说话,只是干活,像一块沉默的石头。谁也看不出来他是余秀华的丈夫,还以为是来帮忙的亲戚。

悍妻

2月11日(2009)《南方日报》有一篇对著名钢琴家刘诗昆的专访。上个月刘先生"涉嫌殴打妻子盖燕"一案经香港媒体报道之后,引起了全国的高度关注。一度对刘不利的舆论,随着《刘诗昆为名誉哑忍悍妻20年》的文章被媒体纷纷转载,开始戏剧性地向这位已届古稀之年的"国宝级音乐家"倾斜。自古清官难断家务事,然殴妻(实双方互殴)后那张刘诗昆脸贴胶布的照片,大抵可以作为盖燕悍妻形象的见证吧。

历史上最有名的悍妻可能是陈慥的老婆,因为苏东坡嘲笑陈慥的那首诗非常著名:"龙丘居士亦可怜,谈空说有夜不眠。忽闻河东狮子吼,拄杖落手心茫然。"洪迈《容斋三笔》云:"陈慥字季常,公弼之子,居于黄州之岐亭,自称龙丘居士,又曰方山子。好宾客,喜畜声妓,然其妻柳氏绝凶妒。"河东,乃柳姓的郡望,这是暗指陈妻柳氏;狮子吼,原本佛家用以借喻威严,陈慥好谈佛,东坡乃以此语戏之。东坡此诗既出,"河东狮吼"就成了妒悍夫人发怒的代名词;而"季常之惧",则成了怕老婆的代名词。《聊斋志异·马介甫》云,杨万石"生平有季常之惧。妻尹氏,奇悍,少迕之,辄以鞭挞从事……万石惧,长跽床下"。《官场现形记》第三九回也说:"无奈瞿老爷一来怕有玷官箴,二来怕'河东狮吼',足足坐了一夜。"

陈慥如何惧怕悍妻，黄庭坚"元祐中有与季常简"来得更加妙趣横生。其中说道："审柳夫人时须医药，今已安平否？公暮年来想渐求清净之药，姬媵无新进矣，柳夫人比何所念致疾邪？"大概意思是，听说你那位柳夫人病了，不知好了没有；又听说你现在已不再"畜声妓"了，没有新人进门，柳夫人却因何怄气生病呢？鲁直还有一简，同样调侃得不轻："承谕老境情味，法当如此，所苦既不妨游观山川，自可损药石，调护起居饮食而已。河东夫人亦能哀怜老人，一任放不解事邪？"这里大致又是说，人老了，这是改变不了的事实，不妨多去游览山川，多运动，少吃点药，对身体有好处。这种自由想必柳夫人还是会给你的，不至于看管得那么严吧？推断起来，"季常之惧"在当时该是相当出名的。

可能是相互间太熟的缘故，东坡很喜欢嘲笑陈慥。《墨庄漫录》云："东坡在黄州，陈季常在岐亭，时相往来。季常喜谈养生，自谓吐纳有所得。"后来陈慥病了，给东坡揪到"把柄"，又来了一顿挖苦："公养生之效，有成绩，今一病弥月，虽复皋陶听之，未易平反。公之养生，正如小子之圆觉，可谓'害脚法师鹦鹉禅，五通气球黄门妾'也。"后面这两句，拙作前文曾经道及。"害脚法师"，谓售符水而不能自医；"鹦鹉禅"，谓学语而不解意；"五通气毯"，谓多孔漏气而不堪踢。这些状况都像"黄门（太监）妾"一样，有名无实。养生有心得就不生病吗？东坡显然是存心在跟陈慥抬杠。

饱受悍妻之苦最可怜的，当推北宋时的大科学家沈括。沈括一生在那么多领域——天文、地质、数学、医学等——取得了成就，以笔记体巨著《梦溪笔谈》享誉后世，偏偏晚年娶了个厉害老婆。《萍洲可谈》云，沈括"晚娶张氏，悍虐，存中（括字）不能制，时被棰骂"。悍虐到什么程度呢？张氏揪一把沈括的胡子扔地下，"儿女号泣而拾之，须上有血肉者"，等于硬是从沈括下巴上拽下来的。刘诗昆先生说，他现在的家庭纠纷跟他过去的遭遇相比，不算什么；倘若再跟沈括相比，脸颊上不过贴了条"创可贴"之类，就更不算什么了。

《清稗类钞》说清朝"咸同中兴"名将张曜怕老婆，那是因为老婆比他聪明，不能不服。张曜擢升河南布政使，御史刘毓楠劾其"目不识丁"，降为总兵。他乃发奋，"就夫人学，自是遂通知文史"。但是因为"愤甚"官职被降，"数偃蹇朝命"，左宗棠叫他领兵，他也不睬。太太晓之以理："君以功自负，数逆上命，将谓朝廷不能杀君耶？"张曜就此猛醒，连说："夫人言可畏！夫人言可畏！"乖乖地追随左宗棠去了。后来，他巡抚山东，总是跟部下夸奖自己的老婆如何优秀，还问他们怕不怕老婆。如果有人说不怕，则正色曰："汝好大胆，妻子乃不畏耶？"

余继登《典故纪闻》云，明朝工部尚书吴中"有材能，然惟声色货利是好，宠妾数十，甚畏其妻"。有次皇帝的诰命来了，妻命左右诵之毕曰："此文天子自为乎？儒臣代草乎？"人家告诉他，肯定是儒臣代草的。妻曰，这就对了，"今诵之终篇，何尝有一清有一廉字？"吴中不敢吭声。余继登说："夫居官不廉，乃为妇人所诮，亦足羞矣。"正统五年（1440），朝廷"共役工匠官军七万余人"复建永乐灾后北京紫禁城三殿，并修缮乾清、坤宁二宫，吴中正是重要主持人。《明史·吴中传》载其"勤敏多计算，先后在工部二十余年……职务填委，规划井然"，工作干得不错，但恐怕也为自己"计算"了不少，他不是曾"以官木石遗中官杨庆作宅"而下狱吗？像这样直指老公痛处的做法，不知道吴妻该不该算作悍妻了。

离婚

6月27日(2019)一早,韩国艺人宋慧乔和宋仲基离婚的消息就刷爆了微信朋友圈。那些关心他们婚事的人感到不可思议:看上去的金童玉女,日常如同生活在童话世界,如何高调结婚还没有两年就到了这般地步?

离婚,在当代是指夫妻双方通过协议或诉讼的方式解除婚姻关系、终止夫妻间权利和义务的法律行为。研究指出,离婚现象在先秦就相当普遍,而有关离婚的成文规定却在汉代才出现,这就是《大戴礼记·本命》中的"七出"原则,亦即丈夫"出妻"——离婚的七条依据,"不顺父母""无子""淫""妒"云云。唐朝在继承该原则的基础上,法律中又增加了"义绝"一项,内容包括夫对妻族的殴杀罪、奸非罪,及妻对夫的谋害罪等。就性质而言,"七出"的主动权掌握在丈夫手中,是可以离婚的条件;"义绝"则是朝廷强制性离婚的当然条件,权在法律。

典籍中每见"离婚"字眼,且不乏实例。如《世说新语·贤媛第十九》有"贾充前妇,是李丰女。丰被诛,离婚徙边"。《德行第一》中还有个故事。王献之病重,"道家上章应首过",问其"由来有何异同得失"。余嘉锡先生指出,这里的道家指其时的五斗米道。《三国志·魏书·张鲁传》记载了此道的特点,"其来学道者……皆教以诚信不欺诈,有病自首其过",而病者家出五斗米则可。献之的父亲凝之对五斗米道笃信不疑,命也是因此丢的。那是孙恩攻会稽,凝之告诉大家"不须备防,吾已请大道,许遣鬼兵相助,贼自破矣"。结果"既不设备,遂为恩所害"。献之病重,"正是五斗米师为之请祷耳"。但听献之忏悔道:"不觉有馀事,惟忆与郗家离婚。"别的都没啥,就是与原配表姐郗道茂离婚忘不了,郗道茂是名臣郗鉴的孙女。王郗二人原本情投意合,不料献之被"诏尚余姚公主",硬是给拆散了。此前,他的《奉对贴》表达了相笃之情:"虽奉对积年,可以为尽日之欢,常苦不尽触额之畅。方欲与姊极当年之足,以之偕老,岂谓乖别至此。诸怀怅塞实深,当复何由日夕见姊耶? 俯仰悲咽,实无已已,唯当绝气耳。"献之此言,表明离婚这件事令其愧疚终身。

宋朝也有一桩名人离婚案,当事人是李清照和张汝舟。李清照众所周知,《碧鸡漫志》云其词"在士大夫中已不多得,若本朝妇人,当推词采第一。赵死,再嫁某氏,讼而离之,晚节流荡无归"。赵,赵明诚,他去世后,李清照再嫁。《苕溪渔隐丛话》说,再嫁的是张汝舟,"易安再适张汝舟",然"未几反目",因而离婚。

《云麓漫钞》收录了李清照给姑表兄綦崇礼的一封信,描述了自己再婚后的遭遇,如"既尔苍皇,因成造次。信彼如簧之说,惑兹似锦之言",如"遂肆侵凌,日加殴击。可念刘伶之肋,难胜石勒之拳",控诉了张汝舟家暴之烈,那句"忍以桑榆之晚节,配兹驵侩之下材",更自责怎么会在晚年以清白之身,嫁给了那么个肮脏低劣的市侩。《建炎以来系年要录》云,高宗绍兴二年(1132)九月,右承奉郎、监诸军审计司张汝舟被处理,"以汝舟妻李氏讼其妄增举数入官也"。意谓处理之,源于李清照的举报,举报他"妄增举数"。宋朝规定,举子考到一定次数、取得一定资格后可以授官。

妄增举数,即通过虚报考试次数取得了官职。处理结果是:"有司当汝舟私罪徒,诏除名,柳州编管。"然而,李清照也付出了"居囹圄者九日"的代价。概《宋刑统》袭前朝律条云,"诸告期亲尊长、外祖父母、夫、夫之祖父母,虽得实,徒两年"。比照来看,李清照算是被从轻发落了。

从前还有一种离婚,取决于父母的态度。《礼记·内则》云:"子甚宜其妻,父母不说(悦),出;子不宜其妻,父母曰:'是善事我,子行夫妇之礼焉。'没身不衰。"若父母觉得儿媳不好,即使儿子觉得好,也要离婚;反之,儿子觉得不好,父母觉得好,照样得过一辈子。《孔雀东南飞》中的焦仲卿、刘兰芝夫妻遭遇就是这样。尽管儿子表明"儿已薄禄相,幸复得此妇,结发同枕席,黄泉共为友",且以"今若遣此妇,终老不复取"相要挟,母亲还是要他必须离婚,酿成兰芝"揽裙脱丝履,举身赴清池",自己儿子"徘徊庭树下,自挂东南枝"的惨剧。宋朝另一单著名的名人离婚案与之类似,就是陆游和唐婉。《后村诗话》云:"放翁少时,二亲教督甚严。初婚某氏,伉俪相得,二亲恐其惰于学也,数遣妇。放翁不敢逆尊者意,与妇诀。"《齐东野语》云,唐婉再嫁之后,曾与陆游相遇于沈园,留下了著名的《钗头凤》词,感叹离婚之举实在是"错!错!错!"唐婉早逝,陆游则得年甚高,40年后他重游沈园,那句"伤心桥下春波绿,曾是惊鸿照影来",不免让人一凛。诗人那刻心境,想来直攀王献之了。对这种离婚现象,瞿同祖先生指出:"婚姻之缔结既以父母之命为主,不曾考虑子的意志,则婚姻的解除,仍以父母的意志为主,毋需考虑子的意志,自是合理的,事所必然的。"

任何时候,"百年好合"都只是一种良好的祝愿和期冀,生活中的离婚不可避免。西方电影中,每见婚礼仪式上"你是否愿意"的发问,然而能不能白头偕老,与当时的誓言着实没有半毛钱的关系。

读书

上海市(2008)出台《市级机关创建学习型机关评价指标体系》之后,质疑之声便不绝于耳。他们要求机关公务员每年完成6至12本书的阅读,"有关部门需安排必要的经费用于学习型机关创建工作,每人每年用于学习性的支出不少于300元"。要求公务员读书肯定是件好事,但人们质疑的是煞有介事的"评价指标体系"以及动用公款的方式。

清朝陈京卿说:"有目而不观览与无目同,有手而不披寻与无手同,有口而不吟讽与无口同,有心而不思绎与无心同。"第一句说的就是读书,在他看来,眼睛就是用来读书的,有眼睛而不读书,跟没有一样。不过,读书终究是要靠自觉的事情,强按牛头喝水,也未必能达到预期的效果。隋唐时的李密小时候很喜欢读书,有一天他"乘一黄牛,被以蒲鞯,仍将《汉书》一帙挂于角上,一手捉牛靷,一手翻卷书读之"。这样一幅图景,连过路的隋尚书令杨素都被他吸引住了,在后面悄悄地跟着。李密读书自觉到了什么程度?

汤显祖《牡丹亭》里,杜丽娘的丫鬟春香是个很顽皮的角色。她的关于读书的一些"高论"令人忍俊不禁。丽娘的爸爸便有逼迫女儿读书的意味:"你白日睡眠,是何道理? 假如刺绣余闲,有架上图书，可以寓目。"后来干脆给他请了个教书先生，就是"将耳顺，望古稀，儒冠误人双鬓丝"的老廪生陈最良。但春香老是从中捣蛋，陈最良让她取文房四宝，她拿来的是画眉的墨和笔，害得陈最良说"俺从不曾见"。人家正上课呢，她出去撒尿，回来还诱惑小姐，看见了一大花园，"花明柳绿，好耍子哩"。陈最良给她讲道理："古人读书，有囊萤的，趁月亮的。"她说什么？"待映月，耀蟾蜍眼花；待囊萤，把虫蚁儿活支煞。"陈最良可能也觉得有趣，再问："悬梁、刺股呢？"她答，好像你，"悬了梁，损头发；刺了股，添疤疵（疮痕）。有甚光华！"气得老塾师无话可说，只想到用荆条打人。不过，对杜丽娘来说，到底花园比读书更具诱惑，因此成就了今日仍然在演绎的"游园惊梦"。

《清稗类钞》云，慈禧太后很喜欢读书，《封神传》《水浒传》《西游记》《三国演义》什么的，"时时披阅"，还"节取其事，编入旧剧，加以点缀，亲授内监，教之扮演"，搬到舞台上。有一天她感叹说："我国若得若辈，与以兵权，岂畏外国人之枪炮乎？"此中"若辈"，即书里的英雄豪杰。所以有人分析，义和团之兴可能就是慈禧陷在书本描写的情境中不能自拔，以为现实中确有刀枪不入之人。其实，慈禧多读一点儿书就会知道，两汉之际的王莽已经这么干过，正是她这个思路。《汉书·王莽传》载，"匈奴寇边甚"时，王莽"博募有奇技术可以攻匈奴者，将待以不次之位"。这一下热闹了，"言便宜者以万数"，纷纷毛遂自荐。有的说自己"能度水不用舟楫，连马接骑，济百万师"；有的说自己能"不持斗粮，服食药物，（令）三军不饥"；还有的说自己"能飞，一日千里，可窥匈奴"……辛丑之后，慈禧也试图改变一下阅读方向，对《海国图志》《瀛寰志略》"展诵不辍"，但终究提不起兴趣。所以她对大学士徐郙说，咱们翻译的"东西洋书籍之最佳者为何种？"徐一概否定，说没一本好的,为什么?主要是洋人的枪炮"固足制胜,若政教风俗,则远不及我国"。慈禧说:"吾亦云然。"

宋人罗大经《鹤林玉露》里将读书划分为上中下三等:"上则取之以抚世酬物,又次则取之以博识多闻,下至苏秦之刺股读书。"罗大经未必是要否认苏秦用功,而是说他"专为揣摩游说之计,固已陋矣"。慈禧的行为,一定程度上颠覆了他的划分。她难道不是要"抚世"吗?但她的这种读书,还是应该属于"下下"之列吧。同样是读《汉书》,李密趴在牛背上读的是《项羽传》,宋朝苏子美则留下了一段读《张良传》的美谈。《古今笑》云,苏子美属于豪饮的一类,边读书边喝酒,"一斗为率"。读到张良行刺秦始皇,"抚掌曰:'惜乎击之不中!'"满满地喝了一大杯。读到"良曰:'始臣起自下邳,与上会于留,此天以授陛下'"时,又"抚案曰:'君臣相遇,其难如此!'"再满满地喝了一大杯。这两种读书,倒算是应了罗大经的"上"。

上海市对公务员读书的评价指标体系是从去年10月起试行的,半年过去了,不知道效果怎么样。罗大经还说,他那个时候,"士非尧、舜、文王、周、孔不谈,非《语》《孟》《中庸》《大学》不观,言必称周、程、张、朱,学必曰'致知格物',此自三代而后所未有也,可谓盛矣!"但是,"豪杰之士不出,礼仪之俗不成,士风日陋于一日,人才岁衰于一岁,而学校之所讲,逢掖之所谈,几有若屠儿之礼佛,娼家之读礼者,是可叹也"。要求公务员乃至国民读书也是这样,如果规定的指标完成了,人还是那个素质的人,那就不知该可叹些什么了。

书香

一年一度的南国书香节,始办于1993年。以往都是来看看热闹,今年(2018)跟自家有了关联。由中山大学出版社主办,刚刚出版的拙作《天淡云闲》与《匆匆时事如许》两册"报人读史札记"系列作品,假其一隅,举行了新书分享会。对余而言,举办分享会还是"大姑娘上轿——头一遭"。

书香,读书风气的美称。始而实指,后来成为代指。所谓实指,是前人为了防止蠹鱼咬噬书籍,每在书中放置芸香草,该草能散发清香之气。杨巨源诗曰:"芸香能护字,铅椠善呈书。"梅尧臣诗曰:"请君架上添芸草,莫遣中间有蠹鱼。"说的都是这个道理。蠹鱼,是一种体极小的虫,有银白色细鳞,以尾分二歧似鱼而得名。蠹鱼"长于"蛀蚀书籍、衣服,我在母校图书馆借阅过若干线装书,领教了蠹鱼之害。它好像特别喜欢吃线装书,又往往从第一页齐刷刷地穿透到最后一页,弄得一页纸满是沟回,肉麻得很。关键是如白居易所云,"今日开箧看,蠹鱼损文字",很多文字给它吃了半边或全吃了,严重影响阅读。而放了芸香草之后,既防蠹鱼,又香气袭人,因而"书香"在当初完全是纪实的情形。衍申开来,倘若某个家庭有读书的习尚,这个家庭就是书香人家;倘若某个家族世代都有这种习尚,这个家族就是书香门第或书香世家。

杜甫家族就是这样。他的远祖杜预不仅是西晋灭吴统一战争的主帅之一，而且还是个了不得的学者。自称有"《左传》癖"的他，所著《春秋左氏经传集解》，是现存最早的关于《左传》的注释。杜甫爷爷杜审言则是武则天时的著名诗人，"独有宦游人，偏惊物候新。云霞出海曙，梅柳渡江春"云云，被明朝学者胡应麟赞为初唐五律第一。

芸香草又是什么呢？一种多年生草本植物。《梦溪笔谈》云："芸，香草也，今人谓之七里香者是也。叶类豌豆，作小丛生，其叶极芬香，秋后叶间微白如粉污，辟蠹殊验。南人采置席下能去蚤虱。"他说他在昭文馆的时候，"曾得数株于潞公（文彦博）家，移植秘阁后"。秘阁是藏书之所，显见是打算就地取材、随取随用。《墨庄漫录》云，文彦博为相时，"赴秘书省暴书宴，令堂吏视阁下芸草，乃公守蜀日以此草寄植馆中也"。以此可知文彦博的芸香草是从四川带过来的。彦博当时咨询大家："芸辟蠹，出何书？"结果"一坐默然"，最后是苏子容"对以鱼豢《典略》"。这部书早已失传，所知只有鱼豢乃三国魏人，事迹也无从可考。

因为芸草的辟蠹功能，芸与书便发生了千丝万缕的关联。比如"芸香阁""芸署"成了秘书省的代称，秘书省司典图籍嘛。元稹说过："野人性僻穷深僻，芸署官闲不似官。"又比如，"芸香吏"成了校书郎的别称。白居易说过："前年题名处，今日看花来。一作芸香吏，三见牡丹开。"其他还有"芸窗""芸馆"指代书斋，等等。周杰伦有首歌径直就叫《七里香》，方文山作词，却是"你突然对我说，七里香的名字很美，我此刻却只想亲吻你倔强的嘴"之类回味初恋，更无蠹鱼元素，想来已是茫然无知了。如今保护线装书为什么不用芸草了呢？想来那只是古人的一种无奈做法，功效未必有多神奇。《穆天子传》云："仲秋甲戌，天子东游，次于雀梁，蠹书于羽陵。"郭璞注曰："蠹书,谓暴书中蠹虫。"就是说,前人去蠹还有曝晒法。到宋代,"岁于仲夏曝书,则给酒食费,谏官、御史及待制以上官毕赴",君臣去馆阁观书,已逐渐演变为一年一度的类似南国书香节性质的文化盛会。

前人读书,是比今天不知辛苦多少的事情,蠹鱼的侵蚀仅是一个侧面,对眼睛的伤害尤甚。东晋张湛有一篇游戏之作《嘲范宁》,概范宁常患目疾,问张湛怎么办,张湛就给他开了个方子,"损读书"排在第一位,此外还有"夜早眠"。钱锺书先生说,这是"于学人之手不释卷、膏以继晷对症下药"。范宁即《后汉书》作者范晔的祖父,本身也是著名学者,其《春秋穀梁传集解》是今存最早的《穀梁传》注解。张湛也是,今人研究列子,一定要参考他的《列子注》。

黄庭坚的眼睛也因为读书出了问题,其《病目和答子瞻》云："请天还我读书眼,欲载轩辕乞鼎湖。"叶梦得说自己"平生用目力常数倍于他人,安得不敝",比别人看了那么多书,眼睛怎么不坏。至于读书条件差,如匡衡般"凿壁偷光"的,如苏颋般"吹火照书"的,"每欲读书又患无灯烛",眼睛就更不会好到哪去了。

苏东坡说过,他小时候父亲"驱率读书",他"初甚苦之,渐知好学,则自知趣向,既久则中心乐之,既有乐好之意,则自进不已"。南国书香节固然是"引领",然亦不妨视为一种"驱率",关键还是在于"乐好",尤其是对青少年而言,要能够嗅到"书香"而不是"手机香"。就手机这柄"双刃剑"而言,其害的一面怕与当年的鸦片有过之而无不及。

书房

《南方都市报》每周日的《南方阅读周刊》都用整版篇幅介绍一个文化人——姑且如此名之——的书房,虽然有的看上去不免哑然失笑,与寻常人家的差不多甚至还不如,有凑数之嫌,但多数还是名副其实的。这名副其实的一类大抵具有共性:一曰书很多,书房之外,客厅卧室也触目皆是;二曰虽然看上去凌乱,但主人要找什么,因为了然于胸所以能手到擒来。不属于摆设的书房都会是这样吧。但这个版面终究也能让人长些见识,至少得以一窥那些文化人的"硬件生态"。

古代的文人或读书人往往都有书斋,留给后世的斋号或堂号数不胜数,其所名之,未必是狭义的书房,多数指的甚至是住房。现代人住得宽敞了,往往要装修一间书房,尤其在高校的家庭里,简直是必备。古人的书房肯定也很多,但记录书房"实景"的文字似不多见。如黄遵宪的"人境庐"等,"有三分水四分竹,添七分明月;从五步楼十步阁,望百步长江",描写外观的多,写意的多。所以南都这里集腋成裘,攒成一部"书房志",也算填补了历史的空白。

明朝归有光的"项脊轩",应该是书房。他有一篇《项脊轩志》,说"项脊轩,旧南阁子也。室仅方丈,可容一人居",不仅小,而且条件非常之差,"百年老屋,尘泥渗漉,雨泽下注;每移案,顾视无可置者。又北向,不能得日,日过午已昏"。稍为修葺之后,房顶不漏了,加上"前辟四窗,垣墙周庭,以当南日,日影反照,室始洞然"。为什么说这是书房呢?因为轩内首先有"借书满架",然后妻子"时至轩中,从余问古事,或凭几学书",足证项脊轩的功能并非卧室。当然,我们都知道,就是在这样的恶劣环境中,归有光仍然取得了非凡的成就,其文章被称作"明文第一"。他虽然"力相抵排"当时的文坛盟主王世贞,但王世贞却"心折有光",为之赞曰:"千载有公,继韩、欧阳。"把他与"唐宋八大家"中的韩愈、欧阳修相提并论。

与项脊轩的简陋相对应,史上最讲究的书房也许是隋炀帝的。虽然历史上的隋炀帝留下的是暴君形象,但这个人很爱书,爱读书、爱写东西且很有水平,也是得到公认的。其为扬州总管时,即"置王府学士至百人,常令修撰";当上皇帝以后更不用说了,"前后近二十载,修撰未尝暂停"。修撰些什么呢?"自经术、文章、兵、农、地理、医、卜、释、道乃至蒲博、鹰狗,皆为新书,无不精洽,共成三十一部,万七千余卷"。他还把皇室旧有的三十七万余卷藏书,"命秘书监柳顾言等诠次,除其重复猥杂,得正御本三万七千余卷,纳于东都修文殿,又写五十副本,简为三品,分置西京、东都宫、省、官府,其正御书皆装剪华净"。《隋书·经籍志》载,这三品书的装帧都非常不同,"上品红琉璃轴,中品绀琉璃轴,下品漆轴"。

《资治通鉴》卷一百八十二描述了炀帝的书房。"于观文殿前为书室十四间,窗户、床褥、厨幔咸极珍丽,每三间开方户、垂锦幔",妙的是通过"上有二飞仙"来操纵锦幔,因为"户外地中施机发"。也就是说,炀帝来时,"有宫人执香炉前行践机,则飞仙下,户扉及厨扉皆自启";走的时候呢,"则复闭如故"。这意味着,在公元7世纪,炀帝的书房至少在窗帘环节已经实现了自动化。

书房是用来读书的,司马光平时就多在他的"读书堂"中读书,"上师圣人,下友群贤,窥仁义之原,探礼乐之绪"。增强修养啊,提高素质啊,是读书所能达到的目的之一,但倘若把读书的功能看得神奇无比,在隋炀帝面前就会碰一鼻子灰。他即位时的诏书大力崇尚节俭,说什么"岂谓瑶台琼室方为宫殿者乎,土阶采椽而非帝王者乎?……民惟国本,本固邦宁。百姓足,孰与不足!今所营构,务从节俭,无令雕墙峻宇复起于当今,欲使卑宫菲食将贻于后世"。然而炀帝每出游幸,"羽仪填街溢路,亘二十余里",仅仅为了装点这个仪仗队,民间就被骚扰了个鸡飞狗跳。仪仗队多达三万六千之众,很需要些羽毛,要"课州县送",于是,"民求捕之,网罗被水陆,禽兽有堪氅毦之用者,殆无遗类"。乌程有棵大树,高逾百尺,"上有鹤巢,民欲取之",上不去,"乃伐其根",结果"鹤恐杀其子,自拔氅毛投于地"。这当然是个神话,但由此亦见时人、时动物的愤懑。单此一项,"所役工匠十万余人,用金银钱帛巨亿计",与俭字相差何止十万八千里!所以唐太宗看《隋炀帝集》时,欣赏之余又感到不解,他说这本书"文辞奥博,亦知是尧、舜而非桀、纣,然行事何其反也!"何其反也?读书就是读书,不要神化它的功能,对非皇帝类的人来说,"满口仁义道德,满肚男盗女娼"的现象,前人也早就总结归纳了。

最后表白,自家也有一间专门的书房,当下藏书4000余册,所藏之书有必读的打算,虽阅读速度跟不上购书速度,然心实往之。书房号"不求静斋",取明朝胡居仁"自无邪思,不求静未尝不静也"之语意。东施效颦,识者勿笑为盼。

过目不忘

10月10日(2003)南方都市报报道,在马来西亚举行的第13届世界记忆锦标赛上,两名中国人——28岁的张杰和26岁的王茂华取得了"记忆力大师"的称号。要知道,取得这项赛事的资格也不得了,须在1小时内记住700个随意排列的数字或多副洗过的扑克牌的顺序。

这种本领就是国人一向津津乐道的过目不忘。比方对于钱锺书先生,其所留下的《管锥编》等煌煌巨著是什么内容往往不为人知,但许多人都知道他的大脑"有着照相机般的记忆功能",哪句古文到哪本书甚至哪一页去找,保准就能找到,神乎其神。至于钱先生的成就反倒成了其次。这样一种本领,在古代也备受推崇。《三国演义》第四十回"蔡夫人议献荆州 诸葛亮火烧新野"中说到"建安七子"之一的王粲,"幼时往见中郎蔡邕,时邕高朋满座,闻粲至,倒履迎之"。大家都非常惊讶:"蔡中郎何独敬此小子耶?"蔡邕说:"此子有异才,吾不如也。"王粲的本领之一,就是"博闻强记,人皆不及",强到什么程度呢?"尝观道旁碑文一过,便能记诵;观人弈棋,棋局乱,粲复为摆出,不差一子"。文学作品之外,正史野史之中,关于过目不忘的实例比比皆是。

《明皇杂录》云,玄宗召见僧一行,问他"何能",一行祭出的就是"唯善记览"的本领。玄宗来了个当庭测试,"因诏掖庭,取宫人籍以示之"。结果,一行"周览既毕,覆其本,记念精熟,如素所习读"。这一手,把玄宗佩服得五体投地,"不觉降御榻,为之作礼,呼为圣人"。僧一行是著名的天文学家,我国古代科技发展的代表性人物之一。开元十二年(724),他主持全国性的天文观测,在世界上首次用科学方法测量出地球子午线的一度之长。他还与人共同制造了观测天象的"浑天铜仪"和"黄道游仪",修订了《大衍历》等。因此,我国1955年发行的《中国古代科学家》纪念邮票,一组四枚,僧一行赫然在列(另为李时珍、张衡和祖冲之)。这些成就,过目不忘岂可同日而语?而僧一行以之示能,大概认为这些雕虫小技更能镇住玄宗吧。

一行刚出家时,"师事普寂于嵩山",已经显露了记忆这一手。"师尝设食于寺,大会群僧及沙门,居数百里者皆如期而至,且聚千余人",有个叫卢鸿的,"道高学富,隐于嵩山",普寂因请之为文,"赞叹其会"。写好了,拿来了,"其师授之,致于几案上",卢鸿对普寂曰:"某为文数千言,况其字僻而言怪,盍于群僧中选其聪悟者,鸿当亲为传授。"选中的正是一行。但见一行"伸纸微笑,止于一览,复致于几上",令"鸿轻其疏脱而窃怪之"。而等到群僧齐聚,"一行攘袂而进,抗音兴裁,一无遗忘",这回是"鸿惊愕久之"。

《铁围山丛谈》云,宋仁宗时张伯玉非常有名,他有两个绰号,一个叫张百杯,一个叫张百篇,前面一个表明能喝,"一饮酒百杯";后面一个表明记性好,"一扫诗百篇",瞄一眼,百首诗词记在脑海了。有个"颇强记自负"且自以为"饮酒世鲜双"的士人不服气,上门挑战。三十多杯下肚,"士人雄辩益风生"——开始了"豪言壮语"阶段,"而张略不为动";等到士人承认自己不行了时,张伯玉笑笑说:"量止此乎?老夫当为君独引矣。"又喝了几十杯,这才提出比记忆。他指着家里的四柜书说,我老了,还有病,现在能记的也就这些,请你从里面拿出一册来,"吾为子诵焉"。那人抽出一本《仪礼》,张伯玉说你就随便翻一页开个头吧,我给你续,"士人如其言,张乃琅然诵之如流"。经此两番较量,士人在"骇服"之余拜了两拜,称赞张伯玉的确是个奇人。

《郎潜纪闻初笔》云,钱陈群向徐华隐请教"学何以博",华隐说:"读古人文,就其篇中最胜处记之,久乃会通。"朱竹垞知道后说:"华隐言是也。世安有过目一字不遗者耶?"这就是说,古人对所谓过目不忘是有保留意见的。《郎潜纪闻二笔》里有张稷若的记忆法:遇到好的段落、句子,抄下来,"朗诵十余遍,粘之壁间,每日必三十余段",合上书,"就壁间观所粘录"。记住了,再换新的。就这样,"一年之内,约得千段"。陆游的祖父陆佃也曾说过,有一年他见到王安石的书桌上有部《诗正义》,"揭处悉已漫坏穿穴,盖翻阅频所致",惊叹王安石有过目不忘的本领,"然犹如此"。种种可见,读书治学并无半点捷径可走。实际上,钱锺书先生那些帮助记忆所做的卡片,数量也是非常惊人的。

陆游《老学庵笔记》里还有一桩趣事。王性之读书能"五行俱下",往往别人才看了三四行,他那儿已经翻页了,于是"后生有投贽者,且观且卷,俄顷即置之"。因为看得太快,"人疑其轻薄,遂多谤毁"。这该是过目不忘令人意想不到的副作用了。世界记忆锦标赛上出现了中国人的身影,是件值得我们骄傲的事。但这本领缘自记扑克,最多是记词典,为记而记,那么是不是可以说,用于竞技的记忆只是一种靠天才加训练能够掌握的技能,而与用于读书的记忆终究是两码事。

"量子波动速读"

这几天(2019),有一段号称为"量子波动速读"比赛现场的视频在网上走红:教室里的学生以极快速度翻阅手中书本,书页哗哗翻过,犹如银行高手点钞大赛一般。据视频发布者介绍,视频拍摄的"翻书大法"就是量子波动速读,只需要一遍遍翻阅手中书本,就能阅读并理解其内容。

量子波动速读,貌似很深奥的概念,加上什么"开发松果体",什么"全脑教育",什么"开启右脑的智慧,促进左右脑平衡应用,提升孩子的专注力、记忆力、创作力",听上去更加神乎其神了。恐怕也正是因为貌似深奥,似懂非懂,才能唬住那些急功近利的家长吧。不是吗?收费动辄三万、五万,行情一样十分火爆。

从前也有人阅读速度极快,形容这种人的这种本领,叫作一目十行。顾名思义,一眼能看十行文章,前提当然是同时能记住。《梁书·简文帝纪》载,简文帝萧纲就是这样,"读书十行俱下。九流百氏,经目必记;篇章辞赋,操笔立成。博综儒书,善言玄理"。《北齐书·文襄六王传》载,高澄儿子孝瑜"读书敏速,十行俱下",且能"覆棋不失一道",一盘围棋下完,能按原来下的次序重新摆过一遍,也就是复盘。阅读速度次一点儿的,也能一目五行。《辽史·能吏传》中的杨遵勖、《元史·许有壬传》中的许有壬,当时算是异域人士,也都属此类。辽兴宗重熙十九年(1050),杨遵勖登进士第。道宗咸雍三年(1067),"为宋国贺正使;还,迁都承旨。天下之事,丛于枢府,簿书填委。遵勖一目五行俱下,剖决如流,敷奏详敏。上嘉之"。许有壬呢,"幼颖悟,读书一目五行,尝阅衡州《净居院碑》,文近千言,一览辄背诵无遗"。

中原这边更不用说了。封演《封氏闻见记》说唐玄宗开元年间一个叫常敬忠的,"数年之间,遍通《五经》"。他"上书自举"的强项,就是"一遍能诵千言"。张说奉敕考他:"学士能一遍诵千言,能十遍诵万言乎?"他说这个倒没试过,张说"遂出一书,非人间所见也",谓之曰:"可十遍诵之。"敬忠依命,"危坐而读,每遍画地以记"。虽然从没看过这本书,读到第七遍的时候还是站起来说,行了,背下来了。张说告诉他,你就背足十遍没问题。敬忠曰:"若十遍,即是十遍诵得;今七遍已得,何要满十。"于是张说"执本临试,观览不暇",而敬忠诵毕,"不差一字,见者莫不叹羡"。

除了记忆力的天赋之外,前人也有前人的读书法,比如顾炎武。吴振棫《养吉斋丛录》云:"顾亭林先生博极今古,每往来道路,载书满车,朝夕读不辍。"他的读书法是,温习经书,"请文学中声音鸿邕者四人,设左右座,置注疏本于前。先生居中,其前亦置经本,使一人诵而己听之。遇有字句不同,或偶忘者,详问而辩论之。读二十纸易一人,四人周而复始。计一日温书二百纸"。《十三经》温习完了,接着是《史记》《汉书》和《后汉书》,或者《南史》《北史》,"故先生之学,习熟而不遗纤悉如此"。又如刘墉,即轰动一时的电视剧《宰相刘罗锅》中的主人公。他的读书法是另外一种。刘声木《苌楚斋续笔》云:"每取经史子集各一二本杂观之,中必有一二本词曲小唱。检一本,阅数行,则易一本。数本后,必阅唱本数行,又阅他书。"对这种读书法,刘声木显然不人认同:

"如此读书,真属异事,千古所稀有。宜乎刘文清公仅以字迹见,文学万难与他人争席,职是故也。"其实,读书法不可一概而论,适合自己最为紧要。刘声木上纲上线,就更加没有必要了,就算刘墉"文学万难与他人争席",也是别的原因,跟读书法了不相涉。

我们不难看到,那些有一目十行本领的前人,尽管已经很牛了,但在今天的量子波动速读面前,简直还是弱爆了,不堪一提。想来想去,大约只有《太平广记》中的黄安可以与"量子"较量一番了。黄安读书,像常敬忠那样有画地的习惯,他不是"画地以计数,一夕地成池,时人谓安舌耕"吗?在黄安面前,怕是"量子"要弱爆了。不过,黄安即使是人,也不是普通人,而是个神人。"常服朱砂,举体皆赤",这还没什么,他的坐骑是乌龟,不知为何"二千年一出头",总之黄安说他见过乌龟总共伸出过五次脑袋,因而"世人谓(黄)安万岁",别人喊的口号,到他这里成了现实,还不是神人吗?

所谓量子波动速读,卖弄的是科学的名词,不知道是否亵渎科学本身。这且不论,哗哗哗扇风一样地"读书",于我等而言,字都看不清楚,目的是什么呢?《钝吟杂录》云:程子教人读书,曰:"一部《论语》,未读时是这般人,读了只是这般人,便是不曾读一般。"涉及的是读以致用问题。《四友斋丛说》说得更直接:"读书需一言一句自求已事,方见古人用心处,如此则不虚用功。"这当然是说读古书了,读今天的书不其然乎?充其量算是翻书的做法,遑论读、遑论体会?

读书没可能存在捷径。量子波动速度尽管以一种革命性阅读方式的面貌出现,终究只会是昙花一现的跳梁小丑。

屌丝

2月20日(2014),正在召开的广州市两会政协分组讨论中,市社科院副院长蔡国萱表示,诸如"屌丝"这样意义不明确的用语在人们生活中泛滥,带来现代生活中的很多不确定,甚至导致社会不稳定。此语既出,立即引发网友"反弹"。去年差不多这个时候,冯小刚导演也曾有过炮轰,他说"屌丝"的意思就是"××毛",并直指是对境遇不堪者的蔑称,中国人不以为耻反以为荣。这一言论当时也是引发诸多热议。

导致社会不稳定,似乎有一点儿言重,但我认同冯导演的荣耻说。考察历史,作为表示恼火或反感的詈词,"屌"这种粗口一般来说只有粗人才会挂在嘴边。姑以元杂剧为例。

马致远《半夜雷轰荐福碑》第二折中,就出现了好多个"屌",全都出自"曳剌"之口。如"傻屌放手,我赶相公去""洒家知道,我杀那傻屌去""洒家是吉阳县伺候,教小人接新官去,接着这个傻屌"等。他嘴里的"傻屌",目标指向各不相同。"怎的呵,是俺那傻屌的不是",便属于自嘲。"曳剌"是什么角色?走卒,衙役。显然,"屌"是他的口头禅,如同贾平凹《秦腔》里动辄出现的"毬"。武汉臣《李素兰风月玉壶春》第二折中,名妓李素兰与书生李唐斌(号玉壶生)双双坠入爱河,在李唐斌看来,"全如我折桂攀蟾,也不似这浅斟低唱",甚至认为自己就此沉浸在温柔乡里,也"比为官另有一种风光"。然老鸨贪财,要将李素兰许给山西商人甚黑子。某日二李正在饮酒品画,李素兰回敬一首《玉壶春》词表白心曲,正兴致勃勃间,老鸨冲进来叫道:"呆屌唱的好,踏开这屌门!"这些"屌",要么出自衙役,要么出自青楼老鸨,显见都不是登得大雅之堂之人。

当然了,凡事都没那么绝对。王实甫《西厢记》第三本第四折,张君瑞对崔莺莺害了相思病,且病得不轻,老夫人着人去请太医。君瑞自道:"我这颓证候,非是太医所治的;则除是那小姐美甘甘、香喷喷、凉渗渗、娇滴滴一点儿唾津儿咽下去,这屌病便可。"张君瑞正准备进京科考,怎么也会说出这样的脏字?细品可知,张生被莺莺玩弄于股掌之上,气的。气什么呢?莺莺的拿腔作势。这一点,红娘看得最清楚。张生给莺莺的简帖,她预料到如直接给,"恐俺小姐有许多假处哩"。她对莺莺无意张生的辩解也一针见血:"你哄着谁哩!你把这个恶鬼,弄的他七死八活,却要怎么?"如此等等,俯拾皆是。"逾垣"被拒之后,张生自己也意识到了:自古人云"痴心女子负心汉",今日反其事了。在这种背景下,张生吐出"屌"来显然气愤已极。其实,张生在期盼天黑约会的时候先说过粗口,但非常隐晦,很容易溜过去。他这么说(唱)的:"万事自有分定,谁想小姐有此一场好处。……今日颓天百般的难得晚。天,你万物于人,何故争此一日?疾下去波!"这里的"颓",张燕瑾先生说:"詈词,犹'屌'。"且举马致远【般涉调耍孩儿·借马】套为例:"有汗时休去檐下拴,渲时休教侵着颓。"渲,洗刷;颓,即雄马的生殖器。张生在这里的隐晦表达,有难掩内心荡漾的成分在内;前面"颓症候"的"颓",已然埋下了开骂的伏笔,越说越气,便径直道出了。

作为丫鬟的红娘,也是"屌"不离口,只是又换了一个字眼:鸟。前本第三折,红娘"开了寺里角门儿",一面等张生,一面抱怨"偌早晚,傻角却不来'赫赫赤赤'来?"赫赫赤赤,用嘴发出的声响,有音无义,元剧中多用作约会的暗号。等到张生赫赫赤赤地到了,红娘说:"那鸟来了。"张燕瑾先生注曰:这里的"鸟"读diao(上声),指男性生殖器,宋元时音义并同于"屌"。这样推论,《水浒传》中,鲁智深之"赵员外这几日又不使人送些东西来与酒家吃,口中淡出鸟来";武松之"你休说这般鸟话来吓我";李逵之"杀去东京,夺了鸟位"……以及好汉之外,牛二朝杨志喝道:"什么鸟刀,要卖许多钱!"潘金莲恼羞成怒道:"自是老娘晦气了,鸟撞着许多事!"种种的"鸟",实则均为"屌"无疑了。有意思的是,同是梁山上的将领,官方出身的林冲、花荣等就不曾吐出这个字。甚至孙二娘也有"你这个鸟大汉!却也会戏弄老娘,这等肥胖,好做黄牛肉卖",而大户人家的扈三娘说话亦不然。所以如此,一个是表明鸟即屌之的确不雅,再一个就是表明其适用人群正是粗俗不堪之辈。

如今的年轻人不拘男女、文化程度如何,"屌丝"挂在嘴边,虽屌字有了陪衬,词语仍然谈不上"洗白"。当然,"小伙伴"乃生殖器的说法例外,那是某个"砖家"的个人想象。按照"屌丝族"自己的说法,"屌丝"的流行其实是境况的自嘲而非对他者的蔑称。然正如语言学家郝铭鉴的评价,这个词确实不得体。他进而认为,当下大量的流行词语"粗鄙化""向下滑"的倾向非常突出,这跟整个社会的心理状态有关,因而与其说是语言问题,不如说是社会问题。确是。不过在我看来,传统的词语虽然越来越为网络用语所"改造"、所裹挟,但大浪淘沙,充其量只能是热闹、喧嚣于一时。

拼爹

拼爹,是当下的一个热词,全称应该是"比拼老爹"吧。比拼老爹什么呢?老爹的能量。就是说,当今青年在上学、找工作、买房子等方面,凭借的往往不单纯是自身的能力,还有父母能量的大小。笔者读中学的时候,有"学好数理化,走遍天下都不怕"的说法,后来换成了"学好数理化,不如有个好爸爸"。30多年过去,当年的"不如有个好爸爸"卷土重来,或者从未退去也说不定,总之表述更加简洁了。犹如孙中山先生所说:"至若三民主义、五权宪法,为立国之根本,中人以上能言之,大多数中下级民众,尚难尽解,不若'排满'口号,更易唤起群众。"网友还仿照祖先动辄"四大"——如发明、名著或才子——的做法,选出了当下的"四大名爹",但凡关注现实的人都知道,这几个名爹的背后,关联着街谈巷议于一时至于引起社会公愤的热点新闻事件。

在我们的封建时代,当官的爹荫庇自己的子孙乃是正常不过的事情。《水浒传》里面,"一刀一枪,博个封妻荫子"的话屡屡常见,如武松、杨志他们,虽然出身不同,拥有的此种理想却是一般无二。封妻,弄个诰命夫人之类;荫子,有"文官一品至七品,皆得荫一子以世其禄"的明确规定。但那些掌握大小权力的人,当然没有仅仅满足"荫"的这合法一子,但有可能,还会为没被荫的那些"子"谋取非法利益。

《明史·魏允贞传》载,魏允贞"陈时弊四事",其中一事为张居正的三个儿子"连登制科,流弊迄今未已"。制科,即国家临时设置的考试科目,旨在选拔各种特殊人才。张居正从这里找到了空子,来了个"既私其子"。这个头一带坏,"辅臣吕调阳子兴周,张四维子泰徵、甲徵,申时行子用懋,皆相继得举"。吕调阳,曾任国子监祭酒,官至礼部尚书。张四维,居正死后代之为内阁首辅,《明史》其本传中明确指出:"子泰徵、甲徵皆四维柄政时举进士。泰徵累官湖广参政,甲徵工部郎中。"申时行,张四维忧归,代之为首辅。那么,这几个能量不小的爹,把本该的择才录用变成了自家的近水楼台。魏允贞拿张居正开刀,实际上是在敲山震虎。因此他进而谏言:"请自今辅臣子弟中式,俟致政之后始许廷对,庶幸门稍杜。"老爹还在台上的,儿子不准参加廷试。

但魏允贞的上疏,也恰如捅了马蜂窝。其时张四维的两个儿子正准备廷对,四维生气了:"臣待罪政府,无所不当闻。今因前人行私,而欲臣不预闻吏、兵二部事,非制也。"他觉得张居正谋私,但自己是干净的,于是"为子白诬,且乞骸骨",假装要撂挑子。同样坐不住的还有申时行,"亦疏辨"。重臣纷纷发脾气,万历皇帝害怕了,"责允贞言过当",贬为许州判官。户部员外郎李三才因为"奏允贞言是,并贬秩调外"。但"允贞虽谪,然自是辅臣居位,其子无复登第者",也算是贬得其所。此前的另一重臣焦芳也是这样,他儿子焦黄中"傲很不学",廷试却"必欲得第一"。前文有述,此不赘言。显然,儿子放出话来在于清楚爹的能量,有与他爹一拼的底气。

元无名氏有杂剧《寿亭侯怒斩关平》,讲的是关羽之子关平奉命收捕贼将,得胜而归的路上,坐骑不慎踏死老农王荣的独子;王荣到元帅府告状,关羽大怒,欲斩关平。王季烈评此剧云:"事无所本,曲文率直,无俊语。当是伶工笔墨。"正因为是伶工笔墨,我们从这件寻常的"交通事故"中,不难看到法律与"拼爹"的较量。故事主要在第二折,关平得胜归来,因为急于报喜,"催勒这马者",结果超速,"荡倒了个小的",把王荣的儿子踩死了;偏偏他又肇事逃逸,"我行动些,走走走"。王荣来告状,官人起初尚给老人还礼,搞得令史大惑不解,官人还训斥他:"你放屁。他是告状的,都是咱衣食父母。"等到听说告的是关平,令史先吓了一跳:"这个颏老子,你别告一个,我也好替你整理也;你告着关平,谁敢拿他去?"颏,前文说了,詈词也。官人更退避三舍:"休道是踏死你的孩儿,便躐死我的老子,我也不敢近他。"再看关平又是如何看待自己肇事的,"父亲,不干您孩儿事,是那马奔劣,您孩儿因报喜信,荡倒他来。"何其轻描淡写!好在剧目从褒扬关羽出发,使之没有徇私枉法。

《玉光剑气集》云,王阳明平宁王宸濠归,王爸爸很高兴,但他对儿子说,你不如我啊。阳明坦承,是啊,儿子未作状元。阳明的爸爸王华,是成化十七年(1481)状元。但王爸爸并不是这个意思,而是"我有汝为儿,汝不如我"。所以,一定要"拼爹"的话,王华这种"拼"才值得推崇。在任何时代,在社会公平面前,如果凡事能够靠拼爹取胜,则无疑"冒犯"了公平。"吾疾贫富不均,今为汝均之",北宋青城县民王小波一句口号就可以"聚徒为寇,杀眉州彭山县令齐元振"。而倘若是在公平的前提下导致贫富不均,王小波的话绝不会有那么大的煽动性。

我爸是……

当官员的雷人言语令人目不暇接之余,"官二代"开始不遑多计。10月16日晚(2010),河北大学新区一个超市门口,两名正在玩轮滑的大一女生被汽车撞倒,一死一伤。撞了人,肇事车并没有停住;被拦下后,肇事司机李启铭不仅没有丝毫歉意,反而口出狂言:"你知道我爸是谁吗?我爸是李刚!"李刚,真名实姓,保定市公安局北市区分局副局长。霎时间,这句"我爸是李刚"热遍神州,网络上甚至掀起了以之为主题的造句大赛。

"我爸是……"一个宣告权力骄横的句式,由庇权力余荫因而骄横的"官二代"总结定格,有偶然的成分,但却有必然的现实基础。先前只做未说,或说了没有这句言简意赅令人过目难忘的,历史上早已不乏其人。《旧唐书》载,狄仁杰尝为魏州刺史,因为得民心,"人吏为立生祠",当成神祇崇拜起来。他调职后,儿子狄景晖还在这儿,是个司功参军,"颇贪暴,为人所恶"。结果,大家把狄仁杰的生祠给砸了,这个公子哥"恶"到了什么程度不难想象,而倘若没有"我爸是狄仁杰"作底气,恐怕也不至于猖狂至此。狄仁杰的大儿子狄光嗣也是这样,先被老爹举荐为官,武则天还赞了句"祁奚内举,果得其人"。然而,却终于坐赃贬官。狄光嗣有没有亮过老爹的招牌不得而知,但狄仁杰至少有瓜田李下之嫌。

《邵氏闻见录》云,王安石儿子王雱跋扈得很。有一次安石和程颢聊天,"雱者囚首跣足,手携妇人冠以出",一点儿待客的礼貌和规矩都没有。他问父亲在聊什么,安石说,新法,总是有人反对,"与程君议"。这时,"箕踞以坐"的王雱高声说道:"枭韩琦、富弼之头于市,则新法行矣。"须知韩琦、富弼均一时重臣。范仲淹说:"必求国士,无如富某者。"韩琦更被后世评为"重厚比周勃,政事比姚崇"。因为"我爸是王安石",王雱就连这等人物也丝毫不放在眼里。当然,宋史专家邓广铭先生认为《邵氏闻见录》可称为谤书,尤其是有关安石的记事。这一段诽谤与否,要留待识者见教了。

《明史》记载的杨士奇儿子杨稷"傲很,尝侵暴杀人",大抵偏差不了多少。人家的状告上来了,"朝议不即加法,封其状示士奇",打算就这么大事化小了。偏偏"复有人发稷横虐数十事",实在偏袒不住,"遂下之理",但是也没有马上"理",时"士奇以老疾在告。天子恐伤士奇意,降诏慰勉"。瞧,还生怕得罪他老人家呢。直到杨士奇去世,"有司乃论杀稷"。杨稷行凶的时候,逃得脱"我爸是杨士奇"的干系吗?杨士奇是一代名臣,当过21年首辅,与同时期辅政的杨荣、杨溥并称"三杨",而"明称贤相,必首三杨"。杨士奇也很善于发现人才,享誉后世的于谦、周忱、况锺都是他推荐上来的。"三杨"中,杨士奇以"学行"见长,但显然没教育好自己的儿子。《万历野获编》更告诉我们,另两杨的子孙也没好到哪里去。杨荣的儿子杨恭,"以尚宝司丞居家与人争产,法司论杖为民,遇赦求复职,而英宗不许";他的孙子杨泰为建宁卫指挥,"与子华杀人,为西厂汪直所发,坐斩籍没"。杨溥的孙子杨寿,"殴死家奴",这个老奴跟杨溥很有感情,所以刑部尚书俞士悦主张对杨寿罪加一等:"寿罪虽律当徒,然奴由恩赐,又祖所爱,今寿杀之,有亏忠孝,请勿以常律论。"

"我爸是……"有时是不用喊出来的,《水浒传》里林冲的遭遇可为一例。他的娘子光天化日之下被人调戏,林冲"恰待下拳打时,认的是本管高太尉螟蛉之子高衙内",于是"先自手软了"。这个时候,"我爸是高俅"就显得很多余。高衙内也认得林冲,因此虽然流氓了,反而高叫:"林冲,干你甚事,你来多管?"如今,只有李启铭这种属于萝卜头层次的"官二代"的恶劣行径惹得我们义愤填膺,那些已知身份的各种"衙内"的为非作歹,早就被有意忽略了,正有"先自手软"的因素。得,这里也还是撇开这个话题。

《清稗类钞》"教育类"里面有不少名人教子的故事。比如郑板桥告诫其子,不可"一捧书本,便想中举、中进士作官,如何攫取金钱,造大房屋,置多田产。其不能发达者,乡里作恶,小头锐面,更不可当"。又说:"一夫受田百亩,若再求多,便是占人产业,穷民将何所措手足乎?"再比如阮元,儿子在粤督署出生,"一时僚属馈献悉令却去",还写了首绝句:"翡翠珊瑚列满盘,不教尔手一相拈。男儿立志初生日,乳饱饴甘便要廉。"度其诗意,那是在抓周的时候。这些教子之方未必奏效,但是无论公开喊出还是暗地潜藏借"我爸是……"为非作歹的,概属"父之过"无疑。

网友对"我爸是李刚"的肆意调侃,寄托着他们对权力的批判,同时也寄托着对司法公正的期许。保定市司法部门有关人士表示,鉴于李刚系肇事地点所在区公安局领导,李启铭案将采取异地审判的方式,算是给了公众一个初步交代。

有来头

前两天,广州交警开展的酒驾综合整治行动中查到了一名"醉猫"。一测试,这个声称"没喝酒"的司机,体内酒精含量高达163mg/100ml,超过了醉酒驾驶标准的两倍。交警要求其出示相关证件,但该司机拒不配合,还一直念叨着:"我不能给你看证件,我是有来头的。"其后还拒签罚单。

有来头,是说自己有身份或有背景。元人施惠之《幽闺怨佳人拜月亭》讲的是青年男女在患难中建立爱情,其第二十二出"招商谐偶"中,生与旦有番对话。生问:"韩景阳大来头。你却是何等人家?愿闻。"旦答:"奴家祖公是王和。父亲见任兵部王镇尚书。母亲是王太国夫人。"显示出自己的来头也很不一般。《官场现形记》第四十三回,随凤占"因为同武昌府有些渊源,便天天到府里禀见。头一次首府还单请他进去,谈了两句,答应他吹嘘,以后就随着大众站班见了"。有天见完藩台,首府回来"看见站班的那些佐杂当中,随凤占也在其内,进了宅门,就叫号房请随太爷进来。号房传话出去,随凤占马上满面春风,赛如脸上装金的一样,一手整帽子,一手提衣服,跟了号房进去"。但终因"无甚说得,(首府)也只好照例送客"。但随凤占出来吹牛说:"太尊叫我保举几个人,我一时肚皮里没有人,答应明天给他回音。"结果那些站班的,"便认定了随凤占一定有什么大来头了,一齐围住了他,请问'贵姓、台甫'"。

有来头往往意味着好办事。明朝权臣焦芳的儿子焦黄中"傲狠不学",但"廷试必欲得第一"。李东阳、王鏊录之为二甲第一名,焦芳都很不高兴,"时时詈东阳",至于连刘瑾都看不过眼:"黄中昨日在我家试石榴诗甚拙,顾恨李耶?"前人从《西游记》中也早就发现,同样是作恶多端的妖怪,被孙悟空打死的,都是没来头的,有来头的,在性命堪虞之际,都被"来头"接走了。如虎先锋、白骨精、九尾狐、狐阿七、蝎子精、玉面公主、碧波潭老龙等,无不命丧金箍棒下,而黄风怪露出本相,"行者赶上,举棒就打"时,就被灵吉菩萨拦住,说要"拿他去见如来";金角大王和银角大王被悟空收进葫芦和净瓶后,一旁马上闪出太上李老君,连同悟空收缴的宝贝一并索要了回去;还有灵感大王,本是观音菩萨"莲花池里养大的金鱼",人家要接回去继续观赏……前人冥飞《古今小说评林》云:《西游记》"行文之乐,则纵绝古今,横绝世界,未有如作者之开拓心胸者",说得不错;而所谓"此等无情无理之小说,作者随手写之,阅者只当随意翻之,实无研究之价值也",则显然差矣。

好办事的那种来头需要人家承认,反之要成笑柄。《淡墨录》云,乾隆时吴县陈初哲中了状元,"给假南归",途经一个村庄,一女子"倚扉斜立,捉柳花搓弄,嗤嗤憨笑。陈见之,魂飞色夺",于是觍着脸上前粘糊,还跟女孩的妈妈自夸"我状元也",以示自己来头不小。老太太不知真不知道还是装糊涂,噎了他一句:"状元是何物?"送人家金子,老太太又抢白他:"嗅之不香,握之则冰,是为何物?"陈状元讨了老大没趣,"痴立半晌,嗟叹而回"。宋朝王廷义有句话挂在嘴边:"我当代王景之子。"结果"闻者咸笑之",从此叫他"王当代"。王廷义的口气,该是"我爸是李刚"的滥觞了。王景是什么人呢？始而奔后晋，继而归后周，最后"来朝"北宋。人还是不错的，虽"起身行伍，素无智略，然临政不尚刻削，民有讼必面诘之，不至大过即谕而释去，不为胥吏所摇，由是部民便之"。为官如此，也是非常难得了。他奔后晋的时候，"妻坐戮，二子逃获免"，后晋高祖石敬瑭在"赏赐万计"之余，问他还想要什么，他说来了就挺满足了，"诚无所欲"。石敬瑭"固问之"，王景说实话了，很不好意思，"稽颡再拜"曰："臣昔为卒，尝负胡床从队长出入，屡过官妓侯小师家，意甚慕之。今妻被诛，诚得小师为妻足矣。"石敬瑭闻罢大笑，"即以小师赐景"。不过，王景虽然"甚宠嬖"侯氏，侯氏惦记的却是相好，"尝盗景金数百两，私遗旧人"，景知而不责。在为人上，与儿子完全相反，王景极其低调，"性谦退，折节下士，每朝廷使至，虽卑位必降阶送迎，周旋尽礼"，至于左右都看不过眼，告诉他"王位尊崇，无自谦抑"。但与儿子自夸的最大不同是，"周祖（郭威）微时与景善"，却没见王景挂在嘴边。

《宋史》载，徐鹿卿"言罢浮盐经界碏地，先撤相家所筑"，执行的时候，对方告诉他："我相府人。"言外之意自己是有来头的。然鹿卿曰："行法必自贵近始。"就是要从你们这些权贵开始，"卒论如法"。然如此大快人心的实例，历朝历代都属凤毛麟角，因为谈不上制度的产物。广州这个"有来头"的醉猫，不过是南沙区出租屋管理办公室负责人，但他显然深谙"有来头"之道，试图先发制人。实际上他还是"虎先锋"一类，那些真有来头的，即便声张了，媒体也根本曝不了光。

声色事

王士禛《分甘馀话》里谈到一位"腐儒"。腐儒,乃作者对乡里一个读书人的蔑称。何以蔑之?那是读书人应邀赴宴,席中有妓女劝酒,劝到他那里,他很认真地问人家:"卿业此几年矣?或不得已而为之乎?抑有所乐而为之乎?"话音刚落,满座"皆大噱"。大家是笑他读书已经读傻了,居然对这种社会现象如此惊讶,还要来一番社会学调查。王士禛仕宦几五十年,颇受称道,这一声"腐儒",说明"声色"之事他在官场上也早已见怪不怪。

声色,一般是指淫声和女色。成语之"声色犬马",即指旧时歌舞、女色、玩狗、跑马等四种享乐方式。苏辙《历代论·汉昭帝》谈到,面对那些"未尝更事而履大位"的"人主",大臣的职责是"示之以邪正,晓之以是非,观之以治乱,使之久而安之,知类通达",否则的话,"小人先之,悦之以声色犬马,纵之以驰骋田猎,侈之以宫室器服"。因之坏了名分,便是声色之累。然而追逐声色事,从来为不少人所趋之若鹜。唐伯虎点秋香之类——尽管可能是杜撰的,后世也都津津乐道。明朝还有个"山水人物入神品"的画家吴伟,成化皇帝让他画幅《松风图》,他假装把墨汁无意碰翻,然后似乎信手涂抹了几下,"风云惨惨"的新作就诞生了,令成化皇帝赞叹"真仙人笔也"。吴伟也特别好妓饮,"无妓则罔欢",

所以要得到他的画,"集妓饵之",没有办不到的。

声色事自然从未远离过官场。在北宋历史上,当过宰相的王旦口碑极佳。他在任时,朋友交了不少,然"无敢以私请",因为他从不做无原则的事情。在修养方面,王旦也达到了极点,人们"未尝见其怒"。即使有人告他的状,他也"引咎不辩",先检讨自己是不是确实存在那些问题。但在声色事上,王旦却留下了非议,此事见于苏辙《龙川别志》。那是宋真宗有天闲得没事,"与群臣燕语,或劝以声妓自娱",纵容大臣们这样干。他听说王旦"性俭约",家无侍妾,乃赐银三千两,"责限为相公买妾"。王旦开始时"不乐"——不知道是不是装的,"然难逆上旨,遂听之"。但王旦正是自此不能自拔,乃至没几年就因声色丢了性命。当初沈伦家败,有不少银器之类要转卖给王家,净是吴越王钱俶打点朝中权要的好东西,王旦的态度很明确:"吾家安用此?"等到姬妾齐备时,王旦主动叫来管家,"问昔沈氏什器尚在可求否"。管家向他请罪,说当时自作主张,偷偷地买了下来。不料王旦并未责备,反而非常高兴,吩咐赶快拿出来摆上,"用之如素有"。王旦的变化令苏辙感慨万千:"声色之移人如此!"

如果说王旦的声色事还只牵涉自家的名誉,还有一些人则是因之而渎职乃至枉法了。《鹤林玉露》云,宋高宗绍兴年间,王铁治理番禺(今广州),"有狼藉声",朝廷派韩璜前往调查。消息传来,王铁吓坏了,"寝食几废"。他有个小妾原来是钱塘的妓女,了解了情况之后说:"不足忧也。"她认识韩璜,不仅如此,韩璜当年逛妓院,两人还是相好,更了解韩的短处:这人只要多喝几杯,就会丑态百出。所以她给王铁出主意,如此这般,不怕他。韩璜到的时候,王去郊迎,示以隆重,但韩璜睬都不睬;进了城,仍"岸然不交一谈",硬气得很。第二天王铁在豪华别墅里为他接风,"固请",韩璜就不推辞了。王铁安排几个妓女,"诈作姬侍",侍候他。酒到一半,那小妾吭声了,于"帘内歌韩昔日所赠之词"。韩璜一听,"狂不自制",他找这小妾好久了,想不到竟在这里。小妾并不出来,只是隔着帘子不断地要他满上。待韩璜酩酊大醉,小妾又说,你以前最喜欢起舞,"今日能为妾舞一曲,即当出也"。韩璜已经完全不能自持,"即索舞衫,涂抹粉墨,踉跄而起",结果一家伙便摔倒在地。王铁于是"亟命索轿,诸娼扶掖而登",把他送回去。夜半韩璜酒醒,觉得衣衫不大对劲,"索烛揽镜,羞愧无以自容"。随即打道回府,对王铁的事情,"不敢复有所问"。一个曾经心高气壮的钦差,就这样因为声色的把柄,被一个贪官钻了空子。

杜绝声色事在任何时候都是不现实的,但将之剔除出官场却是可能的,且是必须的。官员身为其累,便可能变质。唐太宗写过一首"艳诗",虽然他口称"戏作",虞世南还是兜头给他泼了一盆冷水:"圣作虽工,体制非雅。上之所好,下必随之。此文一行,恐致风靡。"这就说明,有识之士早已认识到了声色在官场的危害。至于一些官员以之为能事,乃至酒席之上除了声色再无其他可谈的话题,那是应该划归恬不知耻的一类了。

艳照

官员的"艳照门"渐渐多了起来,从北到南或从南到北,此起彼伏,有目不暇接之势。新近(2011)昆明发改委副处长成某人的这一"扇",还扑朔迷离了一阵:艳照上的人是不是发改委的、艳照PS了与否,很简单的是非问题硬是弄得异常复杂。好在不知哪个方面下了决心,终于证明成某人并非窦娥,的确是"参与淫乱"。

冯小刚电影《手机》里有个作家费墨,他对婚外情露馅发出过一句感叹:还是农业社会好,上京赶考,几年都不回来,回来后说啥子都行。"艳照门"的涉事官员以及有蠢蠢欲动迹象的官员,对"从前"想必更流口水,因为那个时候官员狎妓是正大光明的,根本不用心存顾虑,还可以被雅称为风流韵事。虽彼时照相术还没有发明,没留下影像,但他们留下了艳诗,融进文字里,"不打自招"。另一方面,被狎之妓索诗,也是激发官员诗兴的动力机制之一。而多数人到底经过了科举的历练,提笔能来,而且还有不少佳作为后世传诵,成为脍炙人口的名篇,远远强似今天饭桌上自以为风趣其实只会吐出"黄段子"的家伙。

宋人赵令畤《侯鲭录》里就有不少狎妓的记录,略举之。

元稹。鼎鼎大名的诗人。其贬江陵府士曹,"过襄阳,夜召名妓剧饮"。临走,留艳诗云:"花枝临水复临堤,也照清江也照泥。

寄语东风好抬举,夜来曾有凤凰栖。"

吕士隆。宣城守,"好缘微罪杖营妓",狎人家还暴力,很变态。后于"乐籍中得一客娼,名丽华,善歌,有声于江南,士隆眷之"。一天,他手又痒了,营妓哭着说不敢不让你打,但怕吓坏你那个丽华,杀鸡儆猴,她会"不安此耳"。吕士隆还真的罢手了,是否就此改了恶习不知道。因为丽华生得矮胖,梅尧臣有一首《莫打鸭》调侃士隆:"莫打鸭,打鸭惊鸳鸯,鸳鸯新自南池落,不比孤州老秃鸧,秃鸧尚欲远飞去,何况鸳鸯羽翼长。"因此还诞生了成语"打鸭惊鸳",比喻打甲惊乙,或比喻株连无罪的人。

滕子京。就是因为"重修岳阳楼"而引来范仲淹名句的那位。其守吴兴,"席上见小妓兜娘,赏其佳色",念念不忘。十年后再见,兜娘"绝非顷时之容态",色衰了,失宠了,但他仍有感慨:"十载芳洲采白苹,移舟弄水赏青春。当时自倚青春力,不信东风解误人。"今天的"情色日记"庶几近之,然赤裸裸,没人家雅致就是。

苏东坡。其在钱塘时,有官妓"性善媚惑,人号曰'九尾野狐'",两人关系不错。一天九尾野狐"下状解籍",不想干了,东坡欣然批示:"五日京兆,判断自由。九尾野狐,从良任便。"另一名官妓听说后也来走"上层路线",谁知这回东坡批道:"敦召南之化,此意诚可佳。空冀北之群,所请宜不允。"不让走。两个批示,三个典故,亦见东坡诙谐的一面。"五日京兆",说的自然是西汉的张敞。张敞被弹劾等待处理,手下絮舜觉得可以不把这个上司当回事了:"今五日京兆耳,安能复案事?"张敞立即把絮舜抓起来杀了,先跟他斗气:"五日京兆竟何如?冬月已尽,延命乎?"东坡引此典,是说自己毕竟还在位上吧。"敦召南之化",召南乃《诗·国风》之一,"《诗》三百,一言以蔽之,曰'思无邪'",显然意谓此妓已被感召;"空冀北之群",则典出韩愈《送温处士赴河阳军序》："伯乐一过冀北之野，而马群遂空。"比喻有才能的人遇到知己而得到提拔。综合起来看，东坡不批，大抵已有心仪此妓的趋向。

此外，在别的笔记里，类似的记载仍然比比皆是。比如《墨客挥犀》云，寇準镇北都（太原），把隐居着的蜀人魏野招至门下。有次宴会，一个女子"美色而举止生硬，士人谓之'生张八'"，寇準叫她向魏野求诗，魏野写道："君为北道生张八，我是西州熟魏三。莫怪尊前无笑语，半生半熟未相谙。"因此又诞生了成语"生张熟魏"，泛指认识的或不认识的人。又比如《续墨客挥犀》云，石曼卿为永静军通判狎官妓杨幼芳，杨幼芳觉得自己了不得了，"自肆无惮"。太守看石曼卿的面子，"颇优容之"，但杨幼芳因自恃而忘了本职。"一日，大会宾佐，群妓皆集，独幼芳不至。屡遣人捉之，抵暮方来，洋洋自若"。这下太守恼了，"呼伍伯将笞之"，因为石曼卿愿代为受过，杨幼芳才免了这顿鞭子。由此亦可知石曼卿狎妓到了何种程度。

然而在官员狎妓属于正常的时代，也还是有底线的，虽然标准飘忽不定，今天深陷"艳照门"的官员也用不着流口水。比方明田汝成《西湖游览志馀》云："宋时阃帅、郡守等官虽得以官妓歌舞佐酒，然不得私侍枕席。熙宁中，祖无择知杭州，坐与官妓薛希涛通，为王安石所执。"明余继登《典故纪闻》云，正统皇帝时，"广东南海卫指挥使以进表至京宿娼，事觉，谪戍威远卫"。当代"艳照门"的此伏彼起，不仅严重冲击了道德底线、破坏了社会的公序良俗，而且严重挫伤了公众对公权力的信任。因此，任何当事的单位部门对此哪怕闪烁其词，也都无异于纵容，到头来，看似维护实际上败坏了自己的形象。

III

美食

纪录片《舌尖上的中国》一时大热。被食品安全弄成惊弓之鸟的国人，拾回了自己国度尚有美食的良好记忆，进而咀嚼那些"家乡的味道""小时候的味道"。上溯一下，孔夫子即有"食不厌精，脍不厌细"的名言，达到这个不低的要求，肯定算得上美食了。据杨伯峻先生统计，《论语》中"食"字出现过41次，其中30次是当"吃"来讲的。"割不正，不食；不得其酱，不食"，看夫子讲究的，切出来的东西刀工不好他都不吃。

每个地方都有每个地方的美食，每个人也都有自己"文化圈"中的美食记忆。西晋张翰千里迢迢跑到洛阳在齐王冏手下当差，"因见秋风起"，想起家乡吴中的菰菜、莼羹、鲈鱼脍，感慨道："人生贵得适志，何能羁宦数千里以要名爵乎！"然后便"命驾而归"，官都不当了。当然，张翰的抽身而退，非为单纯地惦记美食，"以明防前，以智虑后"的成分不容忽略，没有多久，司马冏不是就兵败被杀了吗？这是《晋书·张翰传》里的记载。同书《陆机传》里，陆机和弟弟陆云刚到洛阳时拜访侍中王济，王济指着羊酪问陆机，你们家乡什么东西比得了这个？陆机说："千里莼羹，未下盐豉。"羊酪自然是王济眼里的美食，陆机亦以美食答之。千里，指千里湖,那里莼菜做的汤味道鲜美;后半句有争议了,有的说是莼羹不必用盐豉做调味品也好吃,但我认同宋人曾三异的说法:"盖'末'字误书为'未'。'末下',地名;'千里',亦地名。此二处产此二物耳。"《陆机传》在那问答之后,有"时人称为名对"一句,正表明了上下的对仗属性,虽然不知道"末下"究竟在哪里。不管怎样,莼羹是借此出了大名,东坡诗曰:"若问三吴胜事,不惟千里莼羹。"后人更以"千里莼羹"为成语,泛指有地方风味的土特产。

张翰因美食而弃官,南朝刘宋时的毛修之则因擅长烹饪美食而得官。本来"修之有大志,颇读史籍",通过正常的途径当上了官,但在刘裕这边的时候给北魏俘虏了,修之这时露了一手,"尝为羊羹,以荐虏尚书,尚书以为绝味,献之于(拓跋)焘;焘大喜,以修之为太官令",此后"尚书、光禄大夫、南郡公"等头衔都纷至沓来。不仅如此,毛修之"在虏中,多蓄妻妾,男女甚多"。凭借一道拿手好菜而因祸得福、优哉游哉到这种程度,恐怕是包括他自己在内的所有人都始料不及的。

钱锺书先生评价昭明太子《七契》,"谋篇陈陈相因,琢句亦无警出",但美食那节值得一赞,尤"瑶俎即已丽奇,雕盘复为美玩"那句,说食而兼说食器相得益彰,盖美食与美器往往缺一不可。《水浒传》第三十八回,宋江和戴宗、李逵在琵琶亭上喝酒,"有十数副座头,戴宗便拣一副干净座头"。宋江喝多了,忽然心里想要鱼辣汤吃,便问戴宗道:"这里有好鲜鱼么?"戴宗笑道:"兄长,你不见满江都是渔船。此间正是鱼米之乡,如何没有鲜鱼!"宋江道:"得些辣鱼汤醒酒最好。"戴宗便唤酒保,教造三分加辣点红白鱼汤来。而汤端上来后,宋江说:"美食不如美器。虽是个酒肆之中,端的好整齐器皿。"这其实是说那汤不行,因此宋江"再呷了两口汁,便放下箸不吃了"。酒保说实话了:"不敢瞒院长说,这鱼端的是昨夜的。今日的活鱼,还在船内,等鱼牙主人不来,未曾敢卖动,因此未有好鲜鱼。"这个鱼牙主人,就是浪里白条张顺,倘生在今天的广东,无疑该属于"三打"——打击欺行霸市、打击制假售假、打击商业贿赂——对象,明摆着他是"欺行霸市"。关于美食与美器的关系,钱先生归纳了三种:一种是"美器无补于恶食",如曹植云"金樽玉杯,不能使薄酒更厚",酒不行,什么盛都一样;再一种是"恶器无损于美食",如杜甫云"莫笑农家老瓦盆,自从盛酒长儿孙",酒好,瓦盆装来喝也好。而李白的《行路难》——金樽清酒斗十千,玉盘珍羞直万钱。停杯投箸不能食,拔剑四顾心茫然——则更进一解,"苟有心事,口福眼福胥成乌有,美食美器唐捐虚设而已",在食品安全问题几乎无处不在的当下,谈论美器更是奢侈之事了。

有人评论,看《舌尖上的中国》觉得各种美食各种美好,而看新闻觉得各种食品各种剧毒。如果我们抛弃荒谬的"媒体抹黑"论,多少会正视这一现实。现如今,盛在碗里的东西让人放心,大约已经可称为美食了。孔夫子那时,"鱼馁而肉败,不食。色恶,不食。臭恶,不食。失饪,不食。不时,不食……"现在肯定行不通,原材料即便变味乃至腐烂,商家或商贩不会告诉你,并且他有种种无良之方进行"消解",让你蒙在鼓里。夫子又有一句"沽酒市脯,不食",这是说从市上买来的肉干和酒,他不吃。杨伯峻先生说:"孔子为大夫,家中自当有酿酒,但必谓一生从不沽酒市脯,则商贾之以此为业者,人皆嫌其不洁,无人敢买,宁有此理?"那么,孔夫子涉及的倒还不是食品安全问题。

美食(续)

北京三联书店的"闲趣坊"丛书出了10几本了,选题基本上除了关于书,就是关于吃,后者如《肚大能容》《文人饮食谈》《老饕漫笔》《吃主儿》《寒夜客来》《川菜杂谈》等。这里的吃,涉及的尽皆美食,非清人陈其元所谓"食无粗精,饥皆适口"。

陈其元在回忆避乱——该是避太平天国——时的日子说:"偶得一鱼一肉,不啻八珍之享。"承平年间尤其是当官以后不同了,"每岁首赴苏贺正,僚友邀饮,一日之间或至三四五处",赶场似地吃,虽然进嘴的东西"皆穷极水陆",天上飞的,地下跑的,什么好玩意都有,"然闻招则蹙额,举箸则攒眉"。何曾的"无下箸处",大约正是此种反映。所以,陈其元不知从哪里听说,"宋人治具宴客有三字诀:曰烂,曰热,曰少。烂则易于咀嚼,热则不失香味,少则伸不属餍而可饫",他以为那个"少"字"真妙诀也",吃得太饱不行。《牡丹亭》里有一句"直到饥时闻饭过,龙涎不及粪渣香",虽嫌粗鄙,意思一般无二。

美食肯定是逐渐讲究起来的,温饱之后才谈得上享受,然前人文字中的诸多美食,大抵还不是《舌尖上的中国》渲染的那种。《韩非子·六反》有云:"今家人之治产也,相忍以饥寒,相强以劳苦,虽犯军旅之难,饥馑之患,温衣美食者必是家也。"这里的美食,显见寓意小康。《墨子·辞过》在谈到"古之民未知"什么——比如宫室、衣服、舟车——而圣王、圣人尽显开创之功时说:"古之民未知为饮食时,素食而分处。故圣人作诲男耕稼树艺,以为民食。其为食也,足以增气充虚,强体适腹而已矣。故其用财节,其自养俭,民富国治。"现在呢?《墨子》厚古薄今:"厚作敛于百姓,以为美食刍豢,蒸炙鱼鳖,大国累百器,小国累十器,前方丈,目不能遍视,手不能遍操,口不能遍味",吃不完又不打包,致美食"冬则冻冰,夏则饐饐"。这句话,用后世杜甫的概括最能诠释其神韵:"朱门酒肉臭,路有冻死骨。"这里的美食,亦显见仍然不是食物意义上的。西晋傅咸痛陈其时奢侈留下一句名言:"奢侈之费,甚于天灾。"他的办法是,"欲时之俭,当诘其奢;奢不见诘,转相高尚"。他说三国时毛玠"为吏部尚书,时无敢好衣美食者",连曹操都感叹"孤之法不如毛尚书",其与崔琰典选举,"务以俭率人,由是天下之士莫不以廉洁自励,虽贵宠之臣,舆服不敢过度"。"美食"在这里,也要划入社会学范畴。

《舌尖上的中国》中的美食,是单纯谈吃,通过多个侧面来了解中华饮食文化的精致和源远流长。总导演陈晓卿说:"我们更多在讲人的故事,人是主角,而美食是吸引观众的一条重要途径。"美食与人,密不可分,前人正有"食以人传"之说,代表人物非苏轼莫属,东坡肉、东坡羹、东坡腿等,直接命名的就有不少。"东坡肉",源自东坡"慢着火,少着水"的煮肉经验;"东坡羹",源自东坡"所煮菜羹也",要"揉洗数过,去辛苦汁";"东坡腿"则比较少见,朱彝尊《食宪鸿秘》讲到了做法:"陈金腿(放了一段时间的金华火腿)约六斤者,切去脚,分作两方正块,洗净,入锅煮去油腻,收起。复将清水煮极烂为度。临起,仍用笋、虾作点,名东坡腿。"但这里的美食,显然是存心要搭名人的车。清代戏曲家李渔就"东坡肉"开了个玩笑:"卒急听之,似非豕之肉,而为东坡之肉矣。噫,东坡何罪,而割其肉,以实千古馋人之腹哉?"他因此还有个结论:"甚矣,名士不可为,而名士游戏之小术,尤不可不慎也。"其实,除了他老人家,说到"东坡肉"时,谁会往"唐僧肉"那里去联想呢?

李渔是个美食家,他有一套"蔬食第一,谷食第二,肉食第三"的理论,此不赘言。他还自称"于饮食之美,无一物不能言之,且无一物不穷其想象,竭其幽渺而言之",但偏偏于螃蟹是个例外,"心能嗜之,口能甘之,无论终身一日,皆不能忘之"。他太爱吃螃蟹了,"每岁于蟹之未出时,即储钱以待",甚至把这笔钱称为"买命钱",因而"自(螃蟹)初出之日始,至告竣之日止,未尝虚负一夕,缺陷一时"。他觉得别人都不会吃螃蟹,"以之为羹者,鲜则鲜矣,而蟹之美质何地?以之为脍者,腻则腻矣,而蟹之真味不存。更可厌者,断为两截,和以油、盐、豆粉而煎之,使蟹之色、蟹之香与蟹之真味全失"。有趣的是,他把人家的种种吃法,视为"皆似嫉蟹之多味,忌蟹之美观,而多方蹂躏,使之泄气而变形者也",令人忍俊不禁。

李渔还有个奇论:"万古生人之累者,独是口腹二物。"他这么推导的:"口腹具而生计繁矣,生计繁而诈伪奸险之事出矣,诈伪奸险之事出,而五刑不得不设。"好家伙,社会所以纷繁复杂,全是由美食引起来的。这奇论大约也可溯至墨子,墨子不是早说了嘛:"人君为饮食如此,故左右象之,是以富贵者奢侈,孤寡者冻馁,虽欲无乱,不可得也。君实欲天下治而恶其乱,当为食饮不可不节。"这样的使命,美食其实承担不起,也不该由其承担。相形之下,袁枚的"学问之道,先知而后行,饮食亦然",道理讲到这个程度,就可以了。

大锅饭

今年是改革开放30周年,下个月18号,是十一届三中全会召开的"标准纪念日"。30年前,正是这次全会的召开,标志着中国进入了改革开放的历史新时期。改革伊始,形象地说,就是要打破"大锅饭"。这是一种借喻,而借喻,则可能来自生活中的现实,因为从前有真正的大锅饭。

唐朝封演《封氏闻见记》云:"青州城南佛寺中,有古铁锅二口,大者四十石,小者三十石,制作精巧。又有一釜,可受七八石,似瓮而有耳。相传是孟尝君家宅,锅釜皆是孟尝君之器也。"一石等于10斗,一斗等于10升,则孟尝君家的锅、釜大到什么程度可想而知了。无独有偶,钱泳《履园丛话》有一则"秦桧铁锅",云:"浙江藩署,南宋秘书省也。著作郎石待问尝书'蓬峦'额于省中。谢蕴山先生为方伯时,命余亦书此二字,以名其轩。轩前有大铁锅一具,可煮五石米饭。相传为秦桧之家中旧物也。"无独不仅有偶,而且有三。张岱《西湖梦寻》之"灵隐寺"条同样谈到了大锅,但这回不是铁的,而是铜的。说杭州灵隐寺屡毁屡建,崇祯十三年(1640)再毁之后,张岱的族弟具和尚主持复建。尽管"查如通旧籍,所费八万,今计工料当倍之",然具和尚"惨淡经营,咄嗟立办。其因缘之大,恐莲池金粟所不能逮也"。有一年,具体说是

1657年,张岱到灵隐寺看了一回,"大殿、方丈尚未起工",不过,"客房僧舍,百什余间,桌几藤床,铺陈器皿,皆不移而具。香积厨中,初铸三大铜锅,锅中煮米三担,可食千人"。

这几处记载,都是"明"讲大锅,显然还会有"暗"的。比如水泊梁山,应该会吃"小灶"的一百单八将之外,那么多喽啰吃饭,不可能没有大锅。萧兵先生前几年有一篇给梁山泊算笔经济账的文章,读来非常有意思。他照《水浒传》里的情节描写,认真计算了梁山的人口,以及其支出——猛吃猛喝的日常生活,收入——主要是出山抢掠,如攻打祝家庄、曾头市等;然后结合宋代的农业生产水平,按正常年景、最高产量、最低消耗和赋役,亦即最理想情况进行理论计算,认为梁山决难长久支撑,梁山经济不但是"强盗经济",还是一种乐园经济、幻想经济,它要建构的是有中国特色的乌托邦,整个水泊就是一种半幻想、半现实、平均主义加平等主义的小乐园。那么,梁山上的生活,实际上已对后世推崇的貌似美妙的"大锅饭"的预演,可惜没有为后人吸取教训就是。

战国时的孟尝君以"养士"而著称,门客三千,即便鸡鸣狗盗之徒,也来者不拒。那么多人要吃饭,家里须备大锅、大釜,逻辑上是成立的。在灵隐寺那里,具和尚曾指着铜锅告诉张岱:"此弟十余年来所挣家计也。饭僧之众,亦诸刹所无。"吃饭的人多,自然需要相应的家什。秦桧家里要能煮五石米大的锅干什么?不得而知。陆游《老学庵笔记》云,秦桧当朝时,"意欲搏击者",叫儿子秦熺先"于经筵侍对时论之",而"经筵退,弹文即上",一唱一和,真的是"打仗亲兄弟、上阵父子兵"。不仅如此,职司监察的台谏也完全是他手中的玩物,他对谁不满意,指使台谏去弹击谁,台谏无不从命,弄得他们"非诵桧之功德,则訐人语言以中伤善类。欲有言者恐触忌讳,畏言国事",一定要说点儿什么,则"仅论销金铺翠、乞禁鹿胎冠子之类,以塞责而已"。在这样的朝政背景下,他家里备一口可以供那么多人吃饭的大锅干什么用呢?深究下去,可能会发现点儿别的什么。

孟尝君是田齐宗室贵族,他们家有足够的财力养活那么多吃闲饭、吃大锅饭的人。张岱说,他那次去灵隐寺,"饭后出寺门,见有千余人蜂拥而来,肩上担米,顷刻上禀,斗斛无声,忽然竟去"。他问具和尚,和尚说:"此丹阳施主某,岁致米五百担,水脚挑钱,纤悉自备,不许饮常住勺水,七年于此矣。"由此也可见具和尚果然因缘不小。据说,灵隐寺正是经具和尚整顿而积弊尽除,古风重振,当时皆称为"东南第一山"。不妨做个猜想,倘若秦桧家的确有那么多的人吃饭,每天所消耗的粮食该是怎样供给的呢?自掏腰包,还是他人孝敬?

封演还说:"孟尝君门客三千人,当时应有此器;然至今千余岁,累经丧乱,何能使兹二器,如甘棠之勿翦乎?或恐传者之妄。"这是对大锅这种"文物"本身的否定,同理不难推证其他。那么,古人好像也懂得用这种貌似"文化"的东西来作为眼球经济,或者,今人对这类非驴非马的东西贩卖得如此起劲,正是骨子里承继下来的文化基因了。而"自齐王毁废孟尝君,诸客皆去",所以东山再起之后,孟尝君很有感慨,他对迎接他的冯谖说:"文常好客,遇客无所敢失,食客三千有馀人,先生所知也。客见文一日废,皆背文而去,莫顾文者。今赖先生得复其位,客亦有何面目复见文乎?如复见文者,必唾其面而大辱之。"尽管冯谖劝他不必,但大锅饭的恶果无疑当时即已显现。

饭局

新近读了薛林荣先生《鲁迅的饭局》,以为视角相当独特。作者以鲁迅流水账式的日记为线索,筛选了自1912年到北京直到1936年在上海去世的24年里,鲁迅所参加的重要饭局。日记尽管只是寥寥几笔,饭局什么时间,在哪,在座谁人,但作者结合史料,描述出鲁迅的文人交往、生活概况、创作心理等。

"饭局"一词,接替董卿主持中国诗词大会而走红的央视主持人龙洋拍了个小视频,说起源于宋朝,"局"是下棋术语,后来衍生出局势、圈套的意思;饭和局的组合,是宋代文人对汉语的一大创新云云。不知这些说法是她从百度来的,还是百度因为她这一说而生成了词条。迄今为止,我还没有看到"饭局"的原始出处,只有姑妄听之了。饭局,其实就是从前宴会或聚餐的说法,每天、每时、每地都有。对酒囊饭袋来说,吃完了,抹抹嘴大抵就了事了。而纵观历史,不少惊心动魄的事件都是在饭局上发生的。渑池会,因为蔺相如的存在,"秦王竟酒,终不能加胜于赵";还有项羽的鸿门宴、赵匡胤的杯酒释兵权等。

寻常的饭局,自然也有不同的功效。《唐摭言》云,文宗大和二年(828),崔郾授命"于东都(洛阳)试举人,三署公卿皆祖于长乐传舍,冠盖之盛,罕有加也"。就在饯送的饭局上,名士吴武陵向崔郾推荐了杜牧。他说,之前"偶见太学生十数辈,扬眉抵掌,读一卷文书,就而观之",原来是杜牧的《阿房宫赋》;"侍郎官重,必恐未暇披览",于是他当众朗读了一遍,令"郾大奇之"。吴武陵请求把杜牧录为状元,崔郾说已有人选。吴武陵又说那最差也得给个第五,"不尔,即请此赋",把这篇文章还给我。这一年,杜牧果然中的是一甲第五名。杜牧可谓因饭局见知。

唐朝进士放榜后,饭局名目繁多,到了眼花缭乱的程度。《唐摭言》列举了一下,有大相识、次相识、小相识、闻喜、樱桃、月灯、打球、牡丹、看佛牙、关宴等。最重要的是曲江宴、杏林探花宴。举曲江宴而言,起自中宗,玄宗时大盛。德宗时白居易进士及第,也还热闹非凡,"去岁欢游何处去,曲江西岸杏园东。花下忘归因美景,樽前劝酒是春风"云云,时隔一载,香山居士对当初的情形仍然念念不忘。不过,这些饭局渐渐都变了味儿,至于"仆马豪华,宴游崇侈"。所以僖宗乾符二年(875)下诏:"近年以来,浇风大扇,一春所费,万馀贯钱。况在麻衣,从何而出?"并明确了相应的限制措施,人均消费封顶,限制出席人数。

有趣的是,唐朝落第举子也有相应的公私饭局。曲江宴原本就是为他们预备的。《唐摭言》引《国史补》云:"曲江大会比为下第举人,其筵席简率,器皿皆隔山抛之,属比之席地幕天,殆不相远。"饶是简陋,后来也还是为及第者独占,"向之下第举人,不复预矣"。《云仙杂记》云:"进士不第者,亲知供酒肉费,号买春钱。"《北里志》"杨妙儿"条原注云:"京师以宴下第者,谓之'打毷氉'。"毷氉,即烦恼、失意。《国史补》亦云:"不捷而醉饱。"

在美食家那里,饭局既无关荣辱,便每每成为趣事,有时还可以上升到文化。比如宋朝林洪《山家清供》中就有颇多饭局,涉及了当时的一百多种食物,且每在谈论饮食之余谈论相关的诗词曲赋。如"素蒸鸭"条云，郑馀庆"召亲朋食"，当众吩咐家人："烂煮去毛，勿拗折项。"别把脖子掰断了，亲朋一想这不是鹅就是鸭呀。等了半天，端上来的却是"各蒸葫芦一枚耳"。岳飞孙子岳珂有《书食品付庖者》诗，"动指不须占染鼎，去毛切莫拗蒸壶"云云，令林洪慨叹，其出身功勋显赫的世家，居然也知道蒸葫芦这道菜啊。又，"银丝供"条云，张镃张罗的饭局，"数杯后，命左右作银丝供，且戒之曰：'调和教好，又要有真味。'"客人想，这道菜应该关联切细的肉。也是等了半天，却"出琴一张，请琴师弹《离骚》一曲"，大家恍然大悟，银丝原来指的是琴弦。林洪指出，"调和教好"说的是调弦，"要有真味"，取的是陶渊明"琴书中有真味"之意。张镃的曾祖是名臣张俊，林洪又有感想了：中兴功勋的后代而能知此"真味"，贤人啊。

《山家清供》还有一些条目，则有借饭局对官员作风褒贬的意味在内了。如"玉井饭"条，云章鉴位高权重，"尤喜延客"，不过，食材大多不去市场中购买，"恐旁缘而扰人"。章鉴为政清廉，为人宽厚，士大夫目为"满朝欢"，于此细节可窥一斑。而"如荠菜"条中的刘彝就不是这样，参加的饭局"必欲主人设苦荬（即苦菜）"。到了狄青那里，"边郡难以时置"，有一回刘彝看到没有，竟然破口大骂，而狄青"声色不动，仍以先生呼之"。同在饭局中的韩琦看出狄青"真将相器"，当然他也能看清刘彝。

鲁迅的饭局中，碗里盛的是独特的社交文化，也成就了不少文坛嘉话。如支持叶紫、萧军、萧红成立"奴隶社"，与郑振铎合作出版《北平笺谱》《十竹斋笺谱》。尤其是，1932年10月12日，"达夫赏饭，闲人打油，偷得半联，凑成一律以请"，就是含有"横眉冷对千夫指，俯首甘为孺子牛"在内的鲁迅名篇：《自嘲》。

公筷

广州人在酒楼里吃东西,很早就已经使用公筷,也就是往自己碗里夹的和往自己嘴里送的筷子,是两副,前一个即公筷。公者,区别于后者的"私"用吧。

筷子,是国人再熟悉不过的东西,一日三餐,不可或缺,具有鲜明的中国特色。如果"老外"会使用筷子,不啻热爱中国文化的一个举动。筷子从前叫箸。《荀子·解蔽篇》云:"从山下望木者,十仞之木若箸。"今天的高速公路两侧——至少在去粤东的路上,每能见到笔直的成片桉树,情景应该相去不远。当然,荀子这里是打个比方,他要说的是"求箸者不上折也,高蔽其长也"。

筷子作为国人吃饭时的用具,桌上有之,实在寻常不过,但在某些或曰个别时候,吃饭预备筷子与否却是一种信号。《汉书·周亚夫传》载,汉景帝"召亚夫赐食。独置大胾,无切肉,又不置箸。亚夫心不平,顾谓尚席取箸"。尚席,即宴席的操办负责人。景帝看见了,笑曰:"此非不足君所乎?"请人家吃饭,肉都不切开不说,还不备筷子,又要笑人家索要筷子,显见景帝有刻意的因素。对此,后人是这样解读的。如三国时魏人孟康曰:"设胾无箸者,此非不足满于君所乎?嫌恨之也。"同时期的如淳不同意这种说法,认为"非故不足君之食具,偶失之也",漏了而已。唐人颜师古则曰:"孟说近之。帝言赐君食而不设箸,此由我意于君有不足乎?"从周亚夫后面的结局看,确是景帝有意为之。"居无何,亚夫子为父买工官尚方甲楯五百被可以葬者。取庸苦之,不与钱。庸知其盗买县官器,怨而上变告子,事连污亚夫",就是这么一件事,周亚夫被安了个要造反的罪名。亚夫辩解:"臣所买器,乃葬器也,何谓反乎?"办案人反诘:"君纵不欲反地上,即欲反地下耳。"

应当承认,前人普遍不大重视筷头上的清洁。《清稗类钞》有"饮食之卫生"条,讲的不是食物以及用餐时的干净与否,而是"当珍馐在前,则努力加餐,不问其肠胃胜任与否,而惟快一时之食欲",但"人身所需之滋养料,亦甚有限,如其量以予之,斯为适当。若过多,徒积滞于肠胃之间,必至腐蚀而后已"。所以,它讲的主要是"食时之方法",如"凡遇愤怒或忧郁时,皆不宜食""食时宜从容不迫,午餐、晚餐之前,必休息五分时,餐后至少休息十分"云云。而一些人群中很早便有了公筷意识并见之于行动,也是事实。

南宋范成大《桂海虞衡志》讲到"自杞"这个族群,"性好洁,数人共饭,一盘中植一匕,置杯水其旁,少长共匕而食"。吃的时候呢,"探匕于水,钞饭一哺放,抟之拌,令圆净,始加之匕上,跃以入口,盖不欲污匕妨他人"。这里的"匕",古代即指勺、匙之类的取食用具。《三国志·蜀书·先主传》载,曹操跟刘备说"今天下英雄,唯使君与操耳",结果"先主方食,失匕箸",就是把勺子和筷子都给吓掉了。《华阳国志》打圆场说"于时正当雷震",并不是曹操的话的缘故。显然,自杞族群的人就有"公筷"意识,知道把匕涮一涮再给别人用,干净。

明朝田汝成《西湖游览志》云,宋高宗赵构在得寿宫,"每进膳,必置匙筯(同"箸")两副,食前多品,择其欲食者,以别筯取置一器中,食之必尽,饭则以别匙减而后食"。皇后曾经问他为什么这么做,他说:"不欲以残食与宫人食也。"这意味着,赵构吃饭前都准备两副勺子和筷子,先用"公筷"及"公匙"将食物取置到自己的容器中,再用另一副筷匙食用。这里,公筷的运用已然相当明显了。

清朝有识之士认为:"欧美各国及日本之会食也,不论常餐盛宴,一切食品,人各一器。我国则大众杂坐,置食品于案之中央,争以箸就而攫之,夹涎入馔,不洁已甚。"因此,公筷在一些地方出现,已成必然。《清稗类钞》中至少有这样两则。其一,光、宣间之筵席,"颇有以风尚奢侈,物价腾踊,而于宴客一事,欲求其节费而卫生者。则一汤四肴,荤素参半。汤肴置于案之中央,如旧式……惟案之中央,必有公碗公箸以取汤取肴。食时,则用私碗私箸,自清洁矣"。其二,无锡胡彬夏女士"以尝游学于美,习西餐,知我国宴会之肴馔过多,有妨卫生,且不清洁而糜金钱也,乃自出心裁,别创一例",她的方法是,"食器宜整齐雅洁,案上有布覆之。每座前,杯一,箸二,碟三(一置匙,一置酱油,一置醋),匙三(以一置碟中),巾一(食时铺于身,以防秽且拭口)。凡各器,食时宜易四次"。

筷子从前叫箸,但"箸"在什么时候成了"筷子"?不大清楚,原因则可能是因为忌讳。《菽园杂记》云:"民间俗讳,各处有之,而吴中为甚。"且举例说明,如舟行讳"住"、讳"翻",以"箸"为"快儿","幡布"为"抹布";讳"离散",以"梨"为"圆果","伞"为"竖笠"等。但他认为"此皆俚俗可笑处",则是漠视人们的文化心理了。另,其"吴中为甚"亦不知依据为何,广州这方面俗讳就很多,"肝"讳为"润","舌"讳为"脷","空"因为与"凶"同音而讳为"吉",数不胜数。

公筷的历史就是这样有趣,余所见些许,识者可续补之。

舌尖上的浪费

俗话说:"民以食为天。""人是铁,饭是钢。一顿不吃饿得慌。"但是怎么个吃法,吃到什么程度,也就是如何抑制不合理消费需求,是当前摆在举国上下的一个迫切需要解决的问题。"舌尖上的浪费",早到了触目惊心的程度。

怎么个吃法?前人是有教诲的。《老子》云:"五色令人目盲,五音令人耳聋,五味令人口爽。"所以,"圣人为腹不为目,故去彼取此"。对"为腹不为目",魏晋时王弼释曰:"为腹者,以物养己;为目者,以物役己。"也就是说,"为腹"简单清静,"为目"则巧伪多欲,后果是"目盲、耳聋、口爽"。这里的口爽不是吃得开心,而是口病;爽,引申为伤。所以陈鼓应先生这样翻译《老子》的话:缤纷的色彩使人眼花缭乱,纷杂的音调使人听觉不敏,饮食餍饫会使人舌不知味。因此,圣人但求安饱而不逐声色之娱,能摒弃物欲的诱惑而保持安足的生活。

老子所指出的物欲文明生活的弊害,可能是目击了当时上层社会的生活形态吧。在他看来,只求动物性的满足与发泄,会产生自我疏离,而心灵日愈空虚。这种观点已有舌尖上不要浪费的寓意,只是比较隐晦。"锄禾日当午,汗滴禾下土。谁知盘中餐,粒粒皆辛苦。""一粥一饭,当思来之不易;半丝半缕,恒念物力维艰。"诸如此类，后人的提炼更直接得多、精辟得多，阐述的都是素朴道理：应该珍惜每一粒粮食、尊重农民的劳动。东晋陶侃还付诸了行动。《晋书》载，陶侃"尝出游，见人持一把未熟稻"，就问那人拿它干吗，那人说不干什么，路上看见了，"聊取之耳"。陶侃大怒："汝既不田，而戏贼人稻！"说罢"执而鞭之"，把那个自己不耕种却又祸害粮食的无聊家伙打了一顿。

历史上，舌尖上的浪费并不罕见。权贵就不用说了，晋朝有几个不是早被钉上了耻辱柱吗？《晋书·何曾传》载，何曾"性奢豪，务在华侈。帷帐车服，穷极绮丽，厨膳滋味，过于王者"，每次参加皇宫的宴会，至于"不食太官所设"。有回皇帝专门看了个究竟，发现何曾"蒸饼上不坼作十字（意谓不裂开作十字形）不食"。他最臭名昭著的，就是"食日万钱，犹曰无下箸处"。他儿子何劭，"骄奢简贵，亦有父风"。举舌尖上来说，何劭"食必尽四方珍异，一日之供以钱二万为限。时论以为太官御膳，无以加之"。而读罢《晋书·任恺传》可以发现，"何劭以公子奢侈，每食必尽四方珍馔，恺乃逾之"，跟任恺相比，何劭又不算什么了。并且，无独有偶，任恺也是"一食万钱，犹云无可下箸处"。

清朝乾隆时进士、广东海康人陈昌齐说过："人必须节俭，然后可以立品。"节俭，自然不是专指某个方面，自然包括舌尖上。陈昌齐说"人"而不是说"官"，可见他眼中之"品"，不是官品而是人品。节俭与否的确可以上升到人品的高度，尤其是在对待公款消费的态度上。陈其元《庸闲斋笔记》说自己"历官亦三十年矣，每见俭朴者，子弟类能自立；奢汰者，子孙无不贫穷。所谓'以身教者从，以言教者讼'也"。

单就"舌尖上"而言，清朝著名美食大师袁枚《随园食单·戒单》中的两则议论，既生动有趣，又颇多教益，读来亦有解颐之效。

一是要"戒耳餐",二是要"戒目食"。什么是耳餐? 袁枚这么说的:"耳餐者,务名之谓也。贪贵物之名,夸敬客之意。"如果片面追求所吃东西的名声,那就是给耳朵"吃"的,不是给嘴巴吃的。什么又是目食呢?"贪多之谓也,今人慕'食前方丈'之名,多盘叠碗"。食前方丈,即吃饭时面前一丈见方的地方摆满了食物,形容吃的阔气或极其奢华。不过这样一来,吃东西又变成给眼睛看的了。

所以说袁枚讲得生动有趣,在于由此进行的发挥。如耳餐,他说"豆腐得味,远胜燕窝。海菜不佳,不如蔬笋"。他把鸡、猪、鱼、鸭比作"豪杰之士",因为它们"各有本味,自成一家。海参、燕窝,庸陋之人也,全无性情,寄人篱下"。有次某太守宴客,"大碗如缸,白煮燕窝四两,丝毫无味",大家都赞叹不已,独袁枚笑曰:"我辈来吃燕窝,非来贩燕窝也。"他觉得"若徒夸体面,不如碗中竟放明珠百粒,则价值万金矣"。再如目食,他打比方说:"名手写字,多则必有败笔;名人作诗,烦则必有累句。"对名厨而言,虽然极尽心力,"一日之中,所作好菜不过四五味耳,尚难拿准,况拉杂横陈乎?"就算有人帮厨,"亦各有意见,全无纪律,愈多愈坏"。他说曾到一商家赴宴,"上菜三撤席(换席三次),点心十六道,共算食品将至四十余种。主人自觉欣欣得意,而我散席还家,仍煮粥充饥。可想见其席之丰而不洁矣"。酒席虽然丰盛,但品位不高。南朝孔琳之云:"今人好用多品,适口之外,皆为悦目之资。"袁枚则认为"肴馔横陈,熏蒸腥秽,目亦无可悦也"。

尽管我国粮食生产连年丰收,对粮食安全还是始终要有危机意识,今年(2020)全球新冠肺炎疫情所带来的影响更是给我们敲响了警钟。舌尖上浪费的成因,正有袁枚所讥"耳餐""目食"的因素,尤其后者,从观念上、心理上戒除之,舌尖上的浪费庶几才能得到有效遏制。

蒸笼·甑

每天午间徒步经过的珠江新城过街通道中,都能见到那几个摆摊的小贩。其中一个卖的大宗货品,居然是麻制的"蒸笼布"。有趣。小贩的嗅觉显然是灵敏的,嗅到了如今许多人仍然有自己蒸食的习惯。蒸笼布,就是蒸馒头、包子等的屉布嘛。

炒爆熘炸煎,焖炖蒸氽煮。所谓蒸食,我们传统烹饪方式的一种,利用水蒸气的热力原理进行加工。如今的蒸笼,从前叫甑。《周礼》对甑有粗略介绍,"实二鬴(锅),厚半寸,唇(边缘)寸,七穿"云云。穿了七个孔,正为能"升气于上"。前人很早就用甑了,属于新石器时期的西安半坡遗址便出土了陶甑。首部陕西美食纪录片《秦味儿》云,甑糕这种关中传统早点,其制作方式和半坡社会中以陶甑的烹饪方式如出一辙。秦末项羽救巨鹿,有"破釜沉舟"的著名故事,实际上项军砸的还有甑。《史记·项羽本纪》载:"项羽乃悉引兵渡河,皆沈船,破釜甑,烧庐舍,持三日粮,以示士卒必死,无一还心。"

陶制之外,甑也有其他材质,如青铜。殷墟妇好墓出土了青铜三联甗和汽注甑形器,前者即由一件长方形甗架和三件大甑组成。主持该墓发掘的郑振香先生认为,三联甗"可以同时蒸熟三种相同或不同的食物,且可以搬动,室内室外都可使用",而汽注甑形器,相当于云南仍在使用的汽锅,用来蒸鸡已成当地美食的一大特色。典籍中,蒸猪则比较常见。如《孟子·滕文公下》云:"阳货瞰孔子之亡也,而馈孔子蒸豚;孔子亦瞰其亡也,而往拜之。"阳货探听到孔子外出了,就给他送去一头蒸小猪;孔子如法炮制,探听到阳货不在家才去答谢。阳货要不要花招不去管他,蒸豚,怕是当时的美食吧。又如《世说新语·任诞》云:"阮籍当葬母,蒸一肥豚,饮酒二斗,然后临诀。"不过,清人李慈铭不相信阮籍曾有此举,认为临葬母而饮酒烹豚,"天地不容,古所未有",这是在"妄诬先达"。余嘉锡先生则指出:"居丧而饮酒食肉,起于后汉之戴良。"概《后汉书·戴良传》载,戴良母卒,"兄伯鸾居庐啜粥,非礼不行,良独食肉饮酒,哀至乃哭"。

熟悉《西游记》故事的人都知道,但凡打唐僧主意的那些妖怪,捉到之后大抵都要把他蒸了吃。吴承恩落笔之时,未知是否受春秋时厨师易牙故事的启发,就是《韩非子·七柄》中,"桓公好味,易牙蒸其子首而进之"指的那件事。《吕氏春秋·知接》早就说了,管仲病重,齐桓公去探望,咨询贵体一旦不测,有什么人能接替他。管仲首先说得远离易牙这些人。桓公不解:"易牙烹其子犹尚可疑邪?"他把儿子都给我蒸吃了,还不算忠心耿耿吗?管仲说:"人之情,非不爱其子也,其子之忍,又将何有于君?"他连自己儿子都可以杀掉,何能有爱于君!易牙如此丧失人性,是因为齐桓公什么东西都吃腻了,易牙给他尝鲜。而众所周知,妖怪们吃唐僧,目的是想长生不老,《西游记》里唐僧因此屡屡遇险。

如第四十一回,牛魔王儿子红孩儿"把三藏拿到洞中,选剥了衣服,四马攒蹄捆在后院,着小妖打干净水刷洗,要上笼蒸吃哩"。如第七十一回在盘丝洞,听到蜘蛛精说"我们洗了澡,来蒸那胖和尚吃去",行者暗笑道:"这怪物好没算计,煮还省些柴,怎么转要蒸了吃？"要说最有趣的一次，当推第七十七回。三魔捉住师徒四个后，老魔叫："小的们，着五个打水，七个刷锅，十个烧火，二十个抬出铁笼来，把那四个和尚蒸熟，我兄弟们受用；各散一块儿与小的们吃，也教他个个长生。"二怪说："猪八戒不好蒸。"八戒听到，还欢喜地道了声"阿弥陀佛"，不料听三怪说到"不好蒸，剥了皮蒸"，旋又垂头丧气。老怪说："不好蒸的，安在底下一格。"悟空听到，还对两个命悬一线的师弟打趣三魔"是雏儿，不是把势"一番。当众妖一齐上手，"将八戒抬在底下一格，沙僧抬在二格"，要来抬悟空的时候，他变了个假的给他们抬，"将真身出神，跳在半空里，低头看着"，看他们"把个假行者抬在上三格；才将唐僧揪翻倒捆住，抬上第四格"。透过文字想象悟空的那副顽皮相，真让人忍俊不禁。到妖精们点火了，他搬出了北海龙王，"将身变作一阵冷风，吹入锅下，盘旋围护，更没火气烧锅，他三人方不损命"。

  成语有"甑尘釜鱼"，形容家贫断炊已久。字面上也能看出这层意思，蒸锅里积满尘土了，炒菜锅里都能养鱼了，那得多久没使用了。但它也可以喻义一种气节。《后汉书·独行列传》载范冉"遭党人禁锢"之后，"推鹿车，载妻子，捃拾自资。或寓息客庐，或依宿树荫。如此十余年，乃结草室而居焉。所止单陋，有时粮粒尽，穷居自若，言貌无改"，闾里因之歌曰："甑中生尘范史云，釜中生鱼范莱芜。"范冉字史云，桓帝曾以之为莱芜长。甑堕，则有破败之谓，典出《后汉书·郭太传》。孟敏客居太原，"荷甑堕地，不顾而去。林宗（太字）见而问其意"。孟敏回答："甑以破矣，视之何益？"这句带有禅机的话，令郭林宗非常惊异，"因劝令游学"。这个甑，估计也是陶制的吧。陆游《书逆旅壁》诗，有"功名已甑堕，身世真瓦裂"句，更有点破的意味。诸如此类，算是由甑引发的社会学意义了。

初来广州时,每见馒头、包子的底部有一张纸,一不留神能吃进去,那该是不谙蒸面食的老广的改良了。蒸笼布,本也。如今有了市场,不知是老广渐渐认识到了,还是外地人来得多了,还在恪守传统的缘故。

能吃

《南方都市报》不久前(2006)报道,广州市有一家"八碗"餐馆,在那里,谁要是能在25分钟内吃完餐馆提供的八碗肉末米饭,这一桌就可以免费白吃。免费的事情是不可能"得来全不费功夫"的,那家餐馆正是如此。人家那八碗饭,三两一碗,三八二十四,二斤四两,了解了规则,一般人恐怕会吓得连试都不敢去试。

现代人讲究养生,除非是花样百出的"大胃王"比赛,要争个什么冠军,否则很少有这么拼命吃东西的了。不过,古人的胃口好像天生都特别大,比如梁山好汉动辄论碗喝酒、论斤吃肉、论升吃饭。李逵被李鬼打劫之后,"正肚中饿出鸟来",却"不见有一个酒店饭店",好不容易发现两间草屋,恰又是李鬼家——当然这是后来才知道的。进屋时,他央李鬼的老婆做饭,"多做些个"。妇人问:"做一升米不少么?"李逵道:"做三升米饭来。"在文学作品之外,历史上也有好多按当时标准饭量极大的人,举几个清朝的例子。《庸闲斋笔记》云,闽浙总督孙尔准"身肥大,健啖,食鸡子(鸡蛋)及馒首(馒头)可逾一百"。有一次他到泉州府阅兵,泉州太守崇福给他预备了"馒首百,卷蒸百,一品锅内双鸡、双鸭",结果孙尔准都吃掉了,吃得很满意,告诉别人说:"我阅兵两省,惟至泉州乃得一饱耳。"那意思，其他地方算是怠慢他了。

《归田琐记》云，清初有个叫施健庵的，在京师数十年，饭量"无能与之对垒者"。施健庵告老还乡时，门生们摆下酒席，除了欢送还有一个目的：看先生到底能吃多少。到那天，门生们在他身后特地"安一空腹铜人"以试深浅，先生喝一杯，他们就往铜人里倒一杯，"以至肴胾羹汤皆然"。结果呢？"铜腹因满而倒换者再，而先生健啖自若也"。真人和假人，在"胃"容量上当然没有可比性，但"铜腹"装满了两次，而施健庵还在吃，这个人若是今天在世，想来会吃垮"八碗"餐馆的。

《竹叶亭杂记》云曹秀先也特别能吃，人家说他的"肚皮宽松，折一二叠以带束之，饱则以次放折"——倒像是今天的一种行李袋，需要的时候就把底部的几道拉链拉开，拉开一道，袋子便大不少。曹秀先能吃又到什么程度？"每赐食肉，王公大臣人携一羊乌叉（即羊尾骨，也有说塞给他的是羊腿），皆以遗文恪（秀先谥），轿仓为之满"。曹秀先"坐轿中，取置扶手上，以刀片而食之，至家，轿仓中之肉以尽矣"，潇洒得很。还有一个叫达香圃的，人极儒雅，也特别能吃，尤其是"食时见肉至，则喉中有声，如猫之见鼠者又加厉焉"，那份高兴得要抢的劲头，令"与同食者皆不敢下箸"。

宋朝张齐贤不仅饭量大，肉吃得多，而且连药都吃得多。常人吃风药黑神丸（据说是东京汴梁的佛寺天寿院所制名品，用于祛风活血、疏通经络）"不过一弹丸"，张齐贤"常以五七两为一大剂，夹以胡饼而顿食之"。后来，张齐贤罢相知安州，那地方比较偏僻，"见公滔饮不类常人，举郡惊骇"，人们甚至认为："享富贵者，必有异于人也。"欧阳修也认同这一观点，他说晏殊正是这样一个异人。但清瘦如削的晏殊不是吃得太多，而是吃得太少，"每析半饼,以箸卷之,抽去其箸,内捻头一茎而食"。

隋初贺若弼因为对职位的安排不满意,"甚不平,形于言色",却又不敢对皇帝发火,就拿认为占了他位置的当朝宰相高颎、杨素出气,说他俩"惟堪唉饭耳",就知道吃。至于文帝杨坚在他获罪之后问他,这么说人家"是何意也?"只知道吃,属于"饭袋",除了留下笑料不会有别的什么,那位能吃的施健庵先生则别有声名。他家的藏书楼取名"传是楼",大家都不明白是什么意思,原来,他是鉴于传子孙以"土田货财",子孙"未必能世富";传"金玉珍玩、鼎彝尊罍",又"未必能世宝";传"园池亭榭、歌舞舆马",子孙"未必能世享娱乐",乃指着书欣然笑曰:"所传者惟是矣。"乾隆十八年(1753),京师附近闹蝗灾,能吃的曹秀先出了个主意:"请御制文以祭,举蜡礼(年终大祭);州县募捕蝗,毋(只)借胥吏。"乾隆没有答应,他说:"蝗害稼,惟实力捕治,此人事所可尽。若欲假文辞以期感格,如韩愈祭鳄鱼,鳄鱼远徙与否,究亦无稽。朕非有泰山北斗之文笔,好名无实,深所弗取。"于是,除了前面两项,"余如所请"。应该说,曹秀先不是不明白乾隆说的这番道理,而是拍马屁而没有拍到点上罢了。

《食色绅言》云,吃得多的人"有五苦患:一者大便数,二者小便数,三者饶睡眠,四者身重不堪修业,五者多患食不消化"。拉得多,睡得又多,干不了什么事,还容易得病,实在没有益处。当然,吃多吃少,全靠个人自己来把握,商家是不会从健康角度考虑那么多的。

饕餮

张艺谋电影新作《长城》我还没有看,看过的人说,影片对弘扬中国传统文化颇有贡献,因为除了不断强调火药、指南针都是咱们发明的之外,还普及了传统怪兽"饕餮",把它打扮漂漂亮亮,奉到观众的面前。这是张艺谋的首部英文片,也是好莱坞牵手中国制作的最大规模的合拍片,以及马特·达蒙的首部亚洲题材电影,至于斥资1.5亿美金、夺了迄今为止国产电影成本之最什么的,都不值一提,值得一提的是这些前提注定《长城》将走出国门,进入世界观众的视野,饕餮这一我们的文化符号终于有了展示自己的机会,况且,比他们电影里那些后来才问世的哥斯拉、金刚、异形等等,饕餮的历史要悠久得多。

包括我们的前人在内,当然也从没有谁见过饕餮,这个神话传说中的怪兽究竟是什么,不要说以前搞不清,以后可能也是同样。如今对饕餮的认知,也只有来自前人的口耳相传和文字描述。《神异经·西南荒经》这么说的:"西南方有人焉,身多毛,头上戴豕,贪如狼恶,好自积财,而不食人谷,强者夺老弱者,畏群而击单,名曰饕餮。"视之为恃强凌弱的贪残怪物。《左传·文公十八年》又是这么说的:"舜臣尧,宾于四门,流四凶族浑敦、穷奇、梼杌、饕餮,投诸四裔,以御魑魅。"视之为尧舜时流放到四方的四个凶神之一。前三凶分别是帝鸿氏、少暤氏、颛顼氏之"不才子",饕餮则归属于缙云氏,同样没什么优点可言,"贪于饮食,冒于货贿,侵欲崇侈,不可盈厌,聚敛积实,不知纪极。不分孤寡,不恤穷匮"。当代陈梦家先生认为饕餮即蚩尤氏,刘持平先生则认为是神农氏。

正如龙、凤凰神话传说中的其他动物一样,惟其无人所见(那些赌咒发誓、言之凿凿、绘声绘色地说"见到过"的排除在外),也留下了大量的想象空间,因而也就不妨碍它拥有自己的形象。商周青铜器上,代表装饰图案最高水平的兽面纹饰,即被称为饕餮纹。现在流通的20元面值人民币纸币,在"中国人民银行"字样背后也饕餮纹。饕餮纹由目纹、鼻纹、眉纹、耳纹、口纹、角纹几个部分组成,面目结构鲜明,营造出了一个神秘的艺术世界。显见那是前人融合自然界虫、鱼、鸟、兽等动物的特征,再加上自己想象而形成的,大约无以名之吧,选中了饕餮。《吕氏春秋·先识》云:"周鼎著饕餮,有首无身,食人未咽,害及其身,以言报更也。"明确鼎上的兽就是饕餮,这段话用来说明恶有恶报,告诫后人"为不善亦然"。邵博《邵氏闻见后录》云,宋哲宗时,他父亲邵伯温"官长安府,于西城汉高祖庙前卖汤饼民家,得一白玉奁,高尺余,遍刻云气龙凤,盖为海中神山,足为饕餮,实三代宝器"。这样看来,饕餮形象不仅可以用于纹饰,还可以支撑重器。可惜的是这件出土文物上交之后,被视为"墟墓之物,不可进御,当籍收官库";到徽宗时,"先人再官长安,问之,已失所在矣",可能给谁偷偷地据为己有了。

饕餮的最大特点,众所周知是特别贪吃、能吃,饕餮纹很多时候表现为一个大头和一个大嘴,传说它贪吃到把自己的身体都吃光了。苏东坡有一篇《老饕赋》,以饕寓人。其实如果按照杜预

"贪财为饕,贪食为餮"的说法,本篇该名《老饕赋》才对。东坡爱吃、贪吃是很有名的,"东坡肉""东坡肘子",以他的号命名的菜肴今天也还风行,赋中的老饕很可能是夫子自道。"水欲新而釜欲洁,火恶陈而薪恶劳",不要说水和锅了,连烧火和柴火都很有讲究;至于"九蒸暴而日燠,百上下而汤鏖。尝项上之一脔,嚼霜前之两螯。烂樱珠之煎蜜,滃杏酪之蒸羔。蛤半熟而含酒,蟹微生而带糟"云云,读来都难免吞咽口水。老饕只是贪吃、能吃,未必有"食不厌精、脍不厌细"的讲究,这一串华丽文字,应该是作为美食家的苏东坡借赋饕餮为名所升华出来的理想生活吧。

因为饕餮贪吃、能吃,后来又逐渐演变成了贪得无厌的代名词。《旧唐书·刘蕡传》载,刘蕡"切论黄门太横,将危宗社"时有这么一段话,说那些家伙"居上无清惠之政,而有饕餮之害;居下无忠诚之节,而有奸欺之罪。故人之于上也,畏之如豺狼,恶之如仇敌",将横行霸道之人直接与饕餮挂钩,直言"之害"。杜甫《麂》诗云"衣冠兼盗贼,饕餮用斯须",饕餮同样是贬义。前人认为,衣冠乃食肉者,盗贼乃捕兽者,"徇口腹之欲,而戕命于斯须,则衣冠亦等于盗贼矣。此骂世语,亦是醒世语"。这种升华已然超越了生活。

无论饕餮纹代表着什么含义,我倒觉得这个"莫须有"的神秘怪物很有一点儿可爱。如果《长城》能够把饕餮推向世界,算是有"失之东隅,收之桑榆"的意味。因为电影本身甫一亮相,便在影评人和观众、影评人和影评人、观众和观众之间,形成了两极化的口碑,表明电影虽然票房不低,但本身还说不上成功。环球电影娱乐集团主席杰夫·希尔认为,《长城》将会改变中国电影在国际市场上的地位和轨迹。这样的话也不知道发自内心,还是逢场客套。

腹中物

腹者,肚子也。人的腹中装些什么东西,从生理学的意义来说,并没有本质上的不同。但是,倘若从社会学等视角来观察,则是另外一种视野。

北齐徐之才曾在周舍的家里听过一堂《老子》课,他那时只有七八岁,边听边吃。周舍戏之曰:"徐郎不用心思义,而但事食乎?"不料小孩子答道:"盖闻圣人虚其心而实其腹。"圣人的"实腹"是不耻下问,日有所知,并不是果腹层面的"实腹"。徐之才当然理解,但是有意错用,显示出他的机智,结果也令周舍"嗟赏"不已。

生理学意义之外的"腹中物"令人目不暇接。"边氏腹"在今天是学问的代名词。边氏,指东汉边韶。他的学生曾嘲笑他"腹便便",他说"腹便便,五经笥",腹大不假,装的都是学问。《世说新语·排调》云,七月七日古有"曝经书及衣裳"的民俗,郝隆这天则"日中而卧",躺在太阳底下晒肚皮。人家问他怎么回事,他说"我晒书"。像边韶一样,郝隆也自负满腹诗书。《资治通鉴·唐记三十一》载,安禄山特别胖,尤其"腹垂过膝",自称"腹重三百斤"。唐玄宗拿他开玩笑:"此胡腹中何所有?其大乃如此尔!"安禄山答得妙:"更无余物,正有赤心耳!"这么大的一颗"赤心",该是何等忠心耿耿?《明史·轩𫐐传》载,轩𫐐被同僚拉去赴宴,"归抚其腹",说:"此中有赃物也。"轩𫐐知道自己吃的是民脂民膏。这几个人的"腹中物"不就是各具千秋吗?

"腹中物"之因人而异,自然取决于个人的人品、学识以及修养,前提不同,所决定的境界也便不同。轩𫐐能说出腹内有赃物的话,不是偶然的。他与耿九畴俱以清操闻名天下,时人"语廉吏必曰轩、耿"。正统年间,他任浙江按察使,力矫前任的奢汰之风,"寒暑一青布袍,补缀殆遍,居常蔬食,妻子亲操井臼"。他给手下定的规矩是:"三日出俸钱市肉,不得过一斤。"令"僚属多不能堪"。老朋友来了,也是"食惟一豆"。他要是偶尔吃只鸡,"则人惊以为异"。然而,也正是榜样的示范,"时镇守内臣阮随、布政使孙原贞、杭州知府陈复、仁和知县许璞居官皆廉,一方大治"。过了十几年,天顺皇帝还记得他:"昔浙江廉使考满归,行李仅一箧,乃卿耶?"因而轩𫐐之言,发自肺腑,以搜刮为能事的官员岂能产生这样的认识?即使能说出来,充其量也是一时的矫情。

安禄山腹中的"赤心",完全是权一时之需的阿谀逢迎。他"外若痴直,内实狡黠",把部将刘骆谷留在京师,专为刺探"朝廷旨趣",以能"动静皆报之"。为此他每年都把大量的奇禽、异兽、珍玩运往京师,弄得"郡县疲于递运"。一句"赤心",该令玄宗何等欢喜!但是结果呢?正是安禄山发动的"安史之乱"直接导致了大唐的由盛及衰。起兵之后,安禄山自己也会觉得"赤心"有多可笑。相形之下,其"本家"安金藏的"赤心"才货真价实。武则天怀疑儿子也就是皇嗣李旦要谋反,使来俊臣穷鞫其左右。安金藏明白这是欲加之罪,乃"请剖心以明皇嗣不反",言毕即以佩刀自剖其胸,致使"五脏并出,流血被地"。武则天为之感动,叹曰:"吾子……不如尔之忠也。"即令来俊臣停推。安禄山暗藏的实际上是一颗"祸心",别说主动,就是让他剖开也是不敢的。

  《清稗类钞》云,左宗棠体胖腹大,尝于饭后茶余,自捧其腹大笑曰:"将军不负腹,腹亦不负将军。"有天傍晚他问左右,你们知道我肚子里都装些什么吗?有的说"满腹文章",有的说"满腹经纶",有的说"腹中有十万甲兵",更极端的说"腹中包罗万象",什么都装。但左宗棠没一个认可的,"否,否"不绝。忽然有个小校大声曰:"大帅腹中无他物,皆矢耳。"左宗棠高兴了:"斯言近之矣。"话音未落,又有一小校曰:"将军之腹,满贮马绊筋耳。"左宗棠这下拍案大赞了:"是,是。"马上提拔了他。马绊筋,草名,"湘人呼牛所食之草为马绊筋"。而左宗棠"素以牛为能任重致远,尝以己为牵牛星转世",他甚至在"后园凿池其中,而左右各列石人一,肖织女与牛郎状,并立石牛于旁,隐寓自负之意"。

  "书堆至万卷,岂无三千斤。如何腹之藏,重与凡人均。"(袁枚句)多数人皆自诩满腹诗书或希望他人虚誉自己满腹诗书,左宗棠不按牌理出牌,测试出了不少马屁精。由此看来,探究人的"腹中物",是件挺有意思和挺有意义的事,它能够折射出的东西很多,尤其是人的品性。

能喝

能喝酒,在我们中国一些人看来是件很了不起的事情,动辄把"英雄海量"挂在嘴边。海量这个词有两个义项,一是指酒量很大,一指是宽宏的度量。我怀疑缀在"英雄"的后面,本意更应该是指后者。

浏览历史,能喝的也的确不乏。魏晋间"竹林七贤"之一、写过《酒德颂》的刘伶,"常乘鹿车,携一壶酒",甚至"使人荷锸而随之,谓曰'死便埋我'",连最坏的打算都做好了。但对这个"一饮一斛,五升解酲"的人物,明朝崔铣便大不服气,酒到酣处,每每要挖苦他几句:"刘伶能饮几杯酒,也留名姓在人间。"崔铣跟一个食量大得出了名的人打赌,对方吃多少碗饭他就喝多少碗酒,结果硬是让那人服了。这实际上是一种匹夫之能,聊作谈资可也。《玉堂丛语》云,明朝永乐年间交趾(今越南)来了两个贡使,"饮量绝人",状元曾棨主动请缨去较量高低,结果一个通宵下来,令"二使皆醉愧而去"。成祖高兴地夸奖:"不论卿文学,只是酒量岂不作我明状元耶!"曾棨之举,打击了对手的嚣张气焰,给国家争得了荣誉,使百姓看上去总要联想到腐败的觥筹交错,在某些时候某些场合变成完全属于工作需要,意义也不免积极起来。

能喝,姑且认作是英雄吧。有了这个虚拟名号的诱惑,便有了不能而逞能。《归田琐记》云,清朝江南总督松筠赴任途中,一个当官的朋友在自己地头设宴款待他。两个人喝,松筠觉得寂寞,就让朋友找个"知酒趣者"。这朋友已经把上得了台面的部下都喝遍了,"即有之,亦不过数十杯就颓然,求可以陪我两人者,殊不易得"。忽然他想起有个副将还可以,就是职务低了点,松筠倒不嫌弃:"但取能饮,何较官职。"那副将知道上司考验自己,上场之后一声不吭,"一杯复一杯,不敢留涓滴",用松筠的话说,"饮得甚闲雅"。第二天因为风大,朋友劝松筠不要走了,再喝。再找那位副将,然而被告知,副将昨晚回来"即不能言动,今晨已奄逝矣",喝死了!松筠吓得够呛,"草草饭毕,即回舟,冒风解缆去"。这就是说,那副将并非真的"闲雅",而是因为长官意志在硬撑着。说他逞能,不免有失厚道,他要争表现,不能不逞,同时也可能是不敢不逞。至于他后来有没有被算作工伤或追认为烈士,就不得而知了。

  不能,不想逞能,在我们的酒桌上往往并不意味着可以逃脱干系,因为国人还有一个习气,就是使用各种激将法来力劝他人逞能。明太祖朱元璋有天修改了大臣的一篇《秋水赋》,得意之余,想显示一下自己有学问,就请学士们也各写一篇,然后备好酒菜,大家坐下来品评。宋濂的年纪大,喝点酒儿就难受,皇帝可不管那么多,要他"姑试饮之",只好勉强喝了一杯。未几,又要他门前清,宋濂受不了,"再起固辞"。朱元璋就笑他,一杯酒能叫你趴下吗?宋濂鼓起勇气把杯子送到嘴边,还是"瑟缩者三"。朱元璋又激一句:"男子何不慷慨为?"不喝了这杯,连男人也不算了。没办法,宋濂"勉强一吸至尽",这下可不得了,不仅"颜面变报,顿觉精神遐漂,若行浮云中",而且"下笔字不成行列"。关于皇帝劝酒,还有一则趣事。在南宋孝宗之前,皇帝请客,大概酒杯是不洗的,大家可以在一个杯子里你一口我一口,事见《四朝闻见录》。孝宗赐宴,"丞相王淮涕流于酒,已则复缩涕入鼻",这一流一吸,给吴琚兄弟看见了,接过王淮的杯子觉得恶心,孝宗"见其饮酒辄有难色,微扣左右知其故",乃"有诏涤爵"。

不吃劝的人总是有的,取决于人的地位或性格。宋宁宗让随从扛一块牌子,上书"少饮酒,怕吐",开宗明义,走到哪都先把牌子一亮,谁要是来套近乎,也不用多说,"指屏以示之"。王安石也不吃劝。有一天包拯衙门里的牡丹开了,"置酒赏之",请了一帮同僚。司马光"素不喜酒",但是包公开了腔,拗不过他,"亦强饮",而王安石则"终席不饮"。司马光由此看出了王安石"不屈"的个性。其实劝人逗能这种习气很不好,古人便已经认识到了。《东斋记事》云契丹冯见善说:"劝酒当以其量,若不以量,如徭役而不分户等高下也。"宋朝的学者们更从中了解到,原来契丹征收赋役的对象和他们那时代一样,也是以户为单位。

时下总是听到人说,我们中国的"酒文化"如何,不知此文化究竟是何指,也不知道是否包括"能、逗能和劝人逗能"。

醉后

日前购得画家傅抱石先生的一册随笔,叫作《往往醉后》,书名取自他的一枚闲章。据说,傅先生往往在酒醉之后所作的画才格外传神。陈传席《画坛点将录》里也记载了一个"据说":1959年7月,傅先生应邀在人民大会堂创作《江山如此多娇》,因为买不到酒,作画十分困难,不得已写信给周总理求助。陈著将傅先生比作唐代吴道子,理由之一包括后者"每欲挥毫,必须酣饮"。

当然,醉后是一柄"双刃剑"。新近(2008)深圳海事局党组书记、副局长林嘉祥醉后就出了丑事。他在酒店吃饭喝了八两白酒,找厕所时遇到大堂里一名11岁的小姑娘,小姑娘好心给他指路,他却忽然卡住她的脖子往厕所里拖,陷入了"猥亵门"。即便在同一个人身上,"双刃剑"的作用也非常明显。《水浒传》里的好汉武二郎过景阳岗前醉了,赤手空拳打死"吊睛白额大虫";而在孔家庄,对寻常黄狗"一刀砍将去,却砍个空",还因为"使得力猛,头重脚轻,翻筋斗倒撞下溪里去,却起不来",给毛头星孔明捉了去,差点儿送掉性命。孔明、孔亮兄弟的武艺是宋江"点拨"出来的,可堪提起?

正因为"双刃剑"的缘故吧,谨小慎微的人往往防范在先。《后山谈丛》谈到澶州之战后北宋与辽讲和,辽使中来了个叫韩杞的,就"匿其善饮"。他说:"两国初好,数杯之后,一言有失,所误非细。"往前溯,《开元天宝遗事》云王公们召宴安禄山,每回"欲沃以巨觥"也就是打算灌醉他的时候,安禄山都亮出一块金牌作挡箭牌,告诉他们:"准敕断酒。"原来,安禄山虽然跟上层走得很近,下面的人却不买账,玄宗"恐外人以酒毒之",就赐给他"金牌子系于臂上"。不过,这金牌是安禄山自己的要求也说不定,他"移居亲仁坊"时,搬个家而已,也要"进表求降墨敕",把皇帝的大旗扯得高高的。

有的人生来能喝,有的则有化"酒"为夷的办法。宋朝张伯玉酒量过人,"能饮至数斗不醉",人称"张百杯"。他有这么一招儿,喝之前,"先置清水大盂于其侧,每尽一杯,即汲水漱涤"。人家问他为什么这样做,他说:"酒之毒在齿,涤去则不能为患。"陈康民知泉州时照猫画虎,据说的确奏效。这是"囫囵吞枣"的原理。当然,在许多时候,人们所追求的就是一醉。王驾《社日》诗曰:"鹅湖山下稻渠肥,豚栅鸡栖半掩扉。桑柘斜影春社散,家家扶得醉人归。"以"醉"字扣住"社日"的正题,衬托出其时的盛况。白居易说,他在洛阳时,"洛城内外六七十里间,凡观寺丘墅有泉石花竹者,靡不游;人家有美酒鸣琴者,靡不过;有图书歌舞者,靡不观。"他喝酒就讲究喝醉,"每良辰美景或雪朝月夕",好朋友相遇, 定要喝酒,"饮既酣,乃自援琴操宫声、弄秋思一遍。若兴发,命家童调法部,合奏霓裳羽衣曲。若欢甚,又命小妓歌杨柳枝新词十数章,放情自娱,酩酊而后已"。但他醉后往往还很清醒,那首《醉戏诸妓》道得分明:"席上争飞使君酒,歌中多唱舍人诗。不知明日休官后,逐我东山去是谁?"并且,对眼前的酒酣耳热同样相当清醒,明白席间说的什么根本算不得数。

与能喝相对照,苏东坡很有一点儿惭愧的意思。他讲过自己平生有三件事不如人,一个是下棋,一个是唱曲,再一个就是喝酒。他说他爷爷能喝,"甘与村父箕踞高歌大饮",而他却不行,"天下之不能饮无在予下者",把自己看得很低。但他喜欢看人家喝,"见客举杯徐引,则予胸中为之浩浩焉落落焉,酣适之味乃过于客",跟自己在喝一样。所以,他"闲居未尝一日无客,客至未尝不置酒,天下之好饮亦无在予上者",这个方面又把自己看得很高。至于"饮少辄醉"的欧阳修,其"醉翁之意不在酒,在乎山水之间也。山水之乐,得之心而寓之酒也",这样一种醉后的境界,肯定非一般单纯的酒囊所能理解。

林嘉祥出事后,有人建言公务员应当禁酒。建议不错,但浑然没有顾及中国国情,当下办一件正常的事情,离开觥筹交错怕是寸步难行了。这在从前,也有教训可言。明朝时前后有两人欲化京城之俗:湛甘泉的做法包括"致众丛饮者禁",姜凤阿则"申明宿娼之禁",犯者"夜与银七分访拿帮嫖之人,责面枷示"。结果后者成功了,前者惹来怨声载道。无他,姜凤阿的做法"仅游冶子不便",湛甘泉的做法则打击面太广。不过,放在今天,只怕姜凤阿也要灰溜溜了,这是另话。《庄子·列御寇》引孔子语云,"凡人心险于山川,难于知天",但也有办法知道,"君子远使之而观其忠,近使之而观其敬……醉之以酒而观其侧"。前人释曰,一个人在醉后往往能够现出本来面目。

政府公务员中禁酒,尽管推广起来很难,还是要进行,既可防范搀杂其中的交易,也免得他们醉后干出一些人所不齿的举动。

万事不如杯在手?

去年年初(2007),河南省信阳市宣布五条禁令,明确禁止公务人员工作日中午饮酒。今年2月27日,其新县计生委主任虽然不是中午但在晚上饮酒过度且猝死于娱乐场所,还是给他们添了回堵。本来,这种算不上光彩的事情悄悄过去也就罢了,偏偏他们给他追记了个三等功,引来舆论一边倒的质疑。现在,信阳方面一面不得不收回记功,一面又修补了禁酒令:党员干部和公务人员任何时候饮酒都不准过量,更不许酗酒。但人们又生出了新的疑虑:喝多少才是"过量"?

"当垆少妇唤沽酒,笑客能倾几百杯。"(清张鸿烈句)前文说了,苏东坡把不能喝酒看成自己的一个短处。他说自己如果酒后乘兴写字,"觉酒气拂拂,从十指出也"。纪晓岚也不能喝酒,人家就拿他跟东坡开玩笑:"东坡长处,学之可也,何并其短处亦刻画求似?"对这一点,纪晓岚表示承认,其诗曰:"平生不饮如东坡,衔杯已觉朱颜酡。今日从君论酒味,何殊文士谈兵戈。"

《淡墨录》云,康熙皇帝"平生不好酒",但他对喝酒的人并没有表现出什么,对抽烟的则不能容忍(那个时候的烟还不是鸦片)。他南巡驻跸山东德州,命侍卫传旨:"诸臣在围场中看我竟日曾用烟否?每见诸臣私行在巡抚帐房偷吃,真可厌恶!且是耗气的东西,不但我不吃烟,太祖、太宗、世祖以来都不吃烟,所以我最恶吃烟的人。"《清稗类钞》的记载可以与此相互补充。说康熙是因为重臣史贻直、陈元龙"酷嗜淡巴菰,不能释手",乃有此感慨,并特赐二人"水晶烟管以讽之"。因为用这种烟管抽烟,"偶呼吸,火焰上升,爆及唇际,乃惧而不敢用"。康熙捉弄了两人之后,"传旨禁天下吸烟"。《阅世编》云:"福建有烟,吸之可以醉人,号曰干酒。"烟酒在这里不仅不分家,几乎等同了。

官场上因为"工作需要"往往必须喝酒,这是颇有传统的,宋人《清波杂志》就说了:"今祭祀、宴飨、馈遗,非酒不行。"喝酒易于营造其乐融融的氛围,虽然有时只是一种假象。《清稗类钞》有一则"毕竟官场都是戏",说浙江候补道蒋某与候补知府杨某同充某局差,蒋为总办,杨为会办,上下级关系。有件事,两人意见相左,"蒋执不可,杨衔之"。终于在蒋办生日宴会的时候,因为喝酒,杨找到了发泄的机会。那是因为"杨故善饮,蒋则杯酒不能入口",但杨不管那么多,"故酹酒为蒋寿"。一个说我实在不能喝,一个说你非喝不可,一来二去,杨怒曰:"在官厅,乃分上司属员,此非官厅也。"说罢上前"扭蒋胸衣",动起手来。"蒋亦怒,起与殴,致几上红烛铿然堕地"。时人为此撰联嘲之,其中上联曰:"进宫献策,渡江偷书,演来一部梨园,毕竟官场都是戏。"其中不仅隐喻了两人的姓氏,而且一针见血地道出,官场上的觥筹交错实际上等同舞台表演。

喝酒很能误事,这一点古人也早就认识到了,虽然自汉武帝时起就实行"榷酤",但历代政府仅仅限于从酒的专卖或征税中增加财政收入,才不管其他。《清波杂志》另云,其时"田亩种秫,三之一供酿财曲糵,犹不充用。州县刑狱,与夫淫乱杀伤,皆因酒而致。甚至设法集妓女以诱其来,尤为害教"。这里的"设法",不是一个普通的词语,而是一个专有名词,指一整套有计划的行动。《野客丛书》云:"今用女倡买酒,名曰'设法'。"《燕翼诒谋录》说得更详细:"新法既行,(酒酤)悉归于公,上散青苗钱于设厅,而置酒肆于谯门,民持钱而出者,诱之使饮"。也就是说,百姓前脚刚拿到钱,后脚就因为买酒喝而被"收回"去不少,"十费其二三矣"。而且,"又恐其不顾也,则命娼女作肆作乐以蛊惑之",这就是"设法"。用娼女作招牌,比"当垆少妇"的吸引力当然更要大得多。

清人张集馨很看不惯官场的喝酒,他在自叙年谱《道咸宦海见闻录》中说:"宴会原不能免,然至酒酣耳热,脱略形骸,歌唱欢呼,村言俚语,在醉者性迷狂乐,发于不知,而侍者醒眼旁观,未免觖玩。自为疆吏,何可不自检束?"他在福建时为了公关,曾经"三宴督署,两扰中丞",前一个还好,"性情拘谨,尚不至破藩抉篱,然堂属猜拳,司道竞唱,主人足点手拍,已不雅观";后一个就不得了了,"一经入席,惟恐人之不醉,又惟恐己之不醉,不能观人之大醉也"。在他眼里,真是一片乌烟瘴气。

明朝朱野航诗曰:"万事不如杯在手,一生几见月当头?"在下宁愿把它理解成诸多官场油子们的活写真。那么,喝酒的危害岂止是张集馨所说的很不雅观?报道说,信阳仅仅中午禁酒,去年上半年他们就节省了4300万的酒钱,想来他们晚上的不过量,"节约"的效益也将非常可观。以此推之,当下国人以公务名义喝酒的耗费该是怎样的天文数字?

饮茶

4月18日(2010),广东举办了首届"全民饮茶日"。据说,此倡议是2006年提出来的,时间定在每年4月20日前后,倡导"茶为国饮""全民饮茶"。国饮和国球大概是同一性质的概念吧,苟如此,那就是要把饮茶的地位大大提升。

饮茶在咱们国度的历史的确非常悠久了。上个月,陕西蓝田清理北宋吕大临家族墓园时,出土了一批铜、瓷、石等材质的茶具,个别茶具上还残存着数十枚绿茶,部分茶叶仍呈翠绿色。吕大临被誉为"中国考古学之父",此番属于被"考"。茶,曾经为中国传统婚礼中重要的聘礼,谓之"茶礼"。唐封演《封氏闻见记》云,御史大夫李季卿宣慰江南,到临淮,有人说这里的常伯熊善茶道,李季卿便请他表演,但见"伯熊著黄被衫,乌纱帽,手执茶器,口通茶名,区分指点,左右刮目"。到江外,又慕名请陆鸿渐表演,"鸿渐身衣野服,随茶具而入,既坐,教摊入伯熊故事。李公心鄙之,命奴子取钱三十文酬煎茶博士"。陆鸿渐看出老李小瞧了自己,先前因为写过一篇《茶经》,受此一辱,又写了一篇《毁茶论》,劝大家不要饮茶。陆鸿渐即后世鼎鼎大名的"茶圣""茶神"或"茶颠"陆羽。陆羽《茶经》是我国论茶最早的专著,而《毁茶论》是不是他写的还存在争议。其后世本家陆游就说过:"难从陆羽毁茶论,宁和陶潜止酒诗。"

封演说,古人喝茶"不如今人溺之甚,穷日尽夜,殆成风俗"。尤令他不能理解的是:"往年回鹘入朝,大驱名马市茶而归。"唐朝饮茶之盛可见一斑,风气已令人担忧了。斯时把小女孩干脆昵称为茶,金元好问《德华小女五岁能诵余诗数首以此诗为赠》,即有"牙牙娇语总堪夸,学念新诗似小茶"的句子。白居易名篇《琵琶行》中的琵琶女,是跟着茶商沦落至此的京城倡女。陈寅恪先生告诉我们,读此篇有两件事可以注意:第一,"此茶商之娶此长安故倡,特不过一寻常之外妇。其关系本在可离合之间,以今日通行语言之,直'同居'而已",没有明媒正娶。第二,"唐代自高宗武则天以来,由文词科举进身之新兴阶级,大抵放荡而不拘守礼法,与山东旧日士族甚异",所以乐天很自然地"移船相近邀相见",以及对之"千呼万唤"。诗中"前月浮梁买茶去"之"浮梁",寅恪先生据《元和郡县志》《国史补》考证出,那里"每岁出茶七百万驮,税十五余万贯",因而"浮梁之茶,虽非名品,而其产量极丰"。这是陈氏"以诗证史"的生动实例。

《东轩笔录》云,宋仁宗"尝春日步苑中,屡回顾",大家都没明白什么意思。"及还宫中,顾嫔御曰:'渴甚,可速进熟水。'嫔御进水,且曰:'大家何不外面取水而致久渴耶?'"仁宗说:"吾屡顾不见镣子,苟问之,即有抵罪者,故忍渴而归。"这里的镣子,是当时掌管茶水的人。从前对这类人还有一个雅称:茶博士。陆羽即被称为"煎茶博士",宋朝就更普遍了。《水浒传》第三回史进来到渭州,"只见一个小小茶坊,正在路口",便进来坐了,"茶博士问道:'客官吃甚茶?'史进道:'吃个泡茶。'茶博士点个泡茶,放在史进面前"。第十八回宋江出场,何涛请他"到茶坊里面吃茶说话",坐定之后,"宋江便叫:'茶博士,将两杯茶来。'"当然,这个博士不仅与今天的字同义不同,便是与战国秦汉的,也完全是两个概念,倒与古人用于安慰名人后代的"五经博士"庶几近之。朱弁《曲洧旧闻》云,司马光和范景仁同游嵩山,"各携茶以行",茶具呢?司马光"以纸为贴",范景仁"用小黑木合子盛之"。然司马光看见而惊曰:"景仁乃有茶器也!"范景仁于是"留合与寺僧而去"。朱弁说,后来的士大夫"茶器精丽,极世间之工巧,而心犹未厌"。晁以道曾把司马光的故事讲给客人听,客人说:"使温公见今日茶器,不知云如何也。"彼时的"今日",茶具显然已经更加奢侈了。

唐綦毋旻著有《代茶饮序》,对茶的功效毁誉参半:"释滞消壅,一日之利暂佳;瘠气耗精,终身之害斯大。获益则归功茶力,贻害则不谓茶灾。"明李卓吾先生"读而笑曰",进行了反驳:"释滞消壅,清苦之益实多;瘠气耗精,情欲之害最大。获益则不谓茶力,自害则反谓茶殃。吁,是恕己责人之论也。乃铭曰:我老无朋,朝夕唯汝;世间清苦,谁能及子?逐日子饭,不辨几钟;每夕子酌,不问几许。夙兴夜寐,我愿与事终始。"俞正燮《癸巳类稿》云:"明人喜言'笑'者,由趋风气,伪言之。文集中曰'余笑而不言'者,必有二三处,非是不为尖新。"卓吾先生是笑,不知落此窠臼与否。

清朝冯正卿说,饮茶须满足这几种情况:"一无事,二佳客,三幽坐,四吟咏,五挥翰,六徜徉,七睡起,八宿醒,九清供,十精舍,十一会心,十二赏鉴,十三文童。"倘若饮茶要如此讲究,则与时下提倡的全民饮茶,就恰似贾府烹饪茄子与刘姥姥煮食茄子之别了。

工夫茶

4月10日(2018)《揭阳日报》头版"大家谈"专栏,有一篇评论:《浅谈"机关工夫茶"危害》。"开栏语"指出:喝工夫茶是粤东地区的传统生活习惯,需要一番悠悠沏、慢慢喝、细细品的闲工夫。不知从何时起,这种行为习惯慢慢从日常生活进入了工作场所,机关单位摆放工夫茶具司空见惯,上班时间喝工夫茶习以为常。在一些单位,有的干部职工或先喝茶后干活,或只喝茶不干活,或到处串门、喝茶聊天。则"危害"一语,是为之定性了。

"救渴,饮之以浆;蠲忧忿,饮之以酒;荡昏寐,饮之以茶。"茶圣陆羽的说法,在他看来,解渴要喝水,排忧要喝酒,消除昏沉困倦就要喝茶。明朝许次纾说:"宾朋杂沓,止堪交错觥筹;乍会泛交,仅须常品酬酢。惟素心同调,彼此畅适,清言雄辩,脱略形骸,始可呼童篝之火,酌水点汤。"喝酒、吃饭,还是喝茶,视为友朋亲疏的接待标准,以喝茶为最高。从社会学意义上看,喝茶本身是没有危害的,然陶穀《荈名录》云:"(五代)和凝在朝,率同列递日以茶相饮。味劣者有罚,号为'汤社'。"如果工作时间成了品茶时间,自然要另当别论了。

工夫茶,一名功夫茶。《清稗类钞》云:"闽中盛行工夫茶,粤东亦有之。盖闽之汀、漳、泉,粤之潮,凡四府也。""工"与"功",

字义有别,有人认为指一回事,也有人写论文加以甄别,说工夫茶即茶叶,而功夫茶即泡茶方法。莫衷一是。浏览古籍,言及于此或"工"或"功",本文既因《揭阳日报》而起,典籍原文之外,权且从"工"。

了解工夫茶的人都知道,那是一种极其讲究的喝茶法,从茶具到茶艺。清俞蛟《潮嘉风月记》云:"工夫茶,烹治之法,本诸陆羽《茶经》,而器具更有精致……壶出宜兴窑者最佳,圆体扁腹,努嘴曲柄,大者可受半升许……炉及壶盘各一,惟杯之数,则视客之多寡。杯小而盘如满月。"施鸿保《闽杂记》云,工夫茶"器具精巧,壶有小如胡桃者,名孟公壶;杯极小者,名若深杯……尚此茶,取其饮不多而渴易解也"。张心泰《粤游小识》云:"潮郡尤嗜茶……以鼎臣制宜兴壶,大若胡桃,满贮茶叶,用坚炭煎汤,乍沸泡如蟹眼时,瀹于壶内……每杯得茶少许,再瀹再斟数杯,茶满而香味出矣。"徐珂《清稗类钞》云:"其饷客也,客至,将啜茶,则取壶,先取凉水漂去茶叶尘滓,乃撮茶叶置之壶,注满沸水。既加盖,乃取沸水徐淋壶上,俟水将满盘,覆以巾。久之,始去巾,注茶杯中,奉客。"这几段描写,大致勾勒了工夫茶的装备及"制作"流程。

1993年夏余首次到潮州,算是第一次零距离接触正宗工夫茶,然只一盅余便退出"战阵",觉得太麻烦人家了。烫杯热壶,高冲低斟,刮沫淋盖,又什么"韩信点兵""关公巡城",忙乎了半天,咱"嗞"地一口没了。施鸿保云"饮必细啜久咀,否则相为嗤笑",这咱倒不怕,只是觉得喝那么点东西费那么大劲,过意不去。归根到底,是不习惯这种文化,深谙此道的则不然。

《潮嘉风月记》说梅州有个叫石姑的,"白如玉肪,眉目楚楚,饶有风致。曾随伧父,四年而寡。无所倚,遂返程江理故业",当回妓女。常州人陈云羁旅梅州,每逢月夜就招她和她的一个小姐妹来煮工夫茶,然"细啜清谈,至晓不及乱",真的只是喝茶而已。俞蛟云"如陈生者,堪称好色矣,非若登徒子徒有淫行也"。这当中,工夫茶的魅力也可窥一斑。《清稗类钞》说"闽人邱子明笃嗜工夫茶",他"先置玻璃瓮于庭,经月,辄汲新泉水满注一瓮。烹茶一壶,越宿即弃之,别汲以注第二瓮。侍僮数人,供炉火。炉以不灰木制之,架无烟坚炭于中。有发火机,以器焠之,炽矣"。这些只是准备工作,"其烹茶之次第,第一铫,水熟,注空壶中,荡之泼去。第二铫,水已熟,预置酌定分两之叶于壶,注水,以盖覆之,置壶于铜盘中。第三铫,水又熟,从壶顶灌其四周,茶香发矣"。又说潮州某富翁嗜工夫茶尤甚,某天来了个乞丐,"倚门立,睨翁而言":听说你们家的工夫茶很好,能给我来一杯吗?富翁说你懂喝吗?乞丐说,我原来也是富人,"以茶破家"罢了。富翁"因斟茶与之"。乞丐喝完,评价说茶不错,"惜未极醇厚,盖壶太新故也",我有个壶很好,"昔所常用,今每出必携,虽冻馁,未尝舍"。富翁看过,"不觉爱慕",要买下来。乞丐说收你一半价钱吧,这些钱我"取以布置家事,即可时至君斋,与君啜茗清谈,共享此壶,如何?"这可真的是迷之弥深了。宋朝何子华曾经感慨,"前世惑骏逸者为马癖,泥贯索者为钱癖,耽于子息者为誉儿癖,耽于褒贬者为《左传》癖",像陆羽这么爱茶的该叫什么癖呢?杨粹仲说,"茶至珍,盖未离乎草也。草中之甘,无出茶上者",应该叫甘草癖。

严格地说,整治机关单位"工夫茶"已经不是新鲜话题。前几年,长沙市雨花区在全市率先出台的一项"风雅"禁令,就是严禁在办公室摆放成套茶具。在机关单位叹工夫茶,无疑超越了个人爱好范畴,某种程度上折射出的确是作风问题。

茶乡，名茶

5月22日(2015)，由南方日报社等单位主办的"广东十大茶乡"系列评选活动揭晓，韶关市曲江区罗坑镇等被评为"广东十大茶乡"、猴采红牌原生态高山红茶等评为"广东十大名茶"。活动自去年8月28日便已启动，旨在对广东茶叶历史、品牌、价值、发展方向等进行一次集中梳理。评选出的这两个"十大"，无疑是广东的名牌了。

茶，以及可可、咖啡，被誉为"世界三大饮料之一"。唐朝陆羽《茶经》的问世，算得上是"评选"茶乡、名茶的鼻祖。《茶经》放眼当时的全国，将茶乡分为八大区：山南（荆州之南）、浙南、浙西、剑南、浙东、黔中、江西、岭南，并对同一地区不同地点所产茶叶进行评价，如山南所产以峡州茶为上，浙西所产以湖州茶为上，浙东所产以越州茶为上，剑南所产以彭州茶为上等，可惜对岭南的上品，只是说"未详，往往得之，其味极佳"。

虽然"茶之尚，盖自唐人始"，但唐朝的茶乡、名茶概念已相当成熟。李肇《国史补》云："剑南有蒙顶石花，或小方，或散牙，号为第一。湖州有顾渚之紫笋，东川有神泉、小团、昌明、兽目，峡州有碧涧、明月、芳蕊、茱萸簝，福州有方山之露牙，夔州有香山，江陵有南木，湖南有衡山，岳州有浥湖之含膏，常州有义兴之紫笋，婺州有东白,睦州有鸠坑,洪州有西山之白露,寿州有霍山之黄牙,蕲州有蕲门团黄。"想来这是当时的约定俗成,而非评选的结果。白居易《琵琶行》中有"商人重利轻别离,前月浮梁买茶去",据陈寅恪先生考证,浮梁之茶"虽非名品,而其产量极丰也",《元和郡县志》说那里"每岁出茶七百万驮,税十五余万贯"。而《国史补》在罗列一堆名品之后,特别说了句"浮梁之商货不在焉",表明浮梁茶确是大路货色。

宋朝的饮茶情况,按蔡絛《铁围山丛谈》的说法,在徽宗时达到高潮,所谓"益穷极新出,而无以加矣"。宋人有片茶(或腊茶、团茶、饼茶)、散茶(或草茶)两大系列。欧阳修《归田录》云:"腊茶出于剑、建,草茶盛于两浙,两浙之品,日注为第一。自景祐已后,洪州双井白芽渐盛,近岁制作尤精,囊以红纱,不过一二两,以常茶十数斤养之,用辟暑湿之气,其品远出日注上,遂为草茶第一。"连茶乡都顺便交待了。关于片茶,《清波杂志》说神宗推崇"密云龙",于是,"每岁头纲修贡,奉宗庙及供玉食外,赍及臣下无几。戚里贵近,丐赐尤繁"。而密云龙的知名,却是得益于神宗的嗔怪:"令建州今后不得造'密云龙',受他人煎炒不得也!出来道我'密云龙',不要团茶,拣好茶吃了,生得甚意智。"此语传出,"密云龙"声名大噪,皇帝都喝那玩意儿还能不是好东西?《铁围山丛谈》另云:"密云龙者,其云纹细密,更精绝于小龙团也。"小龙团,对应的是大龙团,叶梦得《石林燕语》云:"故事,建州岁贡大龙凤团茶各二斤,以八饼为斤。"仁宗时福建路转运使蔡君谟,"始别择茶之精者为'小龙团'",缩小了茶饼的直径,一斤十饼。不知怎么搞的,仁宗对这一改良很生气,"命劾之",赖"大臣为请,因留而免劾"。神宗时,"贾青为福建转运使,又取小团之精者为'密云龙',以二十饼为斤而双袋,谓之'双角团茶'。"用颜色区别谁来享用,"大小团袋皆用绯,通以为赐也",黄色的"专以奉玉食"。

因而所谓名茶,品质好只是一方面,另一方面还得益于推手。又如欧阳修说的"双井茶",出名就与黄庭坚相关。叶梦得《避暑录话》云:"草茶极品惟双井、顾渚,亦不过各有数亩。双井在分宁县,其地属黄氏鲁直家也。元祐间鲁直力推赏于京师。"黄庭坚关于双井茶的诗作也有不少,比如《双井茶送子瞻》:"我家江南摘云腴,落硙霏霏雪不如。为君唤起黄州梦,独载扁舟向五湖。"云腴就是茶叶,高山云雾生长的茶叶肥美鲜嫩。黄庭坚这是借送茶之机,委婉地劝告东坡不要忘记被贬黄州的旧事,与其浪迹官场,不如效法范蠡功成身退。当然,宋朝散茶的名品和产地不胜枚举,因为没有评选,全靠自说自话就是。

《国史补》还有一条,常鲁公出使吐蕃,"烹茶帐中",赞普问是什么东西,鲁公曰:"涤烦疗渴,所谓茶也。"赞普说他们这里也有这些东西,叫人取来指给鲁公看,"此寿州者,此舒州者,此顾渚者,此蕲门者,此昌明者,此渑湖者"。周辉《清波杂志》也说:"辉出疆时,见三节人,或携建茶,沿途备用。而房中非绝品不顾,盖榷场客贩坌集,且能品第精粗。中下者彼既不售,乃赍以归。"那么,我们今天在关注丝绸之路的同时,不妨也关注一下"茶叶之路",应该同样大有文章可做。

有统计说,广东是全国最大的茶叶消费市场,珠三角地区年人均消费量居全国之首,广州芳村因之成为全国目前最大的茶叶批发市场所在地。而广东名茶在全国茶业界地位日渐式微,尤其在珠三角,以普洱茶、铁观音、湖南黑茶、广西六堡茶、岩茶等为代表的外省茶已渐成主流。这次评选无疑旨在提高对广东本土茶的关注,以期重振雄风。

粥

午餐在外面喝粥。粥,倘若文绉绉地表述,是用粮食或粮食加其他东西煮成的半流质食物。

《礼记》有"饘粥之食"的说法,孔颖达疏曰:"厚曰饘,稀曰粥。"饘,稠一点儿,也是粥类。有学者研究指出,粥之为物,很可能是谷物与人类接触过程中,一种比较早期出现的食物形态。无论起源如何,发明者是黄帝还是别的什么人吧,粥作为食品自问世后,便与人们的生活须臾不可或分。《梦粱录》载,南宋都城临安冬天卖五味肉粥、七宝素粥,夏月卖义粥、馓子、豆子粥,名目繁多。

历史上形形色色的喝粥,往往因家庭的际遇与背景而有很大差异,进而影响到粥的形象:它可能是贫穷的象征,也可能是富裕的折射。

"煮黄当之草莱,作汪洋之羹饘;釜迟钝而难沸,薪郁绌而不然。"束皙赋里的句子。"日典春衣非为酒,家贫食粥已多时。"秦少游诗中的句子。归结为一点,说的都是自家那一段穷苦生活。粥之所以与贫穷为伍,大抵是家里没那么多粮食,熬粥时粮食与水的比例谈不上正常乃至悬殊,亦即水过多而粮食过少。明朝张谊《宦游记闻》所载两首《白粥诗》最有代表性。其一:"水旱年来稻不收,至今煮粥未曾稠。人言箸插东西倒,我道匙挑两岸流。

捧出堂前风起浪,将来庭下月沉钩。早间不用青铜照,眉目分明在里头。"其二:"煮饭何如煮粥强,好同儿女熟商量。一升可作二升用,两日堪为六日粮。有客只须添水火,无钱不必问羹汤。莫言淡泊少滋味,淡泊之中滋味长。"粥如若"汪洋"、若"铜镜",几同于水,正是无米下锅的典型写照。

相形之下,西晋"何不食肉糜"的惠帝脑子里的粥,还有那个竞奢斗富的石崇家的粥,都没有任何理由和穷字有染。《世说新语》云,"石崇为客作豆粥,咄嗟便办",以此力压了与之竞奢的王恺一头。豆子是很难煮的,石崇怎么能做到马上就端上桌呢?王恺从石家的内线打听到了:"唯豫作熟末,客至,作白粥以投之。"这样来看,石崇该是生滚粥的先驱了。作为广州的传统名点之一,生滚粥就是把白粥预先煮好,再加上新鲜食材,滚熟而成。余午间所食之粥,正属此类,果腹的同时也有满足口福的意味,虽没到白居易"粥美尝新米、袍温换故棉"那种惬意程度。此外,《老学庵笔记》引他人语曰:"平旦粥后就枕,粥在腹中,暖而宜睡,天下第一乐也。"陆游对此极其认同,"虽未之试,然觉其言之有味"。清人黄云鹄《粥谱》云:"顾都邑豪贵人会饮,必继以粥。索粥不得,主客皆不怪。"诸如此类的粥,都是美食队伍中的一员了。

粥,还有社会功能的一面,通过施粥得到体现。那是昔日赈灾之时的标志性举动,举凡官府、慈善团体或人士大抵均操此道,概可解燃眉之急。如《明史·袁应泰传》载,万历年间山东大饥,"设粥厂哺流民,缮城浚濠,修先圣庙,饥者尽得食"。又如《履园丛话》云,康熙年间江苏大饥,"偕弟公逊设粥厂于南翔甫里,日计粟五十石,罄家赈济"。又云:"乾隆五十年,江南旱。其次年三月,米至石五千文,饥民载道。吾乡斗山田中,忽生一种黑土,其色微黄而带白星,可以做饼煮粥,颇清香,食之小饱。一时哄动,近乡居民来取土者,日以万计。"百姓饿得吃土,呈现出的实乃万般无奈,所谓"颇清香"之类,就纯粹自欺欺人了。

因为粥之与人的生活如此密切,有识之士不免生发出许多人生感悟。唐朝"李勣既贵,其姊病,必亲为煮粥,火燎其须",他说他也老了,"虽欲长为姊煮粥,其可得乎?"煮粥在这里成了表达人伦之情的载体。陆游说他爷爷陆佃辅政时对天下大势打过一个比方:"政如久病羸瘵、气息仅属之人,但当以糜粥养之茵席间耳,若遽使驰骋骑射,岂复有全人哉!"杨万里说:"人皆以饥寒为患,不知所患者,正在于不饥不寒尔。"罗大经认为很有道理,举例说明就是"乞食于野人,晋重耳之所以霸。燎衣破灶而啜豆粥,汉光武之所以兴"。清朝有个定例:"坤宁宫祭神胙肉,皆赐侍卫分食,以代朝餐,盖古散福之意。"有个新官因训其属曰:"居家以俭为要,君等朝餐既食胙肉,归家慎勿奢华,晚间惟以糟鱼酱鸭啜粥可也。"某侍卫回答他家穷,买不起糟鱼酱鸭。昭梿认为那当官的,"其生长富贵不知闾巷之艰难若此,可知何不食肉糜之言,洵非虚也"。清朝还有个叫张衍的,"通籍后,不与当道往还,樵苏不继,萧然自得",其堂联曰:"相对半床书,冀渐臻圣域;但啜一瓯粥,誓不入公门。"表明自己天天宁愿喝粥,也不跟权贵往来。这个粥,自然又是水米比例不合理那种了。

余在东北生活时,大碴子粥每为家庭晚间主食。广东早年也是这样,田野调查时得知,村民每于清晨煮上一大锅粥,干活回来随时吃一碗。粥,如今在粤人饮食中占有重要地位,且一直以品种繁多著称,若以材料划分,有鱼片粥、水蛇粥、皮蛋瘦肉粥、菜心粥、滑鸡粥、猪肝粥等;若以承载的文化内涵划分,有及第粥、艇仔粥等。诸如此类的粥虽然历史上已经存在,《清稗类钞》即云"粤人制粥尤精",但成为大众口福消费,恐怕还是后来的事情。

粥（续）

新冠疫情期间备受关注的复旦大学附属华山医院感染科主任张文宏，不久前又火了一把，起因是谈论"孩子如何吃早餐"。张医生强调孩子的早餐一定要吃好，一定要吃高营养、高蛋白的食物，具体而言，"只能吃鸡蛋、牛奶，不许喝粥"。此前他也说过，人在生病时要多吃营养的东西，喝粥是没有用的。

此语甫出，舆论大哗，赞弹有之。这里也凑番热闹，是想打捞些相关的历史文化记忆。比方张文宏这些话，张文潜听了就会不高兴。两人的名字虽只有一字之差，却不是本家兄弟的关系。张文潜是北宋官员，"苏（轼）门四学士"之一，以诗文名世。并且，文潜，字也，张耒才是本名。称字而不称名，传统文化中称谓上的礼貌嘛。张文潜为什么会不高兴呢？看看他写的《粥记赠潘邠老》就知道了。他说当朝张方平（字安道）"每晨起，食粥一大碗。空腹胃虚，谷气便作，所补不细。又极柔腻，与脏腑相得，最为饮食之良"。接着他又引了妙齐和尚的说法为佐证："山中僧每将旦一粥，甚系利害，如或不食，则终日觉脏腑燥渴。盖能畅胃气，生津液也。"最后他亮出了自己的观点："今劝人每日食粥，以为养生之要，必大笑。大抵养性命，求安乐，亦无深远难知之事，正在寝食之间耳。"无疑，在张文潜那里，喝粥，尤其是早餐喝粥，属于"养生之要"的一种。

如上面所介绍,像张文宏医生一样,张文潜也非寻常人物,他的文字尤其散文,针砭时弊,包容古今,苏轼、黄庭坚、杨万里等当时就给予了很高评价。那篇《粥记》也是引起了共鸣的。举宋人为例。如费衮就说,有人读了之后可能会笑话张文潜,不要笑,"予观《史记》,阳虚侯相赵章病,太仓公诊其脉曰:'法五日死。'后十日乃死。所以过期者,其人嗜粥,故中藏实,中藏实故过期"。后面的话不甚了了,前面几句很清楚:赵章本来被淳于意确诊只能再活五天,可他却活了十天。原因呢?赵章爱喝粥。所以费衮说,"文潜之言,又似有证",不是随便说的。《宋史·王旦传》也有类似记载,王旦疾甚,真宗"遣内侍问者日或三四",并且"手自和药,并薯蓣粥赐之"。薯蓣,即山药。又,费衮说他看过苏轼写的一个帖子,这么写的:"夜坐饥甚,吴子野(复古)劝食白粥,云能推陈致新,利膈养胃。僧家五更食粥,良有以也。粥既快美,粥后一觉,尤不可说,尤不可说!"又,陆游《食粥》诗,更明确表示赞同,诗序交待得很清楚:"张文潜有食粥说,谓食粥可以延年,予窃爱之。"诗云:"世人个个学长年,不悟长年在目前。我得宛丘平易法,只将食粥致神仙。"所以,倘若回到宋朝,不要说张文潜,苏东坡、费衮、陆游他们听到喝粥有害论,估计都会站出来说话的。

粥虽寻常之物,却有温饱类与养生类之分,张文潜他们针对的自然是后一种,像清朝美食家袁枚说的:"见水不见米,非粥也;见米不见水,非粥也。必使水米融洽,柔腻如一,而后谓之粥。"朱彝尊谈煮粥,云"用井水则香,用河水则淡而无味。然河水久宿煮粥,亦佳。井水经暴雨过,亦淡"。温饱类的不会有这么讲究。《后汉书·冯异传》载,刘秀征战王郎,"时天寒烈,众皆饥疲",不知道冯异从哪里弄来了豆粥。第二天早晨,刘秀对诸将还念念不忘:"昨得公孙豆粥,饥寒俱解。"有的吃,就已经相当满足了。我国全面小康年内就将实现,现在人家喝的也不会是这一种。"不许喝粥",颇有些无视传统文化。前述之外,举目可见典籍中对粥的津津乐道。

周密《武林旧事》开列了南宋时杭州的名粥,计有七宝素粥、五味粥、粟米粥、糖豆粥、糖粥、糕粥、馓子粥、绿豆粥。林洪《山家清供》里有梅粥、真君粥、河祇粥。他解释梅粥,"扫落梅英,捡净洗之,用雪水同上白米煮粥。候熟,入英同煮"。真君粥呢,"杏子煮烂去核,候粥熟同煮"。然"真君"何来?来自董奉,"董真君未仙时多种杏。岁稔,则以杏易谷;岁歉,则以谷贱粜。时得活者甚众"。董奉后来白日升仙,林洪因之感慨"岂必专于炼丹服气?苟有功德于人,虽未死而名之仙矣"。洪迈《夷坚志》里还有鳜鱼粥,"其法用鳜鱼大者四枚,破除净尽,去首尾及皮,以线系骨端垂于釜中。然后下水与米。凡盐、酒、姜、椒之属,悉有常数。度其糜烂,则聚四线为一,并掣之,鱼骨尽脱,肉皆溃于粥矣"。朱彝尊《食宪鸿秘》开列了神仙粥、胡麻粥、薏苡粥、山药粥、芡实粥等。袁枚《随园食单》还有一家之言:"近有为鸭粥者,入以荤腥;为八宝粥者,入以果品,俱失粥之正味。不得已,则夏用绿豆,冬用黍米,以五谷入五谷,尚属不妨。"

"卧听鸡鸣粥熟时,蓬头曳履君家去",苏东坡这一句,也是早餐喝粥心情迫不及待的生动写照。《渑水燕谈录》云,张齐贤"以吏部尚书知青州六年,其治安静,民颇安之",但是仍然有人"谤其居官弛慢",令朝廷将之召还。张齐贤说真有意思,"向作宰相,幸无大过,今典一郡,乃招物议,正如监御厨三十年,临老反煮粥不了"。开玩笑说,比喻倒是恰当,但未免如张医生那样轻视了煮粥。

和面

早餐后开始和面,为中午包饺子做准备。早点儿动手,是为了把面醒一醒,上一辈传承的做法,定然是有道理的。和着和着,脑袋里忽然跳出《朝野佥载》里的"溲几许面"。

溲,令人本能想到的是大小便,典籍中最为常见。《史记·扁鹊仓公列传》记载了淳于意的一则病案:"齐郎中令循病,众医皆以为蹶入中,而刺之",主张用针刺法治疗。淳于意切脉之后,诊断为"涌疝也,令人不得前后溲",患者果然说:"不得前后溲三日矣。"司马贞索隐云:"前溲谓小便。后溲,大便也。"淳于意便开了方子:"饮以火齐汤,一饮得前溲,再饮大溲,三饮而疾愈。"又,《后汉书·张湛列传》载,张湛"矜严好礼,动止有则,居处幽室,必自修整,虽遇妻子,若严君焉。及在乡党,详言正色,三辅以为仪表"。这套做法,"人或谓湛伪诈",张湛闻而笑曰:"我诚诈也。人皆诈恶,我独诈善,不亦可乎?"建武七年(31),大司徒戴涉被诛,光武帝"强起湛以代之"。不知是有意还是无意,"湛至朝堂,遗失溲便",先拉了一地,"因自陈疾笃,不能复任朝事,遂罢之"。

然而,溲还有淘洗、调和的义项。《聊斋志异》的《小谢》故事颇为有趣:不信有鬼的陶生住进因为闹鬼而废弃了的姜部郎的宅子,遇见两个顽皮的女鬼:秋容和小谢。夜幕降临,她们来了,"一约二十,一可十七八,并皆姝丽。逡巡立榻下,相视而笑"。陶生假装睡觉,大一点儿的那个即秋容开始捉弄他,或"翘一足踹生腹",或"以左手捋髭,右手轻批颐颊,作小响",或"以细物穿鼻"令其"奇痒,大嚏";小一点儿这个即小谢始而在一旁"掩口匿笑",进而也加入进来,那副"以纸条拈细股,鹤行鹭伏而至"准备捅他耳朵的神态,格外透着可爱;陶生读书时,她又"潜于脑后,交两手掩生目"。如果说,陶生叱责"鬼物敢尔"时多少还比较气愤,接下来的"小鬼头!捉得便都杀却!"便已有些亲昵了,所以二女非但不惧,反而"微笑,转身向灶,析薪溲米,为生执爨"。不一会儿,"粥熟,争以匕、箸、陶碗置几上"。陶生问怎么感谢你们呢?二女笑了:"饭中溲合砒、鸩矣。"人鬼之间,转眼就到了开玩笑的程度。

前人之"溲几许面",正是今天"和多少面"的意思。《小谢》中,前一个溲是淘洗,后一个正是调和。至于《朝野佥载》是这么说的:夏侯处信为荆州长史,有天来了客人,"处信命仆作食"。这时"仆附耳语曰:'溲几许面?'信曰:'两人二升即可矣。'"仆人进去半天没出来,来客便"以事告去"。处信急忙喊仆人,仆人说:"已溲讫。"和完了。处信想了半天:"可总燔作饼,吾公退食之。"又,夏侯处信喜欢喝醋,"尝以一小瓶贮醯一升自食,家人不沾余沥"。仆人说醋没了,他还要"取瓶合于掌上,余数滴,因以口吸之"。且"凡市易,必经手乃授直",钱都是自己把着。毫无疑问,这是唐朝的一个经典吝啬鬼形象。

说到饼,东汉刘熙《释名》云:"饼,并也,溲面使合并也。"贾思勰《齐民要术》作"细环饼、截饼"法条亦云:"皆须以蜜调水溲面。若无蜜,煮枣取汁;牛羊脂膏亦得;用牛羊乳亦好,令饼美脆。截饼纯用乳溲者,入口即碎,脆如凌雪"。作"膏环"法,则是"用秫稻米屑,水、蜜溲之,强泽如汤饼面。手搦团,可长八寸许,屈令两头相就,膏油煮之"。和面后揉成长条,再两头相接,再油炸,大抵是麻花的先驱了。

苏轼《二月十九日,携白酒、鲈鱼过詹使君,食槐叶冷淘》诗云:"枇杷已熟粲金珠,桑落初尝滟玉蛆。暂借垂莲十分盏,一浇空腹五车书。青浮卵碗槐芽饼,红点冰盘藿叶鱼。醉饱高眠真事业,此生有味在三余。"其中的"槐芽饼",南宋王十朋注曰:"即叙所谓槐叶冷淘也,盖取槐叶汁溲面作饼,即鲜碧色也。"槐叶冷淘是一种凉食,以面与槐叶水等调和,切成饼、条、丝等形状,煮熟,用凉水汀过后食用。杜甫有《槐叶冷淘》诗,"青青高槐叶,采掇付中厨"云云。读书时我曾为一名来访的台湾学者在广州当了一天导游,那天中午在"沙河大饭店"吃到绿色的沙河粉,大约就是此种方式制作的,蔬菜水置换了槐叶水。因为那是第一次吃到甚至见到,所以印象非常深刻。

当然,古人也说"和面",《齐民要术》便两用之。如"作白饼法"条云,用一石面粉,先将七八升白米煮成粥,再放六七升白酒,放在火上煨,到"酒鱼眼沸,绞去滓,以和面"作饼。酒鱼眼沸,是说酒沸冒出鱼眼大小的气泡。作"髓饼法",则"以髓脂、蜜,合和面。厚四五分,广六七寸。便著胡饼炉中,令熟。勿令反复"。

皇甫枚《三水小牍》被誉为"晚唐传奇之花",内有汝州郏城令陆存"遇贼偷生"的故事,读来亦颇有趣。说陆存上任的那年秋天,王仙芝起义军"来攻郡,途经郏城",他"微服将遁,为贼所房"。头头审他,他谎称自己是厨子。人家马上叫他"溲面煎油",作种吃的看看,结果"移时不成"。头头怒曰:"这汉漫语,把剑来。"陆存吓坏了,"撮面,两手连拍曰:'祖祖父父,世业世业。'"众大笑,释之。如果他连面都不会和的话,可能命还真的没了。

馒头

2008年新年伊始,馒头一下子成了人们关注的焦点,乃至引起国人大哗。按媒体挖掘出的"新闻点",有关方面规定:今后馒头形状必须是圆的,方的不算。虽然未几规定出台者即出来辟谣纯属媒体的误读,但馒头有了"国家标准"还是确凿无疑吧。比如在"感官要求"上,要求馒头要"外观形态完整,色泽正常,表面无皱缩、塌陷,无黄斑、灰斑、黑斑、白毛和粘斑等缺陷,无异物。内部质构特征均一,有弹性,呈海绵状,无粗糙打孔洞、局部硬块、干面粉痕迹及黄色碱斑等明显缺陷",文绉绉的一堆字眼,令熟悉馒头的人着实觉得可笑。

国人吃了几千年的馒头,突然之间有了"国标",的确会感到新鲜。我国有多少人吃馒头?恐怕是个没法统计的庞大数字。吃米的广东人,在餐馆点主食的时候往往也要点馒头,不过他们把"馒"字一律读成去声,听着相当别扭。虽然还没有人脱口来个"馒头文化",但馒头确实可以与文化为伍。而且,前两年馒头还果真在文化圈里风光了一回。陈凯歌导演投资三亿元人民币拍摄的电影《无极》,被一个叫胡戈的电脑爱好者"恶搞"成《一个馒头引发的血案》,其所引发的反响较前者更甚,甚至人们因为先看了"恶搞"才转而去看看电影。

馒头甚至可以跟死关联在一起。前人云:"纵有千金铁门槛,终需一个土馒头。"土馒头指代的是坟头。所以还有人借此调侃道:"城外多少土馒头,城中尽是馒头馅。"这同时也说明,以前的馒头的确是圆的,而且未必像今天这样实心儿。实心儿的和有馅儿的什么时候分道扬镳,一个仍然叫馒头,一个改叫了包子,不在本文讨论之列,但馒头里有馅儿的描写,最让人惊心动魄的莫过于《水浒传》"母夜叉孟州道卖人肉"那一回。犯人武松与押解他的公差走到十字坡,遇到孙二娘的酒店,"那妇人倚门迎接",说道:"客官,歇了脚去。本家有好酒好肉。要点心时,好大馒头。"在江湖上游荡已久的武松,早就听说过一首歌谣:"大树十字坡,客人谁敢那里过?肥的切做馒头馅,瘦的却把去填河。"饶是有了戒心,还是吃了孙二娘果真用人肉做成的馒头。"端的有些肚饥",还是抱着侥幸心理?不过,江湖传言也有难免夸大的一面,张青、孙二娘夫妇不是放过不肥不瘦的人吗?至少原则是"有三等人不可坏他":云游僧道、妓女,以及武松这样的流配犯人。为什么对这三种人网开一面?书中开列的理由详尽,看官可自去浏览。

从馒头的"起源"看,它也应该有馅儿。宋朝高承《事物纪原》所听"稗官小说云",馒头是诸葛亮的发明。他征孟获时,"人曰蛮地多邪术,须祷于神,假明兵一以助之。然蛮俗必杀人,以其首祭之,神则向之,为出兵也"。诸葛亮没有真的杀人祈神,而是"杂用羊豕之肉,而包之以面,象人头,以祠"。弄了个假东西,结果神也上当了,"亦向焉,而为出兵"。馒头,蛮头也。剔除出兵之类的传说,馒头出自"蛮"地,倒不排除可能。馒头从前也叫馒首,清朝闽浙总督孙尔准特别能吃,每餐别的不算,"馒首可逾一百"。

《清稗类钞》云,清朝有一种假杏酪,"不用杏仁露,以化学中一种药品,曰苦扁桃油者制成,香味与杏仁无别,功用亦同"。对于什么是苦扁桃油,文中加了个注,说它"有大毒,苟如法实验,不增加分量,亦不过度服用,则性能止咳,并无危险"。这一段记载,道出了国人食品造假的由来已久。不过,从前那种算是还有良心,毕竟"并无危险",如今只要造得光鲜,手段无所不用其极。完整地看过央视《每周质量报告》的人,如果神经脆弱一点儿,可能会效法伯夷叔齐,终于饿死,区别在于不是"耻食周粟",骨气方面的原因,而是不敢吃,实在害怕。因此,有朝一日,中国肯定需一个馒头"国标",但在当下,包括馒头在内,人们关注的还是食品卫生安全问题,先吃得放心,把这个最关键的前提问题解决了,才谈得上完善其他。馒头问题在不少地方都是大问题,前几年,郑州还发生了"馒头办"风波。市政府为了实施"馒头工程",成立了市、区两级"馒头办",不料两级"馒头办"为了争夺馒头的管辖权打得不可开交,争的目的早就清楚了,盯着的都是馒头中产出的利益,跟关心百姓健康了无干系。

《古今笑》里面有个善谐谑的陆宅之,他常跟人说:"吾甚爱东坡。"有人问,东坡精通那么多东西,文章、辞赋、诗词、书法,甚至还有引领时尚的东坡巾,你爱哪一样呢?宅之说:"吾甚爱一味东坡肉。"闻者大笑。人们当然不是笑陆宅之,而是笑那些舍本逐末的人和事。移之于当下的馒头事件,有关方面也可以这样说:"吾甚爱馒头。"爱什么呢?"馒头标准"。当然,这样一来,不光做馒头的,就是我们这些吃馒头的,也闻之大笑不已了。

饼

太太从福建三明出差回来,带回几个沙县叫不出名字的煎薄饼,说当时刚出锅的。因为是煎的、很薄、有葱而无馅,我才这样称呼,想来人家是有学名的吧。这些年来,沙县小吃在全国各地"攻城拔寨",建立了颇多"据点",很有些名声。广州也举头可见他们的统一招牌。

饼,从前对烤熟或蒸熟的面食的称呼。晋朝束皙《饼赋》云:"饼之作也,其来近矣。"宋朝高承则以为"其来远矣"。其《事物纪原》举例云:"《汉书》百官表少府属有汤官,主饼饵。又宣帝微时每买饼,所从买者辄大售。《说苑》叙战国事,则饼盖起于七国之时也。"比束皙年代稍晚的葛洪,爬梳出了汉高祖刘邦父亲的一则逸事:"太上皇徙长安,居深宫,凄怆不乐。"刘邦悄悄叫人打听怎么回事,原来父亲"以平生所好,皆屠贩少年,酤酒卖饼,斗鸡蹴踘,以此为欢,今皆无此,故以不乐。"明白了缘由,"高祖乃作新丰,移诸故人实之,太上皇乃悦",在长安造出一个故乡来。周天游先生注"卖饼"之"饼"曰:"饼是汉代最为普遍的主食,主要是麦饼,即以小麦粉为原料,用水掺和,不经发酵,捏成饼状,放入釜甑中蒸熟而成。又有汤饼,……东汉时才出现放芝麻于其上的胡饼。"不过,胡三省注《资治通鉴》曰:"胡饼,今之蒸饼。"胡三省生活于宋元之际。

裴松之注《三国志》,也引了若干关于饼的材料。如注《阎温传》引《世语》云,汉桓帝时,郡功曹赵息因得罪宦官而被迫出逃,因为上面"捕诸赵尺儿以上",连累到伯(或叔)父赵岐"走之河间,变姓字,又转诣北海,著絮巾布袴,常于市中贩胡饼"。这时他遇到了时年二十来岁的孙宾硕,宾硕"观见岐,疑其非常人也",就问饼是自己做的呢,还是贩的?"贩之。""买几钱?卖几钱?""买三十,卖亦三十。"孙宾硕觉得这人一定不是凡夫俗子,一番推心置腹,将他带到家中保护了起来。又,注《诸葛恪传》引恪《别传》云,孙权招待蜀使费祎,交待群臣:他来的时候,你们吃你们的,不要起身。费祎到了,果然"权为辍食,而群下不起"。费祎笑了:"凤皇来翔,骐驎吐哺,驴骡无知,伏食如故。"诸葛恪说话了:"爰植梧桐,以待凤皇,有何燕雀,自称来翔?何不弹射,使还故乡!"费祎"停食饼,索笔作麦赋",诸葛恪"亦请笔作磨赋"。孙权上演这出戏码未知用意何在,然席间有饼是确凿无疑的。

晋朝及其后,见之于史料的饼就更多了。《晋书》载王长文"少以才学知名,而放荡不羁,州府辟命皆不就。州辟别驾,乃微服窃出,举州莫知所之。后于成都市中蹲踞啮胡饼。刺史知其不屈,礼遣之"。《齐民要术》专门辟有"饼法"一节,汇集了众多饼的名称和做法,如白饼、烧饼、髓饼、鸡鸭子饼、细环饼、截饼、粉饼、豚皮饼等。《资治通鉴》载,"安史之乱"时唐玄宗逃难,有天"日向中,上犹未食,杨国忠自市胡饼以献"。又,唐宣宗时,高少逸为陕虢观察使,有敕使路过,"怒饼黑,鞭驿吏见血",大约觉得怠慢了他吧。高少逸"封其饼以进",告了御状。宣宗责敕使曰:"深山中如此食岂易得!"谪之配恭陵。《明史·后妃传》载,朱元璋起兵之时,马皇后"从帝军中,值岁人歉,帝又为郭氏所疑,尝乏食",于是"窃炊饼,怀以进,肉为焦",把胸脯都烫坏了,显见是刚出锅就揣起来了。发达之后,朱元璋将昔年所吃之饼比为"芜蒌豆粥""滹沱麦饭",那是光武帝刘秀落魄时的典故,因而"每对群臣述后贤,同于唐长孙皇后"。马皇后闻言,借机进谏了一回:"妾闻夫妇相保易,君臣相保难。陛下不忘妾同贫贱,愿无忘群臣同艰难。且妾何敢比长孙皇后也!"

玄宗、朱元璋吃饼或出于无奈,但爱吃饼的帝王级人物确有不少。《资治通鉴》载,齐武帝永明五年(487)诏太庙四时之祭,其中给"宣皇帝"萧承之的供品就有"起面饼",那就是他所嗜之物。胡三省注起面饼曰:"浮软,以卷肉噉之,亦谓之卷饼。程大昌曰:'起面饼,入教面中,令松松然也。'"《宋史·太祖纪》载,后周显德三年(956),赵匡胤父亲赵弘殷督军平扬州,与世宗会师寿春,"寿春卖饼家饼薄小,世宗怒,执十余辈将诛之",赖弘殷"固谏得释"。世宗如此计较,爱吃之故吧。以"何不食肉糜"而进入史册的晋惠帝,"因食饼中毒而崩,或云司马越之鸩",估计正是爱吃这东西才被人找到下手的机会。唐中宗之死更被坐实了。"散骑常侍马秦客以医术,光禄少卿杨均以善烹调,皆出入宫掖,得幸于韦后,恐事泄被诛;安乐公主欲韦后临朝,自为皇太女;乃相与合谋,于饼馂中进毒。六月,壬午,中宗崩于神龙殿"。

唐朝有个叫侯思止的,"始以卖饼为业"。此人"素诡谲无赖",以告密起家。"时告密者往往得五品,思止求为御史",武则天说你连字都不识,怎么能当御史!侯思止振振有词:"獬豸何尝识字?但能触邪耳。"武则天任用他,自然是像来俊臣、周兴一样,看中了他们打手的一面,侯思止也果然是与二人齐名的酷吏。此外,三国时曹魏明帝深疾浮华之士,诏吏部尚书卢毓曰:"选举莫取名,名如画地作饼,不可啖也。"亦足发人深思。

鸡蛋

"三鹿奶粉"添加三聚氰胺的事件令国人惊魂未定,鸡蛋里又被检测出这个本该远离普通百姓的化工原料(2008)。专业人士说,鸡蛋里含有三聚氰胺,有可能是饲料中被故意添加,为了迅速提高产品的"蛋白"含量。这种所谓提高,自欺欺人罢了。

鸡生蛋,还是蛋生鸡?这个互为因果的哲学命题尽管不可能讨论出结果,但作为一个方方面面经常碰到的社会命题,讨论还会继续进行下去。目前已知的是,中国养鸡的历史可以追溯到新石器时代,河北武安磁山遗址、河南新郑裴李岗遗址等,都有鸡的遗骸出土,表明至少在黄河流域,鸡被驯化也有6000年左右的历史了;同时也表明,至少在那个时候已经有了鸡蛋。前人夯造城墙之类,相当讲究的,往往用蛋清做黏合剂,佐以糯米、红糖等,使墙体异常坚固。美国间谍卫星拍到的福建客家土楼——以为是我们的核试验基地——也是用这种办法建成的。但毫无疑问,鸡蛋的主要用途还是食用。这一点,古今皆然。

乾隆有一次召见大学士汪由敦,闲聊时问他那么早就起来上朝,"在家曾吃点心否?"汪由敦答:"臣家贫,晨餐不过四枚鸡蛋而已。"由敦说得轻松,却把乾隆吓了一跳,他说鸡蛋一枚需十金,四枚就是四十金,"朕尚不敢如此纵欲,卿乃自言贫乎?"由敦赶快解释,他吃的鸡蛋跟皇上吃的没法比,"外间所售鸡蛋,皆残破不中上供者,臣故能以贱直得之,每枚不过数文而已"。时人以之"诡词",说汪由敦他们这些"旗人之任京秩者",尤其又是任职内务府的,待遇太优厚了。但汪由敦说的,未必是假话。还说清朝的事。京师有个贵人一天走亲戚,那亲戚常向他借钱。吃午饭的时候,贵人发现有一盘豆芽菜,就责备他,你老是跟我哭穷,"肴馔何奢侈乃耳?"亲戚给闹愣了,说这不是什么稀奇东西呀？贵人说,我常吃这个,"每盘需银一二钱,何得谓非贵品?"亲戚把没炒的豆芽菜拿给他看,说这东西也就值钱"二三文耳"。贵人方才醒悟,一定是给家里的厨子骗了。这两个故事或有可类比之处,不同的是,御厨未必在骗,正如贾府的茄子,连刘姥姥也没有吃出来那是茄子,"我的佛祖,倒得十来只鸡来配",价不昂才怪。光绪的老师翁同龢也喜欢吃鸡蛋。他是江苏常熟人,光绪问过他:"南方肴馔极佳,师傅何所食?"翁说吃鸡蛋,光绪很惊诧,因为"御膳若进鸡蛋,每枚需银四两,不常御也"。因为价昂,他也不常吃。倘若这些记载都是事实的话,则同样价昂,光绪朝的银四两较之乾隆朝的十金,也要便宜得多了。

历史上还有许多名人喜欢吃鸡蛋。慈禧太后每天早晨必吃四枚熟鸡蛋,"需二十四金,皆金华饭馆所进"。饭馆史姓伙计有次跟着李莲英"潜入宫中",想开开眼界,正好给慈禧瞥见,"莲英以实告",慈禧还是大怒,"令逐之"。不过,想来该饭馆的鸡蛋还是照常供应的。民国总统、洪宪皇帝袁世凯也喜欢吃鸡蛋。他是早中晚都要吃,"晨餐六枚,佐以咖啡或茶一大杯,饼干数片",中午和夜里又要各吃四枚。袁世凯的饭量很大,"其少壮时,则每餐进每重四两之馍各四枚,以肴佐之"。四四一十六,按老秤计算,光是主食也足足有一斤,那么这几个鸡蛋着实不算什么了。

袁世凯还喜欢吃填鸭,他吃的这种鸭子,养的时候很讲究饲料,"日以鹿茸捣屑,与高粱调和而饲之"。三聚氰胺事件更告诉我们,饲料决定品质。《清稗类钞》提到"两淮八大盐商之冠"黄均太吃的鸡蛋,也是饲料上的文章。黄老爷"晨其饵燕窝,进参汤,更食鸡蛋二枚",有天闲着没事翻账本,"见蛋二枚下注每枚纹银一两",吃了一惊,就算鸡蛋贵,也贵不到这个程度呀?他把厨子叫来,"责以浮冒过甚"。厨子说,我每天给你做的鸡蛋,"非市上所购者可比,每枚纹银一两",不算贵,如果你不信,换个人看看,如果觉得他做的鸡蛋好吃,雇他好了。黄均太果然换了一个厨子,而鸡蛋的味道也果然"迥异于昔",且"一易再易,仍如是"。他不高兴了,还把先前那个厨子请了回来,"翌日以鸡蛋进,味果如初"。黄均太问,你用什么办法把鸡蛋做得这么好吃?厨子说,我家里养了百余只鸡,"所饲之食皆参术等物,研末掺入,其味乃若是之美",你派人去看看就知道了。"均太遣人往验,果然,由是复重用之"。

奢侈也罢,毕竟动物们被喂的还不是害人的货色,今人则敢冒天下之大不韪了。据说,添加三聚氰胺是行业的"潜规则",早成了公开的秘密,在猪饲料、水产饲料中也能找到它们的身影。那么,看起来祸起奶粉、鸡蛋,实则是整个行业的长期积弊所导致。那些正规企业的从业者,鼓捣的虽然是增"白"的东西,自己的良心却已经完全黑了。

茶叶蛋

早几年台湾某个电视综艺节目,新近不知被谁给翻出来了,因为那里面有个叫高志斌(台湾劳务部门产业辅导讲师)的嘉宾的一番言论。在回应一名女士"我看见大陆没有人在卖茶叶蛋"时,老高说"事实上消费不起",因为大陆"人均所得是很低的。"他还说,在深圳火车站,吃一碗泡面都会引来四五十人围观:"这是什么东西呀,这么香。"这则陈年旧闻有图有声音。客观地看,先得承认对老高关于方便面的话有误读的成分,他的意思是台湾某食品企业之所以进军大陆市场,是因为当年创办者在深圳火车站吃泡面引起观者好奇,从中嗅到了商机。但茶叶蛋言论"货真价实",以其荒诞不经引起了不小的轰动,甚至被掷去"茶叶蛋教授"的雅号。

茶叶蛋,别说现在了,即使倒退回改革开放之前,至少在笔者生活的北京郊区也不是什么高贵东西,就是用茶叶、酱油、茴香等为佐料煮熟的鸡蛋嘛。袁枚那么讲究吃的人,蒸鸡蛋要"将竹箸打一千回",同时"斩碎黄雀蒸之",但在《随园食单》中介绍的茶叶蛋做法,也无外是"加茶叶煮者,以两柱香为度。蛋一百,用盐一两;五十,用盐五钱。加酱煨亦可"。如果说袁氏做法有什么特别引人之处的话,只能是茶叶蛋一次可以煮那么多,然而也就是仅此而已,与奢侈与否还沾不上边,即使咱为数量流口水,那也是二三十年前的事。袁枚煮茶叶蛋要"两炷香"时间,多长呢?通常认为,古代一炷香相当于现在的 40 分钟至 1 小时。《清稗类钞》有"煮茶叶蛋"条:"茶叶蛋者,以鸡蛋百个,盐一两,粗茶叶煮至两支线香燃尽为止。"这一条,或正是从老袁那里改头换面搬来的。线香即无竹芯的香,从前常用于作为时间计量的单位。

晚清《图画日报》里也涉及到了茶叶蛋。那是中国近代出版史上第一份综合性画报类日刊,1909 年 8 月 16 日创刊于上海,"每期印数近万册"。该报不仅以社会乱象为主要报道领域,毫不避讳鸦片泛滥、迷信风行、崇洋媚外、官场腐败等负面题材,而且以大量篇幅记录了上海滩的社会生活。其《营业写真》部分,在"箍桶""磨剪刀""修缸补瓮"等三百六十行之外,还有各种小贩,"卖梨膏糖"的、"卖琥珀灯"的,也有"卖茶叶蛋"的。每幅图画都辅以广告类的竹枝词,妙的也正是这些词,说着说着就借题发挥。比如关于《卖洋皂》的:"洋皂最好大英货,趸卖零售有销路。衣裳洗得碧波清,不论新绸与旧布。昨日路过皂荚林,皂荚之树高成阴。奈何制皂不如洋皂好,只为西人化学深。"表达了在洋货冲击下,传统手工艺的无奈衰落。关于《铜匠担》的:"铜匠司务真玲珑,修旧一等大名工。配钻包铜钉铰链,零碎生活皆精通。可惜工艺近来尚机器,铜匠司务勿留意。若肯要紧关子学一点,也替中国工艺争争气。"传递的无疑又是正能量。《卖香蕉》的:"广东香蕉甜而香,生者微青熟者黄。芝麻之蕉味尤美,食之清火且润肠。此果乃自芭蕉结,却笑小说多荒唐。当时不明植物学,附会琼花一开隋国亡。"这里的小说荒唐,或是指《说唐》吧。《说唐》第三十二回"王世充避祸画琼花 麻叔谋开河扰百姓",说王世充是因画出了扬州羊离观的琼花图而被炀帝赏识,被封为"琼花人守"。随后，宇文化及出主意去扬州看花，"可传旨意，令魏国公李密作督工官，将军麻叔谋作开河总管"，于是炀帝便开凿了大运河。虽然"尽道隋亡为此河"（皮日休句）的确不假，但凿河与看花关联在一起，就是典型的附会了。

  在《卖茶叶蛋》这里，竹枝词的结句也耐人寻味："五香茶叶蛋，有甜也有咸。最怕勿甜又勿咸，烧得勿好滋味淡。淡而无味不可吃，廿文一个勿值得。应语卖蛋须改良，赶紧明朝换法则。"须改良、换法则云云，翻开19世纪末20世纪初的那段历史，可知戊戌变法失败以后，社会上曾有过中国究竟该实行革命还是该改良立宪的大讨论。那么，《图画日报》似乎借此表明了自己的政治倾向。不知道这是否属于过度解读？

  宝岛日月潭上有著名的"阿婆茶叶蛋"。据说，该阿婆在那里已经卖了60来年，但2008年7月台湾开放大陆居民直接赴台旅游以后，生意才火爆起来。阿婆茶叶蛋是以日月潭名产——阿萨姆红茶加上香菇及独门香料慢煮六小时而成，比袁枚的充其量两小时更加讲究。去年有幸登岛的时候品尝了一下，10元新台币一枚，不算贵，游客几乎都"到此一吃"。当然，"茶叶蛋教授"日前回应该节目的言论时辩解了，郑州农村才消费不起，不能拿温州说事。难得他还知道这两个地方。对大陆的认知荒谬到了这种程度，这样的辅导讲师能辅导出什么，真要让人存疑。可喜的是大陆网友的达观态度，你说我吃不起，我就吃不起吧，索性娱乐开来。"太过分了，我今天早上只是偷偷舔了一口，差点被妈妈打死，毕竟是花了家里一辈子的积蓄买来闻闻的"……各种搞笑的"神回复"，反倒映衬了老高等人其实"很傻很天真"。

醋

在令公众惶惶不安的食品安全品种中,忽地又添了调味的醋(2011)。有媒体报道称,全国每年消费330万吨左右的食醋,其中90%左右为勾兑醋。随后,山西醋产业协会副会长王建忠曝出了更惊人的消息:市场上销售的真正意义上的山西老陈醋不足5%,消费者平常喝到的基本都是醋精勾兑的。他说勾兑醋还分两种,一种是冰醋酸勾兑的,一种是加苯甲酸钠防腐的添加剂,而不添加任何防腐剂的纯酿6度老陈醋,市场份额占不到5%。

柴米油盐酱醋茶,自古即被称为百姓"开门七件事",吴自牧《梦粱录》云:"盖人家每日不可阙。"春秋战国时,周王室就开始设置掌管饮食调料生产的官员,有盐人、酒人和醯人等,其中"醯人掌共醯物",也就是专管酿醋。《本草纲目》释醋名时引陶弘景的话说:"醋酒为用,无所不入,愈久愈良,亦谓之醯。"醋,很早就进入了寻常百姓家。《论语·公冶下》有"孰谓微生高直?或乞醯焉,乞诸其邻而与之",前人考证,微生高就是著名的尾生,"与女子期于梁下,女子不来,水至不去,抱柱而死"的千古情圣。有人因之把尾生视为信守诺言的典范,甚至认为他"信既如此,直亦可知",但孔子觉得,人家向他借点儿醋而他家没有,又不明说,转而向邻居家借,"其私曲尽见矣",直什么呀。后来不少人循着夫子的思路看待尾生,有的说,醋这东西"非人必不可少之物,有则与之,无则辞之,沾沾作此态,平日之得直名者可知矣"。还有的更掷给他一顶帽子:"矫情饰行,以诈取名。"小小一件事,竟然上纲上线到这个地步,跟今天网络发酵什么差不多了。

宋朝不用醯这种复杂的字眼了,把酿醋的作坊径直叫作醋坊。明朝也是这样,专门负责酿醋以供官府之用的人家,就叫醋户。宋人庄绰《鸡肋编》云:"建炎后俚语,有见当时之事者。"如"欲得官,杀人放火受招安;欲得富,赶着行在卖酒醋"等,这是说,贵,要当强盗;富,要拿到酒醋的专卖权。鲁迅先生指出:"这是当时的百姓提取了朝政的精华的结语。"北宋列入"榷货"范围的物品,较之以前确有扩大,盐、茶、酒之外,即有醋、矾和香等。清人周寿昌《思益堂日札》引他著云,魏中书监刘放曰:"官贩苦酒,与百姓争锥刀之末,请停之。"苦酒即醋,《本草纲目》云,醋"以有苦味,俗称苦酒"。周寿昌因而认为:"醋之有榷,自魏已然。"而关于苦酒,《晋书·张华列传》中已经提到。陆机曾送张华腌鱼,"时华家宾客满座"。打开后,张华说,这是龙肉啊。编纂《博物志》的张华是个很神的人物,号称"博物洽闻,世无与比",什么都知道。但大家这回都不信他,张华说:"试以苦酒濯之,必有异。"果然,"既而五色光起"。陆机问腌鱼的主人,那人说:"园中茅积下得一白鱼,质状殊常,以作鲊,过美,故以相献。"龙虽是中华民族的图腾,但咱们都知道龙本身子虚乌有,龙肉遇醋则放光,未知张华依据的是何种原理。《汉语大词典》释苦酒曰"劣质味酸的酒",怕也有商榷余地。

醋作为一种调味品,多以粮食经发酵酿制而成。宋人另一部笔记《北梦琐言》之"疗疑病"条,告诉我们醋还有别种功效。那是"有一少年,眼中常见一小镜子",医生赵卿诊过之后,"与少年期来晨以鱼脍奉候"。少年按时来了,赵卿事先在餐台上却"止施一瓯芥醋,更无他味",他自己则已会客躲在里面不出来。时间长了,"少年饥甚,且闻醋香,不免轻啜之,逡巡又啜之,觉胸中豁然,眼花不见",病好了,"因竭瓯啜之"。这个时候赵卿出来了,少年很不好意思,但赵卿告诉他,这正是给你治病,你"先因吃鲙太多,非酱醋不快",而且非得等你饿了再喝醋才行。1997年夏余偶到山西运城,午、晚两餐之前必索一小杯醋,像少年那样"轻啜之",时当然无食鲙搅扰,但觉呷醋非常美味。当代有人研究,在李时珍的《本草纲目》中,酒醋类药物占了相当的篇幅,有的至今还有较好的临床疗效和开发利用价值。

因为醋有酸味,便引申出相当多的社会学含义。比如说,妒忌叫吃醋,最为人们所熟知。醋葫芦、醋罐子、醋坛子云云,一级级加码,妒忌心极重的更称作醋海。蒲松龄《聊斋志异》在"马介甫"故事之后,录有自作的《妙音经》之续言"以博一噱",其中说到:"酸风凛冽,吹残绮阁之春;醋海汪洋,淹断蓝桥之月。"又比如,从前轻慢贫寒失意的读书人,管人家叫醋大。唐人解释说:"醋大者,或有抬肩拱背,攒眉蹙目,以为姿态,如人食酸醋之貌,故谓之醋大。"不是瞧不起所有读书人,而是看不惯那种装腔作势的读书人吧。《履园丛话》载一个捐班出身的人也要学人家科目出身的人吟诗作赋,便诌了句"春来老腿酸于醋,雨后新苔滑似油"。结果,当然为官场增添新的笑柄。

盐

说到盐，不免记起 1997 年偶到山西运城的那次经历。所以说偶到，因为本来是在北京参加一个新闻评论方面的研讨班，看到日程表方知还要去山西考察，结果大家相当期盼后者，有喧宾夺主之嫌。傍晚从北京站坐火车出发，天蒙蒙亮时到洪洞下车，对这个以苏三和大槐树闻名的地方久已神往。然后坐汽车一路下去，经过夏县，又到了司马温公祠，司马光老家正在这里。

在那之前对运城还真是一无所知，到了才知道人家的文化底蕴如此丰厚。两三天的时间，先后游览了关帝庙（相当于在曲阜的孔庙）、普救寺（《西厢记》故事发生地）、出土不久的黄河镇河大铁牛、伴随中条山向两端绵延远去的盐池等。运城之所以成为中国古代文化的重要发祥地之一，根本就在于那个盐池，其得名据说即"盐运之城"的意思。当地传说，黄帝大战蚩尤，正是为了争夺盐池。然《孔子三朝记》云："黄帝杀之（蚩尤）于中冀，蚩尤肢体身首异处，蚩尤血入池化为卤水，则解之盐池也。"争夺盐池与死后化为盐池，比对起来显然有矛盾之处。传说嘛，两面都姑妄听之就是。

这个"解之盐池"，正是运城的盐池，所谓"因其（蚩尤）尸解，故名为解"，五代时始置解州。史料笔记中，有大量关于解州盐池的记载,其所出产的盐即解盐。宋人《云麓漫钞》讲到盐池规模时说,"自解县东抵安邑之南,凡五十里,南北广七十里,中随两邑之境分之",大得很。也讲到解盐的生产方式,"其雇于官而种盐者曰揽户,治畦其旁,盛夏引水灌畦而种之,得东南风,一息而成,取而暴之,已乃入之庵中",得天时地利之便,盐工等有坐享其成的意味。《建炎以来朝野杂记》也说,"池周百里,开畦灌水,遇风即成,不假人力,故味厚而直廉"。因为"风"对解盐的形成如此重要,当地又有"舜弹五弦之琴,歌南风之诗"的传说,认为那首中国历史上最原始、最古老的歌谣《南风歌》——南风之薰兮,可以解吾民之愠兮;南风之时兮,可以阜吾民之财兮——跟今天的运城密切相关,按《孔子家语》的说法是虞舜最先弹唱的,按运城人的观点,则就是在运城弹唱的。运城还保留了我国唯一的一座池神庙,祭奠盐神,皇家敕造,最早要追溯到唐朝大历(代宗李豫年号)年间,以神赐瑞盐,遂建池神庙奉之。《新唐书》载:"唐有盐池十八……蒲州安邑、解县有池五……岁得盐万斛,以供京师。"则池神庙源自斯时,亦非偶然了。

解盐之外,盐的品种当然还有其他。《万历野获编》云,宋盐有四种,分别是末盐、颗盐、斥盐、崖盐。这里的颗盐,"即今解州及晋中蒲绛所出",说的也是运城盐池,且以为"熬盐之外,解盐最奇……概天生之利也"。相比之下,别的地方就不同了。比如淮浙煎盐,要"布灰于地,引海水灌之,遇东南风,一宿盐上聚灰,暴干,凿地以水淋灰,谓之盐卤。投干莲实以试之,随投即泛,则卤有力,盐佳。值雨多即卤稀,不可用。取卤水入盆,煎成盐牢",工艺复杂得很。不仅如此,"盐户谓之亭户,煎夫穿木履立于盆下,上以大木枕抄和,盐气酷烈,熏蒸多成疾",还要得职业病。

屈大均《广东新语》云,"粤有生盐、熟盐",生活于不同自然环境中的百姓各取所需。熟盐"产归德等场,成于火煎,性柔易融化,味咸而甘,便于调和,水居之民喜食之"。生盐呢,"产淡水等场,成于日晒,性刚能耐久,其味倍咸,食之多力,山居之民喜食之。贫者以得盐难,可以省用,尤利之"。本来这两种盐的供给处于市场状态,"旧制,生熟盐惟商所运,从无销生滞熟之虞",而"自藩下奸商霸夺熟场,欲其多售增价",垄断一干预,全不同了,于是"熟引较生引课轻,承生引之埠者,又欲轻饷漏课,乃不论土俗之宜否,径于广、肇、惠、罗各埠,生三熟七,配搭强行",但求有利可图,全不理民间口味,"究之民俗之喜生者七,引之熟亦照全生,民俗之喜熟者三,引之生亦照全熟"。在屈大均看来,"此非商之好作其奸,乃法令之不便于民也……与其强民之所不好,以致二引难销,何如从民之所好,喜食生者与以生,喜食熟者与以熟,喜生熟相兼者,与以生熟相兼。既便于民,又惟商之所运,而以熟引照生引、以生引照熟引之弊,不禁而自绝矣"。他甚至认为:"此盐政之首务也。"

说到盐的经营,从其成为国家经济命脉的那一天起,官盐与私盐的斗争也许从来就没有停止过。贩私盐的方式"车有车路,马有马路",最恶劣的,该是权力操纵之下的明火执仗。南宋奸相贾似道一次"令人贩盐百艘至临安",太学生诗曰:"昨夜江头涌碧波,满船都载相公鹾。虽然要作调羹用,未必调羹用许多。"讥讽这种公然的腐败行为,这首诗显然戳到了贾似道的痛处,所以他看到之后,"遂以士人付狱"。许我干而不许你说,正是权力肆无忌惮的根本原因。

食盐专营

11月20日(2014),盐业主管部门国家工业和信息化部向央视确认,有关部门正加紧研究制定盐业体制改革方案,总方向是到2016年取消食盐专营,让涉盐企业真正实现自主经营、公平竞争。不少报道都说,如果从东周时期管仲在齐国的推行算起,食盐专营制度在中国存在了近2700年。这个说法显见出自专家,然而只是一面之词。胡寄窗先生早就认为,管仲的食盐专营是作为一种政策思想提出,与现实的垄断还不完全是一回事。胡先生是中国经济思想史学科重要的开拓者,他对中国古代经济思想有诸多独到见解,其中之一就是《管子》的经济思想,我们不妨聆听一下。

胡先生认为,管仲经济思想最突出的,是他的士农工商"四民分业定居论"。这四大社会集团的划分,在中国历史上是第一次,在此后的两千多年间一直成为中国社会的典型分类。在财政方面,管仲主张减轻赋税收入,加强经济收入,尤其应注意以国家垄断经营的方式作为充裕国家财政收入的主要手段。这在《管子·海王篇》桓公与管仲的对话中,表述得相当清楚。桓公说他想征房屋税,管子说这等于要人家拆房子;桓公说想征树木税,管子说这等于让人家砍树;想征家禽税,管子说等于让人家杀生;想征人头税,管子说等于让人家禁欲。归结为一点,强征势必妨碍生产。

管子之所以有这种结论，胡先生认为源自他对社会的深刻观察。在《权修篇》里，他有进一步的阐释："地之生财有时，民之用力有倦，而人君之欲无穷，以有时与有倦，养无穷之君，而度量不生于其间，则上下相疾也。"因此，"取于民有度，用之有止，国虽小必安；取于民无度，用之不止，国虽大必危"。

桓公这时就问了，那国家财政靠什么来支撑呢？管仲答"唯官山海为可耳"，具体来说就是"海王之国，谨正盐策"。因为生活中谁也离不开盐，"十口之家十人食盐，百口之家百人食盐"，因此管仲就算了一笔账：以一个月为计的话，大人得吃近五升半，小孩也得吃二升半，如果"令盐之重升加分强"，也就是盐价格每升增加半钱，对万乘之国来说，一个月就可以收上来六千万。如果收人头税呢，每月每人即便征三十钱，总数才不过三千万。关键是，你要是下令征人头税的话，"则必嚣号"，一定会有民怨；而"今夫给之盐策，则百倍归于上，人无以避此者，数也"，这样悄悄地就能把钱收上来。

而管仲的"官山海"，只是国家的局部垄断，即国家控制主要产盐地或控制若干主要市场，不是全部盐的生产与销售。这在《地数篇》与《轻重甲篇》中可得一窥。《地数篇》这么说的，先"伐菹薪，煮沸水为盐，正而积之三万钟（钟，计量单位）"，到"阳春农事方作"的时候，"令民毋得筑垣墙，毋得缮冢墓，丈夫毋得治宫室，毋得立台榭，北海之众毋得聚庸而煮盐，然盐之贾必四什倍"。在《轻重甲篇》里又是这么说的，"十月始正，至于正月，成盐三万六千钟"，然后，因为"孟春既至，农事且起"，令"大夫无得缮冢墓，理宫室，立台榭，筑墙垣，北海之众，无得聚庸而煮盐，若此，则盐必坐长而十倍"。表述虽然稍有不同，总之大意是以农忙为理由，令产盐区的人不准"聚庸而煮盐"，由国家来出售以囤积之盐来获取厚利。管仲名之曰"煮沸水以籍于天下"。这样来看,国家并没有全部占有产盐区,食盐也没用完全垄断专营,只是限于某个时段。

在胡先生看来,真正意义的食盐专营始于汉武帝元狩六年(前117)孔仅和东郭咸阳的建议。《汉书·食货志》载有这个建议:"山海,天地之藏,宜属少府,陛下弗私,以属大农佐赋。愿募民自给费,因官器作煮盐,官与牢盆(煮盐用的大铁锅)。浮食奇民欲擅斡山海之货,以致富羡,役利细民。其沮事之议,不可胜听。敢私铸铁器、煮盐者,钛左趾,没入其器物。"就是说,资源是国家的,你可以自己出资,官府还发给工具,盐产品国家要作价收上来专卖;私自煮盐的,要处以刑罚。于是,武帝"使(孔)仅、(东郭)咸阳乘传举行天下盐、铁,作官府,除故盐、铁家富者为吏。吏益多贾人矣"。官商不分,未知是否可到此溯源。桑弘羊兼管盐铁事物后,扩大了各郡县盐官的设置,食盐专营大收成效。《汉书·地理志》介绍郡县时,设有盐官以及铁官的都要添上一笔,显见是在标明产区。

"穿尽绫罗不如棉,吃尽百味还点盐。"彼时食盐作为生活必需品却相对稀缺,专营的确能够为国家带来大量税收,极端时"天下之赋,盐利居半"。但今天这方面的意义已经相当微小。从1994年开始,盐税不再作为一个单独税种,而是被纳入了资源税的征收范围。按照目前每吨25元的最高盐税征收额度计算,2013年盐税收入还不到国家税收的万分之二。然而,从2001年起的十年间国家曾制定过六次盐改方案,却因盐业体制改革将"极大地损害"既得利益者的垄断利润,被大念"拖"字诀。现在,这一步也许终于要迈出去了,一旦如此,其意义应该不亚于前些年取消农业税。

腊肉，臘肉

前几天，有人实拍了一家居民阳台防盗网上密密麻麻挂着腊肉的照片，引来网友一片感叹和调侃，"真是土豪""这户人家的生活水平和开宾利的是一个级别"云云，更搞笑的则为防盗网的承受能力担心。这是哪里的场景呢？莫衷一是，有说重庆的，也有说武汉的。网络时代的传播就是这样，信息源具有相当的不确定性。

南方人很熟悉腊肉。我在北方生活时，吃的腊肉都来自南方。落籍广东之后，"秋风起，吃腊味"早就耳熟能详，而且特别青睐东莞的腊肉腊肠。腊肉是腌肉的一种，具有从鲜肉加工、制作到存放，肉质不变，便于保存等特点。大约这也是腊肉主要盛行于南方的原因之一吧。南方湿热，一不小心东西就长毛变质，而在北方全无这种担心，也就不会在肉类保存上大动脑筋。

在1956年初公布第一批简化汉字之前，"腊"和"臘"实际上是两个字，读音不同，含义也不同。"腊"读 xi（阴平），"臘"读 la（去声）。腊，大家最面熟，然其原本义项应该说陌生。比如它表示"极"，如《国语》之"毒之酋腊者，其杀也滋速"；又比如它表示"皮肤皱皱"，如《山海经》云钱来之山有种动物，"其状如羊而马尾，名曰羬羊，其脂可以已腊"，就是说，羬羊之脂跟上世纪六七十年代通用的蛤蜊油差不多。而臘的用法，才为我们今天所习见，如腊月、腊八粥,应该是臘月、臘八粥。在从前,一年中最为重要的祭祀就是岁终的臘祭,不仅要祭百神,还要于臘日(十二月初八)或前一日击鼓赶走潜在的疫病,《荆楚岁时记》云:"村人并击细腰鼓,戴胡头,乃作金刚力士以逐疫。"

成语有著名的"唇亡齿寒",也涉及到了臘祭。《左传·僖公五年》载,时"晋侯复假道于虞以伐虢",宫之奇谏止,他认为:"虢,虞之表也。虢亡,虞必从之。晋不可启,寇不可翫。一之谓甚,其可再乎?谚所谓'辅车相依,唇亡齿寒'者,其虞、虢之谓也。"结果虞公不听,宫之奇便率领全族来个大迁移,溜之乎也。在他看来,"虞不臘矣",挨不过臘祭那天就要灭亡了。亡国这一点上果如其所言,"冬,十二月丙子朔。晋灭虢。虢公丑奔京师。师还,馆于虞,遂袭虞,灭之。执虞公及其大夫井伯,以媵秦穆姬",只是晋仍"修虞祀",未废其祭,天子命虞所祀祭之境内各类神祇,照祭不误。

第一批简化汉字颁布之后,"臘"便消失了,与"腊"合二为一,后者成了前者的简体,且摇身一变为多音字。但是因为曾经"泾渭分明"的前提,"腊肉"和"臘肉"便难免是两个概念。

腊肉,是干肉。《论语·述而》中孔子曰:"自行束脩以上,吾未尝无诲焉。"孔安国疏曰:"言人能奉礼,自行束脩以上,则皆教诲之。"前人另已指出,脩,脯也。十脡为束。脡,即条状干肉。批林批孔那会儿笔者读初一,记得当时这样释义:孔子的学费为十条干腊肉,所以一般百姓在他那里根本读不起书。其实前人同样说了:"古者相见必执贽以为礼,束脩其至薄者。"至薄,没有比这更廉价的了。孔子为什么要收呢?"盖人之有生,同具此理,故圣人之于人,无不欲其入于善。但不知来学则无往教之礼,故苟以礼来,则无不有以教之也。"钱穆先生也认为:"故虽贫如颜渊、原思,亦得及门受业。"当然了,对束脩还有不少"别解",指15岁的年龄,指能够自我约束、自我反省等,但在学费问题上,显然彼时是一定要往夫子头上扣屎盆子。

南朝宋明帝特别爱吃腊肉,《南史》讲他"奢费过度"的一个证据,就是"以蜜渍鱁鮧,一食数升,噉腊肉常至二百脔"。鱁鮧,鱼鳔、鱼肠用盐或蜜渍成的酱。脔,切成小块的肉。明帝的胃口也是真够惊人。柳宗元名篇《捕蛇者说》云,永州有"触草木尽死"的异蛇,"以啮人,无御之者",然而这种蛇有极好的药用价值,"得而腊之以为饵,可以已大风、挛踠、瘘疠,去死肌,杀三虫"。因此"太医以王命聚之,岁赋其二。募有能捕之者,当其租入",又因此"永之人争奔走焉"。而臘肉,冬天腌制的肉类,才是今天的概念。陈元靓《岁时广记·煮腊肉》引《岁时杂记》:"去岁臘月糟豚肉挂灶上,至寒食取以啖之,或蒸或煮,其味甚珍。"《随园食单》中有"风肉",云"杀猪一口,斩成八块,每块炒盐四钱,细细揉擦,使之无微不到。然后高挂有风无日处。偶有虫蚀,以香油涂之。夏日取用",显然也属于臘肉之列。诸如此类,表明腊肉与臘肉不可等同,今天在简体排版的古籍中遇到"腊肉",应该核实一下繁体的同名著作,以弄清是"腊"还是"臘"。

臘肉是臘味的一种,臘味中还包括臘鱼、臘鸡、臘鸭等等。有意思的是,元代蔑称在京求官之南人为臘鸡。众所周知,元朝建立后,把国民分为蒙古人、色目人、汉人、南人四等,南人等级最低。《草木子》云:"天下治平之时,台省要官皆北人为之,汉人南人万中无一二,其得为者不过州县卑秩。盖亦仅有而绝无者也。后有纳粟、获功二途,富者往往以此求进……在都求仕者,北人目为臘鸡。"为什么这么叫呢?"盖臘鸡为南方馈北人之物"。那么多臘味,为什么是臘鸡而不是别的,想来也有奥妙蕴藏其中吧。

凤爪·鸡跖

粤式早茶里有一道豉汁蒸凤爪比较出名,说是老广叹茶必点也不为过。凤爪其实就是鸡爪。鸡之名凤,犹"龙虎斗"中蛇之名龙、猫之名虎,这种动辄"高攀"的做法,取其形近或神似的缘故吧,总之是一种传统文化心理,不必非议。凤爪的制作过程,是将鸡爪经过炸与蒸,发得泡而松软,再加上诸味调和的酱料。吃过的人都知道,吮之脱骨,齿颊留香,别看没什么肉,却也不失为一种乐趣。营养呢,据说因为凤爪富含胶质,可以保持皮肤的滋润,有养颜之效。

古代很早就有人喜欢吃凤爪了,早到什么程度呢?至少可以溯至春秋战国,不过,那时候不叫凤爪,而叫鸡跖或鸡蹠。跖,足跟或脚掌。《说文解字》释"跖"为"足下也",段玉裁注"足下",即"今所谓脚掌也"。记得自己最早知道"跖",是在批林批孔之际,彼时绘画、文字,每有"柳下跖痛斥孔老二"的题材。那个"跖"是人,所谓大盗,因此在先秦典籍中被称为"盗跖"。比喻各为其主的成语"跖狗吠尧",就关联了他,源自《战国策·齐策六》,貂勃说:"跖之狗吠尧,非贵跖而贱尧也,狗固吠其非主也。"那个痛斥故事,则据说是从《庄子·盗跖篇》中衍申出来的,"鲁人孔丘,闻将军高义,敬再拜谒者",而"谒者入通,盗跖闻之大怒,目如明星,发上指冠"嘛。

最早记载的吃凤爪的人大概是齐王,可惜不知道齐什么王。那是《吕氏春秋·用众》在谈到学习时打的比方:"善学者,若齐王之食鸡也,必食其跖数千而后足,虽不足,犹若有跖。"这段文字,毕沅说"正文难晓",且怀疑"不"字为衍文,但还是给出了大致意思:善于学习的人就像齐王吃鸡一样,一定要吃几千只鸡爪才感到足够,"虽足而犹若有跖未尽食者。此则学如不及,唯恐有闻为足,以形容好学者贪多务得之意耳"。李宝洤不同意他的说法,认为这是"言齐王食鸡,以跖为美。善学者亦当如其爱鸡跖,必数千乃足,即不足数千,犹必有跖之可取。此以跖喻学之精者"。前人惜墨如金,想来不会有最终定论,然以吃鸡跖喻学习、鸡跖乃美味值得广泛摄取,这一点显然还是有共识的。北宋宋祁有《鸡跖集》,书名之义即取"学务博而始有成"之意。

至于齐王究竟吃了多少,不同典籍里面又是一笔糊涂账。《淮南子·说山训》云:"天下无粹白狐,而有粹白之裘,掇之众白也。善学者若齐王之食鸡,必食其蹠,数十而后足。"杨树达先生说,"食蹠数十,不足为多",这个"十"应当是"千",形近之误。但何宁先生认为,食蹠数千,多则多矣,然似亦夸饰近诬;且鲍廷博本《太平御览》所引《吕氏春秋》中,"数千"也是"数十"。话说回来,即便一次吃数十凤爪,也是有些惊人了。不管齐王究竟吃了多少吧,他因此吃出了名气不会错。"狂言虽寡善,犹有如鸡跖。鸡跖食不已,齐王为肥泽"云云,三国时魏之应璩作《杂事》诗时还想着他呢。"朝来地碓玉新舂,鸡跖豚肩异味重。便腹摩挲更无事,老人又过一年冬。"陆游的句子,不难想见其时吃得何等惬意,这要归结齐王的带动之功吧。

段成式《酉阳杂俎·酒食》云,南朝梁刘孝仪某日一边食鲭鲊,一边谈吃,赞叹"邺中鹿尾,乃酒肴之最",最好的下酒菜。崔劼表示同意:"生鱼熊掌,《孟子》所称;鸡跖猩唇,《吕氏》所尚。鹿尾乃有奇味,竟不载书籍,每用为恌。"这里的"恌",《太平广记》"刘孝仪"条引《酉阳杂俎》则作"恨"。那么好吃的东西,前人都没有提及,可不遗憾?孝仪曰:"实自如此,或是古今好尚不同。"以前没把它当好东西。这一点倒不难理解,今天老广吃得津津有味的濑尿虾,据说改革开放之前是用来当作肥料的!

《酉阳杂俎续集·支动》还有一则,云"威远军子将臧平者,好斗鸡,高于常鸡数寸,无敢敌者。威远监军与物十匹强买之,因寒食乃进。十宅诸王皆好斗鸡,此鸡凡敌十数,犹擅场怙气。穆宗大悦,因赐威远监军帛百匹",看到这里都很明白,然"主鸡者想其蹯距,奏曰:'此鸡实有弟,长趾善鸣,前岁卖之河北军将,获钱二百万'",就像毕沅前面说的"正文难晓"了。蹯距,也是鸡跖的代称。难不成主鸡者惦记吃那只斗鸡的爪子?

有趣的是,刘勰《文心雕龙·事类》在谈到作家"将赡才力,务在博见"时又用吃凤爪来打比方:"狐腋非一皮能温,鸡蹠必数千而饱。"狐腋即狐狸腋下的毛,最能保暖,取很多狐腋缝成的皮裘称为狐腋之裘。成语"集腋成裘"就是这个道理,意谓积少为多,以成一事。因此,"综学在博,取事贵约,校练务精,捃理须核,众美辐辏,表里发挥",综合学问在于广博,选取事例重在精简,考核提炼力求精当,采摘理论须要核实,各种优点都齐备了,作家所具的才能和学问势必就能发挥长处。以吃鸡爪来喻做学问,有须臾不可或分的态势,有趣之处正在这里。

"百嗜不如双跖美,频年自愧一坩虚。"《红楼梦》作者曹雪芹的祖父曹寅,鸡爪、鸭爪全都喜欢。可惜的是,《红楼梦》里对鸡爪没有提及,只说到了"糟鹅掌、鸭信"。提及的话,鸡爪又要添加一层文化内涵了。

食无肉

在刚刚结束的 2012 世界女排大奖赛总决赛上，中国女排只是第一场赢了古巴，然后四连败，结果在六支参赛队伍中名列第五。输给美国、巴西这样的强队，固然在"情理"之中，但输给了土耳其尤其是泰国，令国人很不好接受。不过，在比赛还没结束的时候我们就知道，所以遭此败绩，一个重要原因是姑娘们"食无肉"。那是主教练俞觉敏说的：为了保证食品安全，中国女排已经断肉三个礼拜，回到北仑基地后才开始吃上肉；因为缺肉，中国女排在体能和体质上有明显的下降，身体训练的强度也不敢上量。

以瘦肉精猖獗的程度来推断，俞教练所言未必为虚。年初的时候，国家体育总局正有一则"禁肉令"：一是禁止运动员在外食用猪牛羊肉，二是各训练基地在未确保肉食来源可靠的情况下，暂停食肉。此前，刘翔已经多年不吃猪肉亦轰动一时。然找出此输球主因，还是令舆论大哗。有网友说少林武僧从不吃肉，他们的体能、功夫是如何练的？那是抬杠，吃肉和体能应该还是有紧密关联的。武松打虎之前，就先在"三碗不过冈"酒店一边喝酒，一边要酒家"好的（熟牛肉）切二三斤来吃酒"。于是，"店家去里面切出二斤熟牛肉，做一大盘子，将来放在武松面前"。未几，武松又叫"肉便再把二斤来吃"，酒家"又切了二斤熟牛肉，再筛了三碗"。景阳冈上老虎出现时,"武松被那一惊,(十八碗)酒都作冷汗出了",逻辑上看,武松打虎的力量唯有来自那四斤牛肉。宋江在江州与戴宗、李逵饮酒,"见李逵把三碗鱼汤和骨头都嚼吃了",便要了二斤羊肉,"放在桌子上,李逵见了,也不谦让,大把价挃来,只顾吃,抡指间把这二斤羊肉都吃了"。李逵的力量很大,让他食无肉也会成无源之水。

《战国策》中有个入了中学语文课本的著名故事。齐人冯谖家贫,托关系愿寄食于孟尝君门下,但"左右以君贱之也,食以草具"。没多久,冯谖说话了,且大张旗鼓,所谓"居有顷,倚柱弹其剑",边弹边唱:"长铗归来乎!食无鱼。"手下人报告上去,孟尝君很爽快地说:"食之,比门下之(鱼)客。"前人考证,孟尝君的三千门客实际上有三种待遇:上客食肉,中客食鱼,下客食菜。冯谖吃上了鱼,等于待遇晋升了一等。见到奏效,冯谖又两次故技重施,一次喊"出无车",一次喊"无以为家",令孟尝君"左右皆恶之,以为贪而不知足"。当然,其后的事实证明,孟尝君的"投资"得其所哉,且冯谖也真的算不上贪,他毕竟没有觊觎食肉的上客待遇。李逵吃完羊肉后高兴地说:"这宋大哥便知我的鸟意,吃肉不强似吃鱼!"孟尝君那里的肉鱼功能区分,显然早具此意。

食无肉其实并非一无是处,明朝120岁的王士能谈长寿之因,排在第一位的就是"不茹荤"。高层次的,还足以与官员清廉为伍。如南齐庾杲之"清贫自业,食唯有韭菹、瀹韭、生韭杂菜",有人开玩笑说:"谁谓庾郎贫,食鲑常有二十七种。"二十七,即三九谐三韭。"唯有",也许绝对了,类似海瑞的不常吃,买两斤肉也成新闻,相对更合情理。明传奇《绣襦记》还有"一碗饭长腰米,十八样小菜儿",此中"十八样"即所谓"二韭",二九一十八。溯其源,要自攀杲之了。

《孟子》曰:"五亩之宅,树之以桑,五十者可以衣帛矣,鸡豚狗彘之畜,无失其时,七十者可以食肉矣。"表明去今两千多年前,食无肉是很正常的社会现象。食无肉与食有肉,构成了统治阶层与被统治阶层的鸿沟。饶是如此,食有肉阶层也有"诸侯无故不杀牛,大夫无故不杀羊,士无故不杀犬豕"的约束。众所周知,著名的曹刿还很瞧不起食肉的。当年,在"齐师伐我"之际他要出头,在他眼里,"肉食者鄙,未能远谋"。钱锺书先生认为曹刿的话"尚含意未申",辅以《说苑》记东郭祖朝上书晋献公问国家之计事,才能明了。献公使告祖朝:"肉食者已虑之矣,藿食者尚何与焉?"祖朝曰:"肉食者一旦失计于庙堂之上,臣等之藿食者宁无肝脑涂地于中原之野与?"藿食者,就是食无肉的人群。彼时的食无肉,当然不是像今天寻常人等为了养生、运动员担心"阳性",而是没得吃,不准吃。

苏东坡说过:"宁可食无肉,不可居无竹。"陈平原先生有次参加学术会议后参观,主办方为了赶时间安排他们在一所高校食堂大吃蔬菜,陈先生便随遇而安,以为"偶尔来顿以素代荤,就像写诗作文的以俗为雅一样,也都别有风味"。他们的活动均与运动量无涉,自然可以偏重雅兴,而据说按正常要求,一名运动员每天要吃8两猪肉和8两牛肉,则断肉三周该是何等后果?然东坡又说:"人瘦尚可肥,士俗不可医。"本次总决赛中,中国女排面对最弱的泰国队,尽遣主力上场也难求一胜,心理素质、技战术层面的原因才是主要的吧,倘若认定因为食无肉,除了让人哑然失笑,也许离"不可医"相去不远了。

素食

中午徒步，每每路过若干家素食馆。这种餐馆这些年在广州很流行。本人也吃过几次，广州之外，还在厦门南普陀寺、韶关别传寺、佛山西樵山观音脚下等地"从众"过。素食馆，在全国应当是个全方位的存在吧。不管是出于何种考虑，宗教或者养生，年纪大一点儿的人如今以之为风尚，就像年纪轻一点儿的圣诞时就钻进教堂一样。

素食的历史很早。《左传》中有"肉食者鄙""肉食者谋之"，其中的"肉食者"逻辑上对应的正是"素食者"，但这里有消费能力的因素。《汉书·王莽传》中的"每有水旱，莽辄素食"，才是刻意为之。太后知道后叫人传话："闻公菜食，忧民深矣。今秋幸熟，公勤于职，以时食肉，爱身为国。"菜食，即素食。太后觉得王莽这样身体扛不住，还是得吃肉，吃肉也是为国家着想。王莽为什么要素食呢？《礼记》有"岁凶，年谷不登，君膳不祭肺"，郑玄注曰："礼食杀牲则祭先，有虞氏以首，夏后氏以心，殷人以肝，周人以肺。不祭肺，则不杀也。"王莽以尚古闻名，用意在于"深自贬损以救民急"。（司马光语）

素食后来才成为宗教人士重视心灵虔诚与纯洁的戒规。鲁迅先生的《祝福》里，鲁四老爷家过新年时"另叫柳妈做帮手，杀鸡,宰鹅;然而柳妈是善女人,吃素,不杀生的,只肯洗器皿"。这种戒规据说始自梁武帝,其《断酒肉文》列举了九条"不及外道"的行为,所谓外道,即"各信其师,师所言是,弟子言是,师所言非,弟子言非",也就是为师的先要身体力行。否则呢,"今出家人,或为师长,或为寺官,自开酒禁,啖食鱼肉,不复能得施其教戒,裁欲发言,他即讥刺云,师向亦尔,寺官亦尔",这个时候难免"心怀内热,默然低头,面赤汗出,不复得言,身既有瑕,不能伏物"。当然了,如钱锺书先生所云:"王法助佛法张目,而人定难胜天性。"对那些"出家比于就业,事佛即为谋生"之辈,偷偷去吃就是。像《水浒传》里的鲁智深,"甚么浑清白酒、牛肉狗肉,但有便吃"。

不过王法终究是有些作用的。《宋书·袁粲传》载,南朝宋孝建元年(454),孝武帝刘骏"率群臣并于中兴寺八关斋,中食竟,愍孙(袁粲)别与黄门郎张淹更进鱼肉食"。结果给人家告密了,袁粲因此被免官。八关斋,即在家信徒一昼夜当受持的八条戒律,胡三省注《资治通鉴》云:"释氏之戒:一,不杀生;二,不偷盗;三,不邪淫;四,不妄语;五,不饮酒食肉;六,不著花鬘璎珞、香油涂身、歌舞倡伎故往观听;七,不得坐高广大床;八,不得过斋后吃食。以上八戒,故为八关。"《西游记》第十九回,孙悟空降服了云栈洞中使九齿钉钯的妖怪,押到唐僧面前,他说他叫猪悟能,已经"断了五荤三厌,在我丈人家持斋把素,更不曾动荤",等着跟师父去取经呢。唐僧就给他起个别名,"唤为八戒"。

在素食馆吃过的人都知道,菜品中少不了素鸡、素鹅、素火腿、素肘子等等。总之,对应"荤"的什么,都有"素"的一套,所谓"有时故仿豚鱼样,质不相混色乱真"。(清王文治句)自然,比清朝更早的前人也这么干了。

五代孙光宪《北梦琐言》云,唐崔安潜"崇奉释氏,鲜茹荤血",其"镇西川三年,唯多蔬食。宴诸司,以面及蒟蒻(即魔芋)之类染作颜色,用象豚肩(即猪腿)、羊臑(即羊腿)、脍炙之属,皆逼真也"。宋林洪《山家清供》有"素蒸鸭",道是"郑余庆有亲朋晨至,敕令家人曰:烂蒸去毛,勿拗折项。客意鹅鸭也。良久,乃蒸葫芦一枚耳"。还有"假煎肉",就是把葫芦和面筋都切成薄片,分别加料后用油煎,然后加葱、花椒油、酒,放一起炒,"不惟如肉其味亦无辩者",不但炒得像肉,味道也非常之像。宋吴自牧《梦粱录》"面食店"条,前提有"专卖素食分茶,不误斋戒",所以里面说到的蒸果子鳖、蒸羊,钱锺书先生认为"皆实为素而号称荤者",而另外的三鲜夺真鸡、假炙鸭干、假羊事件、假驴事件、假煎白肠等,更是"顾名思义,皎然可晓"。

文学作品里也有这类情节。《西游记》第七十二回,唐僧在盘丝洞化斋,蜘蛛精们准备了什么呢?"原来是人油炒炼,人肉煎熬:熬得黑糊充作面觔样子,剜的人脑煎作豆腐块片"。唐僧一闻就闻出来了:"贫僧是胎里素。""长老,此是素的。""阿弥陀佛!若像这等素的啊,我和尚吃了,莫想见得世尊,取得经卷。"《女仙外史》第三十一回,月君感叹"独是缺少美酝佳肴",鲍师道:"也有个法儿,只勉强些。把那上好的素菜,其性滋润者,蒸熟捣烂,干燥者,炙炒磨粉,加以酥油、酒酿、白蜜、苏合、沉香之类,搜和调匀,做成熊掌、驼峰、象鼻、猩唇,各顶珍馐样式"。

"以豆腐面筋,煎充猪羊鸡鸭",再用钱先生的话说:"奉佛者而嗜此,难免赵翼'心未必净'之讥。"当年,精制素庖的王文治作《素食歌》,赵翼看了之后开他的玩笑:"有如寡妇虽不嫁,偏从淡雅矜素妆。吾知其心未必净,招之仍可入洞房。"素食中的荤相,满足了食客意淫而不犯戒的心理,然以"心未必净"名之,真是一针见血。

虐食

这几天,一段"活烤小黄牛"视频受到了舆论的强烈谴责。视频中,一名叼着烟卷的男子手持喷火器,直接对一只拴住的小黄牛像烧电焊那样喷火。小牛向前踉跄了几步,男子一手持喷火器一手持液化气罐追了上去,对着小牛的脑袋及身体继续喷。小牛时而动动,但身下已满是鲜血,基本上任由摆布。另外一名耳朵上夹着烟卷的男子,拿着长柄工具在小牛身上不停地舞动,可能是在褪毛,间或侧头一笑,大约是在回应周边观看的人们。两人的目的很明确:把小牛活着烤熟。

这种令人发指的事情据传发生在贵州镇远县某村,但当地公安部门旋即回应,他们那里绝对没有,根本就没有叫那个村名的地方。无论发生在哪里,它终究是发生了;无论是谁干的,"创意"的人、执行的人乃至不可能不知情的食客,没有人性同样是可以肯定的。不要说发生在 21 世纪,就是在古代,稍有人性的人也不会成为这样的虐食者。

《朝野佥载》有两则记载。其一,武则天临朝晚期,朝政多由张易之兄弟把持。张易之为控鹤监,弟弟昌宗为秘书监,昌仪为洛阳令,"竞为豪侈"。控鹤监不是养鹤的部门,而是皇帝近幸或亲兵的名称,控鹤意为骑鹤,古人谓仙人骑鹤上天。张易之有"活烤鹅鸭"的吃法。具体做法是,弄个大铁笼子,"置鹅鸭于其内,当中取起炭火,铜盆贮五味汁,鹅鸭绕火走,渴即饮汁,火炙痛即回,表里皆熟,毛落尽,肉赤烘烘乃死"。张昌宗如法炮制,又发明了"烤活驴",这回"拦驴于小室内,起炭火,置五味汁如前法"。张昌仪则让自己的鹰鹞把狗活活吃掉,"取铁橛钉入地,缚狗四足于橛上,放鹰鹞活按其肉食,肉尽而狗未死,号叫酸楚,不复可听"。张易之有次忽然想吃马肠,"取从骑破胁取肠,良久乃死"。这三个家伙可能万万不会料到果真"恶有恶报",那就是他们自己最后落得被活吃的下场。武则天病重时爆发了神龙革命,唐中宗复辟,诛杀了张氏兄弟,当其时也,"百姓脔割其肉,肥白如猪肪,煎炙而食"。

其二,唐太宗有次问光禄卿韦某,"须无脂肥羊肉充药"。老韦不知道怎么弄到,就去咨询郝处俊,结果他果然知道,但他认为,以太宗的秉性,"必不为此事",因此他自己去跟太宗说。具体办法是:"其无脂肥羊肉,须五十口肥羊,一一对前杀之,其羊怖惧,破脂并入肉中。取最后一羊,则极肥而无脂也。"果然,太宗"不忍为,乃止"。搞不清楚的是,这是郝处俊实践过得出的结果,还是出于进谏目的而进行的逻辑猜想。从《旧唐书》其本传来看,后者的可能性居多,郝处俊特别善于借喻。

《清稗类钞》里也有两则残忍的吃故事。其一"王亶望骄奢淫佚",说浙江巡抚王亶望以资郎起家,至中丞,后以贪赃伏诛。"籍没时,箧有四足裤,绣字于上,曰'鸳鸯裤'"。气得乾隆说:"公卿宣淫,一至于此!"这是王亶望"淫佚"的一面,倘若乾隆知道他的"骄奢",气就更要不打一处来了。自幼就在他家干活的厨子说,王亶望喜欢吃驴肉丝,因此"厨中有专饲驴者,蓄数驴,肥而健"。吃的时候,人先"审视驴之腴处,刲一脔,烹以献"。也就是并不把

虐食 317

驴杀了,而只是从驴身上活挖下一块肉来,鲜血淋漓怎么办?"则以烧铁烙之,血即止"。王宣望吃鸭子也有他的吃法,"以绍兴酒坛去其底,令鸭入其中,以泥封之,使鸭颈伸于坛外,用脂和饭饲之,留孔遗粪,六七日即肥大可食",这样喂出来的鸭子,"肉之嫩如豆腐"。其二"某寡妇食驴阳",说道光时"清江浦某巨室有寡妇,食性甚奇,嗜驴阳"。她的吃法更加骇人听闻,"使牡与牝交,俟其酣畅,使人亟以利刃断其茎,即自牝阴中抽出,烹而食之,谓其味嫩美无比"。时任清河县令吴蓉知道后,"执而诛之"。

凌濛初《拍案惊奇》讲到唐朝开元年间的屈突仲任,也是一个纯粹的虐食者。"假如取得生鳖,便将绳缚其四足,绷住在烈日中晒着,鳖口中渴甚,即将盐酒放在他头边,鳖只得吃了,然后将他烹起来。鳖是里边醉出来的,分外好吃。取驴缚于堂中,面前放下一缸灰水,驴四围多用火逼着,驴口干即饮灰水,须臾,屎溺齐来,把他肠胃中污秽多荡尽了。然后取酒调了椒盐各味,再复与他,他火逼不过,见了只是吃,性命未绝,外边皮肉已熟,里头调和也有了"。后来,屈突仲任被捉去阴曹地府,受到了应有的惩罚而幡然悔悟,所谓"放下屠刀立地成佛"。

种种可见,古人的价值观对虐食者也是极不认可的。如果说那还只是"不忍"的天性使然,在今天则是为生态伦理所不容。活吃动物,只应该是发生在动物之间的事;且作为自然法则,动物行为亦无虐之成分。虐食者真的是连动物还不如了。让动物有尊严地活着或死去,对我们很多人来说还是一个近乎空白的问题。每年广西玉林夏至民俗时搞的狗肉节,明明已是陋俗,但是因为反对的声浪不够,依然我行我素。只有"活烤小黄牛"这种实在做得过分了的,才千夫所指。国人待补的课真是太多太多。

豆腐

上一周休年假,照例去了贵阳花溪。1990年夏天第一次来的时候,就很喜欢吃这里的烤豆腐果。彼时的烤锅呈穹庐状,涂上食用油,将发酵后的片状豆腐贴在上面;两面烤到一定程度,用神似抹玻璃腻子的工具切成一厘米见方;再烤一下,四面蘸上辣椒面就可以进口了。我特别喜欢这种小吃,今日依然。到过花溪旅游的人留神一下不难发现,那里擅长做豆腐文章,有烤的、煎的、炸的,撕开吃的,往里面塞折耳根的……

豆腐的发明,据说始于汉高祖刘邦的孙子刘安。前人因为炼丹而发明了火药,刘安则是因之发明了豆腐,虽然迄今难以找到直接证据,但并不妨碍人们将这项功绩归于刘安。李时珍《本草纲目·谷四·豆腐》言之凿凿地断定:"豆腐之法,始于汉淮南王刘安,凡黑豆、黄豆及白豆、泥豆、豌豆、绿豆之类,皆可为之。"无论刘安在其中起了多大的作用吧,豆腐的发明,极大地丰富了人们的饮食品类。

《梦粱录》云,南宋都城临安"更有酒店兼卖血脏、豆腐羹、熬螺蛳、煎豆腐、蛤蜊肉之属,乃小辈去处"。小辈,底层民众。在许多情况下,豆腐都有浓厚的"底层"色彩。《万历野获编》云,吴中伟去见恩师刘东星,刘"留款坐话旧。良久,因留之饭。又良久,忽若自失者",让手下人问厨子,"今日是买肉日期乎?抑买豆腐日也?"得知"当买豆腐",刘乃揖曰:"果如此,今日不敢奉留矣。奈何?"不好意思,今天家里轮到吃豆腐,拿不出手,你还是走吧。刘东星乃"清修名臣",他当工部尚书时,有天刑部尚书李桢在他家吃饭,吃的是脱粟也就是粗米饭,兵部尚书沈思孝正巧也来了,乃"劝沈同进",沈说已经吃饱,刘晒曰:"沈兄素豪侈,不能啖此粗粝,但我无从觅精凿,奈何?奈何?"

"传得淮南术最佳,皮肤褪尽见精华。一轮磨上流琼液,百沸汤中滚雪花。瓦缶浸来蟾有影,金刀剖破玉无瑕。个中滋味谁知得,多在僧家与道家。"明朝苏平之咏《豆腐》。然纵观历史长河,与豆腐关联的人与事,不独僧道界,折射出的完全是世相百态。

吃豆腐可以表示"恩遇之隆"。《郎潜纪闻二笔》引《西陂类稿》云,康熙对巡抚颁赐食品,内臣传谕云,"宋荦是老臣,与众巡抚不同,著照将军、总督一样颁赐。计活羊四只、糟鸡八只、糟鹿尾八个、糟鹿舌六个、鹿肉干二十四束、鲟鳇鱼干四束、野鸡干一束"。又特别指出:"朕有日用豆腐一品,与寻常不同,因巡抚是有年纪的人,可令御厨太监,传授与巡抚厨子,为后半世受用。"陈康祺感慨:"此世俗深朋密戚之所希闻,而以万乘至尊,垂念人臣哺啜之需,乃至纤至悉如此,宜身受者举箸不忘也。"

吃豆腐可以是豪侈的象征。《竹叶亭杂记》云,乾隆时的贪官王亶望喜欢吃驴肉丝,为此"厨中有专饲驴者,蓄数驴肥而健",吃的时候,"审视驴之腴处,刲取一脔烹以献。驴刲处血淋漓,则以烧铁烙之,血即止"。这样的人吃豆腐是怎么吃的呢?厨子要"杀两鸭煎汤,以汤煮豆腐献之"。王亶望不能善终,得其所哉。

与王亶望相反,从前更多的吃豆腐则如刘东星,是清廉的同义语。《郎潜纪闻二笔》另有两例。其一说的是汤斌,其抚吴,"民间有三汤之目:曰豆腐汤,曰黄莲汤,曰人参汤"。不是汤斌爱喝这三种汤,而是民间借其姓氏对之赞美有加,"谓其清苦而有益元气也"。其二说的是于成龙,其"自江防迁闽臬,舟将发,趣人买萝卜至数石"。有人笑了,这么便宜的东西,买这么多干什么? 于成龙说:"我沿途供馔,赖此矣。"果然,其"自北直赴江宁也,与幼子赁驴车一辆,各袖钱数十文,投旅舍,未尝烦驿递公馆也"。在官衙,平时就是吃青菜,所以江南人或呼为"于青菜",连吃块豆腐都特别省,其"官楚时,长公子将归,署中偶有腌鸭,剖半与之",民间因有"于公豆腐量太狭,长公临行割半鸭"之谣。当然,于成龙之值得称道,"不仅以廉俭见,特公之清操苦节,夷险一致,尤为人所难能"。设想一下,作为一名大臣,虽然"能却苞苴、安澹泊",然而"于国计民生,坐视其窳败惰偷而绝无补救",就还不如在堂上放个木偶了,木偶"并水不饮,不更愈于只饮杯水者乎?"

后世从美食出发吃豆腐,自然与前述世像不可相提并论。梁章钜《浪迹续谈》"豆腐"条,说自己"每治馔,必精制豆腐一品,至温州亦时以此饷客,郡中同人遂亦效为之,前此所未有也,然其可口与否,亦会逢其适,并无相传一定之方"。他读宋荦的书,可惜他没有把康熙的豆腐"制法附载书中"。他读《随园诗话》,发现蒋戟门也有此种秘方。蒋在家招待宾客,"珍羞罗列",忽问袁枚:"曾吃我手制豆腐乎?"听到没有,他"即着犊鼻裙,亲赴厨下,良久擎出,果一切盘飨尽废"。袁枚当场求教,人家也口授了方子,袁枚过后还实践了,确实不错。但令老梁倍感遗憾的是,袁枚"亦未详载制法"。

《扬州画舫录》在说到"烹饪之技,家庖最胜"时举例,云"如吴一山炒豆腐""文思和尚豆腐",以为"风味皆臻绝胜"。不知那是一种什么小吃了,迄今未到过扬州,亦不知还有没有这些吃法。

豆芽菜

上海市场上出现了一种用化学物质"美白"的豆芽(2009)。因为豆芽很容易发黄、发黑,黑心的批发商为求得好的卖相,就兜售这种对人体有害、国家严禁作为食品添加剂的东西给菜贩。豆芽菜,从来都是寻常百姓家的食品,谚云"豆芽弗好作柱,丫头弗好作主",比喻的就是豆芽菜身份的"低贱"。但是,这样"低贱"的食品也难逃黑心商贩的觊觎。

《东京梦华录》"诸色杂卖"条,提到"每日卖蒸梨枣、黄糕糜、宿蒸饼、发芽豆之类",伊永文先生在笺注"发芽豆"时,引用了元明之际韩奕烹饪著作《易牙遗意》关于"绿豆芽"的一段记载:"将绿豆冷水浸两宿,候涨换水,淘两次,烘干。预扫地洁净,以水洒湿,铺纸一层,置豆于纸上,以盆盖之。一日洒两次水,候芽长,淘去壳。沸汤略焯,姜、醋和之,肉燥尤宜。"《东京梦华录》亦已道明:"以绿豆、小豆、小麦于瓷器内,以水浸之,生芽数寸,以红蓝草缕束之,谓之'种生',皆于街心彩幕帐设出络货卖。"即是说,彼时的豆芽制作方法和今天并没有什么两样。

《双槐岁钞》提到了黑豆芽,说"温陵(今福建泉州)人家,中元(农历七月十五)前数日,以水浸黑豆,曝之。及芽,以糠皮置盆中,铺沙植豆,用板压。长则覆以桶,晓则晒之,欲其齐而不为风日损也"。到中元那天,"则陈于祖宗之前,越三日出之。洗,焯以油、盐、苦酒、香料可为菇,卷以麻饼尤佳。色浅黄,名'鹅黄豆生'"。南宋方岳将豆子发芽这一过程还进行了诗化描写:"山房扫地布豆粒,不烦勤荷烟中锄。手分瀑泉洒作雨,覆以老瓦如穹庐。平明发现玉髯砾,一夜怒作堪水菹。"清朝袁枚在《随园食单》中,更对豆芽菜大加褒扬:"豆芽柔脆,余颇爱之。炒须熟烂,作料之味才能融洽。可配燕窝,以柔配柔,以白配白故也。然以其贱而陪极贵,人多嗤之,不知惟巢由正可陪尧舜耳。"居然把豆芽菜与巢父、许由这两位著名隐士等同看待。

不过,若论关于豆芽菜的最妙文字,还是当推明朝陈嶷《豆芽菜赋》,文见谈迁《枣林杂俎》。时"荐贤良方正,考选试《豆芽菜赋》",结果陈嶷得了第一,拜浙江道御史。陈嶷采用问答的笔法,由"南国之宾客与上国,与北都主人论辨时事",全文读下来,很像一出妙趣横生的独幕话剧,请看其中一些片段。

主客交谈,从吃的东西开始。宾客发问,你先生见多识广,"亦知天下之奇味乎?"主人毫不含糊,虽"天下之味,形类万殊",然但凡名贵的,他都能滔滔不绝:"燧人作俑庖人之初,曰截曰脔,曰豢曰匄,八珍甲四海之美,五味极六合之腴。猩唇豹胎之鼎,熊掌驼峰之厨。赵普掣鳌之炙,何曾鹅掌之殊,党家之羊羔美酒,五侯之燕髀鲭余。斫吴中之脍,钓松江之鲈。鴽酿施蓼,雪蛆侑俎。簌蒲羞鳖,芥酱渫驴。至若橙黄而螃蟹实,荻绿而河豚涪,黄雀入幕之子,乌鸡啄粟之雏。加之以椒桂,益之以油酥。"这么多好东西备在那儿,"当嘉宾之既集,命细君而当垆",再加上"巨觥浅酌",何其惬意啊。

主人谈得口水直流,宾客却毫不艳羡。他说,你只知道"荤臊之为味,而不知清楚之嘉疏也",来点儿素的听听?不料主人盘点起来也是如数家珍:"北山采蕨,南山采薇,袪萱堂北,襜芹涧湄。烹绿葵之嫩叶,儌白蘧之芳蕤……"不抄了,总之又是华丽丽的一大套,真的是"放翁年来不肉食,盘箸未免犹豪奢"。跟荤的摆开一样,"当举案之顷,会称觞之时。饮此嘉品,喜溢厥颐。顾翳桑之徒饿,笑首阳之空饥。视彼蔓菁何物,萝卜奚为",仍然是美轮美奂。

宾客仍然不屑,他又说,你只知道稀奇东西是好的,"而不知近之为奇"。荤素既已全然道毕,这下主人"瞠目语塞"了,他拱手向宾客请教:"然则子所言美者,请备言而述之。"宾客却并不直说,先卖个关子:"有彼物兮,冰肌玉质。子不入于淤泥,根不资于扶植。金芽寸长,珠蕤双轻。匪绿匪青,不丹不赤。宛讶白龙之须,仿佛春蚕之蛰。虽狂风疾雨,不减其芳;重露严霜,不凋其实。"并且,这东西"物美而价轻,众知而易识。不劳乎椒桂之调,不资乎刍豢之汁",重要的还在于,能"涤清觞,漱清臆,助清吟,益清职。视彼主人所陈者,奚相去倍蓰而翅万亿也与!"听着听着,主人明白了,你讲的是不是市场上卖的豆芽菜呢?宾客说:正是。这回轮到主人不屑了:"美则美矣,毋语近而遗远,厌富而乐贫。"宾客说:"夫天下之味适口者为佳,天下之士无欲者为贵。彼之所云者非不口欲,我之所却者恐为心累。脱若致之弗克,则役之于心。役之于心,则为口体之累。"从普通的豆芽菜身上,悟出了耐人寻味的生活哲理。

"大者既失,虽罗五鼎,亦惟取羞,虽享太牢,适增其丑。"这是《豆芽菜赋》更深层意义上的点睛之笔,今天全国各地不断落马的高官,对此无疑进行了生动的诠释。

大蒜

虽然多位专业人士辟谣大蒜不能预防甲型 H1N1 流感,但是仍然止不住大蒜价格的一路飙升。在上海,大蒜的批发价已达每斤 4.5 元左右,是去年(2008)同期的 20 多倍,并且还有进一步上涨的趋势;市场零售价达到每斤 6 元左右,正在逼近肉价。像非典时期的白醋、板蓝根忽然间身价倍增一样,大蒜则借甲流而成为新宠。

也许大蒜真的不能预防甲流吧,但显然是有药用价值的,《本草纲目》说它能治好几种病,疟疾、小儿白秃、恶核肿结、蛇蝎螫人等。东汉时的神医华佗也早就实践过。《三国志·魏书·华佗传》载,华佗行道中,"见一人病咽塞,嗜食而不得下,家人车载欲往就医"。听到呻吟声后,华佗"驻车往视",告诉他们:"向来道边有卖饼家,蒜齑大酢,从取三升饮之,病自当去。"果然,那人的蛔虫病就给医好了。这里的"蒜齑"就是蒜汁,大抵像今天酒楼里的水果"鲜榨"成果汁一样,蒜汁该是鲜榨大蒜了。但大蒜吃起来爽口还主要是调味,蒜汁喝起来想必比较艰难,且要喝三升之多,病人得拿出极大勇气了。

《啸亭杂录》云:"翰林学士兴安,满洲人。中庚戌进士。公喜食大蒜,凡烹茶煮药,皆以蒜伴之。"他那是自认为"可以延年却疾"。大家在"争笑其迂"的同时,都把他叫作"蒜学士"。关汉卿杂剧《裴度还带》中有个插科打诨的净行者,长老让他看看谁来了,他咕咕哝哝地说:"阿弥陀佛,阿弥陀佛,南无烂蒜吃羊头。"长老请前来的员外吃茶去,他又说"捣蒜泡茶来"。"烂蒜吃羊头"是一种习见的吃法,捣蒜和泡茶也可以关联在一起?不错,饶是净行者说话非常无厘头,这一句倒未必是调侃,从进士兴安身上,我们就见证了实例,毕竟偏爱什么的都有。陆游《老学庵笔记》云,他的族伯父曾经告诉他,自己年轻时结识的仲殊长老特别爱吃蜜,"一日,与数客过之,所食皆蜜也",到了什么程度?"豆腐、面厅、牛乳之类,皆渍蜜食之,客多不能下箸",只有苏东坡不怕,"能与之共饱",东坡为此还专门写过一首《安州老人食蜜歌》。传说这长老酷爱食蜜是有缘由的:其从前为士人,"游荡不羁",有天老婆给他投了毒,"几死,啖蜜而解"。医生告诉他,以后不能吃肉,吃肉则毒发,"不可复疗",这老兄于是就出家了。兴安学士为什么那么嗜蒜,想来也是有一定道理的吧。《清史稿》"外戚表"和"诸臣封爵表"里各有一个兴安,以其记载过于简略,无从判断是哪一个,也许两个都不是。

但我们都知道,吃完大蒜口腔发出的味道是很难闻的。识者指出,那种味道来自大蒜中的一种有机硫化物成分——叫作"硫化丙烯"的辣素。"硫化丙烯"能透过口腔细胞膜表面,使它的味道长时间存留在口腔内。因此,刚吃完大蒜的人到公共场所,往往要考虑到"掩饰"味道,以免招人烦。《南史·宋纪下》载,后废帝刘昱嗜杀,他伯伯孝武帝刘骏共有28个儿子,他爸爸明帝刘彧给杀了16个,"余皆帝杀之",由他包了圆儿。这样一个人如何对百姓、对大臣就可想而知了。对百姓,他"与左右解僧智、张五儿恒夜出开承明门,夕去晨反,晨出暮归,从者并执铤矛,行人男女及犬马牛驴逢无免者",弄得"人间扰惧,昼日不开门,道无行人"。对大臣,他杀人的时候,"左右人见有嚬眉者,帝令其正立,以矛刺洞之"。每每亲自动手,杀杜延载、杜幼文,"躬运矛铤,手自脔割"。其中,以孙超的遇害最倒霉,因为他身上"有蒜气",暴君要弄明白怎么回事,乃"剖腹视之"。但孙超的蒜气还不是吃大蒜吃的,而是狐臭,暴君要杀人的借口而已。当然,嗜杀的后废帝也终于落得睡熟之际,为手下"取千牛刀杀之"的结局,算是以其人之道还治其人之身了。

因为主要是北方人爱吃大蒜,历史上的刻薄者乃以之指代北方少数民族。沈德符《万历野获编》云:"嘉隆间,度曲知音者,有松江何元朗,畜家僮习唱,一时优人俱避舍。然所唱俱北词,尚得金元蒜酪遗风。予幼时犹见老乐工二三人,其歌童也,俱善弦索,今绝响矣。"蒜酪遗风,唱的曲子有股大蒜味儿。如果说,元曲的"蛤蜊味"与"蒜酪味"还只是风格的形象指代,并无褒贬之别,则该书在《玩具秦玺始末》谈及国玺时就有一点儿轻蔑了。元世祖至元三十一年(1294),御史台通事阔阔术告太师国王木黎华之孙拾得之家得玉印,命御史杨桓辨其文,为"受命于天,既寿永昌",因此认为"真古传国玺"。沈德符在大量罗列了玉玺"源流"的"史实"之后认为,"今世传宋薛尚功旧本玺文尚有三种,即博洽通人,未敢定其孰为秦物,况蒜酪胡奴,可责以博古耶?"

大蒜今天身价倍增,一方面暴露出公众对甲流的来势汹汹束手无策,防范起来"饥不择食";另一方面,则在于一些所谓专家不负责任的言论,商家"傍甲流"推波助澜。大蒜之外,新近又添了辣椒。这样一种乱哄哄局面的形成,说到底应当由政府和医疗界人士负起主要责任。

花椒

新近(2020)读到马陈兵著作《带着花椒去上朝》,介绍的是"古杀十九式",也就是历史上的19种杀人方法,"旨在由杀切入历史,剖视传统文化"。其中第一种是"椒杀",即花椒杀人,许多读者可能要吓一大跳。

花椒,我们都知道是一种调味的香料,具体滋味想必人人都有领略。川菜以麻辣为特色,辣是因为辣椒,麻就是因为花椒了。花椒也可作药用,前人还用其种子和泥涂壁,成所谓椒房。班固《西都赋》说了,"后宫则有掖庭椒房,后妃之室",那可不是一般人家办得到的。北魏"旧太子后庭未有位号,文成(拓跋濬)即位,景穆宫人有子者,并号为椒房",成了后妃的代称。所以太武帝拓跋焘的11个儿子中,贺皇后生景穆帝拓跋晃之外,"越椒房生晋王伏罗,舒椒房生东平王翰,弗椒房生临淮王谭,伏椒房生广阳王建"。北魏其他皇帝,即便是被追封的拓跋晃,也有不少不同姓氏的椒房。

花椒居然能致人死地?马先生认为:"至少从东汉到南朝近六百年,在下毒、自杀、赐死中,椒影不绝,椒气辣天,椒一直扮演着重要毒材和主攻手的角色。"自家浏览所见,倒不至于那么严重。虽然花椒作为毒物东汉时已经出现,然运用之,似以北朝更为普遍。

东汉的实例，似仅见于《后汉书·陈球传》。灵帝熹平元年（172），窦太后崩，葬礼如何举办引发了舆情。太后父亲窦武曾与陈蕃谋诛宦官，却"反为中常侍曹节矫诏杀武、蕃，迁太后焉"，所以，"宦者积怨窦氏，遂以衣车载后尸，置城南市舍数日"，且"欲用贵人礼殡"，给个侧室待遇。16岁的小皇帝说："太后亲立朕躬，统承大业。《诗》云：'无德不报，无言不酬。'岂宜以贵人终乎？"但在执行的时候，宦官们又找别扭，动议不让太后与桓帝合葬，小皇帝只好"诏公卿大会朝堂，令中常侍赵忠监议"。时太尉李咸养病在家，"乃扶舆而起，捣椒自随"，对妻子说："若皇太后不得配食桓帝，吾不生还矣。"可惜，李咸虽然决心不小，到现场却比较怂，"不敢先发"，陈球说话后，他才附和，令"会者皆为之愧"。这里的"捣椒自随"与"吾不生还"，显然存在逻辑关联，李咸有打算以死谏诤的意味。

《南史·齐高帝诸子上》也有一例。大司马王敬则"于会稽反"，打的是高帝萧道成孙子萧子恪的旗号，"而子恪奔走，未知所在"。始安王萧遥光乃给明帝萧鸾出主意，把高帝、武帝的子孙全部干掉。萧鸾"于是并敕竟陵王昭胄等六十余人入永福省"，然后"令太医煮椒二斛，并命办数十具棺材，谓舍人沈徽孚曰：'椒熟则一时赐死。'期三更当杀之"。好在一是沈徽孚坚持"事须更审"，二是"尔夕三更，子恪徒跣奔至"，说清了情况，屠杀才没有发生。萧鸾抚床曰："遥光几误人事。"这里的"煮椒二斛"与"命办数十具棺材"，逻辑关联更加明显了。

比较来看，"椒杀"更多地见于北朝。《魏书·孝文五王传》载，太和十七年（493），孝文帝将拓跋恂立为皇太子，但迁都洛阳后，易姓后的元恂"深忌河洛暑热，意每追乐北方"，趁孝文帝远征南齐,"欲召牧马轻骑奔代",结果被废为庶人。后来李彪密表,"恂复与左右谋逆",孝文乃"使中书侍郎邢峦与咸阳王禧,奉诏赍椒酒诣河阳,赐恂死"。如果说,这种用椒浸制的酒中可能掺了毒药,那么《北史》中的数则,就明白无误了。

《后妃传上》载,孝文帝临死前,交待彭城王勰处死"以罪失宠"的冯皇后。于是帝崩之后,"北海王详奉宣遗旨,长秋卿白整等入授后药"。冯皇后"走呼,不肯引决",她不相信那是孝文遗言,"是此诸王辈杀我耳"。白整他们不管那么多,"执持强之,乃含椒而尽"。

《高遵传》载,高遵"性不廉清",在哪里当官,都是伸手就要,"郡邑苦之"。又管不好老婆那边的亲戚,任他们胡作非为。孝文帝曾当面厉声曰:"若无迁都赦,必无高遵矣!又卿非唯贪婪,又虐于刑法。"但是高遵我行我素,"仍不悛革",终为孝文帝赐死。当其时也,"遵恨其妻,不与诀,别处沐浴,引椒而死"。

《高延宗传》载,北周武帝宇文邕灭北齐,擒获后主高纬。宇文邕某日"与齐君臣饮酒,令后主起舞",北齐宗室子弟高延宗"悲不自持,屡欲仰药自裁,侍婢苦执谏而止"。未几宇文邕以谋反为名赐之死,"延宗攘袂,泣而不言。以椒塞口而死"。

《田式传》载,北周田式"政尚严猛",入隋后依然,"专以立威为务……其所爱奴,尝诣式白事,有虫上其衣衿,挥袖拂去之,式以为慢己,立棒杀之。或僚吏奸赃,部内劫盗者,无问轻重,悉禁地阱中,寝处粪秽,令受苦毒。自非身死,终不得出"。鉴于"其刻暴如此",文帝将之除名,田式"惭恚不食……从家中索椒,欲自杀"。

《茹皓传》载,北魏茹皓为高肇陷害,云其"将有异谋"。宣武帝元恪乃召中尉崔亮,令奏茹皓等人"擅势纳贿及私乱诸事"。今天抓人,明天要杀,"皓妻被发出堂,哭而迎皓。皓径入哭别,食椒而死"。

然而,饶是史料中有这么多"椒杀"的实例,但花椒这种今天依然的香料如何就能变身为毒物,仍是件匪夷所思之事。马著中虽有"花椒闭气考"道及,余以为不能服人,个中究竟,还大有深挖之处。

人参

"搜狐"网上看到一篇文章,叫作《1斤番薯叶顶10斤人参!好处太多了!可惜知道的人太少》,一二三四,列了番薯叶九大好处。算很多了吧,九,在古代被认为是最大的数字。长江那么多支流,"九派"就足以表述了。极为渺小轻微是"九牛一毛",说话极为有分量是"一言九鼎",皇帝是"九五之尊"。然而,尽管番薯叶有这多好处,但是如果把中两样东西摆在一起选择的话,相信绝大多数人宁选1两人参,也不会选10斤甚至100斤番薯叶。

类比归类比,现实归现实。现实中有些常识的人都知道,人参这种多年生草本植物属于中药国宝,根和叶入药都有滋补功效,别说番薯叶了,没有任何别的东西可以取而代之。就像陆龟蒙说的,"品第已闻升碧简,携持应合重黄金"。段成式也有《求人参》诗:"少赋令才犹强作,众医多失不能呼。九茎仙草真难得,五叶灵根许惠无。"那么,周繇的《以人参遗段成式》显然是与之呼应了:"人形上品传方志,我得真英自紫团。惭非叔子空持药,更请伯言审细看。"《晋书·羊祜传》载,羊祜(字叔子)与陆抗两军对垒,陆抗生病了,"祜馈之药,抗服之无疑心",认为羊祜不是那种背后下黑手的人。不过,陆抗的父亲陆逊字伯言,周繇这里父冠子戴了,但他要表达的意思与前两位一样:人参真是个好东西。

段成式求人参干什么,难道如皮日休般,"从今汤剂如相赠,不用金山焙上茶"?

人参的药用功效也早为前人所认识。有人统计,医圣张仲景《伤寒杂病论》中收载113个中药处方,其中配有人参的21个,占总方数的18.6%;药王孙思邈《千金备急方》收载5300余方,其中配有人参的358,占总方数的6.8%。古人视人参为地之精灵,《梁书·阮孝绪传》载,孝绪"母王氏忽有疾……合药须得生人参",他就满山去找,没找到,"忽见一鹿前行,孝绪感而随后,至一所遂灭,就视,果获此草。母得服之,遂愈"。此类还属于孝感故事,传得神乎其神的,如《五杂组》云,"千年人参根作人形,千年枸杞根作犬形,中夜常出游,烹而食之,则仙去"。《宣室志》云,唐朝天宝年间有个小赵,"笈而至山中,昼习夜息,虽寒热切肌,食粟袭绤,不惮劳苦",但脑洞硬是不开,"力愈勤而功愈少"。后来有老翁"衣褐来造之",两人交谈甚欢,老翁答应帮他一把,说完就不见了。"生怪之,以为妖",按老翁说的地址去找,结果找到一棵大树,在树下"得人参长尺余,甚肖所遇翁之貌"。小赵将这颗人参吃了,"自是醒然明悟,目所览书,尽能穷奥。后岁余,以明经及第"。

《五杂组》还给各地出产的人参排了座次:"人参出辽东、上党者最佳,头面、手足皆具。清河次之,高丽、新罗又次之。今生者不可得见,其入中国者,皆绳缚蒸而夹之,故上有夹痕及麻线痕。新罗参虽大,皆数片合而成之,其力反减。"辽东等地的人参未知今日境况如何,但见到韩国旅游的人们,每购高丽参,李连杰的"正官庄"广告也一度频繁闪现。甚至彼时尚不入流的美国花旗参,名号现在也响亮得多。国人已数典忘祖了。

像任何事物一样,人参也每被赋予相应的社会学意义。《晋书·石勒载记》云,石勒14岁的时候,"随邑人行贩洛阳,倚啸上东门",王衍觉得他不是凡人,"吾观其声视有奇志,恐将为天下之患"。声音已流露反相,比诸葛亮的魏延"反骨"说更进了一步;不仅如此,石勒家乡的草木也皆有昭示,"勒居武乡北原山下,草木皆有铁骑之象。家园中生人参,花叶甚茂,悉成人状"。不过,"妙善玄言"的王衍还有个本领,"义理有所不安,随即改更",所以大家都说他"口中雌黄"。他对石勒的"未卜先知",后人就结果而嫁接给他的也说不定。

《清稗类钞》云:"国人皆以人参为滋补之无上上品,然经西医化验,实无滋补之质料。"且举吴兆骞贬戍宁古塔为例,说他"曾以半斤之参煎汁饵之而泻,亦可见其无用也"。这不知哪个地方的西医化验的,然可视为番薯叶派的前驱吧。相形之下,黑龙江将军舒超铎的人参无用论,更具积极意义。有人馈赠,他笑曰:"吾日啖粟数升,自强健,安用是物!"推脱不掉,乃"取小者啖之",曰:"已领盛意矣。味甚苦,无所取也。"舒超铎的无用论,是要杜绝谄谀的不良风气。他在西安时,"前将军杜赖贪鄙,屡侵粮饷,至自制饼饵,令军士重价购之",舒超铎"至三日,立劾之",所以乾隆皇帝视为"满洲世族未忘旧习者,惟某一人"。

东汉王符《潜夫论》有个观点,把求得真贤与求得真人参而论之,所谓"夫治世不得真贤,譬犹治疾不得真药也"。他这么阐发的:"治疾当得真人参,反得支罗服;当得麦门冬,反得烝穬麦。己而不识真,合而服之,病以侵剧,不自知为人所欺也。乃反谓方不诚而药皆无益于疗病,因弃后药而弗敢饮,而便求巫觋者,虽死可也。"相应地,"人君求贤,下应以鄙"也是这样。"己不引真,受猥官之,国以侵乱,不自知为下所欺也。乃反谓经不信而贤皆无益于救乱,因废真贤不复求进,更任俗吏,虽灭亡可也"。不要说治国了,哪个领域不是这个道理?

炒栗子

深秋时节,炒栗子又开始飘香了。东坡的弟弟苏辙倾向于生吃栗子,其《服栗》诗说得明白:"老去日添腰脚病,山翁服栗旧传方。经霜斧刃全金气,插手丹田借火光。入口锵鸣初未熟,低头咀嚼不容忙。客来为说晨兴晚,三咽徐收白玉浆。"不过,他那是依据"旧传方"而采用的食疗法。唐朝药王孙思邈说,栗子"主益气,厚肠胃,补肾气,令人耐饥,生食之,甚治之腰脚不随"。如果当零食吃,栗子还是炒熟的要香得多,也是绝大多数人的首选,成为了一种风味。

《诗》中已经提到栗子。《郑风·东门之墠》载,"东门之墠,茹藘在阪。其室则迩,其人甚远。东门之栗,有践家室。岂不尔思?子不我即。"清朝学者姚际恒十分推崇"其室则迩,其人甚远",以为"八字中不露一'思'字,乃觉无非思"。就写实来看,这个姑娘单恋的人家附近,就种着栗树。《鄘风·定之方中》亦有"树之榛栗"的句子,表明栗子树已是当时常见或重要的果树树种。有研究者甚至认为,栗子是诗经时代的重要淀粉来源。而《庄子》中盗跖说"古者禽兽多而人少,于是民皆巢居以避之。昼拾橡栗,暮栖木上",这个"昼拾橡栗"的"橡栗",一般是指栎树的果实,跟栗子无关。但栗子以及橡栗不要说在上古,就是在后世歉收的年代,也不曾为重要的食物来源。杜甫"乾元中寓同谷县"

时有诗曰"岁拾橡栗随狙公,天寒日暮山谷里",表明他在那段日子相当落魄,跟"有巢氏"的生活方式差不多了。只是在后来,栗子才演变成零食。

炒栗子在历史上有一个标志性符号,恰似今天说到辣椒酱,便令人想到"老干妈"。那个标志性符号关联的人,是北宋李和。历代说到炒栗子,有言必及李和之势。

北宋《东京梦华录》在谈到立秋的时令食品时,提到了李和。食品在"枣有数品"之外,"鸡头上市,则梁门里李和家最盛"。鸡头,应当是鸡头果,学名芡实,睡莲科一年生水生草本植物。盛到什么程度呢?"中贵戚里,取索供卖。内中泛索,金合络绎。士庶买之,一裹十文,用小新荷叶包,糁以麝香,红小索儿系之。卖者虽多,不及李和一色拣银皮子嫩者货之"。南宋陆游《老学庵笔记》则直接说,"故都李和炒栗,名闻四方。他人百计效之,终不可及",把李和与炒栗子关联到一起。可惜的是,因为金兵入侵,徽钦二帝都给掳走了,普通百姓流离失所几乎是一种必然。陆游接着说道:"绍兴中,陈福公及钱上阁恺出使虏庭,至燕山,忽有两人持炒栗各十裹来献,三节人亦人得一裹,自赞曰:'李和儿也。'挥涕而去。"清朝赵翼《陔馀丛考》"京师炒栗"云:"今京师炒栗最佳,四方皆不能及。按宋人小说:汴京李和炒栗,名闻四方。绍兴中,陈长卿及钱恺使金,至燕山,忽有人持炒栗十枚来献,自白曰:'汴京李和儿也。'挥涕而去。盖金破汴后,流转于燕,仍以炒栗世其业耳。然则今京师炒栗,是其遗法耶?"宋人小说,指的是陆游那册吧。

可惜李和究竟怎么个炒法,工艺如何,不得其详。如果后世的"京师炒栗"确为其"遗法"的话,则从清人郝懿行《晒书堂笔录》中,倒是可以一窥。郝氏说:"栗生啖之益人,而新者微觉寡味,干取食之则味佳矣,苏子由服栗法亦是取其极干者耳。"先说了一下苏辙的生吃,接着笔锋一转,回味起吃炒栗子时的美妙时光:"余幼时自塾晚归,闻街头唤炒栗声,舌本流津,买之盈袖,恣意咀嚼,其栗殊小而壳薄,中实充满,炒用糖膏则壳极薄脆,手微剥之,壳肉易离而皮膜不粘,意甚快也。"这种好东西怎么炒出来的呢?"及来京师,见市肆门外置柴锅,一人向火,一人坐高机上,操长柄铁勺,频搅之令匀遍。其栗稍大,而炒制之法和以濡糖藉以粗砂,亦如余幼时所见,而甜美过之,都市炫鬻,相染成风,盘饤间称佳味矣"。当然了,一口锅两个人,郝懿行也仅仅能描述表象,配料、对火候的拿捏,定然有自家的绝活。炒栗子在旧时帝都是一道时令风景,富察敦崇《燕京岁时记》云,京师十月以后便有栗子,"用黑砂炒熟,甘美异常。青灯诵读之余,剥而食之,颇有味外之味"。

辽代官员萧韩家奴曾经对辽兴宗耶律宗真说过这么一句话:"炒栗,小者熟则大者必生,大者熟则小者必焦,使大小均熟,始为尽美。"清朝的乾隆皇帝显然知道这件事,其《食栗》诗径直以之起兴:"小熟大者生,大熟小者焦。大小得均熟,所待火候调。惟盘陈立几,献岁同春椒。何须学高士,围炉芋魁烧。"不过,乾隆就炒栗子而云炒栗子,而兼通契丹文和汉文且有"为时大儒"之誉的萧韩家奴的话,横竖觉其另有所指,不大像是吃货一枚在谈感受,便是"炒栗子谏"也说不定。

顷读《驼庵学记》,见顾随先生亦曾有诗写北京秋天的炒栗子上市:"秋风瑟瑟动高枝,白袷单寒又一时。炒栗香中夕阳里,不知谁是李和儿?"该诗写于抗战北平沦陷时期,则又有弦外之音可堪品味。自李和开始,寻常的炒栗子正像一种文化符号,被打上了家国情怀的深深烙印。

香椿

今年（2021）第一次吃到了香椿，前几天的事，香椿炒鸡蛋。由之也想起了故乡院墙边上的那棵香椿树。那是二十世纪六七十年代，京郊农村的习见景象。每当春天香椿发芽的时候，家家都摘来食用。《帝京岁时纪胜》云："香椿芽拌面筋，嫩柳叶拌豆腐，乃寒食（节）之佳品。"在我们那里，香椿芽用于拌豆腐，炒鸡蛋也很普遍。

前人很早就发现香椿可食。《农政全书》云："其叶自发芽及嫩时，皆香甘，生熟盐醃，皆可茹。"拌豆腐是生吃，炒鸡蛋是熟吃，腌制的倒是没有尝过。《食宪鸿秘》还有"油椿""淡椿"吃法，更是只见于文字描述了。前者系将"香椿洗净，用酱油、油、醋入锅煮过，连汁贮瓶用"；后者系将"椿头肥嫩者，淡盐过，薰之"。《扬州画舫录》云城下间有"星货铺"，那里"卖小八珍，皆不经烟火物。如春夏则燕笋、牙笋、香椿、早韭、雷菌、莴苣，秋冬则毛豆、芹菜、茭瓜、萝菔、冬笋、腌菜"。就是说，南方人也吃香椿。

《庄子·逍遥游》有一段论证：小智如何不能匹大智，寿命短的如何不能匹寿命长的。前者以"朝菌不知晦朔，蟪蛄不知春秋"为论据，而"楚之南有冥灵者，以五百岁为春，五百岁为秋。上古有大椿者，以八千岁为春，八千岁为秋"，就涉及香椿了。楚国那个灵龟以五百年为一个春季、五百年为一个秋季，不得了吧？上古那棵大椿树,以八千年为一个春季、八千年为一个秋季呢,成玄英说,那是"以三万二千岁为一年"!《池北偶谈》"大椿堂"条云,"蒲州有大椿堂,为(明朝)杨襄毅(博)、王襄毅(崇古)、张文毅(四维)三公读书之所,其后三公相继登进士第",张四维官至内阁首辅、杨博至吏部尚书、王崇古至兵部尚书,"山西至今传为盛事"。蒲州,即今之山西永济,1997年我曾游览一过,大椿堂之得名,或正在于堂前有棵香椿树吧。

应当说,《庄子》里的这一则今天看来绝非僻典,不知怎么,南唐时的许多学士都不大清楚。《陔馀丛考》考证"今八股起二句曰破题,然破题不始于八股"时举例,其中之一说"陈元裕主文衡,出《大椿八千岁为春秋》,满场破题皆阁笔",停笔的原因正在于不知题目所云。陈元裕遂自作云:"物数有极,椿龄独长。以岁历八千之久,成春秋二序之常。"因为大椿长寿,后来还借为父亲的代称,所谓"椿庭"是也。椿龄,则成为祝寿之辞。如柳永《御街行》,"九仪三事仰天颜,八彩旋生眉宇。椿龄无尽,萝图有庆,常作乾坤主"云云,当然这是给皇帝祝寿了。杨万里马屁拍得更厉害:"帝捧瑶觞玉座前,彩衣三世祝尧年。天皇八十一万岁,休说《庄》椿两八千。"寻常人等也可以使用椿什么,如王士禛《古夫于亭杂录》云其同乡胶西张应桂,"送其孙赴试济南,过余信宿",在王家住了两三天,但见老张"大椿轩神,气不衰"。不衰到什么程度?老张如今已经八十二了,"八十时游吴,纳一小姬,年才十六"。

《陔馀丛考》"斋戒不忌食肉"条,对"荤"与"素"的原初内涵也进行了一番考证。说从前的荤菜不是指肉食,而是指"辛"物,其中就包括香椿。如《礼记·玉藻》云"膳于君有荤桃茢",注曰"荤者,姜及辛菜也"。又《仪礼·士相见礼》云"侍坐膳荤",注曰"荤,辛物,食之止卧"。又《荀子·哀公篇》注亦云:"荤,葱薤也。"徐铉《说文注》就更明确了:"荤,臭菜,谓芸台(油菜)、椿、韭、葱、蒜、阿魏(药材)之属,方术家所禁,气不洁也。"香椿之所以与"辛"有染,在于它的味道太大,因此有人喜欢,也有人抗拒。

"厨香炊豆角,井臭落椿花。"金刘瞻句。度其语意,明显是不喜欢。清梁章钜干脆给家人开了个"不食物单",他自己交代了起因:"《随园食单》所讲求烹调之法,率皆常味蔬菜,并无山海奇珍,不失雅人清致。余由寒俭起家,更何敢学制食单,徒取老饕之诮,而恰有生平所深戒及所深恶者,列为不食物单,聊示家人,兼饬厨子,以省口舌之烦云。"他的荤的概念,是现代意义上的,而牛肉、狗肉不吃,"系守祖戒,十数传至今,别房子侄,或有出入,而余本支从未破戒也";其他有白鳝、黄鳝、猪头肉、烧肝花、鸡蛋汤、排骨、香肠等,属于"深恶"。在素品里,"深恶"的则有黄瓜、红萝卜、香椿。

美食家李渔对香椿自然不免一番高论。其《闲情偶寄》云:"菜能芬人齿颊者,香椿头是也;菜能秽人齿颊及肠胃者,葱、蒜、韭是也。椿头明知其香,而食者颇少,葱、蒜、韭尽识其臭,而嗜之者众,其故何欤?以椿头之味虽香而淡,不若葱、蒜、韭之气甚而浓。浓则为时所争尚,甘受其秽而不辞;淡则为世所共遗,自荐其香而弗受。"李渔说这是他借"饮食一道",所悟出的"善身处世之难"。他一生都不吃葱、蒜、韭,"亦未尝多食香椿",幽默地自谓身处伯夷与柳下惠之间。但他对葱、蒜、韭也有区别,"蒜则永禁弗食;葱虽弗食,然亦听作调和;韭则禁其终而不禁其始",因为"芽之初发,非特不臭,且具清香",那是"其孩提之心之未变也"。读来真妙趣横生。

有人认为,中国是世界上唯一以香椿嫩芽叶入馔的国家。果真如是的话,申报点儿什么才不辜负唯一吧。一笑。

魔芋·蒟蒻

周五到贵阳走了一趟,与当地一家媒体搞个评论交流。岳丈家在此,因而记不清来过多少趟了,算得上稔熟。

贵阳小吃多是相当知名的,前文说了,光是豆腐的吃法就有不少:发酵后在平底锅先煎熟再切成小块蘸辣椒面的、本身就是一寸见方的小片放在炭火上烤的、圆球状油炸然后撕开塞进折耳根的……目不暇接。酸辣魔芋豆腐为小吃之一。但魔芋豆腐却不是豆腐,魔芋是主要食材,豆腐是形象说法。辞书介绍,魔芋是天南星科魔芋属多年生草本植物,每年夏秋采挖,除去地上茎叶及须根,洗净,阴凉处风干,就备好了原材料。制作魔芋豆腐,是先将魔芋块茎磨成浆液,凝固成型,形状与质地于是皆貌似豆腐。老实说,我不大喜欢这种小吃,只是魔芋的古称引起了一些兴趣。

魔芋,像猕猴桃从前叫苌楚一样,也有个文绉绉的名字,叫蒟蒻。《酉阳杂俎》这么描述的:"蒟蒻,根大如椀,至秋叶滴露,随滴生苗。"《本草纲目·草六·蒟蒻》要相对详细得多,先明确了出产地域:"蒟蒻出蜀中,施州亦有之,呼为鬼头,闽中人亦种之。"又介绍了栽种方法和特性:"宜树阴下掘坑积粪。春时生苗,至五月移之。长一二尺,与南星苗相似,但多斑点,宿根亦自生苗……经二年者,根大如椀及芋魁,其外理白,味亦麻人。"再讲了收获与食用:"秋后采根,须净擦,或捣或片段,以酽灰汁煮十余沸,以水淘洗,换水更煮五六遍,即成冻子,切片,以苦酒五味淹食,不以灰汁则不成也",其"切作细丝,沸汤汋过,五味调食,状如水母丝"云云,大抵就跟贵阳吃到的魔芋豆腐并无二致了。

蒟蒻,也可以拆开成蒟和蒻,分指蒟酱与蒻草。左思名篇《蜀都赋》讲到巴蜀富饶,说"家有盐泉之井,户有橘柚之园",园内不仅有"林檎枇杷,橙柿樼桴",还有"蒟蒻茱萸,瓜畴芋区"。这里的蒟蒻,唐朝刘良在注《文选》时就指出了:"蒟,蒟酱也。缘树而生,其子如桑椹,熟时正青,长二三寸,以蜜藏而食之,辛香温调五脏。蒻,草也,其根名蒻,头大者如斗,其肌正白,可以灰汁,煮则凝成,可以苦酒淹食之,蜀人珍焉。"如刘良所言,蒟酱本身首先是一种植物,也可以是蒟子制成的酱。《本草纲目》也设了"蒟酱"条,援引苏恭的话说:"蒟酱生巴蜀中,《蜀都赋》所谓流味于番禺者。蔓生,叶似王瓜而厚大光泽,味辛香,实似桑椹,而皮黑肉白。"李时珍自己则认为:"蒟酱,今两广、滇南及川南、渝、泸、威、茂、施诸州皆有之。其苗谓之蒌叶,蔓生依树,根大如筯。彼人食槟榔者,以此叶及蚌灰少许同嚼食之,云辟瘴疠,去胸中恶气。故谚曰:槟榔浮留,可以忘忧。其花实即蒟子也。"

屈大均《广东新语·草语》继承了李时珍的说法:"(粤)俗聘妇,必以二物及山辣、椰子、天竺、桂皮、蒟子为庭实。"这里的蒟子,即"蒌之实也,状如桑椹,熟时色正青,以作酱,能和五味,见珍于尉佗、唐蒙"。他认为"潮阳所产蒟尤美,辛而微甜,以火炙干其叶,或蜜藏之,可行远"。后面他也发挥了《蜀都赋》中"邛杖传节于大夏之邑,蒟酱流味于番禺之乡"那一句,"以蒟酱出自牂柯,故云流味也",概"吾粤产蒟,而不知为酱。然今为滋味者,多以蒟叶调之,亦酱之义"。孤立地看尉(赵)佗、唐蒙、牂柯、蒟酱等没有什么,组合在一起,则可以窥知关联到了南越国的生死。

《史记·西南夷列传》载,汉武帝建元六年(前135),唐蒙出使南越,南越招待他的食物里有蜀枸酱,引起他的兴趣。人家告诉他:"道西北牂牁,牂牁江广数里,出番禺城下。"唐蒙回到长安,咨询巴蜀商人,商人说:"独蜀出枸酱,多持窃出市夜郎。夜郎者,临牂牁江,江广百余步,足以行船。"在坐实了南越的说法后,唐蒙料定巴蜀有条商道通夜郎国,于是建议从夜郎浮船牂牁江(今西江),"出其不意",直取南越国都番禺(今广州)。武帝采纳了他的建议,准备充分后以吕嘉叛乱为由,分兵五路进攻南越,其中一路正是"使驰义侯因巴蜀罪人,发夜郎兵,下牂牁江",五路大军最终"咸会番禺",南越国灭亡。当然也有学者认为,蒟酱与枸酱并不是一回事,聊备一说吧。

至于蒟蒻的现实功用,则远远超出了小吃范畴。王祯《农书》云:"救荒之法,山有粉葛、蒟蒻、橡栗之利,则此物亦有益于民者也。"在李时珍那里,自然是万物皆有疗效:"有人患瘰(多指瘰病),百物不忌,见邻家修蒟蒻,求食之美,遂多食而瘰愈。又有病腮痛者数人,多食之,亦皆愈。"按五代孙光宪的说法,魔芋还有个妙用,就是"鱼目混珠"。说唐朝崔安潜信佛,"鲜茹荤血",但是执法毫不含糊,"虽僧人犯罪,未尝屈法",法律面前人人平等。他"镇西川三年,唯多蔬食",如果是"宴诸司"的时候呢,就"以面及蒟蒻之类染作颜色",假装是"象豚肩(即猪腿)、羊臑(即羊腿)、脍炙之属",可以做到"皆逼真也"。

魔芋成为小吃,一定是后来的发明。小吃之类在问世之时,出发点或都在于弥补食物之不足,其完成华丽转身,逻辑上当是在生活相对富足之后。

芋头·蹲鸱

午间吃了几个小芋头。说实话我不爱吃这类东西,有从前对根块类食物不得不吃而吃怕了的因素在内。在我们那里,主食以玉米为主,至于红薯、南瓜都说不清是主食还是副食。现在,这些所谓粗粮重出江湖,讲究养生的人推崇备至,然无论品质得到如何提升我都提不起兴趣。芋头在我们那里倒是很少吃到,算是被殃及的池鱼了。

芋头是多年生草本作物,长在地下的块茎可以食用,以其"呈球形或卵形",古人又叫它蹲鸱。鸱,鸟类,比如鸱鸮是猫头鹰。把芋头称为蹲鸱,该是古人的顽皮。《史记·货殖列传》在"略道当世千里之中,贤人所以富者"时,举了卓姓为例。云"蜀卓氏之先,赵人也,用铁冶富",秦灭赵,迁徙富豪,其他人家都怕给弄到外地去,"少有馀财,争与吏,求近处",卓氏祖先则不然,认为"此地狭薄。吾闻汶山之下沃野,下有蹲鸱,至死不饥。民工于市,易贾",乐得远迁,于是"致之临邛"。卓氏大喜之余,"即铁山鼓铸,运筹策,富至僮千人。田池射猎之乐,拟于人君"。卓文君想来正其后代。张守节释曰:"蹲鸱,芋也,言邛州临邛县其地肥又沃,平野有大芋等。"

《夜航船》里有则笑话:张九龄给萧炅送芋头,写的就是"蹲鸱"。萧炅收到后回复:"惠芋拜嘉,惟蹲鸱未至。然寒家多怪,亦不愿见此恶鸟也。"把蹲鸱真的当成猫头鹰了。"九龄以视座客,无不大笑"。《旧唐书·严挺之传》载,萧炅"早从官,无学术",被严挺之称为"伏猎侍郎",因为萧炅不认识"腊"字,读成了"猎"。严挺之把这事告诉了张九龄,九龄乃将萧炅由户部侍郎"出为岐州刺史"。然而萧炅是李林甫的人,所以严挺之等于把李林甫给得罪了。后来,"九龄尝欲引挺之同居相位",让他登一下李林甫的门,亲近亲近,而严挺之薄李之为人,"三年,非公事竟不私造其门"。那么好吧,天宝元年,玄宗谓李林甫曰:"严挺之何在?此人亦堪进用。"李林甫说:"挺之年高,近患风,且须授闲官就医。"家里待着吧。张九龄送芋头故事出自野史,可以佐证萧炅"无学术"之一例。

陆游诗曰:"莫笑蹲鸱少风味,赖渠撑住过凶年。"别小看了芋头,它富含淀粉,灾荒时可以充当粮食。《癸辛杂识》引《谈苑》云:"江东居民岁课艺,初年种芋三十亩,计省米三十斛。"《广阳杂记》云:"百谷之外,有可以当谷者,芋也,薯蓣也。"《广东新语》中,屈大均赞美家乡,"地气多燠,既省絮衣之半,跣足波涛不履袜,或男女同屐。男子冬夏止一裤一襦,妇人量三岁益一布裙,如是则女恒余布"。又,"地惟粳稻,土厚获多。人日计米一升,加以鱼、蚌、乌菱、蕉、橘、薯、芋,减炊米十可二三,如是则男有余粟,故古称饶富居甲焉"。又,"广芋之美者,首黄芋,次白芋,次红牙芋……与红薯并登如稻,故有大米之称"。《郎潜纪闻初笔》云,左宗棠请饬史馆为桂超万立传疏曰:"道光十七年,臣宗棠会试北上,道出栾城,偶游城市,见知县桂所张示谕,劝民耕种,并示以种植木棉、薯芋之宜,以及备荒之策,甚为详备。"但芋头作为粮食,只能是饥荒时候,与粮食毕竟有本质区别。《史记·项羽本纪》载,秦兵当前,项羽之所以杀了上将军宋义,就在于宋义"不恤士卒而徇其私，非社稷之臣"。举例来说，"士卒食芋菽，军无见粮，（宋义）乃饮酒高会"。

哪里的芋头好吃，像"谁不说俺家乡好"一样，各说各话。《冷庐杂识》说"芋在处皆有，而蜀地尤美"。《札璞》谓"滇芋熟早味美"。前些年风行一时的电视剧《宰相刘罗锅》，令广西荔浦芋头名声大噪。在美食家那里，可惜没有交代青睐对象。李渔《闲情偶寄》只是说："煮芋不可无物伴之，盖芋之本身无味，借他物以成其味者也。"袁枚《随园食单》有不少芋头的做法，也是就事论事，没有对哪里的更高看一眼。如"芋粉团"云："磨芋粉晒干，和米粉用之。朝天宫道士制芋粉团，野鸡馅，极佳。"又"芋羹"条云："芋性柔腻，入荤入素俱可。或切碎作鸭羹，或煨肉，或同豆腐加酱水煨。徐兆璜明府家，选小芋子，入嫩鸡煨汤，炒极！"又"芋煨白菜"条云："芋煨极烂，入白菜心，烹之，加酱水调和，家常菜之最佳者。惟白菜须新摘肥嫩者，色青则老，摘久则枯。"

《郎潜纪闻三笔》云："台湾海外上郡也，例禁私渡，而民犯死偷渡者日益众。"从所引乾隆十七年原任台湾县知县鲁鼎梅纂修《台湾县志》中，可窥偷渡者的惨状。一种是"贿船户，冒水手姓名挂验。妇女则以小船出口，上大船，抵台后复用船接载，率以夜行"。还有一种是"勾通习水积匪，用漏船收载多人，入舱封闭，遇风则尽入鱼腹。比及岸遇有沙，驱之上，名曰种芋。或潮涨漂溺，名曰饵鱼。穷民迫于饥寒，相率入陷阱，言之痛心"。人陷沙中，形同种芋，惨状何其触目惊心！

《宋高僧传》载，唐朝李泌避崔李之害而隐居南岳，慕名夜半往见释明瓒。时明瓒"正发牛粪火，出芋啗之"，给了李泌一半，"李跪捧尽食而谢"。明瓒说："慎勿多言，领取十年宰相。"煨芋，就此成为"方外之遇"的典故。这该是芋头史上最高光的时刻了。

鱼腥草·蕺菜

治疗新冠肺炎迄今还没有找到特效药物,各种声称的却不断涌现。金银花、绿茶、双黄连口服液,你方唱罢我登场。典型的是后者。1月31日(2020)晚,中国科学院上海药物所宣布,初步发现中成药双黄连口服液可抑制新型冠状病毒,结果引发了各地的抢购潮。但旋即有专业团队指出,"目前尚无有力的临床试验证据"能够予以证明双黄连口服液的这一功效。

这几天,见到鱼腥草又被抬了出来,"对新冠肺炎有奇效"。不好妄议,而可谈论的是鱼腥草本身,因为这个东西我算是比较熟悉,虽然1990年第一次去贵阳花溪才认识什么是鱼腥草——花溪呼之为折耳根。后来翻阅吴其濬《植物名实图考》及《植物名实图考长编》,更有了理性认识。首先是名称,从前叫作蕺菜。是书引《遵义府志》云:"侧耳根即蕺菜,荒年民掘食其根。"侧、折,该是同一方音源头,则×耳根的称谓也由来已久。其次是吃法,和今天差不多。如其引《别录》云,"湖南夏时,煎水为饮以解暑";引《唐本草》云,"山南、江左人,好生食"等。《齐民要术》中又有"蕺菹法",专门说怎么做这种菜,"蕺去土、毛、黑恶者,不洗,暂经沸汤即出,多少与盐"云云。

花溪食用鱼腥草正凉拌为主,却不用在沸水里焯一下,老了的则用于炒腊肉,或者"煎水"。不过,花溪食之几乎每餐必备,属于青睐,断非救荒时的无奈之选。30 年来,耳濡目染,余亦颇喜此物,而鱼腥草的田间模样,倒是从来没有见过。吴其濬著作所云之"开花如海棠色,白中有长绿心突出,以其叶覆鱼,可不速馁",以及"此物叶似荞麦,肥地亦能蔓生,茎紫赤色,多生湿地、山谷阴处"之类,都只有姑妄听之了。

说到蕺菜,不能不提及春秋时期以卧薪尝胆而著名的越王勾践。有两种说法,一种是勾践本人爱吃蕺菜,一种是他身边的人必须要吃蕺菜。后一种见《吴越春秋·勾践入臣外传第七》。那是勾践与大夫种、范蠡"入臣于吴"之后,吴王夫差召见他。勾践来时,"适遇吴王之便,太宰嚭奉溲恶以出"。溲,小便;恶,大便。勾践说让他尝尝,"以决吉凶",言罢"即以手取其便与恶而尝之"。然后勾践报告夫差,好消息好消息,"王之疾至己巳日有瘳,至三月壬申病愈"。夫差问你怎么知道呢?勾践说自己学过这手,"闻粪者顺谷味,逆时气者死,顺时气者生。今者臣窃尝大王之粪,其恶味苦且楚酸。是味也,应春夏之气"。一席话说得夫差开心极了,"乃赦越王得离其石室,去就其宫室,执牧养之事如故"。不过,勾践"从尝粪恶之后,遂病口臭"。怎么办?"范蠡乃令左右皆食岑草,以乱其气"。岑草,周生春先生引《会稽赋》注曰:"蕺也……撷之小有臭气,凶年民斸其根食之。"则范蠡此举,无疑有"淆乱视听"的意味,大家都发出这种味道,不要让大王出丑。那么,在勾践返国,"苦身焦思,置胆于坐,坐卧即仰胆,饮食亦尝胆"之前,还有过尝溲、尝便的经历。他所念念不忘的"会稽之耻",应该包括这一点吧。然而今天吃鱼腥草,即便生食,也并无异味尤其臭味发出。

在其他典籍中,大抵是说勾践本人正爱吃蕺菜。前人地理学著作介绍绍兴府的时候,都免不了要提到蕺山。如宋《方舆胜览》载:"蕺山,在府西六里。《旧经》云:'越王嗜蕺,采于此,故名'。"明《读史方舆纪要》载:"蕺山,在府治东北六里,山多蕺,越王尝采食之。"后人指出,《吴越春秋》那一段根本站不住脚,"勾践入吴"说出自《国语》,但《国语》的三处相关记载却自相矛盾,因而太史公《史记·越王勾践世家》并没有采信。

然提到蕺山,至少可以关联出两个著名的文化现象。

其一大家都熟知:王羲之在老太太的扇子上写了字,结果扇子大卖。那故事的发生地就在蕺山。《晋书·王羲之传》载,羲之"尝在蕺山见一老姥,持六角竹扇卖之",乃在扇上"各为五字"。老太太"初有愠色",以为东西给糟蹋了,羲之告诉她:"但言是王右军书,以求百钱邪。"果然,"人竞买之"。而王羲之所以在蕺山书扇,大概是他有一处"别业"正在那里。后来他将此宅捐出,成为戒珠寺。《方舆胜览》说,其时"门外有二池,曰墨池、鹅池",典型的王右军符号。戒珠寺如今成了绍兴的旅游景点,自然"苏秦不是旧苏秦"了。

其二是明末刘宗周因讲学于蕺山,从而开创了"蕺山学派",后人亦称之"蕺山先生"。刘宗周之学,如黄宗羲所概括:"先生宗旨为慎独。"慎独一词,最早见于《大学》《中庸》,意谓独处无人察觉时,仍需谨慎地使自身行为合乎一定的道德准则。这是儒家传统的道德修养论。刘宗周认为"自昔孔门相传心法,一则曰慎独,再则曰慎独",所以"慎独是学问的第一义",进而赋予"慎独"以本体论的意义,加以发挥并使之系统化。在今天,"慎独"仍然勃发着旺盛的生命力。

说回鱼腥草。以愚意度之,将寻常食用之物神化,以为能够抗击颇多未知的新冠肺炎,横竖觉得有"病急乱投医"的意味。

萝卜·莱菔

天气很好，对面近在咫尺的楼顶上有两户人家在晒萝卜干，自家窗边正好可以俯视之。拍照发了朋友圈，戏谓"估计是潮汕人家"。不料引来不同籍贯友朋的"抗议"，大抵都说自己家乡也晒。所以戏谓，盖在我所吃过的萝卜干中，首推潮汕之产。

萝卜，从前有许多称谓，莱菔、芦菔、芦萉等等。《诗·邶风·谷风》"采葑采菲，无以下体"之"菲"，也是萝卜，"葑"是大头菜。这是首弃妇诗，云丈夫食叶而不食根，以喻娶妻不取其德，但取其色，色衰即弃。萝卜的普遍称呼是莱菔。《本草纲目》云："上古谓之芦萉，中古转成莱菔，后世讹为萝卜。"北宋苏颂云："莱菔南北通有，北土尤多。有大、小二种：大者肉坚，宜蒸食；小者白而脆，宜生啖。"在北方，生啖相当普遍。《燕京岁时记》记载了立春的一项民俗："富家多食春饼，妇女等多买萝卜而食之，曰咬春，谓可以却春困也。"

《后汉书·刘盆子传》载，更始败后，"掖庭中宫女犹有数百千人"，她们生活无着，"掘庭中芦菔根，捕池鱼而食之"，把萝卜当成了粮食。而萝卜恰恰是消食的，越吃越饿。《杨文公谈苑》说得很形象："江东居民，岁课种艺，初年种芋三十亩，计省米三十斛。次年种萝卜二十亩，计益米三十斛，可知萝卜消食也。"芋头能顶粮食吃，改成种萝卜，反而多消耗了不少米。当然，宫女们那是可怜得饥不择食。《山家清供》讲到宋朝两位大学者都喜欢萝卜,一个是叶适,一个是叶绍翁。前者认为吃萝卜"甚于服玉",后者每顿饭一定得有萝卜,"与皮生啖,乃快所欲"。有人说萝卜"能通心气,故文人嗜之",清朝赵翼有诗题曰《连日无蔬菜至平戞买得萝卜大喜过望》,爱吃的程度溢于文字。

《本草纲目》赞美萝卜:"根、叶皆可生可熟,可菹可酱,可豉可醋,可糖可腊,可饭,乃蔬中之最有利益者。"李时珍不明白,"古人不深详之,岂因其贱而忽之耶? 抑未谙其利耶?"一句话,萝卜咋吃都行,并且还可以入药。王安石患有偏头痛,时有道人传授了偏方,"移时遂愈"。偏方是:生萝卜汁一蚬壳,仰卧,随左右注鼻中。这只是一例,按李时珍的汇总,萝卜的功能远不止于此。比如元朝朱震亨说:"莱菔子治痰,有推墙倒壁之效。"李时珍补充道:"莱菔子之功,长于利气。生能升,熟能降。升则吐风痰,散风寒,发疮疹;降则定痰喘咳嗽,调下痢后重,止内痛,皆是利气之效。"诸如此类。

而凡事一旦到了苏东坡那里,都可能成为开玩笑的素材,吃萝卜也不例外。有次他跟刘贡父讲,他和弟弟苏辙准备科考时,"日享三白,食之甚美,不复信世间有八珍也"。刘贡父不解那是什么东西,他说:"一撮盐,一碟生萝卜,一碗饭,乃三白也。"讲完他就忘到脑后,刘贡父却记住了,"久之,以简招坡过其家吃皛饭"。东坡很高兴,但不明白皛饭是什么,对人说:"贡父读书多,必有出处。"结果到了刘家,"见案上所设,唯盐、萝卜、饭而已",乃恍然大悟。吃完,将上马回家,东坡对刘贡父说明天来我家吧,吃毳饭。刘贡父"虽恐其为戏,但不知毳饭所设何物,如期而往"。然而,"谈论过食时,贡父饥甚索食",东坡总是说等等,到了刘贡父"饥不可忍"的时候,东坡才不紧不慢地说:"盐也毛,萝卜也毛,饭也毛,非毳而何?"刘贡父捧腹大笑,说知道东坡会为毳饭报复,"然虑不及此也"。毛,方音为"无"。再插一句,萝卜当然不止白色一种。《滇海虞衡志》云:"滇产红萝卜颇奇,通体玲珑如胭脂,最可爱玩,至其内外通红,片开如红玉板,以水浸之,水即深红。"红到那个程度的萝卜,倒还没有见过,我们那里还有一种心是红的,叫"心儿里美",未知是否学名。

《笑林广记》里有则笑话,说"北地产梨甚佳。北人至南,索梨食不得,南人因进萝卜",曰:"此敝乡土产之梨也。"那个北方人揶揄道:"此物吃下,转气就臭,味又带辣,只该唤他做臭辣梨。"应该没有人闻得惯萝卜"转气"的味道吧,美食家李渔云:"生萝卜切丝作小菜,伴以醋及他物,用之下粥最宜。但恨其食后打嗳,嗳必秽气。"他闻过别人"转"出的这种气,"知人之厌我,亦若是也",便想跟萝卜一刀两断;然又想到萝卜跟葱蒜不同,"初见似小人,而卒为君子",因此萝卜"虽有微过,亦当恕之",还是吃吧。这是李渔的幽默。

吴其濬是河南固始县人,但对燕蓟——我的故乡——的萝卜情有独钟。这个嘉庆时的状元,宦游各地,在京城当过翰林院修纂、兵部侍郎。他在著作《植物名实图考》中客观介绍完萝卜之后,还有一段生动描写:"冬飚撼壁,围炉永夜,煤焰烛窗,口鼻炱黑,忽闻门外有卖水萝卜赛如梨者,无论贫富耄稚,奔走购之,唯恐其过街越巷也。琼瑶一片,嚼如冰雪,齿鸣不已,众热俱平,当此时何异醍醐灌顶?"紧接着,他想到了"冷官热做,热官冷做"的民谚,以为"畏寒而火,火盛思寒,一时之间,气候不同。而调剂适宜,则冷而热、热而冷,如环无端,亦唯自解其妙而已"。

由冬天吃萝卜,上升到了对权势显赫官吏的告诫。妙哉斯言。只不知这番话有几个"热官"读到过,能咀嚼出个中滋味。

猕猴桃·苌楚

在超市里买了几个猕猴桃,分黄、绿两种,不是论斤称而是按个卖,前者5.90元一个,后者3.90元。常去贵州省亲,早就知道那里盛产猕猴桃,便宜得很,现在这种按个的价钱在彼处基本上是论斤的价钱。这里这么贵,不知是品种的原因还是时令的原因。

猕猴桃以新西兰的最为知名。不过,相关资料足以让我们阿Q一下,因为他们的实际上正是源自我们的。1904年,新西兰女教师伊莎贝尔在中国旅游时发现了猕猴桃,带回国并培育成功,以果实酷似该国国鸟奇异鸟,所以又得名奇异果。但猕猴桃既然根源是我们的,我们这里也就不难找到它的本名。它的本名是:苌楚。《诗·桧风》有《隰有苌楚》,虽然历来各家对此歌的点评见解不一,但其借苌楚即猕猴桃来比兴,并无异议。

《隰有苌楚》共三章,每章四句:"隰有苌楚,猗傩其枝。夭之沃沃,乐子之无知。隰有苌楚,猗傩其华。夭之沃沃,乐子之无家。隰有苌楚,猗傩其实。夭之沃沃,乐子之无室。"猗傩,美盛貌。按照周振甫先生的翻译,这几句大致是说:洼地里长着猕猴桃,美盛的是它的嫩枝、是它的开花、是它的结实,又初生又美好,羡慕你的无知好、无家好、无室好。这是从直观上来看,意味呢?

《诗》的政治性和道德性在后世诚然每经曲解而被强化,却又是怎么说的？朱熹《诗集传》云："政烦赋重,人不堪其苦,叹其不如草木之无知而无忧也。"方玉润《诗经原始》云："此必桧破民逃,自公族子姓以及小民之有室有家者,莫不扶老携幼,挈妻抱子,相与号泣路歧,故有家不如无家之好,有知不如无知之安也。"钱锺书先生《管锥编》云："苌楚无心之物,遂能夭沃茂盛,而人则有身为患,有待为烦,形役神劳,唯忧用老,不能长保朱颜青发,故睹草木而生羡也。"不难推断,不特猕猴桃,凡草木均可达到歌者所需的前提,而苌楚斯时正入其眼而已。苌楚何时得名猕猴桃不得而知,至少唐朝岑参的诗句中已经提到,其《宿太白东溪李老舍寄弟侄》有云："中庭井栏上,一架猕猴桃。石泉饭香粳,酒瓮开新槽。爱兹田中趣,始悟世上劳。"

猕猴桃,落叶藤本植物,形状应该算腰圆吧,俯视之,如同迷你运动场的跑道。它既是一种水果,也可以入药。李时珍《本草纲目》说它"其形如梨,其色如桃,而猕猴喜食,故有诸名。闽人呼为阳桃",功能是"止渴,解烦热,下淋石,调中下气"。下淋石,大抵是说小便涩痛,尿出砂石。这东西既曰猕猴喜食,孙悟空自然看不上眼。根据《西游记》里如来佛对灵猴的四种分类：第一是灵明石猴,这种猴能够"通变化,识天时,知地利,移星换斗"；第二是赤尻马猴,能够"晓阴阳,会人事,善出入,避死延生"；第三是通臂猿猴,能够"拿日月,缩千山,辨休咎,乾坤摩弄"；第四是六耳猕猴,能够"善聆音,能察理,知前后,万物皆明"。孙悟空属于第一类,石头缝里蹦出来的；他在花果山的那几个军师属于第二类；而假扮了悟空,连观音菩萨也辨不出真假,直闹到如来佛跟前被如来佛说破了的那个,正是第四类,猕猴桃该是它喜欢吃的东西。悟空喜欢吃的桃,我们都知道是蟠桃。他自封的"齐天大圣"得到玉皇大帝认可之后,上天掌管蟠桃园,结果先把九千年一熟的蟠桃给偷吃了不少;然后又搅了王母娘娘的蟠桃会,上演了一出大闹天宫的戏码。当然了,猴界对"桃"之分类是否果真这么明晰,同样不得而知。

清朝遗老有个叫刘声木的,通晓目录版本、金石之学,兼且出身达官之家——他父亲刘秉璋当过四川总督,因于时政及宦途内幕颇有所闻,其遗世的《苌楚斋随笔》系列,也就称得上是一部非常有价值的文史参考书。斋名"苌楚",却不是刘先生爱吃猕猴桃,而是其遗民心态的折射,他以变名、筑室,称颂遗民、称颂纲常节义以及对遗民们学术源流、著述体例进行探讨等方面,来呈现他的表达方式。辛亥革命后,刘声木多次改换室名,总共达七次之多,"苌楚斋"即取《隰有苌楚》之义,慨叹自己生逢乱世,不如猕猴桃等草木无知无累、无室无家之忧,与朱熹等人的见解一脉相承。《隰有苌楚》,也正为后世文人骚客感物伤怀、借草木而言事之滥觞。如晋陶渊明《归去来兮辞》,有"木欣欣以向荣,泉涓涓而始流。善万物之得时,感吾生之行休"。唐元结《寿翁兴》,有"借问多寿翁,何方自修育。唯云顺所然,忘情学草木"。前蜀韦庄《台城》,有"无情最是台城柳,依旧烟笼十里堤"。宋姜夔《长亭怨慢》,有"阅人多矣,谁得似、长亭树?树若有情时,不会得青青如此"……

南北朝时的鲍照有《伤逝赋》,其"惟桃李之零落,生有促而非天;观龟鹤之千祀,年能富而情少"云云,钱锺书先生一语破的:"无情之物,早死不足悲,不死不足羡耳。"的确,惠子早就说了:"人而无情,何以谓之人?"以有情之人衡诸无情之物,虽可能比"寿"不过,又何羡之有?

荸荠·乌芋

友人馈赠了"北乡马蹄"若干。此乃粤北乐昌特产，中国国家地理标志产品。介绍说，那里的马蹄个大肉嫩、清甜多汁、爽脆无渣。食之信然。

马蹄，广东人的叫法，37年前我负笈于此才知道，我们那里叫它的学名荸荠，喜欢恶作剧的人又叫它"鼻涕"。这种多年生草本植物，种植于水田，地下的茎为扁圆形，表面呈深褐色或枣红色，而里面纯白。其别称实在很多，江浙人谓之地栗，还有不知哪里叫它地梨。马蹄的叫法较难理解，望文生义的话，地栗出于比拟，外观像栗子嘛；地梨出于形容，味道似梨嘛。马蹄，像马的蹄子？书面上，荸荠的叫法还有一些，《尔雅》名之为芍，宋人名之为葧脐，较常见的还有凫茈（茨）、乌芋。《本草纲目》云："乌芋，其根如芋而色乌也。凫喜食之，故《尔雅》名凫茈，后遂讹为凫茨，又讹为荸荠。"所以有讹，"盖《切韵》凫、荸同一字母，音相近也"。这种解释是否出于李时珍的想当然，要就教专业人士了。

《农政全书》讲到了荸荠的种植法："正月留种。种取大而正者。待芽生，埋泥缸内。二三月间，复移水田中。至茂盛，于小暑前分种。每科离五尺许。冬至前后起之。耘荡与种稻同。豆饼或粪，皆可壅。"《本草纲目》亦云："凫茈生浅水田中。其苗三四月出土，一茎直上，无枝叶，状如龙须。肥田栽者，粗近葱、蒲，高二三尺。其根白蒻，秋后结颗，大如山楂、栗子，而脐有聚毛，累累下生入泥底。野生者，黑而小，食之多滓。种出者，紫而大，食之多毛。吴人以沃田种之，三月下种，霜后苗枯，冬春掘收为果，生食、煮食皆良。"今日是否依然如此，须待田野调查来印证了。

宋朝寇宗奭云："荒岁，人多采（荸荠）以充粮。"的确如此，东汉人已经这么做了。《后汉书·刘玄列传》载："王莽末，南方饥馑，人庶群入野泽，掘凫茈而食之，更相侵夺。"为了野地里的荸荠而打架，可见饥荒的严重程度。于是乎，王匡、王凤"为平理诤讼，遂推为渠帅"，干脆率众而起，"共攻离乡聚，臧于绿林（山）中"。因为荸荠可食，后人也将之聊备救荒之一选。如朱元璋儿子朱橚编纂的《救荒本草》，其"铁荸脐"条明确："有二种：根黑、皮厚、肉硬白者，谓之猪荸脐；皮薄、色淡紫、肉软者，谓之羊荸脐。生水田中。"功能正是可以"救饥"，具体为："采根煮熟食，制作粉，食之，厚人肠胃，不饥。"《农政全书》之《荒政》章，将这些话照单全收。赵翼也有"君不见，古来饥荒载篇牍，水撷凫茈野采蕨"的句子存世。

奇怪的是，同为宋人的林洪，对荸荠能吃与否却一度持怀疑态度。其《山家清供》"凫茈粉"道出了这一点："凫茈粉，可作粉食，其滑甘异于他粉。偶天台陈梅庐见惠，因得其法。"什么吃法呢？"采以曝干，磨而澄滤之，如绿豆粉法"。后来林洪又读到同朝刘一止《非有类（斋）稿》中的一首诗："南山有蹲鸱，春田多凫茨。何必泌之水，可以疗我饥。"这下他才"信乎可以食矣"。刘一止，徽宗时进士，高宗时历秘书省校书郎、监察御史、起居郎奏事等，以忤秦桧而落职。《宋史》有其本传，说他的性情"冲澹寡欲"。而他这首诗，也正为"示里中诸豪"，要那些人看看。那四句是全诗起首，补足为："六师拥行在，闾巷屯虎貔。民食尚可纡，军食星火移。努力输县官,无乏辕门炊。所愿将与士,感此艰食时。忠义发饫腹,向敌争先之。驱逐狐鼠群,宇县还清夷。我辈死即休,粒米不敢私。"度其诗意,该是为了支援前线的军队,他把家里的粮食悉数交了上去,自己甘愿吃芋头、荸荠。这里的"敌",是掳走徽钦二帝的金兵吧?

荸荠可食,但显然不可以作为粮食。东汉到了作为粮食且大家"更相侵夺"的地步,便直接催生了"绿林好汉",闹得"州郡不能制"。苏舜钦《城南感怀呈永叔》诗,则对欧阳修描述了他"所见既可骇,所闻良可悲"的另一种情景:"去年水后旱,田亩不及犁。冬温晚得雪,宿麦生者稀。前去固无望,即日已苦饥。老稚满田野,斫掘寻凫茈。此物近亦尽,卷耳共所资。"再看看那些大官,"高位厌粱肉,坐论摖云霓",吃饱了喝足了,不切实际,钻到九霄云外去空谈。苏舜钦琢磨,"岂无富人术,使之长熙熙?"肯定有的,只是"我今饥伶俜,悯此复自思:自济既不暇,将复奈尔为!"空落得"愁愤徒满胸"。钱锺书先生认为苏舜钦"值得提起的一点",是"陆游诗的一个主题——愤慨国势削弱、异族侵凌而愿意'破敌立功'那种英雄抱负——在宋诗里恐怕最早见于苏舜钦的作品"。而通过这首,我们也领略到苏舜钦在政治上如何敢于痛陈时弊。

旧时的救荒之物,早已成为人们口中的美食。袁枚《随园食单》中的"八宝肉圆",就是先以"猪肉精、肥各半,斩成细酱",然后"用松仁、香蕈、笋尖、荸荠、瓜、姜之类,斩成细酱,加纤粉和捏成团,放入盘中,再"加甜酒、秋油蒸之"。今日老广叹早茶,大抵必点"马蹄糕"这种响当当的岭南甜点;而煲一锅"糖水马蹄",也是平时益气安中、开胃消食的寻常做法。荸荠这东西,恰如明末彭孙贻所言:"登俎非佳果,能消亦爽咽。"

桃

午间吃了一个水蜜桃。每吃桃时,都不由得先想到万氏兄弟动画片《大闹天宫》里孙悟空偷吃时的顽皮样子,一口便咬去差不多一半,然后一颗颗桃核坠地,象征着他把"九千年一熟,人吃了与天地齐寿,日月同庚"的仙桃,熟的都给吃了。

动画片里孙悟空吃的桃又圆又大,浑然水蜜桃的样子。中国人民邮政和中国澳门分别于1979、2000年发行的《西游记》邮票中,画面上都是那种桃。而孙悟空管的是蟠桃园,吃的该是蟠桃。蟠桃的样子扁平,类似柿子。蟠桃也才是神话中的仙桃。《汉武帝内传》云,七月七日西王母(即王母娘娘)降于汉武帝宫中,带来七枚仙桃,"以四枚与帝,自食三枚"。武帝吃得可口,"收其核",想自家种树。西王母告诉他,"中夏地薄",种不了。此后遂有王母娘娘蟠桃会之说。因为扁平蟠桃的样子不及水蜜桃丰满圆润,画面上不大好看,大圣遂被今人改吃了的品种吧。

《诗·魏风·园有桃》云:"园有桃,其实之肴。心之忧矣,我歌且谣。"桃,在前人的世界观中不仅是可口的水果,而且是一个非常鲜明的文化符号。有人统计,我国三万多条成语中有800多条以植物为组成内容,共涉及了120种植物名称,而涉及最多的就是桃,门墙桃李、夭桃秾李、桃蹊柳曲等。除此之外,我们还可

桃　359

以在许多场合看到桃,大有处处留痕之势。

指代婚嫁,叫作桃夭。源自《诗·周南·桃夭》:"桃之夭夭,灼灼其华。之子于归,宜其室家。"诗人借桃花之盛开,赞美男女婚姻以时,室家之好。衍申开来,"桃夭之化"谓男女完婚之礼,"桃夭新妇"谓年少貌美的新婚女子。

驱鬼辟邪,要用桃人。桃人,即桃木俑。《论衡·订鬼》引《山海经》云,度朔之山上有鬼门,"万鬼所出入也"。同时上面也有两个神人,一个叫神荼,一个叫郁垒,"主阅领万鬼"。但凡有"恶害之鬼",则"执以苇索,而以食虎"。黄帝掌握了这一点,"乃作礼以时驱之,立大桃人,门户画神荼、郁垒与虎,悬苇索以御"。把桃木削为人形,在于前人认为鬼怕桃木。

除旧布新,要换桃符。五代时人们在桃木板上书写联语,其后才书写于纸上。显然这是桃人思路的余绪了。宋朝《东京梦华录》云,农历腊月,"近岁节,市井皆印卖门神、钟馗、桃板、桃符"。清朝《燕京岁时记》云:"春联者,即桃符也。自入腊以后,即有文人墨客,在市肆檐下,书写春联,以图润笔。祭灶之后,则渐次粘挂,千门万户,焕然一新。"关于桃符最著名的句子,无疑是王安石的"千门万户曈曈日,总把新桃换旧符"了。

理想的隐居之所,则是桃花源。陶渊明《桃花源记》显见是始创者。形容女子貌美,叫桃花人面,自然这要记到崔护名句"去年今日此门中"的头上。此外,春汛曰"桃花水";多情的眼神曰"桃花眼";比喻友好往来或互相赠送,叫"投桃报李";比喻所培养的优秀人才众多,叫"桃李满天下";比喻为人品德高尚实至名归无须自我宣传,叫"桃李不言下自成蹊"。

在社会生活中,春秋时的"二桃杀三士""余桃啖君",东汉时的"桃园三结义",都关联到了桃。后一个故事众所周知,《三国演义》的开篇就对此进行了演义。然《三国志·蜀书》中并没有这桩逸事,只在《关马赵黄传》中有"先主于乡里合徒众,而(关)羽与张飞为之御侮……先主与二人寝则同床,恩若兄弟"。

"二桃杀三士"见于《晏子春秋·谏下》。"公孙接、田开疆、古冶子事景公,以勇力搏虎闻",不知道是不是"晏子过而趋,三子者不起"而得罪了晏子之故,晏子对齐景公说了坏话,认为他们是"危国之器也,不若去之"。景公说他们武功那么高强,用什么办法去之呢?晏子便设了一计:请景公以两个桃子赐予三人,论功而食。结果公孙接、田开疆当仁不让地各拿一个,古冶子不高兴了,我还有救驾之功呢,怎么就没得吃了?那两位羞愧难当,认为自己"取桃不让,是贪也;然而不死,无勇也",说罢不仅把桃放了回来,还相继拔剑自刎。古冶子大惊失色,"二子死之,冶独生之,不仁",也自杀了。这样来看,这三员猛将的自身修养相当之高,如此死于内耗,真是齐国的一大损失。"二桃杀三士"成为阴谋杀人的代名词,不啻晏子的一个污点。

"余桃啖君"见于《韩非子·说难》,这回是卫国的事。说弥子瑕有宠于卫君的时候,干什么都没毛病,连犯法的事都被褒奖。"卫国之法,窃驾君车者罪刖",而弥子瑕母亲病了,他"矫驾君车以出",卫君赞他"孝哉"。某天"与君游于果园,食桃而甘",弥子瑕把吃剩下那半给了卫君,卫君也很高兴:"爱我哉。"等到弥子瑕失宠,卫君又说了,这家伙"尝矫驾吾车,又尝啖我以余桃"。所以"余桃啖君"用来比喻爱憎喜怒无常。

直到今天,桃与百姓生活仍然紧密相关。在我儿时生活的京郊姨家,院子里便有一棵很大的桃树,夏天的树荫足以遮蔽全家八口人在树下吃饭。前几年回去,桃树早就没了,化作了乡愁的一个组成部分。

柿

深秋时节，柿子也是重要的时令水果。在我的河北三河老家，好多人家的院子里都有柿树，果实本身就像挂着的一盏盏小红灯笼。柿叶在经霜之后，即变为红色，因之如枫叶一样成为诗文中渲染秋色的重要元素。如白居易《寄内》诗云："条桑初绿即为别，柿叶半红犹未归。不如村妇知时节，解为田夫秋捣衣。"苏东坡《睡起》诗云："柿叶满庭红颗秋，薰炉沉水度春篝。松风梦与故人遇，自驾飞鸿跨九州。"

柿子，也是我国食用极早的果品。研究者说，收集了西周初年至春秋中叶诗歌的《诗》虽未提及"柿"，然传为西汉礼学家戴圣所编的《礼记》已有记载。其《内则》篇讲先秦饮食制度，对国君春夏秋冬应该吃什么都做了明确规定，在水果那里，于"枣、栗、榛、瓜、桃、李、梅、杏、楂、梨"等一大堆名目中，便有"柿"。南朝梁简文帝萧纲显然很爱吃柿子，其《谢东宫赐柿启》有"悬霜照采，凌冬挺润，甘清玉露，味重金液，虽复安邑秋献，灵关晚实，无以匹此嘉名，方兹擅美"，对柿子极尽赞美之能事。到了朱元璋那里更进一步，甚至把柿子树封为"凌霜侯"。明赵善政《宾退录》（非南宋赵与时之同名著作）云："太祖微时，至一村，人烟寥落，而行粮已绝。正徘徊间，见缺垣有柿树，红熟异常，因取食之。后拔采石，取太平,道经此村,而柿树犹在,随下马,解赤袍以被之,曰:'封尔为凌霜侯。'"则柿受此封,有相声中"珍珠翡翠白玉汤"的意味。有趣的是,那种由白菜帮子、菠菜叶儿(翡翠),馊豆腐(白玉)和剩锅巴碎米粒儿(珍珠)做成的杂合菜剩菜汤儿,"汤主"也与"微时"的朱元璋相关。

对柿子树,《酉阳杂俎》说它"有七绝":一寿,二多阴,三无鸟巢,四无虫,五霜叶可玩,六嘉实,七落叶肥大。《邵氏闻见后录》的说法稍有不同:一有寿,二多阴,三无禽巢,四无虫蠹,五有嘉实,六其本甚固,七霜叶红。前几项的功能还真没大注意,书上得知,"落叶肥大"被唐朝的郑虔给充分利用了。《新唐书·郑虔传》载,郑虔"善图山水,好书,常苦无纸,于是慈恩寺贮柿叶数屋,遂往日取叶肄书,岁久殆遍"。柿叶学书,后来就成了勤苦习字的典故,每为后人津津乐道。如杨万里"却忆吾庐野塘味,满山柿叶正堪书",王之道"君不见郑虔学书晚弥笃,岁收柿叶贮三屋",徐渭"柿叶学书才不短,杏花插鬓意何长"等。以柿叶为纸,表明家里很穷,时人说郑虔的家,"屋室破漏,自下望之,窍如七星"。但是郑虔属于"穷且益坚"的典范,其"进献诗篇及书画,玄宗御笔题曰'郑虔三绝'。与杜甫、李白为诗酒友"。可惜的是,"天宝初,为协律郎,集缀当世事,著书八十余篇",被人家看到了,"上书告虔私撰国史,虔苍黄焚之,坐谪十年"。后来又上了安禄山的贼船,被授以"伪水部员外郎",《新唐书》说授的是"水部郎中",且云"贼平,与张通、王维并囚宣阳里。三人者,皆善画,崔圆使绘斋壁,虔等方悸死,即极思祈解于圆,卒免死"。崔圆,安史之乱时以迎接玄宗之功拜相,长安收复后,奉命审定降贼官员。

稍有常识的人都知道,柿子不像桃李那样可以摘下就吃,需要加工。欧阳修《归田录》云:"凡物有相感者,出于自然,非人智虑所及,皆因其旧俗而习知之。今唐、邓间多大柿,其初生涩,坚实如石。凡百十柿以一榠樝置其中,则红熟烂如泥而可食。土人谓之烘柿者,非用火,乃用此尔。"榠樝,即木瓜。烘柿,讲的就是加工,是说将青绿的柿子放在器具中自然变红熟,像火烘出来的一样,而且涩味尽去,味甜如蜜。在我们那里,这叫"酾(音懒)柿子",目的就是去涩。酾的工序如何已全然没有记忆,但放个木瓜是不可能的,因为我们那里没有木瓜,而且落籍广东之前,我还从没见过木瓜。按照欧阳修的介绍,酾柿子利用的是一物降一物的原理。因为酾好的柿子"红熟烂如泥",所以催生了"老太太吃柿子——拣软的捏"的歇后语,实际上这是一种必然之选,引申出去成了某个人比较好欺负,或者处于弱势。

"友生招我佛寺行,正值万株红叶满。"韩愈笔下的北方秋天意象,在南国不可设想。诸如叶茵的"柿叶红如染,横陈几席间。小题秋样句,客思满江山"(《柿叶》),张九成的"相去未三月,柿花亦已零。乃兹寻去路,累累满空庭。人生岂无情,眷眷不忍行。严霜八九月,百草不复荣。唯君粲丹实,独挂秋空明。寄语看园翁,勿使堕秋风"(《见柿树有感》),都道出了睹柿思乡的那份情感。台湾电影《红柿子》(1997),讲述败退到台湾的国民党将军一家的生活经历:爸爸忙着"反攻大陆",妈妈为生计操劳,伴随家中众多小孩成长的是姥姥。爸爸对姥姥承诺不久就可以重返老家,但随着时间的推移越来越成为泡影,姥姥唯有不断忆起河南老家的红柿子树。那种浓浓的乡愁贯穿影片始终,令观众对那一代人的经历不胜唏嘘。即便没有隔着海峡,但远离故乡多年的人又如何不是如此?

木瓜

木瓜，如今也是南国"入冬"之后的时令水果，长椭圆形，色黄而香。

落籍岭南之前，我还从未见过木瓜，更不要说吃过。知道木瓜，是因为1980年邮电部发行《咕咚来了》特种邮票，同时发行的还有尚属比较稀罕的小本票。那个寓言故事说的是树上熟透了的木瓜"咕咚"一声掉进水里，把睡觉的小兔子吓了一跳，睁开眼睛又什么没看到，于是撒腿就跑，一边跑一边不停地叫："不好了，不好了，咕咚来了，咕咚来了！"那时就一直琢磨木瓜是什么。"鱼儿离不开水，瓜儿离不开秧"，眼前所见之瓜大抵都是趴在地上或结在架上，哪有长在树上的？超出了认知范畴。知道"投我以木瓜，报之以琼琚"，还是好久之后的事，众所周知那是《诗》里脍炙人口的句子。

《卫风·木瓜》第一章："投我以木瓜，报之以琼琚。匪报也，永以为好也！"《毛诗序》认为该篇意在"美齐桓公也"，因为"卫国有狄人之败，出处于漕，齐桓公救而封之，遗之车马器服焉。卫人思之，欲厚报之而作是诗也"。而把"文王""后妃"挂在嘴边的朱熹，此番倒是没有"高攀"，认为这是"言人有赠我微物，我当报之以重宝，而犹未足以为报也，但欲其长以为好而不忘耳。疑亦男女相赠答之辞,如《静女》之类"。无论此诗作者的动机是什么吧,其中的"木瓜"究竟为何物,汉代以降都是个悬而未决的问题。先看两个古人的代表性观点。

一个是宋人王观国的。其《学林》云:"诗之意乃以木为瓜、为桃、为李,俗谓之'假果'者……盖不可食不适用之物也,亦犹画饼土饭之义耳。"就是说,"木瓜"之"木",是木头刻出来的意思,木头刻的瓜、桃、李,自然不是吃的水果。"投我以不可食不适用之物,而我报之以琼琚可贵之物",旨在表明"投我之物虽薄,而我报之实厚"。再一个是明朝李时珍的。其《本草纲目》云:"木瓜可种可接,可以枝压。其叶光而浓,其实如小瓜而有鼻,津润味不木者,为木瓜;圆小于木瓜,味木而酢涩者,为木桃;似木瓜而无鼻,大于木桃,味涩者,为木李。"一句话,木瓜、木桃、木李,都是吃的水果。当然了,在李时珍那里列举的东西还都是可以入药的,木瓜主治"湿痹脚气,霍乱大吐下,转筋不止"。具体怎样,他都开有药方。比如治脚气,"用木瓜切片,囊盛踏之";比如抽筋了,"用木瓜数枚,以酒、水各半,煮烂捣膏,乘热贴于痛处,以帛裹之"。当代潘富俊先生指出,中国历代文献所言之木瓜,是指蔷薇科的木瓜海棠,而今日各地所言之木瓜,原产美洲热带,17世纪末才引进中国,正确名称应为番木瓜,属于番木瓜科。这就意味着,王观国的说法大可姑妄听之,便是李时珍的木瓜跟今天的也不是一回事,更不要说之前的了。

无论木瓜究竟何指,我们都知道《诗》之拿它说事,运用的是传统的"比兴"表现手法。朱熹说:"比者,以彼物比此物也;兴者,先言他物以引起所咏之词也。"因此,比是比喻,对人或物加以形象的比喻,使其特征更加鲜明突出。兴是起兴,即借助其他事物作为诗歌发端,以引起所要歌咏的内容。那么《卫风·木瓜》要表达什么呢？王观国已经挑明了意思，钱锺书先生说得更透彻。《管锥编》云："作诗者申言非报先施，乃缔永好，殆自解赠与答之不相称欤？"认为该诗"颇足以征人情世故"。什么人情世故呢？"赠者必望受者答酬，与物乃所以取物，尚往来而较锱铢，且小往而责大来"。钱先生将之归结为"实交易贸迁之一道，事同货殖"，认为不仅初民如此，后进文胜之世，大抵都"馈遗常责报偿"，而且"每望其溢量逾值，送礼大可生利"，甚至"不特人事交际为然，祭赛鬼神，心同此理"。《史记·滑稽列传》载，楚将攻齐，齐威王使淳于髡之赵请救兵，礼物带少了，结果淳于髡"仰天大笑，冠缨索绝"。他打了个比方，他见到路边有个祈祷丰收的人，不过"操一豚蹄，酒一盂"，就希望"瓯窭满篝，污邪满车，五谷蕃熟，穰穰满家"。淳于髡说他当时就笑了，笑那人"所持者狭，而所欲者奢"。威王一听，礼物赶快加码，由"赍金百斤，车马十驷"，加到"赍黄金千溢，白璧十双，车马百驷"。赵国果然派兵，楚国听说后便赶紧撤退了。淳于髡的故事同时表明，真要"小往而责大来"的话，鬼神好糊弄，人则未必。明清之际的张尔岐，对《木瓜》诗这一类的比兴有个精辟见解，叫作"当其舍时，纯作取想，如持物予人，左予而右索，予一而索十"。后世的礼物流动，尤其是现代根深蒂固于很多地方的婚丧陋习中，都可以窥到这种影子。

比较可惜的是，《卫风·木瓜》大家耳熟能详，而《大雅·抑》要生涩得多，但用以比喻相互赠答、礼尚往来的成语，由前者生发出的"投木报琼"，却远不及由后者生发出的"投桃报李"闻名，兼且在现代社会中带有贬义的使用，与原本营造出的美好意境背道而驰，都是十分费解之处。

吃瓜

《咬文嚼字》杂志评选的"2016年十大流行语"里,有一个是"吃瓜群众"。网络时代流行语的诞生往往是随机的,不需要任何文化积淀。"吃瓜群众"的横空出世,据说始于记者采访一个大约目睹了新闻事件的老伯,但老伯却说自己什么也不知道,当时正在吃西瓜。这就有了"吃瓜群众",进而衍生为表示对某件事情不了解,对网上的讨论、发言以及各种声音持"围观"态度。

那么,"吃瓜群众"的吃瓜,始而是真吃。吃瓜的历史相当悠久。《诗·豳风·七月》有"七月食瓜,八月断壶",《小雅·信南山》有"中田有庐,疆埸有瓜",讲的就是吃瓜和种瓜。虽然吃的和种的究竟是什么瓜,已经不可能弄清楚。瓜类蔬菜的食用部分为瓠果,在植物学分类上属葫芦科,可以是黄瓜、南瓜、冬瓜、瓠瓜、甜瓜、西瓜、丝瓜、苦瓜、佛手瓜等。不要说"瓜"之本身令后人莫衷一是,就是"中田有庐"那个"庐",也还有截然不同的观点。周振甫先生释之为萝卜,"庐"通"芦",即芦菔,萝卜也。程俊英、蒋建元两先生则认为,"庐"是农民建筑在公田中的房子,郑玄云:"中田,田中也。农人作庐焉,以便其田事。"各有各的道理,以后恐怕也不会形成定论。

因为种瓜的普遍吧,瓜熟之时的"瓜时"成了一个特指七月的时间概念,"瓜代"成了官员任职期满的代名词。《左传·庄公八年》载:"齐侯使连称、管至父戍葵丘。瓜时而往,曰:'及瓜而代。'"在前人的诗句中,这种用法更为常见。如骆宾王有"旅思徒漂醒,归期未及瓜",杜甫有"瓜时犹旅寓,萍泛苦夤缘",杨万里有"醉乡无日不瓜时,书囿何朝无菜色"等。

瓜作为果实可食的植物,种植的目的就是用来吃的,"受众"自然不会只是"群众",各色人等俱不例外。《大唐新语》云,太宗很怀念杜如晦,谓虞世南曰:"吾与如晦,君臣义重。不幸物化,实痛于怀。卿体吾意,为制碑也。"后来,太宗"尝新瓜美,怆然悼之,辍其半,使置之灵座"。看,皇帝也吃瓜。《朝野佥载》云,"主上以(崔)湜父年老,瓜初熟,赐一颗",不料崔湜"以瓜遗妾,不及其父",致使"朝野讥之"。两则放在一起似乎表明,唐朝吃瓜还是件挺隆重的事情,只不知彼瓜何瓜。宋人所撰《稽神录》中有个道士张谨,"好符法,学虽苦而无成",有次"游至华阴市,见卖瓜者,买而食之"。就是这回吃瓜,时来运转了。"旁有老父,谨觉其饥色,取以遗之,累食百余",这么能吃,张谨觉得这是个神人,"奉之愈敬"。果然,老人临走时告诉张谨,自己是土地神,"感子之意,有以相报",给了他一本"禁狐魅之术"的书,成了张谨日后吃穿不愁的资本。看,神人也是吃瓜的。昭梿《啸亭杂录》云清朝安徽巡抚朱珪,"以清介持躬,自俸廉外,毫不沾取"。昭梿老师吴修圃是朱珪录取的,有一次吴修圃来见座师,"时夏日酷热,公饲吴以瓜,亦必计价付县隶"。朱珪被嘉庆皇帝誉为"文臣不爱钱"的典范,于此可窥一斑。

"吃瓜群众"所真吃的西瓜,赵翼《陔馀丛考》认为,"或谓西瓜自元世祖时始入中国,然元初方夔已有《食西瓜》诗",所谓"缕缕化衫粘唾碧,痕痕丹血掐肤红"者也云云。方夔是浙江淳安人,表明"是时浙中已有之,则非元初入中国可知矣"。并且,南宋末年方回有《秋热》,如"西瓜足解渴,割裂青瑶肤";文天祥有《西瓜吟》,如"拔出金佩刀,斫破苍玉瓶"。赵翼还说陆容《菽园杂记》有"金时王予可南云咏西瓜",有"一片冷载潭底月,六湾斜卷陇头云",那么"则金时已有之矣"。检索《菽园杂记》似未见到此条,然金时已有是可能的,南宋范成大有一首《西瓜园》,"碧蔓凌霜卧软沙,年来处处食西瓜。形模濩落淡如水,未可蒲萄苜蓿夸"云云,未知写自何时,但范成大曾经使金,还留下了使金日记《揽辔录》。

《开元天宝遗事》有"任人如市瓜"条,说玄宗酒酣之际问李白,现在和武则天那个时候比怎么样。李白回答:"天后朝政出多门,国由奸幸,任人之道如小儿市瓜,不择香味,惟拣肥大者。我朝任人如淘沙取金,剖石采玉,皆得其精粹者。"玄宗笑曰"学士果有所饰",看出了他在拍马屁。实际上,玄宗还可以指出李白是嚼了南北朝时的馍。《北齐书·杨愔传》载,杨愔"典选二十馀年,奖擢人伦,以为己任,然取士多以言貌,时致谤言",认为他所用人,"似贫士市瓜,取其大者"。这个比喻形象地道出了选人用人的不堪,直观来看也说明古今挑瓜,人同此心。

"舟窗尽落,清风徐来,绒扇罗衫,剖瓜解暑",沈三白《浮生六记》中的句子。吃瓜本为解暑,在网络时代顷刻间被赋予了社会学意义。细思之,这个所谓热词跟流行过一阵的"打酱油"何其神似,但那个已经很少有人提起,网络热词就是这样短命,图个新鲜而已。有学者担心,这些词会玷污了汉语,貌似低估了汉语的净化能力,但对牙牙学语便遇到这种语言环境的童子来说,这个担心倒不是多余的。

桑葚

报上消息说(2022),温州永嘉的桑葚已经熟了,种植户陈光征正在为桑园采摘游的开放做着最后的准备,修剪枝叶、固定枝干、架设生态防鸟网等等,不日便可以招待游客光临。记忆中,我们那里桑葚是夏天才熟。我家院墙边上就有一棵碗口粗的桑树,每到桑葚还半紫半红时,我们就兴奋地要当零食吃了。一顿下来,嘴唇弄得紫红紫红。下面的欠脚够着摘,高处的便站在墙头上,那东西不像枣子一类能打下来,得边摘边吃,一旦掉在地上,沾上的土是拂不去的。

从前这恐怕也是农家的一景。《诗·郑风·将仲子》有"将仲子兮,无逾我墙,无折我树桑"句,表明先秦时那个女孩家的院墙边就种着桑树。《孟子·梁惠王上》也说:"五亩之宅,树之以桑,五十者可以衣帛矣。"衣帛,穿上丝棉袄。农家种桑,当然不是单纯为小朋友吃桑葚。再往前溯,殷商天子以《桑林》为乐名,显见也是物质决定意识的结果。《左传·襄公十年》载:"宋公享晋侯于楚丘,请以《桑林》。"杜预注曰:"《桑林》,殷天子之乐名。"著名的庖丁解牛故事中,庖丁运刀的声音被庄子美化为形同音乐,所谓"合于《桑林》之舞,乃中《经首》之会",《经首》则是尧乐。

后来才知道,桑葚不仅小朋友爱吃,有些鸟也爱吃。《诗·卫风·氓》之"吁嗟鸠兮,无食桑葚",就是借斑鸠"食桑椹过则醉,而伤其性",来告诫女子不要沉溺在爱情里,桑椹被借喻为男子。又,《鲁颂·泮水》有"翩彼飞鸮,集于泮林。食我桑葚,怀我好音",这是以猫头鹰吃桑椹来比拟淮夷使者受到鲁的招待。当然,比兴嘛、借喻嘛,斑鸠、猫头鹰是否真吃还要存疑,斑鸠吃桑椹多了会醉,更可能是当时的民间传说,我是从来没有生出那种感觉,每次都是不想吃了才罢手。

我们小时候吃桑椹是因为嘴馋,吃着玩儿,而浑不知在古代,桑椹还可以充当粮食甚至军粮。东汉崔寔《四民月令·三月》就说了:"是月也,冬谷或尽,椹麦未熟,乃顺阳布德,振赡匮乏,务先九族,自亲者始。"把桑椹与麦子看得同等重要,能够在青黄不接之时起到救济作用。此外,《齐民要术》《救荒本草》等,均将之列为赈灾备选。《齐民要术》云:"椹熟时,多收,曝干之,凶年粟少,可以当食。"《救荒本草》云,桑椹"有黑白二种,桑之精英尽在于椹"。救饥前的准备是,"采桑椹熟者食之,或熬成膏,摊于桑叶上晒干,捣作饼收藏。或直取椹子晒干,可藏经年"。不唯桑椹,桑叶、桑树皮也有此种功能,桑叶"嫩老皆可煠食,皮炒干磨面,可食"。

《魏书·崔挺传》载,崔挺儿子孝暐除赵郡太守,而"郡经葛荣离乱之后,民户丧亡,六畜无遗,斗粟乃至数缣,民皆卖鬻儿女"。时"夏椹大熟,孝暐劝民多收之。郡内无牛,教其人种。招抚遗散,先恩后威,一周之后,流民大至。兴立学校,亲加劝笃,百姓赖之"。这是正史中桑椹救饥的一个实例。

至于桑椹作为军粮,于《三国志》《北史》中均可窥见。

先看《三国志》。《魏书·武帝纪》云及曹操"用枣祗、韩浩等议,始兴屯田"时,裴松之引晋王沈《魏书》注云:"自遭荒乱,率乏粮谷……袁绍之在河北,军人仰食桑椹。袁术在江、淮,取给蒲蠃

(即蚌蛤之属)。"曹操认为,诸如此类不及屯田治本。但权一时之需,曹操也不得不借此渡过难关。《贾逵传》裴注引鱼豢《魏略》云,"(献帝)兴平末,人多饥穷,(新郑长杨)沛课民益畜干椹,收壹豆,阅其有馀以补不足,如此积得千馀斛,藏在小仓"。这时兖州刺史曹操"西迎天子,所将千馀人皆无粮。过新郑,沛谒见,乃皆进干椹。太祖甚喜"。等到曹操在中央有话事权了,先"迁沛为长社令",又"累迁九江、东平、乐安太守"。后来,杨沛"从徒中起为邺令",曹操召见了他,问曰:"以何治邺?"对曰:"竭尽心力,奉宣科法。"曹操赞许的同时,对在座的他人说:"诸君,此可畏也。"又"赐其生口十人,绢百匹,既欲以励之,且以报干椹也"。干椹当年所解决的燃眉之急,曹操始终念念不忘。

再看《北史》。《崔逞传》载,拓跋珪"攻中山,未克,六军乏粮,问计于逞"。崔逞说:"飞鸮食葚而改音,《诗》称其事,可取以助粮。"崔逞用了前面《泮水》中的比喻,不知有意还是无意,但拓跋珪听了很生气,只是"虽衔其侮慢,然兵既须食,乃听人以葚当租",百姓没粮食就交桑椹。大约又虑及了劳民,崔逞建议"可使军人及时自取,过时则落尽",拓跋珪忍不住发怒了:"内贼未平,兵人安可解甲收葚乎!"然又"以中山未拔,故不加罪",先把账记下。风平浪静之后,终于找到茬子,"遂赐逞死"。

《隋书·赵轨传》载,齐州别驾赵轨家"东邻有桑,葚落其家,轨遣人悉拾还其主"。他还借此教育诸子:"吾非以此求名,意者非机杼之物,不愿侵人。汝等宜以为诫。"机杼之物,谓劳动所得。赵轨上调中央时,父老挥涕曰:"别驾在官,水火不与百姓交,是以不敢以壶酒相送。公清若水,请酌一杯水奉饯。"赵轨之清廉乃是真清,然正因彼时桑椹非如今日只是寻常水果,其拾还之举才会被史书浓重地记上一笔吧。

杨梅

友人寄来家乡特产杨梅,酸甜可口。东方朔《林邑记》云:"邑有杨梅,其大如杯碗,青时极酸,熟则如蜜。"那么大个的杨梅还真是没见过,寻常吃到的,只是比小时候玩儿的玻璃球略大一点儿,就像《齐民要术》所引言:"(杨梅)其子大如弹子,正赤。"

不知为何,在画史上与沈周、唐寅、仇英合称"明四家",在文学上与祝允明、唐寅、徐祯卿并称"吴中四才子"的文徵明,不吃杨梅。面对"士人诮之",他作诗以解嘲,"天生我口惯食肉,清缘却欠杨梅福"云云。与文徵明相反,李渔则酷爱杨梅,其《闲情偶寄》有长篇论述。

李渔先为自己的嗜好寻找理论上的依据:"凡人一生,必有偏嗜偏好之一物。"空口无凭,举例为证:"如文王之嗜菖蒲菹,曾晳之嗜羊枣,刘伶之嗜酒,卢仝之嗜茶,权长孺之嗜瓜,皆癖嗜也。"他认为"癖之所在,性命与通,剧病得此,皆称良药",觉得这一点医书是解释不通的。而自己之嗜杨梅,比前人"殆有甚焉,每食必过一斗",果真如此的话,真够惊人。某年"疫疠盛行,一门之内,无不呻吟,而惟予独甚",他便问家人杨梅上市没有。家人"未敢遽进",先偷偷去咨询医生,医生断然否定:"其性极热,适与症反。无论多食,即一二枚亦可丧命。"虽然话说得极端,但家人信了,

"而恐予固索,遂诡词以应,谓此时未得,越数日或可致之"。但李渔家临街,"卖花售果之声时时达于户内,忽有大声疾呼而过予门者,知其为杨家果也",家人掩饰不住,就告诉他医生说现在吃了有危险,李渔说医生懂什么呀,快去买,"及其既得,才一沁齿而满胸之郁结俱开,咽入腹中,则五脏皆和,四体尽适,不知前病为何物矣。家人睹此,知医言不验,亦听其食而不禁,病遂以此得痊"。吃个杨梅,至于那么夸张吗?李渔这是真爱。

杨家果,就是杨梅了,李渔还说过李子是"吾家果",字眼一致之谐谑吧。《世说新语》云:"梁国杨氏子,九岁,甚聪惠。"孔坦有天来找他爸爸,"父不在,乃呼儿出,为设果"。水果中因为有杨梅,孔坦便跟小孩子开玩笑:"此是君家果。"不料小孩子应声答曰:"未闻孔雀是夫子家禽。"李渔说:"唐有天下,此(李)树未闻得封。天子未尝私庇,况庶人乎。"开玩笑讲,杨氏子的话大有此中意味。《启颜录》认为杨氏子是晋朝杨修,我们知道东汉也有个杨修,很出名,自幼好学博闻,后来服务于曹操,一举一动把丞相的心思猜透,令曹操十分忌惮。加上杨修站在曹植一方介入夺嫡事件,反误了卿卿性命。晋朝杨修长大后如何,可惜史书无载。

《本草纲目》云,杨梅"有红、白、紫三种,红胜于白,紫胜于红,颗大而核细,盐藏、蜜渍、糖收皆佳"。白杨梅还真没见过,往往是红或紫,红得发紫,又当为一色。《栖霞阁野乘》云,有一豪奢之辈"尝于春日市飞金(金粉)数斛,登塔顶散之,随风扬去,满城皆作金色"。这还不够,"又尝从洞庭山买杨梅数百筐,于雨后置桃源涧,遣人践踏之,涧水下泻,其色殷红如血,游人争掬而饮之"。在凡物皆药的李时珍那里,杨梅又能"去痰止呕哕,消食下酒",他还引王明清《挥麈录》的记载,说核仁主治脚气:"童贯苦脚气,或云杨梅仁可治之。郡守王嶷馈五十石,贯用之而愈。"至于杨梅树皮及根,煎水,漱牙痛;服之,解砒毒。

能不能用药都在其次,杨梅确是个好东西。司马相如《上林赋》夸饰天子上林苑中的水产、草木、走兽、台观之胜,其中"樗枣杨梅,樱桃蒲陶",乃"罗乎后宫,列乎北园"的品种。江淹《杨梅颂》堆砌了华丽辞藻,"宝跨荔枝,芳帙木兰。怀蕊挺实,涵黄糅丹。镜日绣壑,焰霞绮峦。为我羽翼,委君玉盘"云云。田汝成《西湖游览志馀》云:"宋时,梵天寺有月廊数百间,庭前多杨梅、卢橘。"苏东坡因有诗云:"梦绕吴山却月廊,杨梅卢橘觉犹香。"东坡应该很喜欢吃杨梅、卢橘,他的另一首更有名的诗也不忘联系二者:"罗浮山下四时春,卢橘杨梅次第新。日啖荔枝三百颗,不辞长作岭南人。"有意思的是,不光东坡,前人每将杨梅与荔枝相提并论。田汝成还说了:"客有言闽广荔枝,无物可对者,或对以西凉葡萄。予以为未若吴越杨梅也。"文震亨《长物志》亦云:"杨梅吴中佳果,与荔枝并擅高名,各不相上下,出光福山中者,最美。彼中人以漆盘盛之,色与漆等,一斤二十枚,真奇味也。生当暑中,不堪涉远,吴中好事家或以轻桡邮置,或买舟就食。"文震亨是文徵明的曾孙,与祖宗对杨梅的态度倒是大相径庭。

《池北偶谈》云:"隋末酸枣邑所进玉李,一夕忽长,清阴数亩。"这天晚上,院中人还听到天空飘来的一句话:"李木当茂。"炀帝想把树给砍了,左右曰:"木德来助之应也,不可伐。"又杨梅、玉李同时结实,炀帝问哪种果子更好,院中人答:"杨梅虽好,不若玉李之甘。"炀帝叹曰:"恶杨好李,岂人情哉!"时民间又有歌谣云:"河南杨花落,河北李花荣,杨花飞去落何处,李花结果自然成。"那么,手下人可能是实话实说,炀帝则对未来似乎生出预感。

杨梅作为一种水果,在隋末一度承载了"物人感应"的使命,算是其身上被涂抹的一层文化色彩了。

石榴

上个双休日去珠海待了两天。忽然注意到,自家"倚海苑"小区里的水果树品种不少,黄皮、大蕉、木瓜、石榴等等。所以引起了注意,在于它们都呈现出"丰收"的迹象,果实累累的石榴,表皮已然微红,瘤状突起部分已然全红。

石榴,原名安石榴,外来物种。晋张华《博物志》云:"汉张骞出使西域,得涂林安石国榴种以归,故名安石榴。"《西京杂记》云,"初修上林苑,群臣远方,各献名果异树",其中有"安石榴十株"。张骞出使西域,是武帝建元二年(前139)的事;武帝重修上林苑,是建元三年(前138)的事。时间逻辑上看,自然是成立的。不过,《史记》《汉书》都说得分明,匈奴"留骞十余岁,与妻,有子",困住了,当时回不来,那么种子在第二年便不大可能出现在上林苑。然后来者皆沿袭此说。东魏贾思勰《齐民要术》借陆机之口云:"张骞为汉使外国十八年,得涂林。涂林,安石榴也。"唐封演《封氏闻见记》亦云:"汉代张骞自西域得石榴、苜蓿之种,今海内遍有之。"看起来,《博物志》与《西京杂记》必有一误,后者的作者是谁至今也并未有定论嘛,很可能是葛洪整理时添加的内容。

《齐民要术》还有"栽石榴法",说农历三月初,"取枝大如手大指者,斩令长一尺半,八九枝共为一窠",把下方两寸烧一烧,以防汁液流失;挖一个深一尺七寸、径一尺的圆坑,把枝条竖立在坑内,排列均匀,在插入的枝条之间放置枯骨和石子,然后填土,一层土、一层骨石,填满,再"水浇常令润泽。既生,又以骨石布其根下,则科圆滋茂可爱"。《宋史·五行志》还提到一种种法,没这么复杂,说汉阳那里"插榴枝于石罅",即"秀茂成阴,岁有花实"。这是怎么回事呢?原来"郡狱有诬服孝妇杀姑,妇不能自明",她就把"髻上华(花)"交给行刑的人,让他插在石头缝隙:"生则可以验吾冤。"于是,发簪榴花果然就长成了石榴树。这实际上是则神话,与窦娥之六月飞雪异曲同工。

石榴是一种水果。用《酉阳杂俎》的话说,"石榴甜者谓之天浆",且举例云:"南诏石榴子大,皮薄如藤纸,味绝于洛中。"《启颜录》里有个笑话:隋郑元昌嫁女,"送女入京"。亲家的酒席上摆着石榴,元昌不认得,"取其一颗,并皮食之,觉其味极酢涩",说这东西好像没熟啊,逗得大家哈哈大笑。郑元昌乃山东望族,为什么却不认得石榴,此不细究。婚宴上摆石榴,自然是冀望多子的寓意,这一民俗的历史相当悠久,绵延至今。《北齐书·魏收传》已有记载。安德王高延宗纳李祖收女为妃,"后帝(高洋)幸李宅宴,而妃母宋氏荐二石榴于帝前",高洋问大家给我石榴是什么意思,结果都不知道,就把石榴随手给扔了。还是魏收懂得多,他说:"石榴房中多子,王新婚,妃母欲子孙众多。"高洋听了大喜,赐其"美锦二匹"。

对石榴这种水果的评价,自然也会见仁见智。《西溪丛语》云,"予长兄伯声尝得三十客:牡丹为贵客,梅为清客,兰为幽客,桃为妖客,杏为艳客",其中,视"安石榴为村客",没大看得起。李渔则不然,其《闲情偶寄》云,自己的"芥子园之地不及三亩",但也有四五株石榴,"是点缀吾居,使不落寞者,榴也;盘踞吾地,使不得尽栽他卉者,亦榴也。榴之功罪,不几半乎?"相形之下,李渔的评价算是比较客观了。《陔馀丛考》引《涌幢小品》云,以吏员起家、官至尚书的徐晞某次回乡,"郡守率诸生迎之",但那些学生"以其非文学出身,颇偃蹇",徐晞就出一个上联:"劈破石榴,红(谐黉)门中许多酸子。"学生们对不上来,徐晞就自己对曰:"咬开银杏,白衣里一个大人(谐仁)。"黉门,学校的代称。白衣,非科甲出身当官的人。这样,徐晞的用意就很明白了,以石榴之酸,来讽刺这些还没走出校门就已是那种味道的文人。

石榴的词义衍伸,最著名的该是"拜倒在石榴裙下",亦即男人被美色所征服。石榴裙,即红裙。梁元帝《乌栖曲》中有"交龙成锦斗凤纹,芙蓉为带石榴裙",武则天《如意娘》中诗有"不信比来长下泪,开箱验取石榴裙",说的都是这种颜色的裙子。唐朝裙的颜色以红、黄、绿为多,红裙即石榴裙早成了诗词用语中的常客,杨贵妃则喜欢穿黄裙。《新唐书·五行志》载:"天宝初,贵族及士民好为胡服胡帽,妇人则簪步摇钗,衿袖窄小。杨贵妃常以假鬓为首饰,而好服黄裙。近服妖也。"一种观点认为,这和杨贵妃喜欢道教有关,因为黄色是道教认可的一个颜色。《南部新书》云:"白乐天任杭州刺史,携妓还洛,后却遣回钱唐。故刘禹锡有诗答曰:'其那钱唐苏小小,忆君泪染石榴裙。'"这里的石榴裙,便与"拜倒"庶几近之了。

"风霜历后含苞实,只有丹心老不迷。"陈廷敬《石榴子诗》中的句子,这是他忠心许国的自我表白,移植于一个人专注某项事业,也恰如其分。

岭南佳果

《南方农村报》在搞"岭南十大佳果"评选活动。报道说,岭南水果现有40个科、77个属、132个种及变种、500多个品种,大家可凭借网络投票和手机投票两种参与方式,最后选出排在前面的10个。

古人眼里的岭南佳果又如何呢?不同的人,心仪的对象自然不同。比如清姚元之《竹叶亭杂记》云:"岭南果品其类甚多,新会橙为最佳,荔支次之,黄皮果又次之。"这是姚元之的"投票"结果。对新会橙之美味,这个安徽人原本只是听说,"余至广时已中夏,尚有藏新会橙者,食之果佳",终于得到了印证。但姚元之对荔枝的见解,则与今日的看法全然颠之倒之,他认为"以挂绿者为尤美。闻有名糯米糍(糍)者,更美,未之食也。此外,余遍尝之,味皆不善"。不用说别的,如果现在谁说糯米糍比挂绿"更美",增城人可能先不干了,挂绿是他们的镇市之宝,前几年甚至拍卖出55.5万元一颗的"天价"挂绿,糯米糍焉能望其项背?

众多岭南佳果中,古人比较集中推崇的又是什么呢?综合起来看,还是荔枝。"果之美者,厥有荔枝",唐代名相张九龄在他的《荔枝赋》中,起首便对家乡的荔枝如此定位。在赋序中,也是开头便道:"南海郡出荔枝焉,每至季夏,其实乃熟,状甚瑰诡,味特甘滋,百果之中,无一可比。"饶是如此不吝赞美之词,宋徽宗宣和二年(1120),后来的抗金名臣李纲谪居福建沙县并在那里第一次吃到"旨如琼醴"的荔枝时,仍然感慨九龄的《荔枝赋》"美则美矣,然未尽善也",认为说得还不够,于是自己也作了一篇,可惜不传,未知他"尽善"到什么程度。顺便说一句,明代书法家祝允明曾草书九龄的《荔枝赋》,后为古文字学大家商承祚先生所藏,捐献给了深圳博物馆。再闲扯一句,余在中山大学读书时,本系所在与商老宅邸仅一箭之遥,常见商老一袭白色布衣裀在附近的小径上漫步。

荔枝非为岭南所独有,一种观点——如范成大、苏东坡等——认为杨贵妃吃的荔枝即为四川涪州所贡,但无疑以岭南的最为著名。不过,范成大不这么认为,他觉得"今天下荔枝,当以闽中为第一,闽中又以莆田陈家紫为最"。他这么说,想来有他的依据,广州的白云山海拔不过300多米,也不知被谁大书了"天南第一峰"呢,且不理他。荔枝何以得此名,亦即为什么要叫荔枝?司马相如《上林赋》里称之为"离支",李时珍《本草纲目》考证了一下来历,认为"白居易云:若离本枝,一日色变,三日味变。则离支之名,又或取此义也"。屈大均《广东新语》以"人类学方法"印证了李时珍的考证:"今琼州人当荔枝熟,率以刀连枝斫取,使明岁嫩枝复生,其(果)实益美。故汉时皆以为离支,言离其树之支,子离其枝,枝复离其支也。"至于屈大均用阴阳五行来阐释荔枝的得名,听得倒是玄之又玄了。屈大均还说:"广州凡矶围堤岸,皆种荔枝、龙眼,或有弃稻田以种者。田每亩,荔枝可二十余本,龙眼倍之。"乃至"问园亭之美,则举荔枝以对。家有荔枝千株,其人与万户侯等"。这该是他这个本土人的耳闻目见了,我们由此不难想见,倘若当初评广州"市果",定非荔枝莫属。

提起荔枝,很容易联想到两个人,一个是杨贵妃,一个是苏东坡。两个人与荔枝的故事,基本上尽人皆知。《云麓漫钞》云,东坡自注《四月十一日食荔枝》——海中仙人降罗襦,红绡中单白玉肤——云:"予尝食荔枝,厚味高格两绝,果子无比,惟江珧柱、河豚近之。"又说了个笑话,其仆把他的话当成了金科玉律,问人家:荔枝味道像什么?人家说跟龙眼差不多。仆纠正道:"荔枝似江珧柱。"结果把人家逗笑了。东坡说的是美味的"性质",仆人却当成了实指。但我们都知道,杨贵妃嗜食荔枝的背后折射着驿递的惨烈和朝政的不堪一面,苏东坡嗜食的背后则透露着贬谪瘴疠之地的无奈与凄凉。

荔枝之外,龙眼在岭南佳果中也有赫赫声名。有趣的是,前人称龙眼为荔枝奴。为什么这么叫呢?一种说法是,"八九月间,荔枝已尽,圆眼(龙眼)始熟",只是因为熟在后面,则龙眼的别名够冤。《粤剑编》云:"圆眼,在在可植,城中夹道而实累累者,皆圆眼也。以潮产为最。"但是,"福兮祸所伏",潮州"一富民之家,其种尤美。有宦于潮者索之,其家恐恐需求无已,遂不应命。富民以此受责,恨而伐之,其种遂绝。今民间列植者皆凡种也"。这就是东坡所感慨的,"我愿天公怜赤子,莫生尤物为疮痏"了。特产在很多时候,的确是一种祸患。"武夷溪边粟粒芽,前丁后蔡相笼加。争新买宠各出意,今年斗品充官茶",这是说丁谓、蔡襄他们把土特产变成了自己邀功取宠或者向上爬的媒介。又,"洛阳相君忠孝家,可怜亦进姚黄花",这是说钱惟演了。在东坡看来,这几个当时的名臣,跟唐朝贡荔枝的权奸李林甫没什么两样。

以提出"师夷长技以制夷"而闻名后世的清朝思想家魏源,不知为何丝毫看不起荔枝,视之为"果娼"。他有两首《诮荔枝》诗:"万里南来为荔枝,百闻一见负相思,同心幸有庄兼阮,不受英雄耳食欺。"品尝了荔枝之后,认为不过尔尔。"文非甜俗不名彰,果谏居然逊果娼。北地葡萄南桔柚,何曾万里贡沈香。"在这首诗前,他特地作题记,贬荔枝为"果之下品者"。愚意揣之,这里大约不是其生理上的口味因素,不似赵翼《啖荔戏书》诗云"端阳才过初尝新,酸涩犹教舌本缩",或者时令尚早,或者品种太差,而是"社会口味"使然,有东坡《荔枝叹》中"吾君所乏岂此物?致养口体何陋耶"之意。

柑，橘

肇庆四会比较著名的自然物产，是贡柑和砂糖橘。明王临亨《粤剑编》即云："橘子，产自端之四会……五月间犹可食。"肇庆正古之端州。清屈大均《广东新语》亦云："柑……以皮厚而粗点及近蒂起馒头尖者为良。产四会者光滑，名鱼冻柑，小民供亿亦苦，柑户至洗树不能应。"贡柑之"贡"，根源于此吧。至于"小民供亿亦苦"，拙文《特产之"害"》说的就是这回事。

桔与橘，本是两个没有关系的汉字，上世纪50年代初第一批简化字的颁布，才使二者发生关联，前者成了后者的简体。桔，草本药用植物，读 jie（阳平），如桔梗，根可入药，有宣肺、祛痰、排脓等功能。《战国策·齐策三》里，淳于髡对宣王求人才打了个比方，"今求桔梗于沮泽，累世不得一焉"，与孟子的"缘木求鱼"是一个意思。而橘，读 ju（阳平），虽然其果皮、果核及树叶也均可入药，比如以橘皮制成的药丸可以止痰，元稹《感梦》诗就说了，"问我何病痛，又叹何栖栖。答云痰滞久，与世复相暌。重云痰小疾，良药固易挤。前时奉橘丸，攻疾有神功"，但橘却是常绿乔木。草本与木本，属于两类植物。

柑与橘，我在北方生活的时候吃得少，也分不清，以为是一样的东西。李时珍《本草纲目》云，柑与橘"相类而不同，橘实小，其瓣味微酢,其皮薄而红,味辛而甘。柑大于橘,其瓣味酢,其皮稍厚而黄,味辛而甘"。其实如果多吃几个,很容易就能分清,光看这些文绉绉的句子,倒是很难弄明白。

柑与橘的历史相当悠久。屈原便有著名的《橘颂》传世,"后皇嘉树,橘徕服兮"云云,通过赞美橘树的种种美德,借喻自己异于众人。且以橘之"受命不迁""根固难徙"的特性,自比志节如橘,不可移徙,恪守忠信。这是前人对橘赋予的人文内涵的一面。《三国志·吴书·孙休传》中,裴松之注丹阳太守李衡时引《襄阳记》曰:"衡每欲治家,妻辄不听,后密遣客十人于武陵龙阳汜洲上作宅,种甘橘千株。临死,敕儿曰:'汝母恶我治家,故穷如是。然吾州里有千头木奴,不责汝衣食,岁上一匹绢,亦可足用耳……吴末,衡甘橘成,岁得绢数千匹。"李衡妻子是个贤内助无疑,然"甘橘千株"而"可足用",可见橘之经济价值的一面彼时也相当可观。

《酉阳杂俎》云,天宝十载(751)玄宗谓宰臣曰:"近日于宫内种甘子数株,今秋结实一百五十颗,与江南、蜀道所进不异。"大家纷纷表示祝贺,"雨露所均,混天区而齐被;草木有性,凭地气而潜通"等说了一大通。这里的甘子,应当是甘橘,而不是柑。《杨太真外传》云:"开元末,江陵进乳柑橘,上以十枚种于蓬莱宫,至天宝十载九月秋结实。"宫廷栽的甘橘与江南、蜀道的甘橘味道一样,这有什么好贺呢?从《太平御览》所引《唐书》中可窥一二,概中书门下奏曰:"臣等今日因奏事承德音,闻江南为橘,江北为枳,以地气有殊,物性因变。"而玄宗认为自己打破了这一规律,"亦可谓稍异也",宰臣们便没有理由不去逢迎了。"橘化为枳"的故事出自《晏子春秋》,楚王故意以抓了齐国的盗贼来羞辱来访的晏子,结果晏子有一段著名的回答令之自取其辱:"橘生淮南则为橘,生于淮北则为枳,叶徒相似,其实味不同。所以然者何?水土异也。今民生长于齐不盗,入楚则盗,得无楚之水土使民善盗耶?"

李肇《唐国史补》所云"罗浮甘子",大抵就是柑了。钱易《南部新书》沿袭了李肇的说法:"罗浮甘子,其味愈常品。开元中,始有僧种于楼寺,其后常资献进。玄宗幸蜀、德宗幸奉天之时,皆不结实。"这样来看,罗浮柑还颇有灵性,这当然是在扯淡。所谓玄宗幸蜀,实际上是天宝十四载安史之乱时玄宗逃往蜀中。所谓德宗幸奉天也是一样,建中四年(783)藩镇叛乱,德宗被迫逃往奉天(今陕西乾县)。将扯淡的事情津津乐道,未知是否某时出于抬高身价的考虑。庄绰《鸡肋编》云,罗浮山延祥寺"尝有柑一株,太平兴国中,有中人取其实以进,爱其味美,因移植苑中。故世贵之,竟传'罗浮柑'。今山中更不复有,而其名不泯"。屈大均也说过,"唐有御柑园,在罗浮。按罗浮柑子,开元中,始有僧种于南楼,其后常资进献,其属有赪(即红)、黄二色,大三寸者,黄者柑,赪者橘也"。就是说,罗浮柑的确也不错,某个拙劣的"广告策划师"弄巧成拙罢了。

四会、罗浮之外,广东盛产柑与橘的地方委实不少,著名的化州橘红亦从橘而来,有"瀹汤饮之,痰立释"之效。再用屈大均的话说,"吾粤多橘柚园,汉武帝时,交趾有橘官长一人,秩一百石,其民谓之橘籍,岁以甘橘进御"。《鸡肋编》已经说了:"广南可耕之地少,民多种柑橘以图利。"因为橘树"常患小虫损食其实,惟树多蚁,则虫不能生",还催生了"收蚁而贩"的行当,他们"用猪羊脬盛脂其中,张口置蚁穴傍,俟蚁入中,则持之而去",那些种植专业户则"买蚁于人",并且把这种蚂蚁叫作"养柑蚁"。

马上就要过年了,广东人家的标配之一是家里摆上盆栽金橘,蕴含了包括"万事大吉"在内的多重寓意。联系历史,可知这种传统有水到渠成的意味。

无花果

偶到广州市南沙区东涌镇，那一带是珠江三角洲的沙田所在。沙田的土质肥沃，最适宜于经济作物的生长，因而珠三角地区很早就出现了专业性农业区域和商品性农作物中心产地。水果方面，屈大均《广东新语·木语》讲到番禺自小坑火村到罗岗的柑桔，"熟时黄实离离，远近照映"；讲到自黄村至朱村的梅与香蕉、梨、栗、橄榄，"连冈接阜，弥望不穷"。雍正五年（1727），朝廷把广东缺粮，归结为粤人"唯知贪射重利，将地土多种龙眼、甘蔗、烟叶、青靛之属，以致民富而米少"，问题的一个方面吧。

东涌蕉林成片，很多地摊上还摆卖着新鲜无花果。无花果，屈大均没有提及，许是当年还不成其为大宗。这种属于桑科的落叶灌木或小乔木，可能是人类最早"认识"的植物。照《圣经》的说法，神用地上的尘土造出亚当，将他安置在伊甸园，吩咐他园中各样树上的果子可以随意吃，只是分别善恶树上的那种果子不能吃。而夏娃受了蛇的诱惑，与亚当偷吃了禁果，二人的眼睛于是明亮了，才知道自己赤身露体，便拿无花果的叶子遮住私处，意味着人类有了羞耻之心。在实证方面，美国 Discover 杂志公布 2006 年六大考古成果，其中之一是"无花果树很可能是新石器时代就已经引进的第一种农作物"。因为长期以来，专家们一直认为第一种引进的庄稼是谷类,大约10500年以前从叙利亚和土耳其的野草衍生而来,但以色列考古植物学家基斯列夫等人,通过测定长期沉睡在博物馆中、20世纪70年代在巴勒斯坦古城耶利哥附近考古发掘到的无花果,发现它们已有11400年的历史。

对我们而言,无花果是舶来品。陕西省考古研究所1987年发掘了唐朝韦浩墓,墓中别具特色的精美壁画尤其受到关注。其中一幅,业界人士根据仕女手中所持的叶子状物进行比对,推断其为一片五裂的无花果叶子;再根据该仕女前后各有一个手持直筒状篮子的人物形象,该图因而被认为是"无花果采摘归来图"。韦浩是唐中宗韦后的弟弟,死于景龙二年(708)。那么,无花果大约在中晚唐时期在中国的种植已经较为普遍,成为当时国人日常食用的水果之一也说不定。北京故宫博物院藏有宋李迪扇面画《无花果图》,识者指出,图中无花果已然成熟,含苞者敷以石绿色,绽开者用白粉染出,清浅的绿色构成画面的主调。乾隆皇帝在旁边还弄了首五言御题,"果结必资花,却有无花者。别名木馒头,或因形弗雅"云云。张师正《倦游杂录》云:"木馒头,京师亦有之,谓之无花果。状类小梨,中空,既熟,色微红,味颇甘酸。"又云"岭南尤多,州郡待客,多取为茶床高饤。故云:'公筵多饤木馒头。'"茶床,专用于摆放茶酒食的家具。饤,堆叠于器皿中的菜蔬果品,一般只陈列而不食用。待客之时,摆上一大盘无花果,一道亮丽的风景吧。

对无花果,前人很早就产生了理性认识。吴其濬《植物名实图考长编》引明朝王象晋《群芳谱》云:"无花果最易生,插条即活,在处有之。"且列举了种植无花果的七大好处,一、"实甘可食,多食不伤人,且有益,尤宜老人、小儿。"二、"干之,与干柿无异,可供筵实。"三、"六月尽取次成熟,至霜降有三月,常供佳食,不比它果一时采撷都尽。"四、"种树十年取效,桑桃最速亦四五年,此果截取大枝扦插,本年结实,次年成树。"五、"叶为医痔圣药。"六、"霜降后未成熟者,采之可做糖蜜煎果。"七、"得土即活,随地可种;广植之,或鲜或干,皆可济饥,以备欠岁。"李时珍《本草纲目》指出,无花果实"甘,平,无毒",有"开胃,止泄痢,治五痔、咽喉痛"之效;叶呢,"甘,微辛,平,有小毒",若"五痔肿痛,煎汤频熏洗之,取效"。

老广对无花果,除了直接当水果食用,还有各种煲汤法,煲猪骨、炖雪梨等等,以期达到清热解毒、健胃润肠之效。放在从前,就像前列好处的第七条,无花果还可以"救荒"。明朝朱橚编纂之《救荒本草》中,便有"无花果"一项,先做描述,"生山野中,今人家园圃中亦栽,叶形如葡萄叶,颇长硬而厚,梢作三叉"云云。怎么救呢?"采果食之"。朱橚是朱元璋的第五个儿子,明成祖朱棣的同母弟弟。明初非常重视荒政,朱元璋在制定各种措施应对频发的自然灾害之外,还号召百姓广植桑枣等,以补充粮食的不足,甚至规定自洪武二十六年(1393)后的桑枣种植,不再纳税。正是在这样的背景下,朱橚"购田夫野老,得甲坼勾萌者四百余种,植于一圃,躬自阅视。俟其滋长成熟,乃召画工绘之为图,仍疏其花、实、根、干、皮、叶之可食者,汇次为书一帙"。其中的"救饥"一项,更详细记录了食用部位等,以免误食有毒的植物。其实对乡村生活的人来说,自有一套辨识本领。我的少年时代在京郊农村度过,村里人未必知道《救荒本草》,但野生果实什么能吃、什么好吃,一清二楚。

然朱橚之举,体现了仁爱之心之余,重要的更在于开启了植物学研究的一个重要分支。世界上其他国家对救荒可食植物的研究,大约在19世纪才起步,比中国迟了至少400年。这该是我们引以自豪的。

枇杷

枇杷上市了。对这种亚热带水果,人们都不陌生。

"一梢满盘,万颗缀树",枇杷果实成熟的时候,满树金黄,蔚为壮观。但像白乐天说的"回看桃李都无色,映得芙蓉不是花",怕也过了。当然,到了李时珍那里,枇杷便不再单是水果,"枇杷叶气薄味厚,阳中之阴",不像今天川贝枇杷露"镇咳祛痰"那么简单,大处着眼,可以"治肺胃之病",因为枇杷有"下气之功",怎样呢?"气下则火降痰顺,而逆者不逆,呕者不呕,渴者不渴,咳者不咳也"。

枇杷在前人眼里是个好东西。《西京杂记》云,汉武帝"初修上林苑,群臣远方,各献名果异树",其中就有"枇杷十株"。司马相如描绘上林苑的雄文《上林赋》,有"卢橘夏熟,黄甘橙楱,枇杷橪柿,亭柰厚朴"句,说的就是橘了、柑、橙、枇杷、海棠果,可以为之佐证。《归潜志》云:"金朝取士,止以词赋、经义学,士大夫往往局于此,不能多读书。"因此,那些"词赋状元即授应奉翰林文字,不问其人才何知,故多有不任其事者。或顾问不称上意,被笑噱"。所举一例,即章宗时的王泽(疑脱'民'字)翰林值班时,"会宋使进枇杷子,上索诗"。王泽说:"小臣不识枇杷子。"不知道人家送来的枇杷是什么东西,作诗又从何谈起?另一位吕造,状元呢,则是"上索重阳诗,造素不学诗,惶遽献诗云'佳节近重阳,微臣喜欲狂'",使章宗"大笑,旋令外补",别在这位子上干了。时人嘲曰:"泽民不识枇杷子,吕造能吟喜欲狂。"相对于后者的才疏学浅,不认得枇杷应该是得到谅解的。

"枇杷"二字,形同双胞胎,某种程度上真正是形影不离。《封氏闻见记》"惭悚"条云,唐朝进士周愻想用《千字文》的模式另起炉灶,"更撰《天宝应道千字文》"。写好了,"将进之,请颁行天下,先呈宰执",因与右相陈公迎有一问一答。"有添换乎?""翻破旧文,一无添换。""翻破尽乎?""尽。""'枇杷'二字,如何翻破?""惟此二字依旧。""若有此,还是未尽。"于是,周愻"逡巡不能对而退"。《千字文》是一篇由一千个不重复汉字组成的文章,条理贯通、叙事有序地讲述了天文、历史、社会、伦理、博物、教育等方面,且结构严谨,文采飞扬,对仗工整,朗朗上口,因之成为我国历史上综合性蒙学读物的开山之作。熟读之,不仅可以识字、习文,而且可以增广见闻,启蒙儒家伦理思想。周愻的做法,大抵还是用那一千个字,进行重新组合,所以陈右相就问他"枇杷"两个字是怎么用的。盖《千字文》有"渠荷的历,园莽抽条。枇杷晚翠,梧桐蚤凋",按照李逸安先生的译文,这是说"夏季池塘荷花艳丽又妖娆,春季园林草木抽出嫩绿的枝条。枇杷树冬日里仍然青绿,梧桐叶子在秋天早早零凋"。周愻的回答等于是说,这两个字还在一起,拆不开。

王士禛《池北偶谈》"千字颂"条云,杭州有个叫卓珂月的,"崇祯初作《千字大人颂》,错综成章,甚有思理",开篇乃"大人御天,君子名世,立千秋基,兴诸夏利。高文起家,建景闻帝,二百馀年,我皇陟位"云云。在后面,卓珂月果真把"枇杷"给拆开了,"郁尊黄金,膳枇素木"与"姑妇任绩,夫男秉杷"。当然不是硬拆,各有讲究:"枇音匕,义取祭用素枇也",杷,同其本意"耙"去了,就是那种有齿和长柄的农具。赵翼《陔馀丛考》补充说,卓珂月还翻写过《西厢记》,自云"崔莺莺之事以悲终,霍小玉之事以死终;小说中如此者,不可胜计,乃何以王实甫、汤若士不能脱传奇之窠臼耶?"所以他"更作《新西厢》",声明不敢与董解元、王实甫等"诸家争衡,亦不敢蹈袭诸家片字",说明这个人确有两手。能找到的话,倒是想拜读一下。

"枇杷不是此琵琶,只怨当初识字差。琵琶若是能结果,满城箫管尽开花。"这首诗想必大家都耳熟能详,作者是在嘲讽那个可能一时笔误者,讥其水果与乐器不分。实际上,枇杷与琵琶确有千丝万缕的关联。东汉《释名·释乐器》云:"枇杷,本出于胡中,马上所鼓也。推手前曰枇,引手却曰杷,象其鼓时,因以为名。"枇杷的一个义项正是乐器的名字,且正与琵琶等同。谈到琵琶,很容易想到王昭君,"千载琵琶作胡语,分明怨恨曲中论"(杜甫句)嘛。影视、绘画、塑像中,也每见昭君竖抱曲项琵琶的造型,殊不知,昭君那种琵琶在南北朝时是横抱的,跟吉他差不多,唐宋以来经过改良,才由横抱变成竖抱,进而演变成重要的民族独奏乐器。

有人统计,先秦魏晋南北朝诗及汉赋中的肉果类增加了6种:葡萄、柿、山楂、杨梅、枇杷、荔枝。也就是说,从很早的时候起,枇杷就是文人的吟咏对象了。流传至今的唐、五代植物写生类国画,水果类的有林檎、石榴、枇杷、葡萄等,延至后代。清朝"扬州八怪"之首金农,其《花果册》之《枇杷图》,绘有倚角取势的枇杷两组,笔触随意生拙,在两组枇杷间以工整的题记相接,"宋勾龙爽工写山枇杷,用淡墨点染为艺林神品"云云。

枇杷作为一种文化意象,影响远远地超出了其作为水果本身。

后记

是为拙作"报人读史札记"系列文字分类集的第二册,聚焦于"人",生物人、社会人或文化人,吃喝拉撒,喜怒哀乐,为人处世。

像前一集副题中的"文化特质"一样,"文化濡化"也是文化人类学中的一个概念。简言之,此族群之所以区别于彼族群,在于彼此成员在成长过程中耳濡目染所习得的文化、所受到的熏陶不同。族群成员人格的形成过程,就是被生活在其中的文化所濡化的过程。而族群生活中的方方面面,无疑都是濡化的"教材",或直接或间接。在我们的典籍中,濡化也正是"滋润化育"的含义。

书名借用杜甫诗句。"王宰画丹青绝伦",杜甫因"戏题"其作,其中"尤工远势古莫比,咫尺应须论万里",泛论的是王宰描绘平远景物的技法。余以为不独绘画,文字也当有此种追求,达到此种效果。

2022 年 11 月于羊城不求静斋